DAVID RICARDO

Über die Grundsätze der Politischen Ökonomie und der Besteuerung

ÖKONOMISCHE STUDIENTEXTE

HERAUSGEGEBEN VON

GERHARD BONDI

IM AUFTRAGE DES INSTITUTS FÜR WIRTSCHAFTSWISSENSCHAFTEN

BEI DER DEUTSCHEN AKADEMIE DER WISSENSCHAFTEN ZU BERLIN

BAND 1

DAVID RICARDO

ÜBER DIE GRUNDSÄTZE DER POLITISCHEN ÖKONOMIE UND DER BESTEUERUNG

AKADEMIE-VERLAG · BERLIN 1959

DAVID RICARDO

ÜBER DIE GRUNDSÄTZE DER POLITISCHEN ÖKONOMIE UND DER BESTEUERUNG

Übersetzt und mit einer Einleitung versehen

von

GERHARD BONDI

AKADEMIE-VERLAG · BERLIN 1959

Der Klasse für Philosophie, Geschichte, Staats-, Rechts- und Wirtschaftswissenschaften der Deutschen Akademie der Wissenschaften zu Berlin am 11. 9. 1958 vorgelegt

Erschienen im Akademie-Verlag GmbH, Berlin W 1, Leipziger Straße 3—4
Lizenz-Nr. 202 · 100/30/59
Gesamtherstellung: Druckhaus „Maxim Gorki", Altenburg
Bestellnummer 2093/1
Printed in Germany
ES 5 B 2, 6

INHALT

David Ricardos Fußnoten zu seinem Werk wurden durch kleine hochgestellte Ziffern ([1]), die Fußnoten des Herausgebers durch Sternchen (*) gekennzeichnet.

VORWORT DES HERAUSGEBERS

Die Herausgabe eines Werkes in neuer Übersetzung, das bereits mehrmals in die deutsche Sprache übertragen wurde, bedarf einer Begründung. Eine solche Neuausgabe wird zunächst dadurch gerechtfertigt, daß über den Rahmen der Wirtschaftswissenschaftler und Studenten der Wirtschaftswissenschaften hinaus in der Deutschen Demokratischen Republik ein verbreitetes Interesse für die Werke Ricardos besteht, das durch die in der Einleitung dargelegten Beziehungen zwischen Ricardo und der marxistischen politischen Ökonomie hervorgerufen wird. Die Erkenntnis, daß das Studium der Geschichte der politischen Ökonomie im allgemeinen, besonders aber das der Werke der herausragenden bürgerlichen Klassiker, das Verständnis gegenwärtiger theoretischer Probleme nicht nur erleichtert, sondern in manchen Fällen geradezu erst ermöglicht, setzt sich zusehends durch.

Die vorliegenden deutschen Übersetzungen genügen jedoch der Befriedigung dieses Interesses nicht. Schon in rein sprachlicher Hinsicht werden die älteren Ausgaben den Anforderungen von heute nicht mehr gerecht, bedingt durch die Veränderungen, die in der deutschen Sprache und im Sprachgebrauch besonders seit der Jahrhundertwende vor sich gegangen sind, und denen auch der wissenschaftliche Sprachgebrauch unterworfen war. Vor allem aber drückt sich in diesen Ausgaben Unverständnis für den Gedankengang Ricardos aus, selbst wenn es sich um eine für damalige Begriffe wörtlich korrekte Übersetzung handelt. Daß unter einem solchen Mangel an Verständnis die Wiedergabe Ricardoscher Gedankengänge leiden mußte, leuchtet ohne weiteres ein. Die Theorien der englischen bürgerlichen Klassiker wurden, soweit es sich um Smith handelt, nur in vulgarisierter Form in Deutschland aufgenommen, während Ricardo in der deutschen „Nationalökonomie“ fast ausnahmslos offener Ablehnung begegnete. Es ist in diesem Zusammenhang bezeichnend, daß kein namhafter deutscher „Nationalökonom“ es der Mühe wert fand, eine deutsche Ausgabe des Ricardoschen Hauptwerkes zu besorgen.

Was nun die heute allgemein benutzte Übersetzung der „Principles“ Ricardos anbetrifft, nämlich die von Heinrich Waentig besorgte und herausgegebene (Jena 1923), so ist sie in mancher Hinsicht ein Spiegelbild des weit fortgeschrittenen Verfalls der politischen Ökonomie des deutschen Bürgertums. Die Übersetzung ist so wortgetreu — man ist versucht zu sagen, buchstabengetreu —, daß die darin zum Ausdruck kommende Pedanterie den Sinn der Sätze manchmal entstellt. Hier hat der Buchstabe den Geist getötet.

Schlimmer aber ist noch ein anderes Charakteristikum dieser Übertragung. Die Begriffsbildung und Terminologie Ricardos ist die der englischen klassischen politischen Ökonomie, wie sie sich besonders seit William Petty entwickelt hat; sie wird durch Ricardo nicht nur von seinen Vorgängern einfach übernommen, sondern in einer Reihe von Fällen, entsprechend den Bedürfnissen einer höheren Stufe der theoretischen Erkenntnis, von ihm auch fortgebildet. Waentig aber setzt an die Stelle dieser wissenschaftlichen Terminologie das Vokabular der Vulgärökonomie deutscher Zunge und verwandelt so die Sprache Ricardos in die des vulgären deutschen Historismus. Einmal werden dadurch die wissenschaftlichen Begriffe Ricardos in völlig verschwommene der Umgangssprache verwandelt, zum anderen aber wird der Eindruck erweckt, als ob Ricardo, wenn schon nicht gedanklich, so doch sprachlich und terminologisch ein Vorläufer der Vulgärökonomie des beginnenden 20. Jahrhunderts gewesen sei. Diese Mängel — neben anderen — machen die Ausgabe Waentigs wenig geeignet für die wissenschaftliche Arbeit, besonders für die Wissenschaftler der Deutschen Demokratischen Republik.

Eine ganz andere Frage ist, daß die Sprache Ricardos Schwierigkeiten bietet, deren auch die vorliegende Übersetzung nicht vollständig Herr werden konnte, und die daher an den Leser weitergegeben werden müssen. So wie die bürgerliche klassische Ökonomie ihre wissenschaftliche Vollendung und Überwindung in der politischen Ökonomie des Marxismus gefunden hat, so auch ihre sprachliche. Karl Marx übernimmt die Begriffsbildung und Terminologie der bürgerlichen Klassiker, aber erweitert sie nicht nur quantitativ, sondern er gibt ihr eine neue Qualität. Ausdrücke wie *capital*, *accumulation* usw. finden sich nicht erst bei Ricardo, sondern lange vor ihm. Aber diese Begriffe werden von den verschiedenen Autoren nicht nur mit einem unscharfen, nicht genau abgegrenzten Inhalt versehen, sondern sie werden auch von dem gleichen Autor manchmal in einer von der auch bei ihm üblichen Verwendung abweichenden Weise gebraucht. Marx hat diesem terminologischen Schlendrian ein Ende bereitet, indem er den einzelnen Begriffen einen fest umrissenen Inhalt verlieh, der ihrer Verwendung bei Marx und seither in der marxistischen politischen Ökonomie zugrunde liegt.

Aber Marx tat noch wesentlich mehr. Anknüpfend an die in der englischen klassischen Ökonomie gebräuchliche Verwendung der Begriffe, versah er sie mit einem der Höhe der von ihm gewonnenen Erkenntnisse entsprechenden Inhalt. Wenn die englischen Klassiker von *capital* sprechen, so verstehen sie im allgemeinen darunter die auf die Erzielung von Profit gerichtete Verwendung angesammelter Mittel. Für Marx ist Kapital aber nicht nur „Mehrwert-heckender Wert", sondern auch und vor allem der Begriff für ein gesellschaftliches Verhältnis. Marx hebt so die Kategorien der politischen Ökonomie unter Anwendung der materialistischen Dialektik auf eine höhere Stufe und füllt die Terminologie mit neuem Inhalt. Was hier für das eine Wort „Kapital" gezeigt wurde, trifft für eine Vielzahl von heute in der marxistischen politischen Ökonomie feststehenden Begriffen wie Akkumulation, Profit, Ware usw. zu.

Dieser grundlegende Unterschied des Begriffsinhaltes konnte nicht überall in der Übersetzung zum Ausdruck gebracht werden. Das Auftauchen einer Vielzahl von termini, die dem Leser aus der politischen Ökonomie des Marxismus in einer bestimmten, festumrissenen Bedeutung geläufig sind, darf nicht dazu verführen, über den Unterschied im Inhalt hinwegzusehen und etwa Ricardo eine Verwendung in der ihnen erst durch Marx verliehenen Bedeutung zu unterschieben. In einer Anzahl von Fällen wird überdies die Notwendigkeit einer anderen Interpretation unmittelbar aus dem Text selbst ersichtlich.

Schließlich ergab sich eine Schwierigkeit aus der Vieldeutigkeit mancher von Ricardo verwendeten Ausdrücke, die bewirkt, daß dasselbe Wort in deutscher Übersetzung an verschiedenen Stellen jeweils unterschiedlich wiedergegeben werden mußte. Worte wie z. B. *currency* oder *employment* werden von Ricardo in sehr unterschiedlichen Bedeutungen gebraucht, für die die deutsche Sprache heute differenzierte Ausdrücke besitzt. Um das hier angewendete Ermessen des Übersetzers dem Leser nicht anonym aufzuzwingen, sind in solchen Fällen verschiedentlich die englischen Ausdrücke in Klammer hinzugefügt worden.

Für die bei der Übersetzung und Herausgabe geleistete Arbeit bin ich Herrn Peter Thal zu großem Dank verpflichtet. Seine Hilfe ermöglichte die Vollendung der Arbeiten in einer verhältnismäßig kurzen Zeit, und seine Hinweise trugen zur Verbesserung der Übersetzung wesentlich bei.

DAVID RICARDO

Die politische Ökonomie als Wissenschaft kann in England auf eine längere Tradition zurückblicken als in jedem anderen Land. Bereits zur Zeit des Merkantilsystems bracht England Denker hervor, deren theoretische Leistungen weit über das hinausragten, was andere Länder aufzuweisen hatten. Mit William Petty beginnt dann die Reihe jener Ökonomen, die in Smith und Ricardo ihren Höhepunkt fand und in der Geschichte der politischen Ökonomie als die klassische politische Ökonomie in England einen hervorragenden Platz einnimmt. Der von Marx geprägte und auch von der bürgerlichen Ökonomie verwendete Begriff der klassischen politischen Ökonomie hat im Sprachgebrauch der modernen Apologetik eine Interpretation gefunden, die den Marxschen Begriffsinhalt in sein Gegenteil verkehrt, sofern sie ihn nicht überhaupt inhaltslos macht. Für Marx handelt es sich darum, die klassische politische Ökonomie, „die den inneren Zusammenhang der bürgerlichen Produktionsverhältnisse erforscht", zu scheiden von der Vulgärökonomie, „die sich nur innerhalb des scheinbaren Zusammenhangs herumtreibt." Für ihn beginnt daher die klassische Periode der englischen politischen Ökonomie mit Petty und endet mit Ricardo. Der Mißbrauch des von Marx geprägten Begriffes zeigt sich besonders eindeutig, wenn Keynes diesen Terminus willkürlich auf Malthus, John Stuart Mill und heute bereits bedeutungslos gewordene Modeökonomen des 20. Jahrhunderts, wie Marshall, Edgeworth und Pigou, anwendet, ohne im übrigen den Begriff der klassischen Ökonomie ex definitione zu erläutern.

Der Name David Ricardos ist untrennbar mit der klassischen politischen Ökonomie Englands verknüpft, wobei dieser Begriff in seinem ursprünglichen, wissenschaftlichen und genau umrissenen Sinne hier gebraucht wird. Als Ricardo am 11. September 1823, nur 51 Jahre alt, seine Augen für immer schloß, da starb mit ihm nicht nur der bedeutendste Denker, den die Bourgeoisie auf dem Gebiet der ökonomischen Theorie aufzuweisen hat, es starb nicht nur die bürgerliche klassische Ökonomie Englands, sondern es starb auch die politische Ökonomie überhaupt als bürgerliche Wissenschaft. Seit etwa drei Jahrhunderten hatte diese Wissenschaft einen Entwicklungsprozeß durchgemacht, der sie schließlich mit Ricardo an die Grenze bürgerlicher Erkenntnisfähigkeit heranführte. In ihm erreicht die politische Ökonomie als bürgerliche Wissenschaft ihren höchsten und reinsten Ausdruck — und mit ihm endet sie.

Diese wissenschaftliche Leistung Ricardos ausschließlich oder vorwiegend mit seinem Genie erklären zu wollen, hieße, mit Hilfe der vulgären Methode bürgerlicher Geschichtsschreibung einer wirklichen Erklärung aus dem Weg zu gehen. Die Genialität Ricardos wird nicht verkleinert, wenn man die Erklärung für seine großartige wissenschaftliche Leistung in erster Linie in der historischen Situation, in die er hineingestellt wurde, sucht.

Zwei Faktoren sind es vor allem, die sein wissenschaftliches Werk unmittelbar bestimmten: der Entwicklungsstand der kapitalistischen Produktionsweise im allgemeinen, der des englischen Kapitalismus im besonderen, und der bereits erreichte Stand theoretisch-ökonomischen Denkens, der ihm den Ausgangspunkt für seine Untersuchungen liefert.

David Ricardo wurde am 19. April 1772 in London geboren. Durch Herkunft und Willen des Vaters für den Beruf eines Börsenmaklers bestimmt, wurde seine Erziehung auf seine in Aussicht genommene spätere Tätigkeit ausgerichtet. Bereits mit 14 Jahren war er an der Londoner Börse tätig, wo er die Aufmerksamkeit durch seine Fähigkeiten auf sich lenkte. Aus seiner liberalen Gesamthaltung, die in einem Gegensatz zu der jüdisch-orthodoxen seines Vaters stand, reifte ein Konflikt heran, der seine gewaltsame Lösung durch einen offenen Bruch mit seiner Familie fand, als er Ende des Jahres 1793 heiratete und aus diesem Anlaß das religiöse Bekenntnis seiner Frau, das Christentum, annahm. Die infolge dieses Zerwürfnisses eintretende geschäftliche Trennung von seinem Vater brachte wohl anfänglich Schwierigkeiten mit sich, die er aber mit Hilfe seiner geschäftlichen Talente rasch überwinden konnte, so daß er sich im Laufe einer relativ kurzen Zeit an der Börse ein großes Vermögen erwarb und im Alter von 25 Jahren ein schwerreicher Mann war. Die solcherart gewonnene materielle Sicherheit benutzte er, um seinen Neigungen zu wissenschaftlichem Studium nachzugehen. Die Beschäftigung mit Mathematik, Mineralogie und Chemie stand zunächst im Vordergrund, um dann der politischen Ökonomie Platz zu machen, deren Probleme ihn in seinen späteren Jahren vor allem beschäftigten. Diese Beschäftigung fand jedoch erst 1809 ihren ersten publizistischen Niederschlag in der Form einer Serie von Briefen im "Morning Chronicle", die dann unter dem Titel "The High Price of Bullion, a Proof of the Depreciation of Bank notes"[1] ergänzt und zusammengefaßt herausgegeben wurden. Diese Broschüre ist ebenso wie das Pamphlet "Reply to Mr. Bosanquet's Practical Observations on the Report of the Bullion Committee"[2] (1811) und die 1816 veröffentlichten "Proposals for an Economical and Secure Currency with

[1] „Der hohe Preis von Barrengold, ein Beweis der Entwertung der Banknoten."

[2] „Antwort auf Herrn Bosanquets praktische Betrachtungen über den Bericht des Bullion-Komitees."

Observations on the Profits of the Bank of England"[1] Fragen des Geldumlaufs, des Geldwertes und der Währung überhaupt gewidmet — Gegenstände, auf die er sowohl durch seine praktische Tätigkeit als auch durch ihre Aktualität gelenkt wurde.

Seine publizistische Tätigkeit stellte engere Beziehungen zu einer Reihe bereits bekannter englischer Ökonomen her, und ein umfangreicher Briefwechsel legt Zeugenschaft ab von seinem Gedankenaustausch vor allem mit James Mill, Malthus und McCulloch. 1814 verwirklichte er schließlich einen Entschluß, der im Laufe der Jahre gereift war: sich aus dem Geschäftsleben völlig zurückzuziehen und auf seinem Landsitz Gatcomb in Gloucestershire sich fast ausschließlich wissenschaftlichen Arbeiten zu widmen.

1817 erschien sein bedeutendstes Werk, "On the Principles of Political Economy and Taxation"[2], das bis zu seinem Tode dreimal aufgelegt wurde. Die verschiedenen Auflagen weichen in einigen Teilen erheblich voneinander ab, da Ricardo der Auseinandersetzung mit den Ansichten anderer Ökonomen in den späteren Ausgaben größere Aufmerksamkeit widmete und auch einige seiner eigenen Ansichten korrigierte, obwohl er an seinen Grundauffassungen konsequent festhielt.

Von bedeutenderen Arbeiten wurden zu seinen Lebzeiten — außer seinem Hauptwerk — nur noch zwei veröffentlicht: "Essay on the influence of a low price of corn on the Profits of stock, with remarks on Mr. Malthus' last two publications"[3] (1815) und "On Protection to agriculture"[4] (1822), die sich beide mit den

[1] „Vorschläge für ein wirtschaftliches und sicheres Umlaufmittel, mit Betrachtungen über die Gewinne der Bank von England."

[2] „Über die Grundsätze der Politischen Ökonomie und Besteuerung."

[3] „Abhandlung über den Einfluß eines niedrigen Getreidepreises auf den Kapitalprofit, mit Bemerkungen zu den letzten beiden Veröffentlichungen von Herrn Malthus."

[4] „Über die Getreidezölle."

Auswirkungen der Getreidezölle auf die einzelnen Klassen der Gesellschaft und deren Revenue beschäftigen. Verschiedene Manuskripte wurden erst nach seinem Tode publiziert, einige von ihnen sind erstmalig in "The Works and Correspondence of David Ricardo. Edited by Piero Sraffa with the Collaboration of M. H. Dobb. Cambridge University Press, 1953"[1] enthalten. Die bemerkenswertesten Arbeiten aus seinem Nachlaß sind die umfangeichen "Notes on Malthus",[2] die 1919 aufgefunden und 1928 veröffentlicht wurden, und das wenige Tage vor seinem Tode geschriebene Manuskript "Absolute Value and Exchangeable Value",[3] das vollendet nur in einem Rohentwurf vorhanden ist und dessen korrigierte Fassung abzuschließen Ricardo keine Möglichkeit mehr hatte. (Beide Versionen finden sich erstmalig in der erwähnten Gesamtausgabe.)

Ricardo wurde 1819 in das Unterhaus gewählt und beteiligte sich an der parlamentarischen Arbeit vornehmlich, soweit es sich um wirtschaftspolitische Fragen handelte, mit denen er sich beschäftigt hatte. Seiner wissenschaftlichen und politisch-parlamentarischen Tätigkeit machte sein früher Tod ein Ende, der als Folge eines Ohrenleidens eintrat, das schließlich das Gehirn in Mitleidenschaft zog.

Ricardos Lebenszeit fällt zur Gänze in die Zeit der industriellen Revolution in England. Er erlebte diese lautlose Umwälzung der kapitalistischen Produktionsweise, die sich während eines dreiviertel Jahrhunderts in seinem Vaterland vollzog, und er sah sie — und mußte sie so sehen — mit den Augen des Bourgeois. Die industrielle Bourgeoisie aber ist in jener Zeit die Klasse, die gegenüber der zwar verbürgerlichten, aber zäh an

[1] „Die Werke und der Briefwechsel von David Ricardo. Herausgegeben von Piero Sraffa unter Mitarbeit von M. H. Dobb. Cambridge University Press, 1953."

[2] „Aufzeichnungen über Malthus."

[3] „Absoluter Wert und Tauschwert."

ihren politischen Vorrechten festhaltenden Grundaristokratie das progressive Element der Gesellschaft darstellt. Die Periode der Übereinstimmung zwischen der Entwicklung der Produktivkräfte und den Produktionsverhältnissen, die durch die Revolution von 1640 eingeleitet wurde, ist noch nicht beendet, noch ist die Bourgeoisie Träger des gesellschaftlichen Fortschritts. Diese Tatsache prägt den Charakter des wissenschaftlichen Werkes David Ricardos.

Die industrielle Revolution brachte zunächst die Entwicklung der Produktivkräfte in einem solchen Ausmaß, daß die Manufakturperiode durch das Fabriksystem und die damit verbundene, umfassende Anwendung von Maschinen abgelöst wurde. Das bedeutete eine gewaltige Steigerung der Produktivität der Arbeit und eine noch nie dagewesene Vermehrung des gesellschaftlichen Reichtums. Das Profitstreben der englischen Bourgeoisie wurde in der gegebenen historischen Situation zu einer gewaltigen Triebkraft des gesellschaftlichen Fortschritts, zum bewegenden Moment für die Entwicklung der Produktivkräfte, der Steigerung der Produktivität der Arbeit und der Erhöhung des materiellen Reichtums der Gesellschaft, und das in einem solchen Grade, daß aller ökonomischer Fortschritt vergangener Zeiten dagegen verblaßte. Es war die Produktion und ihre Ausdehnung durch eine schrankenlose Akkumulation von Kapital, welche das Denken der englischen Bourgeoisie beherrschte. Sie räumte alle Hindernisse rücksichtslos hinweg, die ihr dabei im Wege standen, machte gegen alles Front, was sich ihr entgegenstellte.

Auch für Ricardo ist der entscheidende Faktor des gesellschaftlichen Fortschritts die Erhöhung des Reichtums der Nation durch die Steigerung der Produktion und die Akkumulation von Kapital. Die Höhe der Kapitalakkumulation ist aber abhängig von der Höhe des Profits, bzw. dessen Rate. Die Ausweitung der

Produktion und der Umfang der Akkumulation werden beschränkt durch alle Momente, die sich auf den Profit und die Profitrate nachteilig auswirken. Wenn Ricardo also für den Profit — und gegen dessen Beschränkung durch die Rente — theoretisch Stellung nimmt, so in erster Linie, weil er in dessen Vergrößerung die einzige Möglichkeit der Ausweitung der Produktion, der Entwicklung der Produktivkräfte und der Vermehrung des gesellschaftlichen Reichtums sieht. „Ricardo betrachtet mit Recht, für seine Zeit, die kapitalistische Produktionsweise als die vorteilhafteste für die Produktion überhaupt, als die vorteilhafteste zur Erzeugung des Reichtums. Er will die Produktion der Produktion halber, und dieses mit Recht. Wollte man behaupten, wie es sentimentale Gegner Ricardos getan haben, daß die Produktion nicht als solche der Zweck sei, so vergißt man, daß Produktion um der Produktion halber nichts heißt, als Entwicklung der menschlichen Produktivkräfte, also Entwicklung des Reichtums der menschlichen Natur als Selbstzweck." (K. Marx: „Theorien über den Mehrwert", Bd. II, 1. Teil, S. 309.)

Indem Ricardo für den Profit und für die Akkumulation des Kapitals eintritt, nimmt er Partei für die Interessen der industriellen Bourgeoisie, gegen die bürgerliche Landaristokratie. Der Gegensatz zwischen diesen beiden Gruppen hatte im Verlauf der industriellen Revolution eine solche Zuspitzung erfahren, daß er Ricardo als der hauptsächlichste Klassengegensatz der kapitalistischen Produktionsweise erschien. Dieser Gegensatz manifestierte sich sowohl ökonomisch als auch politisch.

Die industrielle Revolution hatte die Profite in der Industrie enorm erhöht. Gleichzeitig aber war die Rente in der britischen Landwirtschaft auf ein Vielfaches gestiegen und drohte zu einer ernsthaften, und, wie es schien, dauernden Schmälerung des Profits zu führen. Die Erhöhung der Grundrente in manchen

Gegenden auf das Fünffache im Laufe von knapp zwanzig Jahren war durchaus keine Seltenheit. Die hohen Getreidepreise mußten ihren Niederschlag in hohen Renten, hohen Nominallöhnen und daher — der Theorie Ricardos folgend — niedrigen Profiten finden.

Der Grund für diese Erhöhung der Grundrente lag in dem rasch gestiegenen Getreideverbrauch der Bevölkerung, deren Struktur sich grundlegend gewandelt hatte. Neue Industrie- und Fabrikzentren waren aus der Erde geschossen, gewaltige Zusammenballungen der Bevölkerung entstanden, und der Nahrungsmittelbedarf stieg erheblich an. Marx zitiert die Angaben von Barton über das Wachstum der englischen Bevölkerung („Theorien über den Mehrwert", Bd. II, 2. Teil, S. 381). „1688 betrug die Bevölkerung in England und Wales nach Gregory King, der sie nach der Zahl der Häuser schätzte, $5^1/_2$ Millionen, 1780 nach Malthus 7700000. Sie ist also in 92 Jahren gewachsen um 2200000; in den folgenden 30 Jahren wuchs sie um mehr als 2700000." Diese kolossale Vermehrung der Bevölkerung und der damit verbundene Zwang zur Bebauung schlechterer Böden hatte u. a. auch eine Erhöhung der durchschnittlichen Getreidepreise von 36 sh 4 5/10 d (1750—1759) für den Quarter auf 91 sh 4 8/10 d im Jahrzehnt 1810—1819 zur Folge.

Die Preissteigerung des Grundnahrungsmittels der arbeitenden Klassen kann aber nicht allein aus dem erhöhten Bedarf erklärt werden. Als weitere Ursache traten die englischen Getreidegesetze hinzu, die im Interesse der Grundaristokratie und der von ihnen bezogenen hohen Renten erlassen und beibehalten wurden. Sie machten die Einfuhr billigen ausländischen Getreides unmöglich und bewirkten daher mit steigendem Bedarf eine fortschreitende Erhöhung des Getreide- und Brotpreises.

Ricardo macht sich in diesen Fragen zum theoretischen Wortführer der industriellen Bourgeoisie und vertritt deren Interessen vorbehaltlos. Dies um so mehr, als sich auf rein politischem Gebiet ebenfalls der Gegensatz zwischen Industriebourgeoisie und Grundaristokratie zugespitzt hatte. Die industrielle Revolution stärkte die ökonomische Position der industriellen Bourgeoisie sowohl absolut als auch im Verhältnis zu den anderen Klassen der englischen Gesellschaft. Aber diese veränderte Gewichtung fand keinen Ausdruck in einer Verschiebung der politischen Macht innerhalb des Staates. Noch immer war die politisch tonangebende Schicht der englischen Gesellschaft die Grundaristokratie, und sie nützte ihre Macht rücksichtslos in ihrem eigenen Interesse, wie das Beispiel der Getreidegesetze zeigt.

Ricardo nimmt in dieser Auseinandersetzung Partei, wie wirkliche Wissenschaftler es immer und zu allen Zeiten getan haben. Diese seine Parteinahme — die jedoch nicht wie bei Malthus zu einer bewußten Fälschung der Wissenschaft um des von ihm vertretenen Klasseninteresses willen führt — ist eine Voraussetzung für seine große wissenschaftliche Leistung. Er vertritt die Interessen einer damals fortschrittlichen Klasse, und seine Theorie ist daher fortschrittliche Wissenschaft. Wo aber etwa doch Wissenschaft und Klasseninteresse in Widerspruch geraten, opfert er das letztere. Marx stellt daher dem Plagiator und Apologeten Malthus den Wissenschaftler Ricardo gegenüber, indem er den letzteren mit folgenden Worten charakterisiert: „Die Rücksichtslosigkeit Ricardos war also nicht nur wissenschaftlich ehrlich, sondern wissenschaftlich geboten für seinen Standpunkt. Es ist ihm aber deshalb auch ganz gleichgültig, ob die Entwicklung der Produktivkräfte Grundeigentum totschlägt oder Arbeiter. Wenn dieser Fortschritt das Kapital der industriellen Bourgeoisie entwertet, so ist es ihm ebenso willkommen. Wenn die Entwicklung der Produktivkraft der Arbeit das vorhandene fixe Kapital um die Hälfte entwertet, was liegt daran, sagt Ricardo. Die Produktivität der menschlichen Arbeit hat sich verdoppelt. Hier ist also wissenschaftliche Ehrlichkeit. Wenn die Auffassung Ricardos im ganzen im Interesse der industriellen Bourgeoisie ist, so nur, weil und soweit deren Interesse zusammenfällt mit dem der Produktion oder der produktiven Entwicklung der menschlichen Arbeit. Wo sie in Gegensatz dazu tritt, ist er ebenso rücksichtslos gegen die Bourgeoisie, als er es sonst gegen das Proletariat und die Aristokratie ist. („Theorien über den Mehrwert", Bd. II, 1. Teil, S. 310.)

Diese wissenschaftliche Ehrlichkeit ist ein Grundzug der klassischen politischen Ökonomie überhaupt, der bei Ricardo nur am augenfälligsten ist. Er kennzeichnet auch das Werk Adam Smiths, des großen Vorgängers Ricardos, der die englischen Verhältnisse zu Beginn der industriellen Revolution, in der Mitte des 18. Jahrhunderts, zum Ausgangspunkt für seinen „Reichtum der Nationen" gemacht hatte. Er fußt im wesentlichen auf den Zuständen beim Beginne des Übergangs von der Manufakturperiode zum Fabriksystem. Seiner Theorie liegen also unentwickeltere gesellschaftliche Verhältnisse zugrunde als der Ricardos. Alle jene Fragen, die erst zur Zeit der industriellen Revolution auftauchten, die Herausbildung eines modernen Proletariats als Klasse, die maßlose Bereicherung der Grundeigentümer im Zusammenhang mit den steigenden Getreidepreisen, die Geld-, Währungs- und Außenhandelsprobleme präsentierten sich Smith entweder überhaupt nicht oder wurden von ihm in einem Zusammenhang gesehen, der ihrer Bedeutung innerhalb einer sich gerade aus der Manufakturperiode herauslösenden Gesellschaft entspricht. Wenn Smith nach den Worten von Marx „der zusammenfassende Ökonom der Manufakturperiode" ist, so ist Ricardo der Ökonom des Maschinenzeitalters.

Wenn Smith so einerseits die theoretische Verallgemeinerung eines niedrigeren gesellschaftlichen Entwicklungsstandes bedeutet, so sind andererseits auch die Voraussetzungen ungünstiger, die sich aus dem erreichten Stand der Erkenntnisse der politischen Ökonomie für ihn ergeben. Smith ist ein Zeitgenosse der Physiokraten in Frankreich, und in England selbst waren die Anschauungen des Merkantilsystems keineswegs restlos überwunden. Die Auseinandersetzung mit beiden Richtungen nimmt große Teile des Smithschen Hauptwerkes ein, ohne daß Smith sich der Beeinflussung durch sie entziehen konnte. Sowohl der gelegentliche Rückfall in physiokratische wie auch in merkantilistische Ansichten als auch das Neben- und Durcheinander verschiedener einander widersprechender Auffassungen über denselben Gegenstand haben ihren letzten Grund in der historischen Stellung Adam Smiths.

Der Unterschied zwischen Smith und Ricardo zeigt sich bereits deutlich bei der Werttheorie, die beide zur Grundlage ihres theoretischen Gebäudes machen. Beide gehen aus von der Arbeit als einzigem Tauschwert setzenden Faktor. Smith jedoch ersetzt diese seine Grundlage alsbald wieder durch andere Erklärungen des Wertes, um schließlich an den meisten kritischen Punkten zu seiner ursprünglichen Auffassung zurückzukehren. Diese Inkonsequenz ermöglicht ihn aber u. a. eine Auffassung zu entwickeln, nach der die landwirtschaftliche Arbeit produktiver ist als die industrielle, d. h. größere Werte schafft. Er gerät damit in unmittelbare Nachbarschaft der Physiokraten.

Ganz anders Ricardo. Alle Unbestimmtheiten und jedes theoretische Halbdunkel sind bei ihm verschwunden. Merkantilistische und physiokratische Reste haben in seinem System keinen Raum mehr, und, vollblütiger Bourgeois, der er war, schiebt er jeden Aberglauben über die wertbildenden Fähigkeiten der Natur oder anderer Faktoren als der Arbeit beiseite. Für ihn ist die Arbeit wertschöpfende Kraft, — und nur die Arbeit. Er ist der konsequenteste und vollendetste bürgerliche

Repräsentant der Arbeitswerttheorie. Eine solche Charakteristik läßt aber auch gleichzeitig die Grenzen sichtbar werden, in denen er sich bewegte: Die Beschränkung auf die Untersuchung der Wertgröße, die fehlende Unterscheidung von abstrakter und konkreter Arbeit, die Identifizierung von Arbeit und Arbeitskraft und schließlich die unhistorische Betrachtung der menschlichen Arbeit, die für ihn als Sklavenarbeit oder kapitalistische Arbeit wesensgleich bleibt. Und es wird noch zu zeigen sein, daß die ungelösten und für die Ricardianische Schule unlösbaren Probleme, an denen sie schließlich scheiterte, den Mängeln der Werttheorie entspringen.

Ebenso wie für die meisten englischen Ökonomen vor ihm, war es auch für Ricardo eine Selbstverständlichkeit, daß die kapitalistische Produktionsweise und die ihr entsprechenden Verhältnisse von ewiger Dauer, unabänderlich und den Naturgesetzen entsprechend sind. Bei Ricardo ist diese Grundauffassung sogar noch viel ausgeprägter als bei Adam Smith, für den in Gegenwart und Zukunft die kapitalistischen Verhältnisse die einzig vorstellbaren sind, der aber wenigstens für die Vergangenheit eine Einschränkung macht, indem er gelegentlich den Urzustand der Gesellschaft den gegenwärtigen Verhältnissen gegenüberstellt. Anders Ricardo; selbst dort, wo er von „den frühen Stufen der Gesellschaft" spricht, unterstellt er kapitalistische Produktion und bürgerliche Beziehungen, und diese zurückliegenden Stadien unterscheiden sich von den jetzigen lediglich durch die Entwicklung der Produktivkräfte, besonders der Arbeitsteilung, nicht aber durch die Verschiedenheit der ökonomischen Beziehungen der Menschen. Nicht nur die bürgerliche Gesellschaft an sich, sondern auch die der Warenwirtschaft oder der kapitalistischen Produktionsweise eigentümlichen Erscheinungen sind für ihn ewige Kategorien, die daher nur einer logisch-theoretischen, nicht aber einer historischen

Erklärung bedürfen. Dies zeigt sich klar bei seinen Erklärungen des Tauschwertes, die Marx zu folgender Bemerkung veranlaßten: „Auch Ricardo ist nicht ohne seine Robinsonade. Den Urfischer und den Urjäger läßt er sofort als Warenbesitzer Fisch und Wild austauschen, im Verhältnis der in diesen Tauschwerten vergegenständlichten Arbeitszeit. Bei dieser Gelegenheit fällt er in den Anachronismus, daß Urfischer und Urjäger zur Berechnung ihrer Arbeitsinstrumente die 1817 auf der Londoner Börse gangbaren Annuitätentabellen zu Rate ziehen. Die ‚Parallelogramme des Herrn Owen' scheinen die einzige Gesellschaftsform, die er außer der bürgerlichen kannte." (Karl Marx: „Das Kapital", Bd. I, S. 82). Der gleiche Einwand gilt für seine Auffassung über den Charakter der tauschwertsetzenden Arbeit. Für ihn bringt jede Arbeit Tauschwert hervor, deswegen, weil die Arbeit nur in der einzigen für ihn vorstellbaren Form, der der Lohnarbeit in der bürgerlichen Gesellschaft, existiert. Adam Smith hatte die Frage nach der Entstehung des Kapitals und damit der Lohnarbeit gestellt (wenngleich er sie auf vulgäre Art beantwortete), während dies für Ricardo überhaupt kein Problem darstellt, da für ihn zwischen den früheren Stufen der gesellschaftlichen Entwicklung und den gegenwärtigen Verhältnissen kein prinzipieller Unterschied besteht. Er unterstellt, daß die bürgerlichen Produktionsverhältnisse die Produktionsverhältnisse schlechthin sind und muß daher überall dort scheitern, wo der Schlüssel zur Lösung eines Problems in einer historischen Betrachtung liegt.

Bei Ricardo erscheinen auch die bürgerlichen Produktionsverhältnisse gewissermaßen erstarrt und zu keiner Veränderung als bürgerliche Produktionsverhältnisse fähig. Das veränderliche und bewegliche Element sind für ihn die Produktivkräfte, und wie ein roter Faden zieht sich durch seine Theorie die Notwendigkeit der Entfaltung der Produktivkräfte. Aber diese Entwicklung läßt die Produktionsverhältnisse unberührt, schlägt sich weder in einer Veränderung bei ihnen noch in einem Wandel des Begriffsinhalts bei den ihnen entsprechenden ökonomischen Kategorien nieder. Er nimmt die Waren, das Geld, das Kapital so, wie sie sich beim damaligen Entwicklungsstand präsentieren, ohne eine vergangene oder zukünftige Entwicklung überhaupt in Betracht zu ziehen.

Aus dieser Beschränktheit seiner Auffassung ergibt sich noch eine andere grundlegende Schwäche seiner theoretischen Analyse. Sofern man lediglich das Wachstum der Produktivkräfte und nicht die dadurch bewirkten qualitativen Veränderungen sieht, solange reduziert sich die historische Entwicklung der Produktion und Reproduktion auf deren quantitative Ausdehnung. Ricardo sieht daher die Probleme nur in ihrer quantitativen Seite, nicht in ihrer qualitativen. Die einzelnen Kategorien werden von ihm unter dem Gesichtspunkt bestimmter Mengenrelationen betrachtet, nicht aber unter dem ihrer qualitativen Substanz. Was ihn daher als Entwicklungsrealität interessiert, ist z. B. der Wechsel der relativen Größenverhältnisse von Lohn, Profit und Rente, nicht aber ihr Ursprung und ihre inneren Veränderungen als Ausdruck bestimmter Produktionsverhältnisse. Für ihn ist der Wert nur als Tauschwert interessant, d. h. als die Wertrelation zweier sich im Austausch gegenüberstehender Waren. Was ihn beschäftigt, ist eine Seite des Wertproblems, die Wertgröße. Gleich allen anderen Ökonomen vor ihm bleiben auch Ricardo die Probleme der Wertsubstanz verschlossen, und nur in seinen letzten Lebenstagen versucht er einen neuen Vorstoß in der Werttheorie, getrieben durch sein Gefühl für die Unzulänglichkeit seiner bisher gefundenen Lösung, das er nie los wurde. Am 18. Dezember 1819 finden sich in einem Brief Ricardos an McCulloch folgende Sätze: „Ich bin nicht mit der Erklärung zufrieden, die ich über die Grundsätze der Bestimmung des Wertes gegeben habe. Ich würde wünschen, ein fähigerer Autor würde dies auf sich nehmen.“ Marx gibt den Grund für dieses Versagen der klassischen Ökonomie einschließlich Ricardos in diesem Punkt in folgender Bemerkung: „Es ist einer der Grundmängel der klassischen politischen Ökonomie, daß es ihr nie gelang, aus der Analyse der Ware und speziell des Warenwertes die Form des Werts, die ihn eben zum Tauschwert macht, herauszufinden. Gerade in ihren besten Repräsentanten, wie A. Smith und Ricardo, behandelt sie die Wertform als etwas ganz Gleichgültiges oder der Natur der Ware selbst Äußerliches. Der Grund ist nicht allein, daß die Analyse der Wertgröße ihre Aufmerksamkeit ganz absorbiert. Er liegt tiefer. Die Wertform des Arbeitsprodukts ist die abstrakteste, aber auch allgemeinste Form der bürgerlichen Produktionsweise, die hierdurch als eine besondere Art gesellschaftlicher Produktion und damit zugleich historisch charakterisiert wird. Versieht man sie daher für die ewige Naturform gesellschaftlicher Produktion, so übersieht man notwendig auch das Spezifische der Wertform, also der Warenform, weiter entwickelt der Geldform, Kapitalform usw.“ (Karl Marx, „Das Kapital“, Bd. I, S. 86f.).

Während ihn also sein konsequent eingenommener Klassenstandpunkt, die Parteinahme für die zu jener Zeit in England progressive industrielle Bourgeoisie, zu bedeutenden wissenschaftlichen Erkenntnissen gelangen ließ, verhindert oftmals seine bürgerliche Klassenposition, auf Grund deren er die kapitalistische Ordnung in ihrem damaligen Entwicklungsstand als die natürliche und ewige betrachtet, in die letzten Tiefen der politischen Ökonomie vorzustoßen. Woran Ricardo hier stößt, sind nicht die ihm gezogenen Grenzen, sondern die Grenzen der politischen Ökonomie des Bürgertums überhaupt.

Einen bedeutenden Platz im Gesamtwerk Ricardos — und auch in seinem Hauptwerk — nimmt die Untersuchung der Vorgänge in der Sphäre der Geldzirkulation ein. Lange vor der industriellen Revolution begann in England die Herausbildung eines modernen Geld- und Kreditsystems, das gekennzeichnet ist durch „die Unterordnung des zinstragenden Kapitals unter die Bedingungen und Bedürfnisse der kapitalistischen Produktionsweise“ (Karl Marx, „Das Kapital“, Bd. III, S. 647/648). Dieser Prozeß wurde eingeleitet durch die Gründung der Bank von England im Jahre 1694, die von Anfang an die führende Rolle innerhalb des sich damals in London konzentrierenden englischen Bankwesens spielte und durch Jahrzehnte eine Monopolstellung auf dem englischen Geldmarkt besaß, der die fortbestehenden Provinzbanken nichts entgegensetzen konnten. Erst mit dem Einsetzen der industriellen Revolution tritt in der Struktur dieses Banksystems insofern eine Änderung ein, als durch die Entstehung großer Industrie- und Handelszentren auch eine Vielzahl bedeutender Provinzbanken gegründet wurde. Insgesamt hatte sich bis zum letzten Jahrzehnt des 18. Jahrhunderts eine Organisation des Geld- und Kreditwesens in England herausgebildet, die nicht nur die weitaus entwickeltste der damaligen Zeit war, sondern auch den durch die industrielle Revolution geschaffenen Bedingungen der Produktion adäquat war.

Das rasche Tempo der Akkumulation des industriellen Kapitals und die Entwicklung des Handelskapitals bedingten eine parallele Entwicklung des Leihkapitals, für das der Umfang des Angebots und der Nachfrage stiegen. Das Ausmaß der Bankoperationen nahm gewaltig zu, und besonders das Emissionsgeschäft und der Gebrauch des Schecks weiteten sich erheblich aus. Ein einheitliches, der kapitalistischen Produktionsweise dienendes, aber gegenüber Erschütterungen äußerst empfindliches System des Geldumlaufs und Kredits hatte sich herausgebildet.

Die auf die Große Französische Revolution folgenden Kriege führten am Ende des 18. Jahrhunderts sowohl zu einer Zerrüttung der Wirtschaft der meisten europäischen Staaten als auch zu einer Störung der internationalen wirtschaftlichen Beziehungen. Es war unausbleiblich, daß das englische Finanz- und Kreditsystem besonders heftig auf solche Störungen reagierte.

Die Entwertung des Papiergeldes in Frankreich blieb nicht isoliert, sondern wurde von einer erheblichen Wertminderung der englischen Banknoten begleitet, und schließlich stellte die Bank von England im Jahre 1797 die Einlösung der Noten gegen Metall ein. Dieses nicht einlösbare Papiergeld verlor nunmehr durch neue Emissionen, die zur Finanzierung der Kriege erforderlich wurden, ständig an Wert, was sich in steigenden Warenpreisen und der Hortung von Edelmetallen ausdrückte.

Die Währungs- und Kreditprobleme wurden damit in England zu aktuellen Fragen, die nicht nur das Parlament, sondern auch die Ökonomen beschäftigten. Die Voraussetzungen für eine stabile Währung, die Bedingungen für die Kreditgewährung der Banken und die Faktoren, durch die das Kursverhältnis der verschiedenen Währungen untereinander beeinflußt wird, wurden eifrig diskutiert. Die Regierung erreichte durch ihre inflatorische Politik eine weitgehende Unabhängigkeit vom Parlament, da sie bei dieser Methode der Kriegsfinanzierung nicht auf die parlamentarische Bewilligung von Mitteln angewiesen war. Andererseits nahm die bourgeoise Opposition gegen diese Ausschaltung des Parlaments in finanziellen Fragen Stellung und versuchte, die Finanzgebarung der Regierung unter parlamentarische Kontrolle zu stellen.

Auf der Grundlage der polemischen Beschäftigung Ricardos mit den Vorgängen in der Sphäre des Geldes und des Kredits entstand seine Geldtheorie, die er ausführlich nochmals in seinem Hauptwerk darlegt. Auch hier ist ebenso wie anderswo der Ausgangspunkt die Theorie des Wertes, die er folgerichtig auf die metallischen Zahlungsmittel anwendet, indem er ihnen den Wert beilegt, den die zu ihrer Produktion aufgewendete Arbeitszeit ihnen verleiht. Daß er von diesem einmal beschrittenen Weg abweicht und dann den Illusionen der Quantitätstheorie erliegt, ist durch seine mangelhafte Erkenntnis der Funktionen des Geldes verschuldet. Er sieht Geld lediglich als Zirkulationsmittel an und geht an den Möglichkeiten anderer Verwendung von Geldmetall als zu Zwecken der Zirkulation vorüber. Die tiefste Ursache dieses Irrweges aber liegt auch hier in den Unvollkommenheiten seiner Werttheorie, im Fehlen einer Analyse der Qualität des Wertes, das ihm notwendigerweise die umfassende Einsicht in die Funktionen des Geldes versperrt.

Ricardos Vorschläge zur Reform der Währung und seine geldtheoretischen Vorstellungen liegen der späteren britischen Währungsgesetzgebung zugrunde. Sie waren gegen die Praxis der von den Interessen der Grundaristokratie geleiteten Regierungspolitik gerichtet und entsprachen vor allem den Interessen der industriellen Bourgeoisie, als deren theoretischer Wortführer sich Ricardo hier ebenso erweist wie in der Auseinandersetzung über die Getreidegesetze.

Wenn einerseits die Grundlagen für die Wissenschaftlichkeit der Auffassungen Ricardos in deren Parteilichkeit für die aufstrebende Klasse, für die industrielle Bourgeoisie zu suchen sind — wobei er dort, wo sie mit seiner wissenschaftlichen Meinung nicht vereinbar sind, sie auch gelegentlich opfert —, so wird ihm andererseits die wissenschaftliche Unbefangenheit durch die unentwickelte Rolle des Proletariats zu seiner Zeit ermöglicht. Im Verlaufe der industriellen Revolution bildete sich das moderne englische Proletariat erst schrittweise heraus. Der Arbeiter der Manufakturperiode, der oftmals noch kleiner Eigentümer war und häufig seine Zeit zwischen der Bearbeitung seines Stückchen Bodens und der Arbeit in der Manufaktur teilt, war noch kein moderner Proletarier. Erst die Maschine in der industriellen Revolution zerstörte alle überkommenen Bindungen radikal; sie entkleidete den Arbeiter jeden Eigentums, sie zerstörte durch Frauen- und Kinderarbeit die Familie, sie entwurzelte die arbeitende Klasse und schuf den doppelt freien Lohnarbeiter.

Mit der Herausbildung der proletarischen Klasse entwickelt sich auch der Gegensatz zwischen ihr und der Bourgeoisie. Obwohl Ricardo diesen Antagonismus sieht und ihn zu einer der Grundlagen seiner Theorie macht, tritt er für ihn an Bedeutung hinter dem Interessengegensatz zwischen industrieller Bourgeoisie und Grundaristokratie zurück. Der Gegensatz zwischen Arbeiterklasse und Bourgeoisie war noch in der Entwicklung begriffen, und ebenso war es der Kampf der Arbeiterklasse. Dieser sich herausbildende Antagonismus wurde aber überschattet durch die Auseinandersetzungen zwischen Landaristokratie und industrieller Bourgeoisie, die Ricardo als Ausdruck des Hauptgegensatzes der bürgerlichen Gesellschaft ansieht.

Es gab zu Lebzeiten Ricardos häufig und mancherorts Kampfaktionen der Arbeiterklasse, und es entstanden die ersten Organisationen der Arbeiterklasse. Aber die Aktionen der Arbeiterklasse trugen spontanen Charakter, waren oftmals Verzweiflungsaktionen, die sich objektiv gegen den gesellschaftlichen Fortschritt, gegen die Einführung von Maschinen richteten. Die Organisationen waren unstabil, zerfielen wieder oder konnten dem behördlichen Terror nicht standhalten. Die Gewerkschaften waren verboten, und die Kampagne für ihre Zulassung führte erst nach Ricardos Tod zum Erfolg. Der vorhandene Klassengegensatz war unübersehbar, aber noch immer handelt es sich um die Periode des latenten Klassenkampfes, noch war das Proletariat nicht als jene gewaltige Kraft hervorgetreten, welche die Grundlagen der kapitalistischen Ordnung anzugreifen und zu stürzen berufen ist.

Diese Periode des noch nicht voll entwickelten Klassenkampfes, in der aber andererseits die Hauptklassen der englischen bürgerlichen Gesellschaft bereits herausgebildet sind, bietet die Grundlage für die reifsten Erkenntnisse der bürgerlichen politischen Ökonomie. Noch ist es nicht notwendig, den Bestand der kapitalistischen Produktionsweise gegen seinen Erben, das Proletariat, ideologisch zu verteidigen, denn dieses Proletariat spielt als politische Kraft noch eine höchst bescheidene Rolle. Noch ist es möglich, ökonomisch-theoretische Untersuchungen durchzuführen, die frei von Apologetik sind. Andererseits aber sind alle Erscheinungen der kapitalistischen Produktionsweise bereits so weit ausgereift, daß sich das Typische dieser Produktionsweise zeigt. Ricardo ist der letzte englische bürgerliche Ökonom, der eine solche Situation vorfindet, er ist auch der letzte große Vertreter einer wissenschaftliche Ökonomie des englischen Bürgertums.

Wenn Ricardo in seinen Erkenntnissen die Vollendung der klassischen bürgerlichen politischen Ökonomie darstellt, so auch in seiner Methode. Die Forschungsmethode der bürgerlichen Klassiker seit William Petty war die der Abstraktion, d. h. das Ausscheiden der unwesentlichen und zufälligen Erscheinungen aus der Untersuchung, die den inneren Zusammenhang der bürgerlichen Produktionsverhältnisse verschleiern und verdunkeln. Während aber bisher bei den Ökonomen bis Smith die Abstraktion zwar in steigendem Maße verwendet wurde, immer aber neben der äußerlich beschreibenden Darstellung einherlief (Marx kontrastiert bekanntlich den „esoterischen" mit dem „exoterischen" Smith), verzichtet Ricardo vollständig auf die letztere.

Indem Ricardo von allen Begleiterscheinungen der kapitalistischen Produktionsweise abstrahiert, die für deren innere Zusammenhänge unwesentlich sind, gelingt es ihm, charakteristische Grundmerkmale der bürgerlichen Gesellschaft bloßzulegen. Für den oberflächlichen Betrachter (d. h. für jeden Vulgärökonomen) erscheint daher die der Ricardoschen Analyse zugrunde liegende Gesellschaft als ein von ihm willkürlich konstruiertes Zerrbild der Wirklichkeit, da eine Reihe in die Augen springender Oberflächenerscheinungen des kapitalistischen Alltags für die Untersuchung beiseite geschoben wurden. Das Werk Ricardos war aus diesem Grunde bereits kurz nach seinem Erscheinen von seiten der nunmehr verflachenden politischen Ökonomie des Bürgertums zahlreichen Angriffen ausgesetzt, die in dieser oder jener Variante bis heute vorgebracht werden.

Für diese Form der Ricardo-Kritik sollen wenige Beispiele genügen. In der „Geschichte der Volkswirtschaftslehre“, Tübingen 1890, von der der Verfasser, Ingram, selbst sagt, daß sie „zum größten Teile eine Reproduktion des im 19. Bande der „Encyclopaedia Britannica“ (1885) erschienenen Artikels "Political Economy" ist, heißt es: „In ganz anderer Weise (als Smith) verfährt Ricardo. Er bewegt sich in einer Welt von Abstraktionen. Von mehr oder weniger willkürlichen Voraussetzungen ausgehend, leitet er auf deduktive Art von diesen seine Folgerungen ab und verkündet dieselben als wahr, ohne auf den Umstand Rücksicht zu nehmen, daß die angenommenen Verhältnisse teilweise nicht der Wirklichkeit entsprechen, oder ohne die gewonnenen Ergebnisse mit der Erfahrung zu vergleichen. Wenn er seine Theorien erläutern will, so geschieht dies von angenommenen Fällen aus — sein Lieblings-Kunstgriff besteht darin, sich zwei vertragschließende Wilde vorzustellen und zuzusehen, wie sie vermutlich handeln würden. Auf eine Erklärung der geeigneten Methode der Volkswirtschaftslehre geht er nicht ein, — wahrscheinlich hatte er sie nicht systematisch geprüft oder war vielleicht zu einer solchen Prüfung nicht befähigt . . .“. In dieser Art geht das weiter und erreicht dann einen Höhepunkt in folgenden zwei Sätzen: „Im großen ganzen lautet unser Urteil über Ricardo dahin, daß er zwar hervorragende Fähigkeiten besaß, daß sich dieselben jedoch nicht besonders zu soziologischen Forschungen eigneten. Die Natur hat ihn mehr zum Mathematiker zweiten Ranges als zum Sozialphilosophen bestimmt.“

Man sollte sich hier nicht lang bei der Perfidie mit dem „Lieblings-Kunstgriff“ aufhalten (außer im 1. Kapitel seines Hauptwerkes finden sich kaum „Robinsonaden“ bei Ricardo), und man wird auch die überheblich-herablassende Beurteilung Ricardos durch einen zweitrangigen Modeökonomen des ausgehenden 19. Jahrhunderts mit gelassener Verachtung übergehen können. Was sich hier aber als interessantes Phänomen zeigt, ist der tief eingewurzelte Haß des Vulgärökonomen gegen Ricardo, der sich des Angriffs gegen dessen Abstraktionsmethode als Aushängeschild bedient, dessen wirkliche Ursache aber in der Ablehnung des Ricardoschen Unterfangens besteht, die inneren Gesetzmäßigkeiten der kapitalistischen Produktionsweise bloßzulegen, wozu er sich der Methode der Abstraktion bedient. Daß Ricardo mit dieser Methode in seinem System die Gegensätzlichkeit der Klasseninteressen aufdeckt und ihr einen hervorragenden Platz zuweist, erregt schon früher die Wut des amerikanischen Ökonomen Carey, der ihr in einer von Marx zitierten Stelle Luft macht: „Das System des Herrn Ricardo ist eines der Zwietracht . . . Er hat die Tendenz zur Erzeugung von Feindschaft zwischen Klassen und Nationen . . . Sein Buch ist das richtige Handbuch des Demagogen, der nach Macht strebt durch Bodenkonfiskation (agrarianism), Krieg und Plünderung“ (H. Carey, The Past, the Present and the Future. Philadelphia 1848, S. 74, 75). (K. Marx: „Theorien über den Mehrwert“,

Bd. II, 1. Teil, S. 4). Der Angriff auf die Methode der Abstraktion ist also in Wirklichkeit vor allem ein Angriff auf die Ergebnisse, zu denen dieses wissenschaftliche Verfahren der politischen Ökonomie in der Periode des sich entwickelnden Klassenkampfes führte und die der Apologetik ein Greuel sein mußten.

Auch J. M. Keynes, in dem die Vulgärökonomie und Apologetik unseres Jahrhunderts ihre bisher vollendetste Verkörperung fand, betrachtet Ricardo als einen Ökonomen, dessen theoretische Einsicht tief unter der seines Zeitgenossen Malthus steht. Während Ricardo stillschweigend oder sogar expressis verbis die Existenz eines Gleichgewichtes zwischen Angebot und Nachfrage auf dem Markt angenommen habe, sei Malthus zu der Erkenntnis gekommen, daß die Konsumtion hinter der Produktion zurückbleiben könne. Leider sei diese Malthussche Erkenntnis durch die Herrschaft der Ricardoschen Theorie untergegangen, und erst von ihm, Keynes, werde die nach Malthus unterbrochene Gedankenkette wieder aufgenommen.

Soweit Mr. Keynes, dessen inzwischen notorisch gewordene profunde Unkenntnis der Geschichte der Theorie sich in diesen Passagen seines Werkes erschütternd manifestiert. Bei Malthus handelt es sich um eine Diskrepanz zwischen Angebot und Nachfrage eigener Art: nämlich um eine solche, die eintritt, wenn die Gesellschaft nicht genügend breite unproduktive Schichten aufweist, deren Geschäft und gesellschaftliche Funktion in der Konsumtion besteht. Malthus, der als Ideologe der noch in der englischen Gesellschaft vorhandenen feudalen Gruppen, besonders der Grundaristokratie, hier die soziale Nützlichkeit der parasitären „Nur-Konsumenten" beweist, kann sicherlich auf die tiefe Sympathie des die Interessen einer modernen parasitären Schicht, der Monopolbourgeoisie, vertretenden Keynes rechnen. Andererseits liegt die Abneigung gegen Ricardo, dem Fanatiker der Steigerung der Produktion um der Produktion willen, Keynes gewissenmaßen im Blut.

Bei Malthus liegt der Ausgangspunkt dieser rein apologetischen Ansicht in seiner Wert- und Mehrwerttheorie. Dadurch, daß er zu der primitiven Vorstellung des Merkantilsystems zurückkehrt, der Profit entstehe durch einen Aufschlag auf den Preis beim Verkauf der Waren, sei also "profit upon alienation", schafft er sich die Voraussetzung für eine Verherrlichung der nur konsumierenden Schichten, die notwendig sind, um die durch den Veräußerungsprofit und den sich daraus ergebenden allgemeinen Preisaufschlag begründete Unterkonsumtion auszugleichen. Keynes, der ebenfalls Verbrauch als einen Angelpunkt seiner Theorie etabliert hat, spürt, daß die Malthussche Wert- und Mehrwerttheorie eine solche Hypothese ermöglicht, während die von Ricardo konsequent vertretene Arbeitswerttheorie schon im Ausgangspunkt die vollkommene Antithesis zu derartigen Konstruktionen darstellt.

Keynes ist auch in dieser Hinsicht die vorläufige Vollendung der Vulgärökonomie der letzten hundert Jahre. Die um 1840 beginnende Abkehr von der Arbeitswerttheorie, die gleichzeitig auch die Abkehr von der klassischen Tradition der bürgerlichen Ökonomie ist, leitet die Periode des Verfalls der politischen Ökonomie des Bürgertums ein. Die Leugnung der Bestimmung des Wertes der Waren durch die in ihnen enthaltene menschliche Arbeit ist heute Gemeingut aller bürgerlichen Ökonomie, die sie durch die Scharlatanerie des Jonglierens mit erfundenen Begriffen aus der Zirkulationssphäre und der „allgemein-menschlichen" Psychologie ersetzt. Daher die Ablehnung Ricardos im allgemeinen, des bedeutendsten und konsequentesten bürgerlichen Vertreters der Theorie des Arbeitswertes, besonders auch durch Keynes, der einen neuen Tiefpunkt bürgerlichen ökonomischen Denkens bezeichnet. Daher auch die pointierte Hervorhebung Malthus' und dessen Kontrastierung zu Ricardo, eine Auszeichnung, die Malthus in Keynes Augen nicht nur wegen der aus seiner Wert- und Mehrwerttheorie sich ergebenden Schlußfolgerungen, sondern vor allem wegen dieser im Gegensatz zur Ricardoschen Arbeitswerttheorie stehenden Wert- und Mehrwerttheorie selbst zukommt, die ihn für Keynes als den ersten namhaften Ökonomen qualifiziert, der die Grundlage der klassischen politischen Ökonomie des Bürgertums verläßt.

Aber die ökonomische Apologetik in der Mitte des 20. Jahrhunderts bedient sich auch noch anderer Methoden. Stavenhagen ernennt Ricardo zum geistigen Ahnherrn der Eucken, Röpke usw., wenn er behauptet: „... doch wird man Ricardos System eine besondere Bedeutung deshalb beimessen, weil es der theoretischen Analyse den Weg der typischen Modellkonstruktion eröffnet hat". (Stavenhagen, Geschichte der Wirtschaftstheorie, Göttingen 1957.) Ricardos Abstraktion ist demnach der erste Versuch der Konstruktion eines Modells gewesen, eines der geliebten Steckenpferde zeitgenössischer bürgerlicher Ökonomen. Wenn Ricardo abstrahiert, so tut er es in bezug auf unwesentliche, untypische Erscheinungen der kapitalistischen Produktionsweise, die die wirklichen Zusammenhänge überdecken, mit dem Ziel, die letzteren bloßzulegen. Bei ihm geht es um die Entdeckung der grundlegenden Gesetze einer bestimmten Produktionsweise (die er als die einzig denkbare und existente überhaupt nimmt). Da diese Gesetze sich in der Realität niemals rein und ungehemmt durchsetzen, sondern ihre Wirkung im konkreten Fall Modifikationen unterliegt, ist das Verfahren der Abstraktion unerläßlich, um sie in ihrer allgemein gültigen Form aufzufinden und zu formulieren. Ganz verschieden davon ist jedoch das „Modell" der modernen Quacksalber des Kapitalismus. Ihnen geht es nicht mehr um die Formulierung allgemeiner ökonomischer Gesetze, sondern um die Vertuschung der gesetzmäßigen Entwicklung. Eine der Methoden der Verschleierung besteht in der Konstruktion solcher „Modelle", die aller für den Kapitalismus charakteristischen Merkmale beraubt werden und nur noch allen oder mehreren Wirtschaftsweisen eigentümliche Oberflächenerscheinungen aufweisen. Hier wird von allem wesentlichen abstrahiert, um aus zeitlosen und vom Standpunkt der Sozialwissenschaften inhaltslosen Begriffen den Beweis für die Unvergänglichkeit der kapitalistischen Ordnung zu führen. Es handelt sich daher bei Ricardo um ein notwendiges wissenschaftliches Verfahren, bei der modernen bürgerlichen Vulgärökonomie aber um ein wissenschaftsfeindliches Täuschungsmanöver im Dienste ihrer apologetischen Zielsetzung. Sich auf Ricardo berufen, ist ein durchsichtiger Versuch, die bürgerlichen Klassiker zur Rechtfertigung der heutigen Apologetik heranzuziehen.

Unter all den Ökonomen vor ihm widmet Karl Marx die größte Aufmerksamkeit Ricardo. Die kritische Auseinandersetzung mit den Theorien Ricardos füllt einen großen Teil der „Theorien über den Mehrwert", ebenso wie in anderen Werken Marx' Ricardos Auffassungen ausführlich behandelt werden.

Lenin charakterisiert das Marxsche Lebenswerk, indem er sagt: „Die ganze Genialität Marx' besteht gerade darin, daß er auf die Fragen Antwort gegeben hat, die das fortgeschrittene Denken der Menschheit bereits gestellt hatte. Seine Lehre entstand als direkte und unmittelbare Fortsetzung der Lehren der größten Vertreter der Philosophie, der politischen Ökonomie und des Sozialismus" (Lenin, Ausgewählte Werke, Bd. I, Berlin 1953, S. 63). Unter den hervorragenden Vertretern der politischen Ökonomie aber nimmt Ricardo den ersten Platz ein als derjenige, der die reifsten Erkenntnisse auf dem Gebiet der ökonomischen Theorie vorlegen konnte. Man wird beim Studium der Werke Ricardos immer wieder erkennen, wie Marx dessen Erkenntnisse verwertet und Elemente seiner Wert- und Mehrwerttheorie, der Theorie der Rente und des Profits kritisch verarbeitet. Kein anderer Ökonom hat Marx in seinen positiven Erkenntnissen wie in seinen Fehlern, Irrtümern und Unzulänglichkeiten eine solche Ausgangsbasis für die Entwicklung der eigenen Theorien geboten.

Der wissenschaftliche Sozialismus hat sich immer stolz zu seinen Beziehungen zur klassischen politischen Ökonomie des Bürgertums und damit vor allem zu Ricardo bekannt. Wenn bürgerliche „Historiker“ diese Beziehungen dazu umfälschen, daß sie Marx zu einem Schüler Ricardos erklären, so ist diese Behauptung es nicht wert, sich eingehender damit zu befassen. Wenn Lenin den Marxismus als „direkte und unmittelbare Fortsetzung“ der entwickelten Wissenschaft seiner Zeit bezeichnet, so ist es eine Fortsetzung besonderer Art und in neuer Qualität. Diese neue Qualität ist zunächst gegeben durch die Zusammenfassung der fortgeschrittensten Lehren der Philosophie, der politischen Ökonomie und des Sozialismus in einem geschlossenen System. Das aber bedeutet für jeden einzelnen Bestandteil des Marxismus eine neue Höhe der Erkenntnis gegenüber allem vorherigen, es bedeutet z. B. die Umwälzung der politischen Ökonomie durch die materialistische Dialektik und durch die Verbannung idealistischer Vorstellungen aus ihr. Die in die Marxsche politische Ökonomie eingegangenen Elemente vormarxistischen ökonomischen Denkens wurden dadurch einem revolutionären Schmelzprozeß unterworfen, durch den etwas völlig Neues und Andersartiges in seiner wissenschaftlichen Qualität entstand. Wo die vormarxistische Ökonomie Bausteine zusammengetragen hatte, errichtete Marx ein Gebäude, wo sie einen wissenschaftlichen Versuch unternommen hatte, da bildete Marx eine Wissenschaft. Die Voraussetzung dafür war der sich in den vierziger Jahren schrittweise vollziehende Übergang Marx' vom Klassenstandpunkt der Bourgeoisie auf den des Proletariats. Ricardo vollbrachte seine wissenschaftliche Leistung vor allem auch deswegen, weil er eindeutig für die Interessen der damals fortschrittlichen industriellen Bourgeoisie allgemein Stellung nahm, im besonderen in ihrem Kampf gegen die Landaristokratie. Aber auch die englische Bourgeoisie hörte mit dem Ende der industriellen Revolution auf, eine fortschrittliche Rolle zu spielen. Jede Wissenschaft, die sich auf sie orientierte, mußte damit ihre progressiven Züge verlieren und entweder zur Verflachung der gewonnenen Erkenntnisse oder zur Apologetik führen. Nur der Übergang auf die Positionen der neuen revolutionären Klasse der bürgerlichen Gesellschaft, des Proletariats, konnte zur Weiterentwicklung der politischen Ökonomie führen. Nur von dieser Position aus war es auch möglich, die materialistische Dialektik als revolutionäre Methode in die Wissenschaft einzuführen und so den Weg zu den Höhen der Wissenschaft zu gehen. Ricardos politische Ökonomie ist letzter und höchster Ausdruck der bürgerlichen Theorie auf einer unhistorischen und idealistischen Grundlage und führte deshalb nur zu unvollkommenen Ergebnissen; die politische Ökonomie des Marxismus ist eine Klassenwissenschaft des Proletariats auf der Grundlage der revolutionären materialistischen Dialektik, die auf der Einheit von historischer und logischer Methode beruht und die Vollendung wissenschaftlicher Erkenntnisse darstellt. Die eine ist geniale Vorstufe zur Wissenschaft, die andere ist die Wissenschaft selbst.

Die theoretischen Probleme, die der Ricardoschen Theorie von ihren Kritikern präsentiert wurden, und die sie nicht zu lösen vermochte, zeigt uns Engels im Vorwort zum 2. Band des „Kapital". Es heißt dort: „Die Ricardosche Schule scheiterte gegen 1830 am Mehrwert. Was sie nicht lösen konnte, blieb erst recht unlösbar für ihre Nachfolgerin, die Vulgärökonomie. Die beiden Punkte, an denen sie zugrunde ging, waren diese:

Erstens: Die Arbeit ist das Maß des Werts. Nun hat aber die lebendige Arbeit im Austausch mit dem Kapital einen geringeren Wert als die vergegenständlichte Arbeit, gegen die sie ausgetauscht wird. Der Arbeitslohn, der Wert eines bestimmten Quantums lebendiger Arbeit, ist stets geringer als der Wert des Produkts, das von diesem selben Quantum lebendiger Arbeit erzeugt wird, oder worin diese sich darstellt. Die Frage ist in dieser Fassung in der Tat unlöslich. Sie ist von Marx richtig gestellt und damit beantwortet worden. ... Es ist nicht die Arbeit, die als Ware gekauft und verkauft wird, sondern die Arbeitskraft ...

Zweitens. Nach dem Ricardoschen Wertgesetz produzieren zwei Kapitale, die gleich viel und gleich hoch bezahlte lebendige Arbeit anwenden, alle anderen Umstände gleichgesetzt, in gleichen Zeiten Produkte von gleichem Wert und ebenfalls Mehrwert oder Profit von gleicher Höhe. Wenden sie aber ungleiche Mengen lebendiger Arbeit an, so können sie nicht Mehrwert oder, wie die Ricardianer sagen, Profit von gleicher Höhe produzieren. Nun ist aber das Gegenteil der Fall. Tatsächlich produzieren gleiche Kapitale, einerlei wie viel oder wie wenig lebendige Arbeit sie anwenden, in gleichen Zeiten durchschnittlich gleiche Profite. Hier liegt also ein Widerspruch gegen das Wertgesetz vor, den schon Ricardo fand ..." (K. Marx, „Das Kapital", Bd. II, S. 19).

Diese beiden ungelösten theoretischen Grundprobleme waren für die gesamte Theorie Ricardos von großer Bedeutung. Ihre Gemeinsamkeit besteht darin, daß sie im Rahmen seines Systems nur ihre Lösung finden konnten unter Verletzung des von Ricardo selbst entwickelten Wert- und Mehrwertgesetzes. Aber gerade Ricardo ist es, von dem Karl Marx sagt, daß sein Ausgangspunkt ist: „die Bestimmung des Wertes durch die Arbeitszeit. Davon geht Ricardo aus und zwingt nun die Wissenschaft, ihren bisherigen Schlendrian zu verlassen und sich Rechenschaft darüber abzulegen, wie weit die übrigen, von ihr entwickelten, dargestellten Kategorien — Produktions- und Verkehrsverhältnisse — dieser Grundlage, dem Ausgangspunkt entsprechen oder widersprechen ..." (Karl Marx: „Theorien über den Mehrwert", Bd. II, Teil I, S. 3f.). Hier aber, in diesen beiden Fragen, erweist sich die Unzulänglichkeit der Ricardoschen Wertbestimmung, und er ist gezwungen, die Probleme im Widerspruch zu seiner Wert- und Mehrwerttheorie zu lösen. Für den Austausch von Lohnarbeit gegen Kapital gilt das Wertgesetz nach Ricardo nicht, es gilt also nicht für die wichtigste Ware der kapitalistischen Produktionsweise, es „beherrscht ... überhaupt nicht die kapitalistische Produktion" (K. Marx: „Theorien über den Mehrwert", Bd. II, Teil 1, S. 115), Der Wert der „Arbeit" wird letzten Endes bestimmt durch Angebot und Nachfrage, d. h. Ricardo nimmt in seiner Schwierigkeit Zuflucht zu einer vulgären Lösung. Daß ihm daher zeit seines Lebens die Lösung des Wertproblems unbefriedigend schien, ist nicht überraschend.

Der zweite von Engels angeführte Punkt, die von Ricardo zwar unterstellte, aber nicht erklärte Identität von Wert und Produktionspreis hatte eine deutliche Wirkung vor allem in seiner Rententheorie. Nimmt man Wert und Produktionspreis als identisch an, so ergibt sich kein Raum für die Existenz einer absoluten Rente. Für Ricardo ist der Preis des Produkts auf dem Boden, der keine Rente abwirft, gleich dem Wert, d. h. gleich dem Produktionspreis, der sich aus dem vorgeschossenen Kapital und dem Durchschnittsprofit ergibt. Eine Rente können daher nur Böden größerer Fruchtbarkeit tragen, bei denen infolge besonderer, sich von anderen Produktionszweigen unterscheidenden Bedingungen der Landwirtschaft der Preis dauernd über ihrem Wert steht. Ricardo versuchte nicht, das Problem des Produktionspreises zu lösen, indem er ihn aus dem Wert ableitet, sondern er unterstellt ihn stillschweigend und läßt ihn quantitativ mit dem Wert zusammenfallen, was ihn bei der Rententheorie zur Verneinung der absoluten Rente führt.

Die Ricardosche Theorie hatte während des größten Teils des 19. Jahrhunderts entscheidenden Einfluß auf das ökonomische Denken in allen Ländern. Die Vulgärökonomie lebte bis zum letzten Viertel dieses Jahrhunderts von der Vulgarisierung seiner Theorie oder von deren Kritik. Besonders die englische Ökonomie steht in dieser Periode im Zeichen der Auseinandersetzung um das System Ricardos. Die herausragenden Namen sind dabei John Stuart Mill und Owen. Mill, der sich als Schüler und Nachfolger Ricardos bezeichnete, „verteidigte" Ricardo, indem er wesentliche Bestandteile der Ricardoschen Theorie preisgab und sie durch vulgäre Auffassungen ersetzte, wie es z. B. durch die Übernahme der in Frankreich entwickelten „Idee" von der Auflösung des Profits in Zins und Unternehmerlohn geschah. Aber das bürgerliche ökonomische Denken Englands wurde bis spät im 19. Jahrhundert von Mill beherrscht, und ricardianische Gedankengänge wurden nicht nur durch ihn, sondern von zahlreichen englischen Ökonomen vertreten.

Ricardo hat aber auch den utopischen Sozialismus in der Person Owens beeinflußt. Die ökonomisch-theoretischen Vorstellungen Owens sind ricardianisch, wenngleich die sich daraus für ihn ergebenden praktischen Schlußfolgerungen von denen Ricardos sehr verschieden sind. Durch Owen aber wurde der englische utopische Sozialismus in die Gedankengänge Ricardos gelenkt und beeinflußte auch die Entwicklung auf dem Kontinent.

Von besonderer Bedeutung ist die Theorie Ricardos für den kleinbürgerlichen Sozialismus geworden. Die gleichen Gedanken, die, ausgehend von der Theorie Ricardos, bereits in den dreißiger Jahren in England entwickelt wurden, haben dann Proudhon und, soweit es Deutschland anbetrifft, Rodbertus aufgegriffen und der Öffentlichkeit als ihre originelle Erfindung präsentiert. Der Sozialismus beider basiert auf einer Interpretation der Ricardoschen Werttheorie, die den Grundgedanken und dem Geist des Systems Ricardos völlig widerspricht. Durch die Verwirklichung der aus der mißverstandenen Werttheorie Ricardos abgeleiteten Forderung nach dem vollen Arbeitsertrag für den Arbeiter, d. h. den uneingeschränkten Gegenwert für das von ihm geschaffene Wertprodukt, bei Gleichsetzung der verschiedenen Formen und Qualitäten der Arbeit, soll eine sozialistische Gesellschaft errichtet werden. Karl Marx hat im „Elend der Philosophie", seinem ersten bedeutenden ökonomischen Werk, zu den Auffassungen Proudhons und Friedrich Engels in einem später entstandenen Vorwort zur deutschen Ausgabe dieses Werkes zu den von Rodbertus beanspruchten geistigen Urheberrechten kritisch Stellung genommen. Das „Elend der Philosophie" mit seinen von Marx in der Auseinandersetzung mit Proudhons entstelltem Ricardianertum entwickelten positiven eigenen Gedanken kennzeichnet den Beginn einer neuen Etappe in der Herausbildung der ökonomischen Theorie bei Marx.

Darüber hinaus aber hat der Marxismus dem bedeutendsten ökonomischen Denker der Bourgeoisie ein unvergängliches Denkmal gesetzt. Nicht nur dadurch, daß der Begründer des wissenschaftlichen Sozialismus, Karl Marx, der Kritik Ricardos soviel Zeit und Gedanken gewidmet hat, wie keinem anderen Denker, so daß bis weit in das 20. Jahrhundert selbst bürgerliche Autoren immer wieder auf die Marxsche Charakteristik Ricardos zurückgriffen, sondern vor allem dadurch, daß der positive Kern des Ricardoschen Systems in die politische Ökonomie des Marxismus eingegangen ist und in ihr weiterlebt.

Gerhard Bondi

DAVID RICARDO

ÜBER DIE GRUNDSÄTZE DER POLITISCHEN ÖKONOMIE UND DER BESTEUERUNG

3. Auflage, John Murray, London, 1821

VORWORT

Die Produkte der Erde — alles, was von ihrer Oberfläche durch die vereinte Anwendung von Arbeit, Maschinerie und Kapital gewonnen wird — werden unter drei Klassen der Gesellschaft verteilt, nämlich die Eigentümer des Bodens, die Eigentümer des Vermögens [stock] oder des Kapitals, das zu seiner Bebauung notwendig ist, und die Arbeiter, durch deren Tätigkeit er bebaut wird.

Die Anteile am Gesamtprodukt der Erde, die unter den Namen Rente, Profit und Lohn jeder dieser Klassen zufallen, werden jedoch in den verschiedenen Entwicklungsstufen der Gesellschaft sehr unterschiedlich sein, da sie hauptsächlich von der jeweiligen Fruchtbarkeit des Bodens, von der Akkumulation des Kapitals und der Vermehrung der Bevölkerung und von der Fertigkeit, Erfindungsgabe und den Instrumenten abhängen, die in der Landwirtschaft angewendet werden.

Das Hauptproblem der Politischen Ökonomie besteht in dem Auffinden jener Gesetze, welche diese Verteilung bestimmen. So sehr die Wissenschaft auch durch die Schriften von Turgot, Stuart, Smith, Say, Sismondi und anderen bereichert wurde, so geben sie doch eine wenig befriedigende Erklärung der natürlichen Bewegung von Rente, Profit und Lohn.

Im Jahre 1815 legten Malthus in seinem ‚Inquiry into the Nature and Progress of Rent'* und ein Mitglied des

* Untersuchung über Wesen und Fortschritt der Rente.

University College, Oxford*, in seinem ‚Essay on the Application of Capital to Land'** der Öffentlichkeit fast gleichzeitig die richtige Theorie der Rente vor, ohne deren Kenntnis es unmöglich ist, die Wirkung der Entwicklung des Wohlstandes auf Profit und Löhne zu verstehen oder aber den Einfluß der Besteuerung auf die verschiedenen Klassen der Gesellschaft ausreichend zu erklären, besonders dann, wenn die besteuerten Waren unmittelbar Produkte der Erdoberfläche sind. Adam Smith und die anderen hervorragenden Autoren, auf die ich verwiesen habe, haben die Grundsätze der Rente nicht richtig erkannt und, so scheint mir, manche bedeutenden Erkenntnisse übersehen, zu denen man nur nach vollständigem Verständnis der Rente kommen kann.

Um diesem Mangel abzuhelfen, sind weit größere Fähigkeiten erforderlich, als sie der Verfasser der folgenden Seiten besitzt. Da er jedoch diesem Problem sorgfältigste Überlegungen gewidmet hat, und in Anbetracht sowohl der Hilfe durch die Werke der erwähnten bedeutenden Autoren als auch der wertvollen Erfahrung, die einige der vergangenen Jahre mit ihrer Fülle von Ereignissen unserer Generation vermittelt haben, hofft er, nicht für vermessen gehalten zu werden, wenn er seine Ansichten über die Gesetze des Profits und des Lohnes und über die Wirkung von Steuern darlegt. Wenn die von ihm als richtig erachteten Grundsätze auch für richtig befunden werden, so wird es Befähigteren vorbehalten sein, die sich daraus ableitenden bedeutsamen Schlußfolgerungen zu ziehen.

Der Autor hat es bei der Bekämpfung überlieferter Meinungen für notwendig erachtet, sich besonders mit jenen Stellen in den Werken Adam Smith' zu be-

* Es handelt sich um Sir Edward West (1782—1828), einem der ersten englischen Theoretiker der Grundrente.

** Abhandlung über die Anwendung von Kapital auf dem Boden.

schäftigen, bei denen er glaubt, Gründe für eine abweichende Meinung zu haben. Er hofft jedoch, daß er nicht deswegen verdächtigt wird, er teile nicht gemeinsam mit allen, welche die Bedeutung der Wissenschaft der Politischen Ökonomie anerkennen, die Bewunderung, die das tiefschürfende Werk dieses gefeierten Autors verdienter Weise hervorrief.

Diese Bemerkung kann auch auf die ausgezeichneten Werke Says bezogen werden. Er war nicht nur der erste Schriftsteller des Kontinents oder zählte zu den ersten, die die Grundsätze Smith' richtig würdigten und anwandten, und der mehr als alle Autoren des Kontinents zusammengenommen getan hat, die Grundsätze dieses aufgeklärten und wohltätigen Systems den Nationen Europas zu empfehlen. Es ist ihm darüber hinaus gelungen, die Wissenschaft in eine logischere und einleuchtendere Ordnung zu bringen und sie durch verschiedene originelle, präzise und gedankenreiche Auseinandersetzungen zu bereichern[1]. Jedoch hat die Achtung des Autors für die Werke dieses Herrn ihn nicht davon abgehalten, jene Stellen der ‚Economie politique', die von seinen eigenen Ideen abweichen, mit der Offenheit zu kommentieren, die seines Erachtens das Interesse der Wissenschaft erfordert.

[1] Kap. XV, besonders Teil 1, ‚Des Débouchés' enthält einige sehr wichtige Grundsätze, die, wie ich glaube, erstmalig von diesem hervorragenden Autor auseinandergesetzt wurden.

VORWORT ZUR DRITTEN AUFLAGE

Ich habe mich bei dieser Auflage bemüht, meine Ansicht über das schwierige Problem des Wertes vollständiger als früher darzulegen, und ich habe deswegen dem ersten Kapitel einiges hinzugefügt. Ich habe auch ein neues Kapitel über Maschinerie und über die Auswirkungen ihrer Verbesserungen auf die Interessen der verschiedenen Klassen des Landes eingeschoben. In dem Kapitel über die unterschiedlichen Eigenschaften von Wert und Reichtum habe ich die Theorien Says zu dieser bedeutenden Frage untersucht, so wie sie in der vierten und letzten Auflage seines Werkes entwickelt werden. Ich habe mich im letzten Kapitel bemüht, die Theorie von der Fähigkeit eines Landes, zusätzliche Geldsteuern durch die Ausfuhr seiner Mankufakturwaren aufzubringen, — obwohl der Gesamtwert seiner Warenmasse in Geld sinkt, entweder infolge des durch Verbesserungen in der Agrarwirtschaft geringeren Arbeitsquantums, das für die Produktion seines Getreides im Inland erforderlich ist, oder infolge der Einfuhr eines Teiles seines Getreides aus dem Ausland zu einem niedrigeren Preis, — stärker als früher in den Mittelpunkt zu rücken. Diese Untersuchung ist von großer Bedeutung für die Frage der ungehinderten Einfuhr ausländischen Getreides, speziell in einem Lande, das als Folge einer ungeheueren Staatsschuld mit hohen und unelastischen Geldsteuern belastet ist. Ich war bestrebt zu zeigen, daß die Fähigkeit, Steuern zu zahlen, weder von dem Bruttogeldwert der Warenmasse noch von dem Netto-Wert in Geld der Revenue des Kapitalisten oder des Grundeigentümers abhängt, sondern von dem Geldwert der Revenue jedes Einzelnen, verglichen mit dem Geldwert der üblicherweise von ihm konsumierten Waren.

26. März 1821.

KAPITEL I

ÜBER DEN WERT

Abschnitt I

Der Wert einer Ware oder die Quantität einer anderen Ware, gegen die sie ausgetauscht wird, hängt ab von der verhältnismäßigen Menge an Arbeit, die zu ihrer Produktion notwendig ist, nicht aber von dem höheren oder geringeren Entgelt, das für diese Arbeit gezahlt wird.

Adam Smith stellt fest, daß „das Wort Wert zwei verschiedene Bedeutungen hat, manchmal die Nützlichkeit eines bestimmten Gegenstandes ausdrückt und manchmal die Fähigkeit, andere Waren zu kaufen, die der Besitz dieses Gegenstandes verleiht. Die eine kann man *Gebrauchswert*, die andere *Tauschwert* nennen. Die Gegenstände", fährt er fort, „die den größten Gebrauchswert haben, besitzen häufig geringen oder gar keinen Tauschwert, während andererseits diejenigen, die den größten Tauschwert haben, einen geringen oder keinen Gebrauchswert besitzen". Wasser und Luft sind außerordentlich nützlich; sie sind sogar für unsere Existenz unentbehrlich, und doch erhält man unter normalen Umständen nichts im Austausch für sie. Hingegen kann man für Gold, obwohl es im Vergleich mit Luft oder Wasser nur geringen Nutzen besitzt, eine große Menge anderer Waren eintauschen.

Nicht die Nützlichkeit ist das Maß des Tauschwertes, obwohl sie ein notwendiges Element desselben ist. Wenn eine Ware in keiner Weise nützlich wäre — anders ausgedrückt, wenn sie durch nichts zu unserem Wohlbefinden beitrüge — so würde ihr jedweder Tauschwert mangeln, gleichgültig, wie selten sie sei oder wieviel Arbeit notwendig wäre, um sie zu beschaffen.

Die Dinge, sobald sie einmal als an sich nützlich anerkannt sind, beziehen ihren Tauschwert aus zwei Quellen: Aus ihrer Seltenheit und der zu ihrer Gewinnung nötigen Arbeitsmenge.

Es gibt einige Dinge, deren Wert nur von ihrer Seltenheit abhängt. Keine Arbeit kann ihre Zahl vermehren, und daher kann ihr Wert nicht durch ein vermehrtes Angebot herabgesetzt werden. Einige auserlesene Statuen und Bilder, seltene Bücher und Münzen, Wein von spezieller Qualität, der nur aus Trauben gekeltert werden kann, die auf besonderem Boden beschränkter Ausdehnung gedeihen, gehören zu dieser Kategorie. Ihr Wert ist völlig unabhängig von der zu ihrer Produktion ursprünglich erforderlichen Menge Arbeit, und er verändert sich mit dem Wechsel des Wohlstandes und der Neigungen derer, die sie zu besitzen wünschen.

Allerdings stellen diese Dinge nur einen sehr kleinen Teil der Warenmasse dar, die täglich auf dem Markt ausgetauscht wird. Der weitaus größte Teil der Gegenstände, für die ein Bedürfnis besteht, wird durch Arbeit gewonnen. Sie können nicht nur allein in einem, sondern in vielen Ländern in fast unbegrenzter Menge vermehrt werden, wenn wir dazu bereit sind, die für ihre Erzeugung notwendige Arbeit aufzuwenden.

Wenn wir also von Waren, ihrem Tauschwert und den Prinzipien reden, die ihre relativen Preise bestimmen, so haben wir stets nur solche im Auge, deren Menge durch menschliche Arbeit vermehrt werden kann und deren Produktion durch uneingeschränkte Konkurrenz beherrscht wird.

In den frühen Stufen der gesellschaftlichen Entwicklung ist der Tauschwert jener Waren oder das Gesetz, welches bestimmt, wieviel von einer Ware für eine andere hingegeben werden muß, fast ausschließlich von der verhältnismäßigen Menge Arbeit abhängig, die auf jede verwandt wurde.

„Der wirkliche Preis jedes Dinges", sagt Adam Smith, „das, was jedes Ding den Mann kostet, der es zu erwerben wünscht, ist die Mühe und Beschwerlichkeit des Erwerbes. Was jedes Ding für denjenigen wert ist, der es sich verschafft hat und der es zu veräußern oder für etwas anderes auszutauschen wünscht, ist die Mühe und Beschwerlichkeit, die es ihm selbst dadurch erspart und anderen auferlegt." „Arbeit war der erste Preis — das ursprüngliche Kaufgeld, mit dem alle Dinge bezahlt wurden". Weiter: „In jenem frühen und rohen Zustande der Gesellschaft, der sowohl der Akkumulation von Kapital als auch der Aneignung des Bodens vorangeht, scheint das Verhältnis zwischen den zur Erlangung verschiedener Gegenstände erforderlichen Arbeitsmengen die einzige Grundlage zu sein, aus der irgendeine Regel für den wechselseitigen Austausch abgeleitet werden kann. Wenn in einem Stamm von Jägern beispielsweise die Erlegung eines Bibers in der Regel zweimal soviel Arbeit wie die eines Hirsches kostet, so wird natürlich der Biber gegen zwei Hirsche ausgetauscht oder zwei Hirsche wert sein. Es ist selbstverständlich, daß das normale Produkt zweitägiger oder zweistündiger Arbeit doppelt soviel wert ist wie das, was normalerweise das Erzeugnis eintägiger oder einstündiger Arbeit ist."[1]

Daß dies tatsächlich die Grundlage des Tauschwertes aller Dinge ist, ausgenommen jener, die durch menschliche Arbeit nicht vermehrbar sind, ist ein Lehrsatz von größter Bedeutung in der politischen Ökonomie; denn in dieser Wissenschaft entspringen keiner anderen Quelle so viele Irrtümer und Meinungsverschiedenheiten, wie den unbestimmten Vorstellungen, die an das Wort Wert geknüpft werden.

[1] Buch I, Kap. 5.

Wenn die in den Gegenständen enthaltene Arbeitsmenge ihren Tauschwert bestimmt, dann muß jede Vergrößerung des Arbeitsquantums den Wert des Gegenstandes, für den es verwendet wurde, erhöhen, ebenso wie jede Verminderung ihn senken muß.

Adam Smith, der die ursprüngliche Quelle des Tauschwertes so genau bestimmte, und der demgemäß verpflichtet war zu behaupten, daß alle Dinge je nach der für sie verwendeten größeren oder geringeren Menge Arbeit mehr oder weniger wertvoll sind, hat selbst noch einen anderen Maßstab für den Wert aufgestellt und spricht davon, daß Dinge mehr oder weniger wertvoll sind, je nachdem, ob sie sich gegen mehr oder weniger dieses Normalmaßes austauschen. An einigen Stellen spricht er von Getreide, an anderen von Arbeit als diesem Normalmaß, aber nicht von der Menge Arbeit, die zur Produktion irgendeines Gegenstandes aufgewendet wurde, sondern von der Quantität, die sie auf dem Markt kommandieren kann: so, als ob dies zwei gleichwertige Begriffe wären und als ob deswegen, weil jemandes Arbeit doppelt ergiebig geworden ist und er daher die zweifache Quantität einer Ware erzeugen kann, er notwendigerweise das Doppelte der früheren Menge dafür einzutauschen imstande ist.

Wenn dies tatsächlich richtig wäre, wenn das Entgelt des Arbeiters immer dem entspräche, was er produziert, würden die auf eine Ware verwendete Menge Arbeit und die Quantität Arbeit, die mit dieser Ware gekauft werden kann, gleich sein, und jede könnte die Veränderungen anderer Dinge zuverlässig messen. Jedoch sie sind nicht gleich: die erstere ist häufig ein unveränderlicher Maßstab, der die Veränderungen der anderen Dinge richtig anzeigt, die zweite ist so vielen Schwankungen unterworfen, als es die Waren sind, die damit verglichen werden. Nachdem Adam Smith sehr einleuchtend die Unzulänglichkeit eines veränderlichen Maßstabes, wie Gold und Silber, für die Bestimmung des wechselnden Wertes anderer Dinge gezeigt hat, wählt er schließlich selbst, indem er Getreide oder Arbeit dazu bestimmt, einen keineswegs weniger veränderlichen Maßstab.

Gold und Silber sind durch die Entdeckung neuer und ergiebigerer Minen zweifellos Schwankungen unterworfen. Solche Entdeckungen sind jedoch selten, und ihre Wirkungen, obgleich beträchtlich, sind auf kurze Zeiträume begrenzt. Sie sind auch durch Vervollkommnung der Geschicklichkeit und der Maschinen, mit denen die Bergwerke betrieben werden, Schwankungen ausgesetzt, da als Resultat solcher Verbesserungen mit derselben Quantität Arbeit größere Mengen gewonnen werden können. Schließlich sind sie auch Schwankungen durch nachlassende Ergiebigkeit der Minen unterworfen, nachdem diese der Welt für längere Zeiträume Zufuhren gegeben haben. Aber von welcher dieser Ursachen von Schwankungen ist Getreide frei? Verändert es sich nicht ebenfalls sowohl durch Verbesserungen der Landwirtschaft, durch den Gebrauch verbesserter Maschinen und Geräte in der Landwirtschaft als auch durch die Erschließung neuer fruchtbarer Landstriche, die in anderen Ländern in Kultur genommen werden und die den Wert des Getreides auf jedem Markt, in den Getreide frei eingeführt werden kann, beeinflussen? Ist es aber nicht andererseits Erhöhungen seines Wertes durch Einfuhrverbote unterworfen, durch Vermehrung der Bevölkerung und des Wohlstandes und durch größere Schwierigkeiten, erhöhte Zufuhren zu erlangen, die sich aus der bei der Bebauung minderwertigen Bodens notwendigen zusätzlichen Menge an Arbeit ergeben? Ist der Wert der Arbeit nicht in gleicher Weise schwankend, da er nicht nur, wie alle anderen Dinge, durch das Verhältnis von Angebot und Nachfrage beeinflußt wird, das sich mit jeder Veränderung der Struktur der Gesellschaft unweigerlich ändert, sondern auch durch den wechselnden Preis der Nahrungsmittel und anderer lebensnotwendiger Dinge, für welche die Arbeitslöhne verausgabt werden?

In ein und demselben Land mag zur Produktion einer gegebenen Menge von Nahrungsmitteln und lebensnotwendigen Dingen in einer bestimmten Zeit die doppelte Quantität Arbeit notwendig gewesen sein als zu einem anderen und späteren Zeitpunkt erforderlich ist; dennoch kann sich das Entgelt des Arbeiters sehr wenig verringert haben. Wenn der Arbeitslohn in dem früheren Zeitraum aus einer bestimmten Menge von Nahrungsmitteln und lebensnotwendigen Artikeln bestanden hat, so kann der Arbeiter wahrscheinlich bei einer Verminderung dieser Quantität nicht weiterexistieren. Nahrungsmittel und lebensnotwendige Artikel werden in diesem Fall um 100 Prozent gestiegen sein, gemessen an der zu ihrer Produktion notwendigen *Menge* Arbeit, während sie ihren Wert kaum erhöht haben werden, gemessen an der Quantität Arbeit, für die sie sich *austauschen*.

Dieselbe Feststellung kann man bezüglich zweier oder mehrerer Länder machen. In Amerika und Polen wird die jährliche Arbeit einer bestimmten Anzahl von Menschen auf dem zuletzt unter Kultur genommenen Boden erheblich mehr Getreide produzieren als auf Boden unter ähnlichen Bedingungen in England. Angenommen nun, alle übrigen lebenswichtigen Artikel sind in den drei Ländern gleich wohlfeil, ist es dann nicht ein großer Irrtum, daraus zu schließen, daß die dem Arbeiter überlassene Menge an Getreide in jedem Lande der Leichtigkeit der Produktion entspricht?

Wenn die Schuhe und Kleider des Arbeiters durch Verbesserungen der Maschinerie mit dem vierten Teile der jetzt zu ihrer Produktion notwendigen Arbeit erzeugt werden können, so sinken sie wahrscheinlich um 75 Prozent; aber es ist von der Wahrheit weit entfernt anzunehmen, daß der Arbeiter dadurch in die Lage versetzt wird, dauernd vier Röcke oder vier Paar Schuhe anstelle von einem Rock oder einem Paar Schuhe zu verbrauchen. Sein Lohn wird sich in kurzer Zeit durch die Wirkung der Konkurrenz und den Anreiz zur Bevölkerungsvermehrung dem neuen Werte der lebenswichtigen Artikel, für die er ausgegeben wird, anpassen. Wenn diese Verbesserungen sich auf alle Gegenstände des Konsums des Arbeiters erstrecken, so finden wir ihn wahrscheinlich nach wenigen Jahren im Besitz einer nur geringen, wenn überhaupt einer Vergrößerung seiner Annehmlichkeiten, obwohl der Tauschwert jener Waren eine recht bedeutende Verminderung erfährt im Vergleich mit einer beliebigen anderen Ware, bei deren Produktion keine solchen Verbesserungen eingeführt wurden, und obwohl sie das Erzeugnis einer erheblich geringeren Menge Arbeit sind.

Es kann daher nicht richtig sein, mit Adam Smith zu sagen, „daß, da die Arbeit manchmal eine größere und manchmal eine geringere Menge Waren zu *kaufen* imstande ist, es deren Wert ist, der sich verändert, nicht aber der der Arbeit, die sie kauft“ und deshalb, „daß *nur die Arbeit niemals ihren eigenen Wert* ändert und daher allein der letzte und wirkliche Maßstab ist, an dem der Wert aller Waren jederzeit und allerorts gemessen und verglichen werden kann“. Aber es ist richtig, zu sagen, wie Adam Smith vorher festgestellt hat, „daß das Verhältnis zwischen den zur Erlangung verschiedener Gegenstände erforderlichen Arbeitsmengen die einzige Grundlage zu sein scheint, aus der irgendeine Regel für den wechselseitigen Austausch abgeleitet werden kann“ oder mit anderen Worten, daß es die verhältnismäßige Menge der durch Arbeit erzeugten Waren ist, welche ihren gegenwärtigen oder früheren relativen Wert bestimmt, nicht aber die relativen Mengen an Waren, die dem Arbeiter im Austausch für seine Arbeit gegeben werden.

Zwei Waren verändern ihren relativen Wert, und wir möchten wissen, bei welcher von ihnen die Veränderung tatsächlich eingetreten ist. Wenn wir den derzeitigen Wert der einen mit Schuhen, Strümpfen, Hüten, Eisen, Zucker und allen anderen Waren vergleichen, so finden wir, daß sie sich gegen genau die gleiche Menge all dieser Dinge austauscht wie früher. Wenn wir nun die andere mit den gleichen Waren vergleichen, dann stellen wir fest, daß sie sich in bezug auf sie alle verändert hat. Wir können jetzt mit großer Wahrscheinlichkeit den Schluß ziehen, daß die Veränderung bei dieser Ware eingetreten ist und nicht bei jenen, mit denen wir sie verglichen haben. Wenn sich bei einer noch eingehenderen Untersuchung aller der Bedingungen, die mit der Produktion dieser verschiedenen Waren verbunden sind, herausstellt, daß genau dieselbe Menge an Arbeit und Kapital zur Produktion von Schuhen, Strümpfen, Hüten, Eisen, Zucker usw. notwendig ist, daß hingegen nicht mehr dieselbe Menge wie früher zur Produktion jener einzelnen Ware erforderlich ist, deren relativer Wert sich verändert hat, so wird damit die Wahrscheinlichkeit zur Gewißheit, und wir können sicher sein, daß die Veränderung in der einzelnen Ware vor sich gegangen ist; wir entdecken dann außerdem die Ursache ihrer Veränderung.

Falls ich feststelle, eine Unze Goldes wird gegen eine geringere Quantität der oben aufgezählten und vieler anderer Waren ausgetauscht, und wenn ich außerdem finde, daß durch die Entdeckung einer neuen und ergiebigeren Mine oder durch die besonders vorteilhafte Verwendung von Maschinerie eine bestimmte Quantität Gold mit einer geringeren Menge Arbeit gewonnen werden kann, so werde ich mit Recht behaupten können, daß die Ursache der Wertveränderung des Goldes im Verhältnis zu anderen Waren in der größeren Leichtigkeit seiner Produktion oder in der zu seiner Gewinnung erforderlichen geringeren Menge Arbeit liegt. Wenn der Wert der Arbeit im Verhältnis zu allen anderen Dingen erheblich fällt und wenn sich herausstellt, daß dieser Fall die Folge eines reichlichen Angebotes ist, hervorgerufen durch die größere Leichtigkeit, mit der Getreide und die anderen lebenswichtigen Konsumgüter produziert werden, so kann ich wohl mit Recht behaupten, daß diese Waren im Werte gesunken sind, weil zu ihrer Produktion eine geringere Menge Arbeit benötigt wurde, und daß dieser größeren Leichtigkeit der Beschaffung des Lebensunterhaltes des Arbeiters ein Fall im Wert der Arbeit gefolgt ist. Nein, sagen Adam Smith und Malthus, im Falle des Goldes war es richtig, seine Veränderung als einen Fall seines Wertes zu bezeichnen, denn Getreide und Arbeit hatten sich damals nicht verändert und da Gold eine geringere Quantität von ihnen wie auch von anderen Dingen als früher zu kaufen vermag, war es richtig zu sagen, daß alle Dinge unverändert blieben und sich nur das Gold verändert hat. Aber wenn Getreide und Arbeit fallen, — jene Dinge, die wir ungeachtet aller Veränderungen, denen sie, wie wir zugeben, unterworfen sind, als unser Normalmaß des Wertes erwählt haben, — wäre es höchst unrichtig, dies zu behaupten. Man hat jetzt richtigerweise zu sagen, daß Getreide und Arbeit unverändert geblieben sind, während der Wert aller anderen Dinge gestiegen ist.

Gerade gegen eine solche Darstellung verwahre ich mich. Ich finde, daß, genau wie im Falle des Goldes, die Ursache der Veränderung zwischen dem Getreide und den anderen Dingen die nunmehr zu seiner Produktion erforderliche geringere Menge an Arbeit ist. Ich muß daher in logischer Konsequenz die Veränderung bei Getreide und Arbeit als einen Fall ihres Wertes bezeichnen, nicht aber als eine Erhöhung des Wertes der Dinge, mit denen sie verglichen worden sind. Wenn ich einen Arbeiter für eine Woche mieten muß, und ich zahle ihm an Stelle von zehn Schillingen acht, ohne daß eine Veränderung des Geldwertes eingetreten ist, so kann der Arbeiter wahrscheinlich mit seinen acht Schillingen mehr Nahrungsmittel und lebenswichtige Konsumgüter erhalten als vordem für zehn. Aber dies entspringt nicht, wie Adam Smith und in jüngster Zeit Malthus behaupten, einer Erhöhung des realen Wertes seines Lohnes, sondern geht auf einen Fall im Werte jener Dinge zurück, für die er seinen Lohn ausgibt — zwei völlig verschiedene Angelegenheiten. Man hält mir jedoch vor, daß ich eine neue und ungebräuchliche Ausdrucksweise anwende, die mit den wahren Prinzipien der Wissenschaft nicht vereinbar sei, wenn ich dies einen Fall im realen Wert des Lohnes nenne. Mir scheint es jedoch, daß die ungewöhnliche und wirklich unangebrachte Ausdrucksweise jene ist, deren sich meine Kritiker bedienen.

Angenommen, ein Arbeiter wird für die Arbeit einer Woche mit einem Bushel Getreide bezahlt, wenn der Preis von Getreide 80 Schillinge pro Quarter beträgt, und er bekommt einundeinviertel Bushel, sobald der Preis auf vierzig Schilling fällt. Angenommen ferner, er verbraucht mit seiner Familie ein halbes Bushel Getreide wöchentlich und tauscht den Rest für andere Dinge, z. B. Brennmaterial, Seife, Kerzen, Tee, Zucker, Salz usw. ein. Wenn ihm nun in dem einen Fall die drei Viertel Bushel, welche ihm verbleiben, nicht die gleiche Menge der genannten Waren verschaffen können, wie ein halber Bushel in dem anderen Falle, — was nicht sein wird — ist dann die Arbeit im Werte gestiegen oder gefallen? Gestiegen, müßte Adam Smith sagen, weil sein Maßstab Getreide ist, und der Arbeiter erhält mehr Getreide für die Arbeit einer Woche. Gefallen, muß derselbe Adam Smith sagen, „weil der Wert eines Gegenstandes von der Fähigkeit abhängt, andere Waren zu kaufen, die der Besitz dieses Gegenstandes verleiht,“ und die Arbeit hat eine geringere Kraft, solche Waren zu kaufen.

Abschnitt 2

Verschieden qualifizierte Arbeit wird verschieden entlohnt. Das ist keine Ursache für eine Veränderung des relativen Wertes der Waren.

Wenn ich von der Arbeit als der Grundlage allen Wertes und von der relativen Quantität Arbeit als fast alleinigem Bestimmungsgrund für den relativen Wert von Waren spreche, so sollte man mir doch nicht unterstellen, ich wäre mir der verschiedenen Qualitäten der Arbeit und der Schwierigkeit nicht bewußt, die sich beim Vergleich von einer Stunde oder einem Tag Arbeit in einem bestimmten Beruf mit Arbeit von gleicher Dauer in einem anderen ergibt. Die Wertschätzung, deren sich die verschiedenen Qualitäten von Arbeit erfreuen, wird auf dem Markt sehr bald mit der für alle praktischen Zwecke genügenden Genauigkeit bestimmt. Sie hängt wesentlich von der verhältnismäßigen Geschicklichkeit des Arbeiters und der Intensität der geleisteten Arbeit ab. Die einmal gebildete Skala ist nur geringen Veränderungen unterworfen. Wenn die Tagesarbeit eines arbeitenden Goldschmiedes wertvoller als die eines Tagelöhners ist, so ist sie vor langer Zeit entsprechend bewertet und in die ihr zukommende Stellung in der Skala des Wertes eingeordnet worden.[1]

[1] „Wenngleich die Arbeit den wirklichen Maßstab des Tauschwertes aller Waren bildet, ist nicht sie es, wonach deren Wert üblicherweise geschätzt wird. Sehr oft ist es schwierig, das Verhältnis zweier verschiedener Arbeitsmengen festzustellen. Es wird nicht immer ausschließlich durch die Zeit, die mit zwei verschiedenen Arten von Arbeit verbracht wurde, bestimmt. Der unterschiedliche Grad der erduldeten Mühsal und der geistigen Anspannung muß ebenfalls in Rechnung gestellt werden. In einer Stunde angestrengter Tätigkeit mag mehr Arbeit als in zwei Stunden leichter Beschäftigung geleistet werden, in einer Stunde Arbeit in einem Gewerbe, dessen Erlernung zehn Jahre erfordert, mehr als in einer einmonatigen Tätigkeit in einem gewöhnlichen und alltäglichen Beruf. Es ist jedoch nicht leicht, einen genauen Maßstab, sei es für Mühsal

Bei einem Vergleich des Wertes einer und derselben Ware zu verschiedenen Zeitpunkten braucht man die relative Geschicklichkeit und Intensität der Arbeit, die für diese bestimmte Ware erforderlich ist, kaum zu berücksichtigen, da sie in gleicher Weise in beiden Zeitpunkten wirken. Eine Art von Arbeit zu einer bestimmten Zeit wird hier mit derselben Art zu einer anderen Zeit verglichen; wenn man den zehnten, fünften oder vierten Teil hinzugefügt oder weggenommen hat, so wird dadurch eine der Ursache proportionale Wirkung auf den relativen Wert der Ware erzielt.

Wenn ein Stück Tuch gegenwärtig zwei Stücke Leinen wert ist, und in zehn Jahren, von jetzt an gerechnet, der gewöhnliche Wert eines Stückes Tuch gleich vier Stück Leinen ist, so kann man mit Sicherheit daraus schließen, daß entweder mehr Arbeit für die Erzeugung von Tuch oder weniger für die Erzeugung von Leinen erforderlich ist, oder, daß beide Ursachen wirksam wurden.

Da die Untersuchung, auf die ich des Lesers Aufmerksamkeit lenken möchte, sich auf die Wirkung der Veränderungen in dem relativen Wert der Waren und nicht in ihrem absoluten Wert bezieht, wird es von geringer Bedeutung sein, den relativen Grad von Wertschätzung [estimation], in dem die verschiedenen Arten menschlicher Arbeit stehen, zu untersuchen. Unabhängig von der möglicherweise ursprünglich vorhanden gewesenen Ungleichheit und unabhängig davon, welche geistige Fähigkeit, Geschicklichkeit oder Zeit zur Erlernung irgendeines speziellen Handwerks im Vergleich mit ande-

oder geistige Anstrengung, zu finden. Beim Tausch der verschiedenen Produkte verschiedener Arten von Arbeit wird allerdings gewöhnlich beides in Anrechnung gebracht. Die Berichtigung erfolgt jedoch nicht mit Hilfe eines genauen Maßstabes, sondern durch das Feilschen und Handeln auf dem Markt, nach jener Art roher Gleichheit, welche zwar nicht genau ist, aber zur Abwicklung der Geschäfte des täglichen Lebens ausreicht". Wealth of Nations, Buch I, Kap. 10.

ren auch notwendig gewesen sein mag, so können wir doch ruhig annehmen, daß alles dies von einer Generation zur anderen nahezu unverändert geblieben ist, zumindest aber, daß die Veränderung von Jahr zu Jahr höchst unbeträchtlich ist und daher innerhalb kurzer Zeiträume nur eine geringe Wirkung auf den relativen Wert der Waren haben kann.

„Das Verhältnis zwischen den verschiedenen Raten des Lohnes und des Profits in den verschiedenen Sphären der Beschäftigung von Arbeit und Kapital scheint nicht wesentlich durch Reichtum oder Armut, durch Fortschritt, Stagnation oder Rückentwicklung der Gesellschaft beeinflußt zu werden, wie bereits bemerkt wurde. Obwohl solche Umwälzungen der allgemeinen Wohlfahrt sowohl auf die allgemeine Rate des Lohnes als auch auf die des Profits einwirken, müssen sie das schließlich in allen Sphären gleichmäßig tun. Das Verhältnis zwischen ihnen muß daher das gleiche bleiben und kann wohl durch solche Umwälzungen nicht verändert werden, zumindest nicht für längere Zeit."[1]

Abschnitt 3

Nicht nur die auf Waren unmittelbar angewandte Arbeit beeinflußt den Warenwert, sondern auch die Arbeit, die auf Geräte, Werkzeuge und Gebäude verwendet worden ist, welche die unmittelbar verausgabte Arbeit unterstützen.

Sogar auf jener frühen Stufe, auf die sich Adam Smith bezieht, ist für einen Jäger ein geringes Kapital — möglicherweise von ihm selbst angefertigtes und angesammeltes — notwendig, um ihm das Erlegen seines Wildes zu ermöglichen. Ohne irgendeine Waffe können weder Biber noch Hirsche zur Strecke gebracht werden, und daher wird der Wert dieser Tiere nicht allein durch die zu ihrer Erlegung notwendige Zeit bestimmt, sondern auch durch

[1] Wealth of Nations, Buch I, Kap. 10.

die zur Beschaffung des Kapitals des Jägers erforderliche Zeit und Arbeit, also der Waffe, mit deren Hilfe ihre Erlegung bewerkstelligt wurde.

Nehmen wir an, die zur Tötung des Bibers erforderliche Waffe ist mit Hilfe von wesentlich mehr Arbeit hergestellt worden als die andere, zur Tötung des Hirsches notwendige, wegen der größeren Schwierigkeit, sich jenem Tiere zu nähern und der sich daraus ergebenden Notwendigkeit, genauer zu treffen. Natürlich wird ein Biber mehr wert sein als zwei Hirsche, und zwar nur deshalb, weil insgesamt mehr Arbeit für seine Tötung notwendig ist. Oder angenommen, die gleiche Menge Arbeit ist für die Anfertigung beider Waffen notwendig, jedoch sind sie von sehr verschiedener Lebensdauer. Von dem dauerhaften Gerät wird nur ein kleiner Teil seines Wertes auf die Ware übertragen, aber ein erheblich größerer Teil des Wertes des weniger dauerhaften wird in der Ware, zu deren Produktion es beitrug, enthalten sein.

Alle zur Erlegung des Bibers und des Hirsches erforderlichen Geräte mögen einer bestimmten Klasse Menschen gehören und die bei ihrer Erlegung aufgewandte Arbeit von einer anderen Klasse geleistet werden; selbst dann werden die relativen Preise im Verhältnis zu der jeweils sowohl für die Bildung des Kapitals als auch für die Erlegung der Tiere aufgewendeten Arbeit stehen. Bei unterschiedlichen Bedingungen von Überfluß oder Mangel an Kapital im Verhältnis zur Arbeit und bei unterschiedlichen Bedingungen von Überfluß oder Mangel an Nahrungsmitteln und lebensnotwendigen Konsumgütern können diejenigen, die den gleichen Kapitalwert für die eine oder die andere Verwendung bereitstellten, die Hälfte, ein Viertel oder ein Achtel des Produktes erhalten, während der Rest als Lohn denjenigen ausgezahlt wird, die die Arbeit leisteten. Aber diese Verteilung kann den relativen Wert dieser Waren nicht beeinflussen; ob der Kapitalprofit höher oder geringer, ob er 50, 20 oder 10 Prozent, oder ob der Arbeitslohn hoch oder niedrig ist, alles das wirkt gleichmäßig bei beiden Arten der Verwendung.

Wenn wir nun annehmen, daß sich die verschiedenen Berufe der Gesellschaft entwickeln, daß einige Boote und Fischereigeräte, andere Samen und die primitiven Geräte, die man ursprünglich in der Landwirtschaft verwendete, liefern, dann gilt immer noch derselbe Grundsatz, daß der Tauschwert der erzeugten Waren sich nach dem Verhältnis der zu ihrer Produktion verwendeten Arbeit bemißt, und zwar nicht nur nach der auf ihre unmittelbare Produktion verwendeten, sondern auch nach der in allen den Geräten und Maschinen enthaltenen, die für das Ergebnis der speziellen Arbeit, bei der sie eingesetzt wurden, erforderlich sind.

Wenn wir einen Zustand der Gesellschaft betrachten, in dem größere Fortschritte gemacht worden sind und in dem die Künste und der Handel gedeihen, so werden wir immer noch finden, daß der Wert der Waren sich in Übereinstimmung mit diesem Grundsatz ändert. Zum Beispiel werden wir bei der Schätzung des Tauschwertes von Strümpfen finden, daß ihr Wert im Vergleich mit anderen Dingen von der gesamten zu ihrer Produktion und ihrem Verkauf notwendigen Arbeit abhängt. Da ist erstens die Arbeit, die zur Bebauung des Bodens erforderlich ist, auf dem die Rohbaumwolle gezogen wird; zweitens, die Arbeit beim Transport der Baumwolle nach jenem Land, in dem die Strümpfe hergestellt werden sollen, die einen Teil der auf den Bau des transportierenden Schiffes verwendeten Arbeit einschließt und in der Fracht der Waren angerechnet wird; drittens, die Arbeit des Spinners und des Webers; viertens, ein Teil der Arbeit des Maschinenbauers, des Schmiedes und des Zimmermanns, die jene Gebäude und Maschinen bauten, mit deren Hilfe die Strümpfe hergestellt werden; fünftens, die Arbeit des Einzelhändlers, sowie vieler anderer, deren Aufzählung im einzelnen überflüssig ist. Die Gesamtsumme dieser verschiedenen Arten von Arbeit bestimmt die Menge anderer Gegenstände, gegen die die Strümpfe getauscht werden, während dieselbe Berechnung der verschiedenen Mengen an Arbeit, die auf diese anderen Dinge verwendet wurden, gleicherweise die Menge bestimmt, die man in diesen Dingen für die Strümpfe hingibt.

Um uns davon zu überzeugen, daß dies die wirkliche Grundlage des Tauschwertes ist, nehmen wir an, irgendeine arbeitssparende Verbesserung ist in einem der verschiedenen Prozesse gemacht worden, die die Rohbaumwolle durchlaufen muß, bevor die fertigen Strümpfe auf den Markt kommen, um gegen andere Dinge eingetauscht zu werden. Untersuchen wir die eintretende Wirkung. Wenn weniger Menschen zum Anbau der Baumwolle nötig sind, vielleicht weniger Seeleute in der Schiffahrt oder weniger Werftarbeiter bei dem Bau des die Rohbaumwolle zu uns bringenden Schiffes beschäftigt werden, wenn schließlich weniger Arbeiter bei der Herstellung der Gebäude und Maschinen tätig sind oder aber diese nach ihrer Herstellung wirkungsvoller eingesetzt werden, so fällt sicherlich der Wert der Strümpfe und verfügt daher über geringere Mengen anderer Dinge. Sie sinken, weil eine kleinere Menge Arbeit zu ihrer Produktion erforderlich war, und daher tauschen sie sich gegen eine geringere Menge jener Dinge aus, bei denen keine Verringerung der Arbeit stattgefunden hat.

Ökonomie bei der Anwendung von Arbeit bewirkt immer die Verminderung des relativen Wertes einer Ware, gleichgültig, ob die Ersparnis bei der zur Erzeugung der Ware unmittelbar erforderlichen Arbeit eintritt oder bei jener, die zur Bildung des Kapitals notwendig ist, mit dessen Hilfe sie produziert wird. In beiden Fällen wird der Preis der Strümpfe sinken, sei es, daß weniger Menschen als Bleicher, Spinner und Weber — Leute, die zu ihrer Produktion unmittelbar notwendig sind — oder als Seeleute, Frachtführer, Maschinenbauer und Schmiede — Leute, die vorwiegend mittelbar in

Betracht kommen — beschäftigt werden. In dem einen Fall kommt die gesamte Arbeitersparnis den Strümpfen zugute, weil dieser Teil der Arbeit auf die Strümpfe beschränkt war, während im anderen Falle nur ein Teil auf die Strümpfe entfällt, und der Rest all den anderen Waren zugute kommt, zu deren Produktion die Gebäude, Maschinen und der Transport dienen.

Angenommen, daß in den frühen Gesellschaftsstufen Bogen und Pfeile des Jägers den gleichen Wert und die gleiche Lebensdauer haben wie der Kahn und die Geräte des Fischers, daß sie beide Produkte desselben Quantums Arbeit sind. Unter diesen Umständen entspricht der Wert des Hirsches, das Produkt der Tagesarbeit des Jägers, genau dem Wert der Fische, dem Produkt der Tagesarbeit des Fischers. Das Wertverhältnis des Fisches und des Wildprets wird völlig durch die in jedem der beiden enthaltene Arbeitsmenge bestimmt, unabhängig von der produzierten Menge oder von einem hohen oder niedrigen Stand der Löhne und des Profits. Beispielsweise haben die Kähne und Gerätschaften des Fischers einen Wert von 100 £, ihre Lebensdauer ist auf zehn Jahre berechnet, und er beschäftigt zehn Leute, deren Arbeit jährlich 100 £ kostet und die in einem Tage durch ihre Arbeit zwanzig Lachse fangen. Wenn die von dem Jäger verwendeten Waffen ebenfalls einen Wert von 100 £ besitzen und ihre Lebensdauer auf zehn Jahre berechnet ist, und er auch zehn Mann beschäftigt, deren Arbeit im Jahr 100 £ kostet, und die ihm in einem Tage zehn Hirsche verschaffen, — dann wäre der natürliche Preis eines Hirsches zwei Lachse, gleichgültig ob der Anteil vom Gesamtprodukt groß oder klein ist, der auf die Leute, die es produzierten, entfällt. Der etwa als Lohn bezahlte Anteil ist von größter Bedeutung für die Frage des Profits, denn es muß sofort einleuchten, daß die Profite genau in dem Verhältnis hoch oder niedrig sind, wie die Löhne niedrig oder hoch sind. Das aber kann den verhältnismäßigen Wert von Fisch und Wildpret nicht im geringsten beeinflussen, da der Lohn zur gleichen Zeit in beiden Berufen hoch oder niedrig ist. Wenn der Jäger das Argument, er hätte einen großen Teil oder den Wert eines großen Teiles seines Wildprets als Lohn bezahlen müssen, als ein Mittel benützt, den Fischer zu veranlassen, ihm mehr Fische im Austausch für sein Wild zu geben, so wird der letztere erklären, daß er durch dieselbe Ursache in gleicher Weise betroffen ist. Deshalb wird die natürliche Rate des Austausches trotz aller Veränderungen des Lohnes und Profits und aller Auswirkungen der Anhäufung von Kapital ein Hirsch für zwei Lachse sein, solange jeder weiterhin die gleiche Menge Fisch, beziehungsweise die gleiche Menge Wildpret durch die Arbeit eines Tages erhält.

Wenn durch das gleiche Quantum Arbeit eine geringere Menge Fisch oder eine größere Menge Wildpret gewonnen wird, so steigt der Wert des Fisches im Vergleich mit dem des Wildes. Wenn umgekehrt mit derselben Arbeit eine geringere Menge Wildpret oder eine größere Menge Fisch gewonnen wird, so wird Wildpret im Vergleich zu Fisch steigen.

Wenn es irgendeine in ihrem Wert unveränderliche andere Ware gäbe, so wären wir imstande, durch Vergleich des Wertes des Fisches und des Wildprets mit dieser Ware festzustellen, wieviel von der Veränderung einer Ursache, die den Wert des Fisches beeinflußt, und wieviel einer Ursache, die den Wert des Wildprets beeinflußt, zuzuschreiben ist.

Nehmen wir an, das Geld wäre diese Ware. Wenn ein Lachs 1 £ und ein Hirsch 2 £ wert ist, so wird ein Hirsch zwei Lachse wert sein. Aber ein Hirsch kann den Wert dreier Lachse haben, weil mehr Arbeit benötigt wird, um den Hirsch zu erlegen oder weniger, um den Lachs zu fangen, oder weil diese beiden Ursachen vielleicht gleichzeitig wirksam sind. Wenn wir diesen unveränderlichen Maßstab hätten, so könnten wir leicht feststellen, in welchem Ausmaß jede der beiden Ursachen wirkt. Verkauft man Lachs weiterhin für 1 £, während Hirsch auf 3 £ steigt, so können wir daraus schließen, daß mehr Arbeit erforderlich war, um den Hirsch zu erlegen. Wenn weiterhin Hirsch zum selben Preis von 2 £ und Lachs für 13 sh 4 d verkauft wird, so können wir sicher sein, daß weniger Arbeit für den Fang des Lachses erforderlich war; wenn aber Hirsch auf 2 £ 10 sh ansteigt und Lachs auf 16 sh 8 d fällt, so können wir überzeugt sein, daß beide Ursachen bei der Änderung des relativen Wertes dieser Waren mitgewirkt haben.

Keine Veränderung der Arbeitslöhne kann irgendeine Veränderung im relativen Wert dieser Waren hervorbringen; denn angenommen sie steigen, so wird doch keine größere Quantität Arbeit in einem dieser Berufe benötigt, sondern sie werden zu einem höheren Preise bezahlt werden. Die gleichen Gründe, die den Jäger und den Fischer danach streben lassen, den Wert ihres Wildprets und ihres Fisches zu erhöhen, würden auch den Bergwerkseigentümer zu einer Steigerung des Wertes seines Goldes veranlassen. Da dieser Anreiz mit derselben Stärke auf alle diese drei Berufe einwirkt, und die relative Lage der in ihnen Tätigen vor und nach der Lohnsteigerung dieselbe ist, so wird der relative Wert von Wild, Fisch und Gold weiterhin unverändert bleiben. Die Löhne können um zwanzig Prozent steigen und die Profite demzufolge in größerem oder geringerem Ausmaß sinken, ohne damit auch nur die geringste Änderung im relativen Wert dieser Waren hervorzurufen.

Angenommen nun, es kann mit derselben Arbeit und demselben fixen Kapital mehr Fisch, aber nicht mehr Gold oder Wildpret gewonnen werden, so fällt der relative Wert des Fisches im Vergleich zu Gold oder Wildpret. Wenn anstatt zwanzig, fünfundzwanzig Lachse das Ergebnis einer Tagesarbeit sind, wird der Preis eines Lachses sechzehn Schilling statt ein Pfund sein, und an Stelle von zwei Lachsen werden zweieinhalber Lachs in Tausch für einen Hirsch gegeben, aber der Preis des

Hirsches wird weiterhin wie früher 2 £ sein. In gleicher Weise gewinnt Fisch an relativem Wert, sobald weniger Fisch mit demselben Kapital und derselben Arbeit erbeutet werden kann. Fisch gewinnt oder verliert daher nur an Tauschwert, weil mehr oder weniger Arbeit erforderlich war, um eine bestimmte Menge zu fangen; er kann aber niemals über das Ausmaß der erforderlichen erhöhten oder verminderten Quantität Arbeit hinaus steigen oder fallen.

Wenn wir also einen unveränderlichen Maßstab hätten, mit dem wir die Veränderungen anderer Waren messen könnten, so würden wir finden, daß die äußerste Grenze, bis zu der sie dauernd zu steigen vermögen, wenn sie unter den angenommenen Bedingungen produziert werden, dem zu ihrer Produktion zusätzlich erforderlichen Quantum Arbeit entspricht, und daß sie nicht im geringsten steigen können, ohne daß mehr Arbeit zu ihrer Produktion benötigt wird. Eine Erhöhung der Löhne erhöht weder ihren Wert in Geld noch im Verhältnis gegenüber anderen Waren, zu deren Produktion keine zusätzliche Menge Arbeit erforderlich ist und für die dieselbe Menge fixen und zirkulierenden Kapitals aufgewendet wird, wobei das fixe Kapital die gleiche Lebensdauer hat. Falls mehr oder weniger Arbeit bei der Herstellung der anderen Ware benötigt wird, so wird dies, wie wir bereits erklärt haben, unverzüglich eine Veränderung in ihrem relativen Wert auslösen. Diese Veränderung geht jedoch auf die unterschiedliche Menge der erforderlichen Arbeit, nicht aber auf die Erhöhung der Löhne zurück.

Abschnitt 4

Der Grundsatz, daß die auf die Produktion von Waren verwendete Menge Arbeit deren relativen Wert bestimmt, wird durch die Anwendung von Maschinen und anderem fixen und dauerhaften Kapital erheblich modifiziert.

Im vorhergehenden Abschnitt haben wir unterstellt, daß die Geräte und Waffen, die notwendig sind, um den Hirsch und den Lachs zu töten, von gleicher Lebensdauer und das Resultat der gleichen Menge Arbeit sind. Wir haben gesehen, daß die Veränderungen im relativen Wert von Hirsch und Lachs ausschließlich von den zu ihrer Erlegung notwendigen veränderlichen Arbeitsquanten abhingen. Auf jeder Stufe der gesellschaftlichen Entwicklung können jedoch die in den verschiedenen Berufszweigen verwendeten Werkzeuge, Geräte, Gebäude und Maschinen von unterschiedlicher Lebensdauer sein und für ihre Herstellung verschiedene Mengen von Arbeit erfordern. Auch kann das Verhältnis zwischen dem Teil des Kapitals, der zum Unterhalt der Arbeit und dem, der in Werkzeugen, Maschinen und Gebäuden investiert ist, verschieden sein. Dieser Unterschied in der Lebensdauer des fixen Kapitals und die Vielfältigkeit der Größenverhältnisse, in welchen die beiden Formen des Kapitals kombiniert werden können, erzeugen neben der zur Produktion von Waren notwendigen größeren oder geringeren Menge Arbeit eine weitere Ursache für die Veränderungen in deren relativen Wert, nämlich das Steigen oder Fallen des Wertes der Arbeit.

Die vom Arbeiter konsumierte Nahrung und Kleidung, die Gebäude, worin er arbeitet, die Werkzeuge, die bei seiner Arbeit mitwirken, sind alle vergänglicher Natur. Doch besteht ein gewaltiger Unterschied in der Lebensdauer dieser verschiedenen Kapitalien. Eine Dampfmaschine hält länger als ein Schiff, ein Schiff länger als die Kleidung des Arbeiters, die Kleidung des Arbeiters wieder länger als die von ihm konsumierte Nahrung.

Je nachdem Kapital schnell vergänglich ist und oft reproduziert werden muß oder einer langsamen Abnutzung unterliegt, wird es entweder mit dem Namen zirkulierendes oder fixes Kapital bezeichnet.[1] Von einem

[1] Eine unwesentliche Einteilung, bei welcher zudem die Scheidelinie nicht genau gezogen werden kann.

Brauer, dessen Maschinen und Gebäude wertvoll und von langer Lebensdauer sind, sagt man, er verwende einen hohen Anteil fixen Kapitals; andererseits behauptet man von einem Schuhmacher, dessen Kapital hauptsächlich zur Bezahlung von Löhnen verwendet wird, die für Nahrung und Kleidung, also für vergänglichere Waren als Gebäude und Maschinen ausgegeben werden, daß er einen großen Teil seines Kapitals als zirkulierendes Kapital anwende.

Es ist ferner zu bemerken, daß das zirkulierende Kapital in sehr ungleichen Zeiträumen zirkulieren oder zu seinem Anwender zurückfließen kann. Der von einem Pächter zur Aussaat gekaufte Weizen ist im Vergleich zu dem vom Bäcker zum Brotbacken erworbenen Weizen fixes Kapital. Der eine läßt ihn im Boden und kann für ein Jahr keinen Rückfluß erhalten; der andere kann ihn zu Mehl vermahlen lassen und als Brot an seine Kunden verkaufen, daß er innerhalb einer Woche sein Kapital wieder frei hat, um dieselbe Operation von neuem, oder irgendeine andere damit zu beginnen.

Zwei Gewerbezweige können also die gleiche Menge Kapital verwenden, aber es kann sehr unterschiedlich bezüglich des fixen und des zirkulierenden Anteils aufgeteilt sein.

In dem einen Zweig kann sehr wenig Kapital als zirkulierendes, d. h. für den Unterhalt der Arbeit, angewendet werden, — es kann hauptsächlich in Maschinen, Gerätschaften, Gebäuden usw. investiert sein, also Kapital von verhältnismäßig fixem und dauerhaftem Charakter. In einem anderen Zweige kann zwar Kapital gleicher Größe verwendet werden, aber es kann vornehmlich zum Unterhalt der Arbeit angewendet werden und sehr wenig mag in Gerätschaften, Maschinen und Gebäuden investiert sein. Ein Steigen des Arbeitslohnes wird dann unweigerlich unter so verschiedenen Bedingungen produzierte Waren auch ungleich treffen.

Andererseits wiederum können zwei Unternehmer den gleichen Betrag von fixem als auch von zirkulierendem Kapital anwenden, jedoch kann die Lebensdauer ihres fixen Kapitals sehr ungleich sein. Der eine hat möglicherweise Dampfmaschinen im Werte von 10000 £, während der andere Schiffe von gleichem Wert besitzt.

Wenn die Menschen in der Produktion keine Maschinen, sondern nur Arbeit verwendeten, und wenn sie alle denselben Zeitraum benötigten, um ihre Produkte auf den Markt zu bringen, so würde der Tauschwert ihrer Waren genau im Verhältnis zu dem Quantum aufgewendeter Arbeit stehen.

Wenn sie fixes Kapital von gleichem Werte und gleicher Lebensdauer benutzten, wäre der Wert der produzierten Waren ebenfalls derselbe, und die Waren würden mit der zu ihrer Produktion verwendeten größeren oder geringeren Arbeitsmenge schwanken.

Aber obwohl unter ähnlichen Bedingungen produzierte Waren im Verhältnis zueinander sich aus keinem anderen Grunde ändern werden, als infolge einer Zu- oder Abnahme des zur Produktion des einen oder anderen notwendigen Quantums Arbeit, so tritt doch aus dem anderen, von mir bereits erwähnten Grund, nämlich einem Steigen des Wertes der Arbeit, eine Änderung im Vergleich mit anderen Waren ein, die nicht mit demselben verhältnismäßigen Aufwand an fixem Kapital produziert werden, und das, obwohl weder mehr noch weniger Arbeit zur Produktion einer von ihnen aufgewendet wurde. Gerste und Hafer werden ungeachtet irgendwelcher Veränderung des Lohnes weiterhin im gleichen Verhältnis zueinander stehen. Baumwollwaren und Tuch werden sich ebenso verhalten, falls auch sie unter genau gleichen Bedingungen hergestellt werden, — aber dennoch kann bei einem Ansteigen oder Sinken des Lohnes Gerste im Vergleich zu Baumwollwaren und Hafer im Vergleich zu Tuch mehr oder weniger wert sein.

Angenommen, von zwei Personen beschäftigt jede einhundert Leute ein Jahr lang beim Bau von zwei Maschinen, und ein anderer beschäftigt dieselbe Zahl beim Anbau von Getreide, dann wird am Jahresende jede der Maschinen denselben Wert wie das Getreide haben, denn sie sind alle mit der gleichen Quantität Arbeit produziert worden. Angenommen, der Eigentümer der einen Maschine verwendet sie im folgenden Jahr mit Hilfe von hundert Leuten zur Fabrikation von Tuch, und der Eigentümer der zweiten Maschine benutzt die seine auch, um mit Hilfe von hundert Mann Baumwollwaren zu fabrizieren, während der Farmer wie vordem weiterhin hundert Mann beim Anbau von Getreide beschäftigt. Während des zweiten Jahres werden alle dieselbe Menge Arbeiter beschäftigen, aber die Waren und die Maschine des Tuchfabrikanten werden zusammen ebenso wie die des Fabrikanten von Baumwollwaren das Resultat der Arbeit eines Jahres von zweihundert Leuten, oder genauer, der Arbeit von hundert Leuten während zweier Jahre sein; hingegen ist das Getreide durch die Arbeit von hundert Leuten in einem Jahre produziert worden. Wenn daher das Getreide einen Wert von 500 £ hat, dann sollten eigentlich die Maschine und das Tuch des Tuchfabrikanten zusammen einen Wert von 1000 £ und die Maschine und das Baumwollzeug des Fabrikanten der Baumwollwaren ebenfalls den doppelten Wert des Getreides haben. Aber sie werden mehr als den doppelten Wert des Getreides haben, weil der Profit des ersten Jahres aus dem Kapital des Tuchfabrikanten und des Baumwollindustriellen den Kapitalen der beiden zugeschlagen wurde, während der des Farmers verausgabt und verzehrt wurde. Die Waren werden also nach der verschiedenen Lebensdauer ihres Kapitals bewertet, oder, was dasselbe ist, nach der Zeit, die verstreichen muß, bis ein Posten auf den Markt gebracht werden kann, jedoch nicht genau proportional zu der auf sie verwendeten Menge Arbeit. Es wird sich nicht ein Verhältnis von zwei zu eins, sondern ein etwas höheres ergeben, als Entschädigung für den größeren Zeitraum, der verstreichen muß, bevor die wertvollsten Waren auf den Markt gebracht werden können.

Angenommen, daß für die Arbeit jedes Arbeiters jährlich 50 £ bezahlt werden oder daß ein Kapital von 5000 £ verwendet wird und daß der Profit 10 Prozent ausmacht, dann wird am Ende des ersten Jahres sowohl der Wert jeder der beiden Maschinen als auch der des Getreides 5500 £ sein. Im zweiten Jahr werden die Fabrikanten und die Farmer wiederum jeder 5000 £ für den Unterhalt der Arbeit verwenden und werden daher ihre Waren abermals für 5500 £ verkaufen. Doch müssen die Fabrikanten, um mit dem Landwirt gleichzustehen, für das gleiche für Arbeit aufgewendete Kapital von 5000 £ nicht nur 5500 £ erhalten, sondern eine weitere Summe von 550 £ als Profit auf die 5500 £, die sie in Maschinen investiert haben, und ihre Waren müssen daher für 6050 £ verkauft werden. Hier haben wir also Kapitalisten vor uns, die genau die gleiche Menge Arbeit jährlich für die Produktion ihrer Waren verwenden, deren produzierte Waren jedoch wegen der verschiedenen Quantitäten fixen Kapitals oder aufgehäufter Arbeit, die von jedem von ihnen verwendet wurden, in ihrem Werte differieren. Tuch und Baumwollwaren haben den gleichen Wert, weil sie das Produkt gleicher Arbeitsquanten und gleicher Mengen fixen Kapitals sind; Getreide aber ist nicht von gleichem Wert wie diese Waren, weil es, was das fixe Kapital anbetrifft, unter anderen Bedingungen produziert wurde.

Wie aber wird ihr relativer Wert durch eine Erhöhung des Wertes der Arbeit beeinflußt? Es ist offensichtlich, daß die relativen Werte von Tuch und Baumwollwaren keiner Änderung unterworfen werden, da das, was das eine berührt, unter den angenommenen Umständen auch das andere in Mitleidenschaft ziehen muß. Auch die relativen Werte von Weizen und Gerste werden keiner Änderung unterworfen sein, denn beide werden unter gleichen Bedingungen produziert, was das fixe und zirkulierende Kapital anbetrifft. Der relative Wert von Getreide gegenüber Tuch oder Baumwollwaren hingegen muß sich durch ein Steigen der Arbeit ändern.

Der Wert der Arbeit kann nicht ohne ein Sinken des Profits steigen. Wenn das Getreide zwischen dem Farmer und dem Arbeiter geteilt wird, wird um so weniger für den ersteren bleiben, je größer der Anteil des letzteren ist. Ebenso wird bei der Teilung von Tuch oder Baumwollwaren zwischen dem Arbeiter und seinem Unternehmer für den letzteren um so weniger bleiben, je größer der Anteil des ersteren ist. Angenommen also, der Profit sinkt als Folge einer Erhöhung der Löhne von 10 auf 9 Prozent, so werden die Fabrikanten an Stelle der dem gewöhnlichen Preis ihrer Waren als Profit auf ihr fixes Kapital zugeschlagenen 550 £ (auf 5500 £) 9 Prozent oder 495 £ auf diesen Betrag aufschlagen und der Preis wird folglich 5995 £ anstatt 6050 £ sein. Da das Getreide weiterhin für 5500 £ verkauft wird, so werden die Manufakturwaren, für die mehr fixes Kapital aufgewendet wurde, im Verhältnis zu Getreide oder irgendwelchen anderen Waren, in die ein kleinerer Anteil fixen Kapitals eingegangen ist, fallen. Das Ausmaß der durch ein Steigen oder Fallen der Arbeit verursachten Änderung im relativen Wert der Waren hängt somit vom Anteil des fixen Kapitals am gesamten angewandten Kapital ab. Alle Waren, die mit sehr wertvollen Maschinen oder in sehr wertvollen Gebäuden produziert werden oder die eine beträchtliche Zeit erfordern, bevor sie auf den Markt gebracht werden können, werden in ihrem relativen Werte sinken, während alle jene, die hauptsächlich mittels Arbeit produziert oder rasch auf den Markt gebracht werden, an relativem Wert gewinnen werden.

Der Leser sollte sich jedoch bewußt sein, daß diese Ursache der Veränderungen der Waren verhältnismäßig geringfügig in ihren Wirkungen ist. Bei solch einem Ansteigen des Lohnes, das nur ein Sinken des Profits um ein Prozent auslöst, verändern die unter den von mir angenommenen Bedingungen produzierten Waren ihren relativen Wert um nur ein Prozent; sie sinken bei einem solch starken Fall des Profits nur von 6050 £ auf 5995 £. Die größten Wirkungen, die durch ein Ansteigen des Lohnes auf die relativen Preise dieser Waren hervorgebracht werden können, können nicht über 6 oder 7 Prozent hinausgehen, da der Profit wahrscheinlich keinesfalls eine allgemeine und dauernde Senkung über dieses Ausmaß hinaus zulassen kann.

Anders verhält es sich mit der zweiten großen Ursache der Veränderung des Wertes der Waren, nämlich der Vermehrung oder Verminderung der zu ihrer Produktion erforderlichen Menge Arbeit. Wenn zur Produktion des Getreides statt hundert Leute achtzig notwendig sind, so fällt der Wert des Getreides um 20 Prozent oder von 5500 £ auf 4400 £. Wenn zur Produktion des Tuches die Arbeit von achtzig an Stelle von hundert Leuten ausreicht, so fällt Tuch von 6050 £ auf 4950 £. Eine Veränderung der ständigen Profitrate in größerem Ausmaße ist die Auswirkung von Ursachen, die sich nur im Laufe mehrerer Jahre durchsetzen, wohingegen Änderungen in den zur Produktion von Waren notwendigen Arbeitsquanta sich täglich ereignen. Jede Verbesserung der Maschinen, Werkzeuge und Baulichkeiten, sowie bei der Gewinnung von Rohstoffen spart Arbeit und ermöglicht uns die Produktion jener Ware, bei der die Verbesserung angewandt wird, mit mehr Leichtigkeit, was im Ergebnis ihren Wert ändert. Bei der Einschätzung der Ursachen der Änderung des Wertes von Waren wäre es falsch, die Wirkung, die durch ein Steigen oder Sinken von Arbeit verursacht wird, gänzlich zu vernachlässigen, aber es wäre ebenfalls unrichtig, ihr allzu große Bedeutung beizumessen. Obwohl ich gelegentlich auf diese Ursache zurückkommen werde, werde ich daher im folgenden Teil dieses Werkes alle die großen Veränderungen, die in den relativen Werten der Waren stattfinden, als Folge der größeren oder geringeren Quantität Arbeit betrachten, die jeweils zu ihrer Produktion erheischt wird.

Es ist kaum nötig zu betonen, daß Waren, zu deren Produktion die gleiche Menge Arbeit verwandt wurde, dennoch in ihrem Tauschwert abweichen werden, falls sie nicht in der gleichen Zeit auf den Markt gebracht werden können.

Angenommen, ich beschäftige zwanzig Leute für ein Jahr mit einem Aufwand von 1000 £ für die Produktion einer Ware. Am Ende des Jahres beschäftige ich wiederum zwanzig Leute für ein weiteres Jahr mit einem abermaligen Aufwand von 1000 £, um dieselbe Ware zu vollenden oder zu verbessern. Nach Ablauf zweier Jahre bringe ich die Ware auf den Markt. Wenn der Profit 10 Prozent sein soll, so muß meine Ware für 2310 £ verkauft werden, da ich 1000 £ Kapital während eines Jahres und 2100 £ Kapital während eines weiteren Jahres aufgewendet habe. Ein anderer wendet genau dieselbe Menge Arbeit an, aber er wendet sie insgesamt im ersten Jahr an. Er beschäftigt vierzig Mann mit einem Aufwand von 2000 £, und am Ende des ersten Jahres verkauft er mit 10 Prozent Profit, d. h. für 2200 £. Hier haben wir also zwei Waren vor uns, für die eine genau gleiche Menge Arbeit verwendet wurde, wovon eine für 2310 £ und die andere für 2200 £ verkauft wird.

Dieser Fall scheint sich von dem zuletzt angeführten zu unterscheiden, tatsächlich ist er jedoch derselbe. Beide Male geht der höhere Preis auf die größere Zeitspanne zurück, die verstreichen muß, bevor die Ware auf den Markt gebracht werden kann. In dem früheren Beispiel besaßen die Maschinen und das Tuch mehr als den doppelten Wert des Getreides, obwohl nur die doppelte Menge Arbeit für sie verwendet wurde. Im zweiten Beispiel ist eine Ware mehr wert als die andere, obzwar für ihre Produktion nicht mehr Arbeit aufgewendet wurde. Die Wertdifferenz entspringt in beiden Fällen aus der Akkumulation des Profits zu Kapital und ist daher nur eine gerechte Entschädigung für die Zeit, während welcher der Profit einbehalten wurde.

Es zeigt sich also, daß die Einteilung des in verschiedenen Zweigen angelegten Kapitals in fixes und zirkulierendes eine erhebliche Modifikation des Grundsatzes bedingt, der allgemein angewendet werden muß, sofern fast ausschließlich Arbeit in der Produktion angewendet wird: nämlich, daß Waren niemals ihren Wert ändern, es sei denn, es wird eine größere oder geringere Quantität Arbeit zu ihrer Produktion verwendet. Es ist in diesem Abschnitt gezeigt worden, daß ohne eine Änderung des Arbeitsquantums die Erhöhung des Wertes der Arbeit nur einen Fall im Tauschwerte jener Waren verursacht, zu deren Produktion fixes Kapital verwendet wird. Je größer die Menge des fixen Kapitals ist, desto größer wird der Fall sein.

Abschnitt 5

Der Grundsatz, daß der Wert sich nicht mit dem Steigen oder Sinken der Löhne ändert, wird auch durch die verschiedene Lebensdauer des Kapitals und die verschiedene Geschwindigkeit, mit der es zu seinem Besitzer zurückkehrt, modifiziert.

Im vorhergehenden Abschnitt haben wir unterstellt, daß bei zwei gleichen Kapitalen in zwei verschiedenen Zweigen das Verhältnis von fixem und zirkulierendem Kapital verschieden ist. Wir wollen nunmehr annehmen, daß das Verhältnis das gleiche ist, daß jedoch ihre Lebensdauer verschieden ist. In dem Maße, in dem fixes Kapital eine geringere Lebensdauer besitzt, wird es dem Charakter des zirkulierenden Kapitals ähnlicher. Es wird in kürzerer Zeit verbraucht und wertmäßig reproduziert werden, um das Kapital des Fabrikanten zu erhalten. Wir haben gerade gesehen, daß in dem Maße, in dem in einem Betrieb das fixe Kapital überwiegt, der Wert der dort produzierten Waren bei steigenden Löhnen relativ niedriger ist als der Wert der Waren, die in Betrieben produziert werden, in denen das zirkulierende Kapital vorherrscht. Proportional zu der geringeren Lebensdauer des fixen Kapitals und seiner Annäherung an den Charakter des zirkulierenden Kapitals, wird die gleiche Wirkung durch dieselbe Ursache hervorgerufen werden.

Wenn fixes Kapital nicht dauerhafter Natur ist, wird es alljährlich eine große Menge Arbeit erfordern, um seinen ursprünglichen Stand der Leistungsfähigkeit zu erhalten; aber die so verausgabte Arbeit kann betrachtet werden als ob sie in Wirklichkeit für die produzierte Ware verwendet worden ist, die dann einen dieser Arbeit entsprechenden Wert enthalten muß. Wenn ich eine Maschine im Werte von 20000 £ habe, die mit sehr geringem Arbeitsaufwand für die Produktion von Waren einsatzfähig bleibt und deren allgemeiner Verschleiß geringfügig ist, dann brauchte ich bei einer allgemeinen Profitrate von 10 Prozent auf Grund der Verwendung meiner Maschine nicht viel mehr als 2000 £ dem Preise der Waren zuzuschlagen. Ist aber der Verschleiß der Maschine groß und entspricht die für ihre Instandhaltung notwendige Arbeitsmenge derjenigen von fünfzig Mann im Jahr, dann muß ich einen zusätzlichen Preis für meine Waren fordern, der gleich dem von irgendeinem anderen Fabrikanten erzielten ist, der fünfzig Mann für die Produktion anderer Waren beschäftigt, ohne überhaupt irgendwelche Maschinerie zu verwenden.

Jedoch wird ein Steigen des Arbeitslohnes nicht in gleicher Weise solche Waren, die mit schnell verschleißender Maschinerie produziert werden und andere, die mit langsam verschleißender Maschinerie hergestellt werden, berühren. Bei der Produktion der einen Ware wird fortlaufend eine große Quantität Arbeit auf sie übertragen, während bei der anderen sehr wenig übertragen wird. Daher vermindert jede Erhöhung der Löhne oder, was dasselbe ist, jeder Fall des Profits den relativen Wert jener Waren, die mit einem Kapital von langer Lebensdauer produziert werden und erhöht entsprechend den relativen Wert der anderen, die mit rasch verschleißendem Kapital produziert werden. Ein Sinken der Löhne hätte die genau entgegengesetzte Wirkung.

Ich habe bereits erwähnt, daß fixes Kapital von verschiedener Lebensdauer ist. Nehmen wir einmal eine Maschine an, die in einem bestimmten Gewerbe verwendet werden kann, um die Arbeit von hundert Leuten während eines Jahres zu verrichten, und die nur eine einjährige Lebensdauer besitzt. Nehmen wir weiterhin an, die Maschine kostet 5000 £ und der Jahreslohn für hundert Leute betrüge auch 5000 £, dann ist es offensichtlich, daß es für den Fabrikanten völlig gleichgültig ist, ob er die Maschine kauft oder die Leute beschäftigt. Unterstellen wir aber, die Arbeit steigt und der Jahreslohn beträgt demzufolge 5500 £ für hundert Mann, so ist es klar, daß der Fabrikant nicht länger zögern wird und seinen Interessen entsprechend die Maschine kaufen wird, damit seine Arbeit für 5000 £ verrichtet wird. Aber wird die Maschine nicht im Preis steigen, wird sie nicht infolge des Steigens der Arbeit ebenfalls 5500 £ wert sein? Sie würde im Preise steigen, wenn bei ihrer Produktion kein Kapital verwendet worden wäre und ihrem Erbauer kein Profit zu zahlen wäre. Wenn beispielsweise die Maschine das Produkt der Arbeit von hundert Leuten ist, die daran jeder zu einem Lohn von 50 £ ein Jahr lang arbeiten, und ihr Preis daher 5000 £ wäre, so wird sie, falls der Lohn auf 55 £ ansteigt, 5500 £ kosten. Dieser Fall kann jedoch nicht eintreten. Entweder werden weniger als hundert Leute beschäftigt oder aber die Maschine kann nicht für 5000 £ verkauft werden, denn aus diesen 5000 £ muß der Profit für das

Kapital, das die Leute beschäftigt, bezahlt werden. Nehmen wir also an, es werden lediglich fünfundachtzig Leute mit einem Aufwand von 50 £ für jeden, bzw. 4250 £ im Jahr beschäftigt, und die 750 £, die der Verkauf der Maschine über die vorgeschossenen Löhne hinaus erbringt, stellen den Profit für das Kapital des Maschinenbauers dar. Wenn die Löhne um 10 Prozent steigen, so wird er zur Anwendung eines zusätzlichen Kapitals von 425 £ genötigt sein und läßt daher 4675 £ statt 4250 £ arbeiten, wobei er auf dieses Kapital nur einen Profit von 325 £ erhält, falls er seine Maschine weiterhin für 5000 £ verkauft. Aber derselbe Fall tritt bei allen Fabrikanten und Kapitalisten ein: das Steigen des Lohnes trifft sie alle. Falls daher der Maschinenbauer den Preis der Maschine als Folge einer Lohnsteigerung erhöht, so wird sich eine ungewöhnliche Menge Kapital der Erzeugung dieser Maschinen zuwenden, bis ihr Preis nur noch die gewöhnliche Profitrate abwirft.[1] Wir sehen also, daß Maschinen infolge einer Erhöhung der Löhne nicht im Preise steigen.

Jedoch wird der Fabrikant, der bei einer allgemeinen Steigerung der Löhne zu einer Maschine seine Zuflucht nehmen kann, welche die Produktionskosten seiner Ware nicht erhöht, sich besonderer Vorteile erfreuen, wenn er den gleichen Preis weiterhin für seine Waren fordern kann; wie wir bereits gesehen haben, wird er aber genötigt sein, den Preis seiner Waren zu senken,

[1] Wir sehen hier, warum alte Länder stets zur Anwendung der Maschinerie geneigt sind und junge zur Anwendung von Arbeit. Mit jeder Erschwerung der Beschaffung des Lebensunterhaltes steigt notwendigerweise die Arbeit, und mit jeder Steigerung im Preis der Arbeit bietet sich ein neuer Anreiz für die Anwendung von Maschinen. Diese Schwierigkeit der Beschaffung des Lebensunterhaltes tritt in alten Ländern ständig auf. In jungen Ländern kann ohne die geringste Erhöhung der Arbeitslöhne eine sehr erhebliche Zunahme der Bevölkerung vor sich gehen. Es mag ebenso leicht sein, die 7., 8. und 9. Million Menschen zu versorgen wie die 2., 3. und 4.

oder es strömt solange Kapital in seinen Gewerbezweig, bis sein Profit auf das allgemeine Niveau gesunken ist. Darin liegen also die Vorteile der Maschinerie für die Allgemeinheit: diese stummen Agenten sind immer das Produkt von viel weniger Arbeit als jene, die sie verdrängen, selbst dann, wenn sie gleichen Geldwert haben. Durch ihren Einfluß werden weniger Menschen von einer Steigerung der Lebensmittelpreise, welche die Löhne nach oben treibt, betroffen. Wie in dem obigen Beispiel werden fünfundachtzig an Stelle von hundert Leuten ausreichen, und die daraus entspringende Ersparnis zeigt sich in dem herabgesetzten Preis des Produkts. Weder Maschinen noch die durch sie produzierten Waren steigen in ihrem realen Wert, aber alle mit Maschinen erzeugten Waren fallen, und zwar entsprechend deren Lebensdauer.

Man sieht daher, daß in den frühen Entwicklungsstufen der Gesellschaft, bevor viel Maschinerie oder langlebiges Kapital benutzt wurde, die durch gleiche Kapitale produzierten Waren ungefähr den gleichen Wert besitzen, und daß sie untereinander nur steigen oder fallen auf Grund von mehr oder weniger Arbeit, die zu ihrer Produktion erforderlich ist. Aber nach der Einführung dieser kostspieligen und langlebigen Werkzeuge sind die unter Verwendung gleicher Kapitale produzierten Waren von sehr ungleichem Werte. Obwohl sie immer noch im Verhältnis zueinander in dem Maße, in dem mehr oder weniger Arbeit für ihre Produktion notwendig wird, einem Steigen oder Sinken unterworfen sind, unterliegen sie auch einer anderen, wenn auch geringeren Veränderung durch das Steigen oder Fallen von Löhnen und Profiten. Da die für 5000 £ verkauften Waren das Produkt eines Kapitals sein können, das in seiner Höhe gleich einem anderen ist, mit dem Waren produziert wurden, die für 10000 £ verkauft werden, werden die bei ihrer Erzeugung gemachten Profite dieselben sein. Diese Profite wären aber ungleich, wenn die Preise der Waren sich nicht mit einem Steigen oder Fallen der Profitrate ändern würden.

Es zeigt sich außerdem, daß, entsprechend der Lebensdauer des in einer beliebigen Produktionsart angelegten Kapitals, die relativen Preise der Waren, für die dieses langlebige Kapital verwendet wird, sich umgekehrt proportional zu den Löhnen ändern. Sie werden fallen, wenn die Löhne steigen und steigen, wenn die Löhne fallen. Im Gegensatz dazu werden jene Waren steigen, die hauptsächlich durch Arbeit mit weniger fixem Kapital oder mit fixem Kapital von geringerer Lebensdauer als das für die Schätzung der Preise benützte Medium produziert werden, wenn die Löhne steigen und sie werden fallen, wenn die Löhne fallen.

Abschnitt 6

Über ein unveränderliches Maß des Wertes.

Sobald sich Waren in ihrem relativen Wert verändern, ist das Vorhandensein von Mitteln wünschenswert, mit denen man feststellen kann, welche von ihnen in ihrem wirklichen Wert gefallen und welche gestiegen sind. Das kann nur erreicht werden, indem man eine nach der anderen mit einem unveränderlichen Standardmaß des Wertes vergleicht, das selbst keiner der Schwankungen unterworfen ist, denen andere Waren ausgesetzt sind. Der Besitz eines solchen Maßes ist aber nicht möglich, da es keine Ware gibt, die nicht den gleichen Veränderungen ausgesetzt ist wie diejenigen Dinge, deren Wert festgestellt werden soll; das bedeutet, es gibt keine Ware, deren Produktion nicht mehr oder weniger Arbeit erfordern kann. Auch wenn diese Ursache der Veränderung im Werte eines Mediums beseitigt werden könnte, wenn es möglich wäre, daß beispielsweise zur Produktion unseres Geldes jederzeit die gleiche Quantität Arbeit erforderlich wäre, würde es noch immer kein vollkommener Maßstab oder unveränderliches Maß des Wertes sein. Es würde nämlich, wie ich bereits zu erklären versuchte, relativen Veränderungen durch ein Steigen oder Fallen der Löhne unterworfen sein auf Grund der verschiedenen Anteile von fixem Kapital, das vielleicht zu seiner Produktion und zur Produktion jener anderen Waren notwendig ist, deren Wertveränderung wir feststellen wollen. Aus dem gleichen Grunde kann es auch wegen der unterschiedlichen Lebensdauer des für sich selbst und für die mit ihm zu vergleichenden Waren verwendeten fixen Kapitals Veränderungen ausgesetzt sein, — oder die Zeit, die notwendig ist, um es auf den Markt zu bringen, kann länger oder kürzer als die für die anderen Waren erforderliche Zeit sein, deren Veränderungen zu bestimmen sind. Alle diese Umstände machen jede vorstellbare Ware als vollkommen genaues Maß des Wertes ungeeignet.

Wenn wir z. B. Gold als Maßstab festlegen, so handelt es sich offensichtlich nur um eine Ware, die unter denselben Umständen wie jede andere gewonnen wird und zu ihrer Produktion Arbeit und fixes Kapital erfordert. Gleich jeder anderen Ware können bei seiner Produktion arbeitssparende Verbesserungen angewendet werden, und folglich kann es in seinem relativen Wert gegenüber anderen Dingen lediglich infolge der größeren Leichtigkeit seiner Produktion fallen.

Wenn wir annehmen, diese Ursache der Veränderung wäre beseitigt und um dieselbe Menge Gold zu erhalten, würde stets das gleiche Quantum Arbeit benötigt, so würde Gold noch immer kein vollkommenes Wertmaß sein, mit dem wir genau die Veränderungen aller anderen Dinge feststellen können, da es weder mit genau der gleichen Zusammensetzung von fixem und zirkulierendem Kapital wie alle anderen Dinge, noch mit fixem Kapital von gleicher Lebensdauer produziert wurde. Es wird auch nicht den genau gleichen Zeitaufwand, um es auf den Markt zu bringen, benötigen. Es wäre ein vollendetes Maß des Wertes für alle unter genau den gleichen Bedingungen produzierten Dinge, keineswegs aber für andere. Wenn es z. B. unter den gleichen Bedingungen produziert wird, die wir als notwendig für die Produktion von Tuch und Baumwollwaren unterstellt haben, so wäre es ein vollkommenes Wertmaß für diese Dinge, hingegen nicht für Getreide, Kohle und andere, mit einem entweder geringerem oder größerem Anteil von fixem Kapital erzeugten Waren. Denn wie gezeigt, hat jede Veränderung der ständigen Profitrate gewisse Auswirkungen auf den relativen Wert aller dieser Waren, unabhängig von irgendeiner Veränderung in der zu ihrer Produktion verwendeten Menge Arbeit. Aus den gleichen Gründen wird Gold, wenn es unter denselben Bedingungen wie Getreide produziert worden wäre, auch dann, wenn sich diese niemals änderten, nicht immer ein vollkommener Wertmaßstab für Tuch und Baumwollwaren sein. Daher kann weder Gold noch irgendeine andere Ware jemals ein vollkommenes Maß des Wertes für alle Dinge sein. Jedoch habe ich bereits bemerkt, daß die von einer Veränderung des Profits herrührende Wirkung auf die relativen Preise der Waren verhältnismäßig gering ist, und daß die bei weitem bedeutendsten Wirkungen durch die zur Produktion erforderlichen, sich verändernden Arbeitsquanten hervorgebracht werden. Wenn wir uns daher diese wichtige Ursache der Veränderung bei der Produktion von Gold als ausgeschaltet vorstellen, so werden wir wahrscheinlich eine so große Annäherung an ein festes Wertmaß haben, wie sie theoretisch nur denkbar ist. Kann man Gold nicht als eine Ware betrachten, die mit solchen Anteilen der beiden Arten von Kapital produziert wird, die der durchschnittlichen Menge, wie sie bei der Produktion der meisten Waren angewandt wird, am nächsten kommen? Können diese Anteile nicht annähernd gleich weit von den beiden Extremen, — dem einen, bei dem wenig fixes Kapital benutzt wird und dem anderen, bei dem wenig Arbeit beschäftigt wird, — entfernt sein, so daß sie ein gerechtes Mittel zwischen ihnen darstellen?

Wenn ich daher annehmen kann, einen Maßstab zu besitzen, der sich einem unveränderlichen so stark annähert, besteht der Vorteil darin, daß ich von den Veränderungen anderer Dinge sprechen kann, ohne mich bei jeder Gelegenheit durch den Gedanken an die möglichen Wertänderungen des Mediums, in dem Preis und Wert ausgedrückt werden, in Verlegenheit zu bringen.

Um also den Gegenstand dieser Untersuchung zu vereinfachen, werde ich, — obwohl ich vollkommen zugebe, daß aus Gold hergestelltes Geld den meisten Veränderungen anderer Dinge ebenfalls unterworfen ist — es als unveränderlich unterstellen und daher alle Preisänderungen als durch eine Veränderung im Werte der Ware, von der ich gerade spreche, verursacht annehmen.

Bevor ich diesen Gegenstand verlasse, mag die Feststellung angebracht sein, daß Adam Smith und alle die ihm folgenden Autoren nach meiner Kenntnis ausnahmslos behaupteten, ein Steigen des Preises der Arbeit habe eine gleichmäßige Erhöhung des Preises aller Waren zur Folge. Ich hoffe, es ist mir gelungen zu zeigen, daß es keine Gründe für eine derartige Ansicht gibt, und daß nur jene Waren steigen werden, für die weniger fixes Kapital als für das Medium, in welchem der Preis ausgedrückt wird, angewendet worden ist und daß alle jene, für die mehr verwendet wurde, sicherlich im Preise fallen werden, sobald die Löhne steigen. Andererseits werden bei einem Fall der Löhne nur jene Waren sinken, auf die ein geringerer Anteil von fixem Kapital verwendet worden ist als auf das Medium, in dem der Preis geschätzt wird, während alle diejenigen, auf die mehr verwendet wurde, tatsächlich im Preise steigen werden.

Es ist für mich auch notwendig zu bemerken, daß ich nicht behauptet habe, weil auf eine Ware Arbeit verwendet worden ist, die 1000 £ kostet, und auf eine andere für 2000 £, daß deshalb nun der Wert der einen 1000 £ und der der anderen 2000 £ betragen wird. Ich habe aber gesagt, daß sich ihr Wert zueinander wie zwei zu eins verhalten wird und daß sie in diesem Verhältnis ausgetauscht werden. Es hat für die Richtigkeit dieser Behauptung keine Bedeutung, ob die eine dieser Waren für 1100 £ und die andere für 2200 £ verkauft wird, oder aber für 1500 £ und für 3000 £. Diese Frage behandle ich gegenwärtig nicht. Ich betone lediglich, daß sich ihre relativen Werte nach den verhältnismäßigen Mengen Arbeit bestimmen, die zu ihrer Produktion verwendet wurden.[1]

Abschnitt 7

Die verschiedenen Wirkungen, verursacht durch die Veränderung des Wertes des Geldes, dem Medium, in dem der PREIS stets ausgedrückt wird, oder durch die Veränderung im Werte der Waren, die mit Geld gekauft werden.

Obwohl ich, wie ich bereits erklärt habe, Anlaß haben werde, Geld als unveränderlich im Wert zu betrachten, um die Ursachen der relativen Veränderungen des Wertes der anderen Dinge klarer herauszustellen, mag es doch nützlich sein, die unterschiedlichen Wirkungen festzustellen, die sich durch Änderung der Preise der Waren aus den von mir bereits erwähnten Gründen er-

[1] Malthus bemerkt zu dieser Ansicht: „Wir haben allerdings die Macht, die Arbeit, die auf eine Ware verwendet wurde, willkürlich deren wirklichen Wert zu nennen. Wenn wir das aber tun, gebrauchen wir Worte in einem vom gewöhnlichen Gebrauch verschiedenen Sinn. Wir verwischen damit sogleich den sehr wichtigen Unterschied zwischen Kosten und Wert und machen es fast unmöglich, die wesentlichste Triebfeder der Produktion von Reichtum eindeutig zu erklären, was in der Tat von dieser Unterscheidung abhängt."
Malthus scheint zu glauben, daß es ein Teil meiner Ansicht sei, daß Kosten und Wert einer Sache das gleiche seien. Das ist so, wenn er unter Kosten „Produktionskosten", einschließlich Profit, versteht. In den obigen Ausführungen meint er das aber nicht, und er hat mich daher nicht genau verstanden.

geben, nämlich den verschiedenen zu ihrer Produktion erforderlichen Arbeitsquanten und der Veränderung durch einen Wertwechsel des Geldes selbst.

Da Geld eine veränderliche Ware ist, wird das Steigen der Geldlöhne häufig durch ein Sinken des Geldwertes hervorgerufen werden. Ein Steigen der Löhne aus diesem Grunde wird zweifellos unausweichlich von einem Steigen der Warenpreise begleitet sein. Man wird in solchen Fällen jedoch stets finden, daß die Arbeit und alle Waren sich wechselseitig nicht verändert haben und daß die Veränderung auf das Geld beschränkt blieb.

Geld ist unaufhörlichen Veränderungen unterworfen, weil es eine aus dem Ausland bezogene Ware ist, weil es das allgemeine Tauschmittel zwischen allen zivilisierten Ländern ist und weil es darüber hinaus unter jenen Ländern in Proportionen verteilt ist, die beständig mit jeder Verbesserung im Handel und der Maschinerie und mit jeder zusätzlichen Schwierigkeit in der Beschaffung von Nahrungsmitteln und lebensnotwendigen Gütern für eine wachsende Bevölkerung wechseln. Beim Feststellen der Grundsätze, die Tauschwert und Preis bestimmen, sollte man daher sorgfältig unterscheiden zwischen den aus der Ware selbst herrührenden Veränderungen und jenen, die durch eine Änderung in dem Medium verursacht werden, in dem der Wert geschätzt und der Preis ausgedrückt wird.

Ein Steigen der Löhne, das durch eine Änderung des Geldwertes hervorgerufen wird, erzeugt eine allgemeine Wirkung auf den Preis und hat deshalb keinen wirklichen Einfluß auf die Profite. Hingegen bewirkt eine Erhöhung der Löhne infolge einer besseren Bezahlung des Arbeiters oder infolge von Schwierigkeiten der Beschaffung der lebenswichtigen Artikel, für welche die Löhne ausgegeben werden, mit Ausnahme weniger Fälle keine Erhöhung des Preises, sie hat jedoch eine bedeutende Wirkung auf die Senkung des Profits. In dem einen Fall wird kein größerer Anteil der Jahresarbeit des Landes auf den Unterhalt der Arbeiter verwendet, während in dem anderen ein größerer Teil darauf verwendet wird.

Man muß das Steigen oder Fallen von Rente, Profit und Löhnen entsprechend der Teilung des Gesamtprodukts des Bodens einer beliebigen Farm unter die drei Klassen der Grundeigentümer, Kapitalisten und Arbeiter beurteilen, nicht aber nach dem Wert, zu dem dieses Produkt in einem eingestandenermaßen veränderlichen Medium geschätzt wird.

Nicht auf Grund der absoluten Menge von Produkten, die jede Klasse erhält, können wir die Rate des Profits, der Rente sowie der Löhne richtig beurteilen, sondern auf Grund der Quantität Arbeit, die zur Erzeugung jener Menge erforderlich war. Durch Verbesserungen der Maschinerie und der Agrarwirtschaft kann sich das Gesamtprodukt verdoppeln; wenn aber Löhne, Rente und Profit sich ebenfalls auf das Doppelte erhöhen, so werden alle drei zueinander im gleichen Verhältnis wie vorher stehen, und man kann bei keinem von einer relativen Veränderung sprechen. Wenn jedoch die Löhne an dieser Erhöhung nicht voll teilnehmen und, anstelle einer Verdoppelung, lediglich um die Hälfte steigen oder wenn die Rente, anstatt sich zu verdoppeln, nur um drei Viertel zunimmt, und die restliche Erhöhung dem Profit zugute kommt, dann ist es, glaube ich, richtig zu sagen, daß Rente und Löhne gefallen, der Profit aber gestiegen ist. Wenn wir nämlich ein unveränderliches Maß für die Messung des Wertes dieser Produktion hätten, so würden wir finden, daß der Arbeiterklasse und der Klasse der Grundeigentümer weniger und der Kapitalistenklasse mehr Wert als vorher zugefallen ist. Wir werden z. B. vielleicht finden, daß, obwohl die absolute Menge der Waren sich verdoppelt hat, diese das Ergebnis von genau der gleichen Quantität Arbeit wie früher sind. Wenn von je hundert produzierten Hüten, Röcken und Quartern Getreide

die Arbeiter früher hatten	25
die Grundeigentümer	25
und die Kapitalisten	50
	100

und wenn nach einer Verdoppelung der Menge dieser Waren von je 100

die Arbeiter nur hatten	22
die Grundeigentümer	22
und die Kapitalisten	56
	100

dann würde ich in diesem Fall sagen, daß die Löhne und die Rente gefallen und die Profite gestiegen sind, obwohl infolge der Fülle an Waren, die dem Arbeiter und dem Grundeigentümer gezahlte Menge sich im Verhältnis von 25 zu 44 erhöht hat. Die Löhne muß man nach ihrem wirklichen Wert schätzen, d. h. nach der Quantität von Arbeit und Kapital, die zu ihrer Produktion verwendet wurden, nicht aber nach ihrem nominellen Wert in Röcken, Hüten, Geld oder Getreide. Unter den von mir soeben angenommenen Bedingungen fallen die Waren auf die Hälfte ihres früheren Wertes, und falls das Geld sich nicht verändert hat, auch auf die Hälfte ihres früheren Preises. Wenn man finden sollte, daß der Lohn des Arbeiters, ausgedrückt in diesem Medium, dessen Wert sich nicht verändert hat, gefallen ist, so braucht dies nicht im geringsten ein wirklicher Fall zu sein, denn er kann ihm eine größere Menge billiger Waren als sein früherer Lohn verschaffen.

Die Veränderung im Geldwert, wie groß sie auch immer sein mag, ergibt noch keinen Unterschied in der Profit*rate*; denn angenommen, die Waren des Fabrikanten steigen von 1000 £ auf 2000 £ oder um 100 Prozent, so wird seine Profitrate die gleiche sein, wenn sein Kapital, auf das die Veränderungen des Geldes die gleiche Wirkung wie auf den Produktenwert haben, wenn seine Maschinerie, die Gebäude und sein Warenvorrat [stock in trade] ebenfalls um 100 Prozent steigen. Es wird dieselbe Menge vom Arbeitsprodukt des Landes, aber nicht mehr, zur Verfügung haben.

Wenn er mit einem Kapital von bestimmtem Wert durch Arbeitsersparnis die Produktenmenge verdoppeln kann, und sie auf die Hälfte ihres früheren Preises sinkt, so wird sie im gleichen Verhältnis wie früher zu dem Kapital stehen, das sie hervorbrachte, und die Profitrate daher immer noch die gleiche sein.

Wenn der Geldwert zur gleichen Zeit, da der Fabrikant unter Verwendung desselben Kapitals die Produktenmenge verdoppelt, durch irgendeinen Zufall um die Hälfte sinkt, so wird das Produkt für den doppelten Geldwert als vorher verkauft werden. Das für seine Erzeugung aufgewendete Kapital wird aber ebenfalls das Doppelte seines früheren Geldwertes besitzen, darum wird auch in diesem Fall der Wert des Produkts zum Wert des Kapitals im gleichen Verhältnis wie vordem stehen. Obwohl sich das Produkt verdoppelt hat, werden sich Rente, Lohn und Profit nur ändern, wenn die Proportionen wechseln, nach denen dieses doppelte Produkt zwischen den drei Klassen, die daran teilhaben, aufgeteilt wird.

KAPITEL II

ÜBER DIE RENTE

Es bleibt jedoch zu überlegen, ob die Aneignung von Boden und die daraus folgende Entstehung von Rente im relativen Wert der Waren irgendeine Veränderung verursachen wird, unabhängig von der zu ihrer Produktion erforderlichen Quantität Arbeit. Um diesen Teil des Problems zu verstehen, muß man die Natur der Rente und die Gesetze, durch die ihr Steigen oder Fallen bestimmt wird, untersuchen.

Die Rente ist jener Teil des Produkts der Erde, der dem Grundeigentümer für den Gebrauch der ursprünglichen und unzerstörbaren Kräfte des Bodens gezahlt wird. Oft wird sie jedoch mit Zins und Kapitalprofit verwechselt, und in der Umgangssprache wird die Bezeichnung auf alles, was von einem Farmer seinem Grundeigentümer jährlich gezahlt wird, angewendet. Wenn von zwei benachbarten Farmen von gleicher Ausdehnung und natürlicher Fruchtbarkeit die eine mit Gebäuden großzügig ausgestattet und außerdem ordnungsgemäß drainiert, gedüngt und zweckmäßig durch Hecken, Zäune und Mauern parzelliert ist, während die andere keinen dieser Vorteile besitzt, so wird natürlich mehr Vergütung für die Benutzung der einen als für die der anderen gezahlt werden; in beiden Fällen wird aber diese Vergütung Rente genannt. Es ist jedoch offensichtlich, daß nur ein Teil des für die gut gehaltene Farm jährlich bezahlten Geldes für die ursprünglichen und unzerstörbaren Kräfte des Bodens hingegeben wird, während der andere Teil für den Gebrauch des Kapitals gezahlt wird, das zur Verbesserung der Bodenqualität und für den Bau der für die Sicherung und Lagerung des Produkts notwendigen Gebäude aufgewendet wurde. Adam Smith spricht manchmal von Rente in dem strengen Sinn, auf den ich das Wort beschränken möchte, weit öfter jedoch in dem populären Sinne, in dem der Begriff gewöhnlich gebraucht wird. Er berichtet uns, daß die Nachfrage nach Bauholz und dessen daraus entspringender hoher Preis in den südlicheren Ländern Europas die Zahlung von Rente für Wälder in Norwegen bewirkte, die vorher keine Rente abwarfen. Ist es aber nicht offensichtlich, daß derjenige, der das von ihm Gezahlte Rente nennt, es in Anbetracht der wertvollen Ware gezahlt hat, die sich auf dem Boden befand, und daß er sich durch den Verkauf des Holzes in Wirklichkeit mit einem Profit wieder bezahlt? Allerdings, wenn dem Grundeigentümer nach dem Abtransport des Holzes für die Benutzung des Bodens eine Entschädigung gezahlt wird, um es im Hinblick auf künftige Nachfrage mit Holz oder mit einem anderen Produkt zu bestellen, dann kann man mit Recht eine solche Entschädigung Rente nennen, da sie für die produktiven Kräfte des Bodens gezahlt wird. In dem von Adam Smith angeführten Fall aber wurde die Entschädigung für das Recht gezahlt, das Holz zu entfernen und zu verkaufen, nicht aber für das Recht, es anzupflanzen. Er spricht auch über die Rente von Kohlengruben und Steinbrüchen, auf welche die gleiche Überlegung zutrifft, nämlich, daß die für die Grube oder den Steinbruch geleistete Entschädigung für den Wert der Kohle oder der Steine, die ihnen entnommen werden können, gezahlt wird und daß sie keinerlei Beziehung zu den ursprünglichen und unzerstörbaren Kräften des Bodens hat. Das ist für jede sich auf Rente und Profit erstreckende Untersuchung eine Unterscheidung von großer Bedeutung, denn es hat sich ergeben, daß die Gesetze, welche die Entwicklung der Rente bestimmen, sehr verschieden sind von jenen, die die Entwicklung des Profits bestimmen und daß sie selten in gleicher Richtung wirken. Das, was in allen entwickelten Ländern jährlich dem Grundeigentümer bezahlt wird und beide Kategorien, Rente und Profit, umfaßt, bleibt manchmal infolge der Wirkungen einander entgegengesetzter Ursachen stationär, und es erhöht sich oder sinkt zu anderen Zeiten, je nachdem, ob die eine oder andere Ursache überwiegt. Wann immer ich in den folgenden Seiten dieses Werkes von der Grundrente spreche, wünsche ich so verstanden zu werden, als spräche ich von jener Entschädigung, die dem Eigentümer des Bodens für den Gebrauch von dessen ursprünglichen und unzerstörbaren Kräften gezahlt wird.

Bei der ersten Besiedlung eines Landes, in dem es eine Fülle reichen und fruchtbaren Bodens gibt, von dem nur ein sehr geringer Teil für den Unterhalt der vorhandenen Bevölkerung bebaut werden braucht oder mit dem der Bevölkerung zur Verfügung stehenden Kapital tatsächlich bebaut werden kann, wird es keine Rente geben. Denn niemand wird für die Benutzung des Bodens etwas bezahlen, solange eine große Fläche noch nicht angeeignet worden ist und daher jedem zur Verfügung steht, der sich entschließt, ihn zu bebauen.

Nach den allgemeinen Regeln von Angebot und Nachfrage kann für solchen Boden keine Rente gezahlt werden, aus den schon dargelegten Gründen, aus denen nichts für den Gebrauch von Luft und Wasser oder irgendwelcher Naturgaben gegeben wird, die in unerschöpflicher Menge vorhanden sind. Maschinen können mit einer bestimmten Menge Rohstoffe und mit Hilfe des atmosphärischen Drucks und der Ausdehnungsfähigkeit des Dampfes Arbeit leisten und menschliche Arbeit in erheblichem Ausmaße verkürzen, aber für die Benutzung dieser natürlichen Hilfsquellen wird keine Abgabe erhoben, da sie unerschöpflich sind und zu jedermanns Verfügung stehen. Gleicherweise benützen der Brauer, der Schnapsbrenner, der Färber ununterbrochen Luft und Wasser für die Produktion ihrer Waren; da jedoch der Vorrat unbegrenzt ist, haben sie keinen Preis.[1] Wenn der gesamte Boden die gleichen Eigenschaften besäße, wenn er in der Menge nicht begrenzt und an Qualität gleich wäre, könnte für seine Benutzung nichts gefordert werden, sofern er nicht besondere Vorteile

[1] „Wie wir bereits gesehen haben, ist die Erde nicht der einzige Teil der Natur, der über produktive Fähigkeiten verfügt; sie ist jedoch der einzige oder beinahe einzige, den eine Gruppe von Menschen mit Ausschluß der anderen sich aneignet und dessen Nutzen sie sich daher aneignen kann. Auch das Wasser der Flüsse und des Meeres besitzt durch die Kraft, mit der es unsere Maschinen in Bewegung setzt, unsere Schiffe trägt und unsere Fische nährt, produktive Fähigkeiten; der Wind, der unsere Mühlen dreht und sogar die Hitze der Sonne arbeiten für uns. Glücklicherweise konnte bisher noch niemand sagen, der Wind und die Sonne gehören mir, und der von ihnen erwiesene Dienst muß bezahlt werden‘.“
J. B. Say, Economie Politique, Bd. II, S. 124.

der Lage besäße. Nur weil die Menge des Bodens nicht unbegrenzt und an Qualität nicht gleich ist, und weil mit der Zunahme der Bevölkerung Boden geringerer Qualität oder in weniger günstiger Lage in Kultur genommen wird, wird also für seine Benutzung überhaupt eine Rente gezahlt. Wenn im Laufe der Entwicklung der Gesellschaft Boden der zweiten Fruchtbarkeitsklasse bebaut wird, entsteht auf dem erstklassigen sofort eine Rente, deren Höhe von der Differenz der Qualität dieser beiden Bodenklassen abhängt.

Wird Boden dritter Qualität in Kultur genommen, so entsteht auf dem zweiten sofort Rente und sie wird wie vorher durch den Unterschied der jeweiligen produktiven Kräfte bestimmt. Gleichzeitig wird auch die Rente der ersten Qualität steigen, denn sie muß infolge des Unterschiedes im Produkt, das mit der gleichen Menge Kapital und Arbeit erzielt wird, immer höher als die Rente der zweiten Klasse sein. Mit jedem Schritt in der Entwicklung der Bevölkerung, der ein Land veranlaßt, auf Boden schlechterer Qualität zurückzugreifen, um ihm die Deckung seines Nahrungsmittelbedarfs zu ermöglichen, wird die Rente auf dem gesamten fruchtbareren Boden steigen.

Angenommen also, Boden Nr. 1, 2, 3 bringe mit gleichem Aufwand an Kapital und Arbeit ein Nettoprodukt von 100, 90 und 80 Quartern Getreide hervor. In einem jungen Lande, wo fruchtbarer Boden im Vergleich zur Bevölkerung reichlich vorhanden ist und wo es daher nur notwendig ist, Nr. 1 zu bebauen, wird das gesamte Nettoprodukt dem Bebauer gehören und wird so den Profit des von ihm vorgeschossenen Kapitals darstellen. Sobald aber die Bevölkerung so angewachsen ist, daß die Bestellung von Nr. 2 notwendig wird, wo nach Abzug des Unterhaltes der Arbeiter nur 90 Quarter erzielt werden können, wird eine Rente auf Nr. 1 entstehen; denn entweder muß es für landwirtschaftliches Kapital zwei Profitraten geben, oder es müssen zehn

Quarter, oder der Wert von zehn Quartern, für irgendeinen anderen Zweck von dem auf Nr. 1 erzielten Produkt in Abzug gebracht werden. Gleichgültig, ob der Grundeigentümer oder irgendein anderer Nr. 1 bebaut, diese zehn Quarter stellen immer Rente dar; denn der Bebauer von Nr. 2 wird mit seinem Kapital dasselbe Resultat erzielen, ob er nun Nr. 1 bebaut und 10 Quarter Rente zahlt, oder ob er weiterhin Nr. 2 bebaut und keine Rente zahlt. In gleicher Weise ließe sich zeigen, daß, sobald Nr. 3 in Kultur genommen wird, die Rente von Nr. 2 zehn Quarter oder deren Wert betragen muß, während die Rente von Nr. 1 auf zwanzig Quarter steigen wird; denn der Bebauer von Nr. 3 wird denselben Profit erzielen, ob er nun zwanzig Quarter als Rente von Nr. 1 oder zehn Quarter als Rente von Nr. 2 bezahlt oder aber Nr. 3, frei von jeder Rente, bestellt.

Es geschieht häufig und in der Tat beinahe allgemein, daß, ehe Nr. 2, 3, 4 oder 5, oder die schlechteren Böden bebaut werden, Kapital produktiver auf jenen Böden angelegt werden kann, die bereits bebaut werden. Man mag vielleicht finden, daß bei einer Verdoppelung des ursprünglich auf Nr. 1 angewendeten Kapitals sich das Produkt zwar nicht verdoppeln oder um 100 Quarter steigen wird, sich aber um fünfundachtzig Quarter erhöht und daß diese Menge das übersteigt, was man bei einer Verwendung dieses Kapitals auf Boden Nr. 3 erzielen könnte.

In einem solchen Falle wird das Kapital eher auf dem alten Boden angelegt werden und gleichfalls eine Rente entstehen lassen; denn die Rente ist immer die Differenz zwischen dem Produkt, das man durch Anwendung von zwei gleichen Mengen Kapital und Arbeit erhält. Wenn ein Pächter mit einem Kapital von 1000 £ 100 Quarter Weizen von seinem Boden erzielt und er durch die Anlage eines zweiten Kapitals von 1000 £ einen weiteren Ertrag [return] von fünfundachtzig erhält, so wird sein Grundeigentümer bei Erlöschen seines Pachtvertrages die Macht haben, ihn zur Zahlung von fünfzehn Quartern oder deren Wert als zusätzliche Rente zu zwingen; denn zwei Profitraten kann es nicht geben. Gibt er sich mit einer Verminderung von fünfzehn Quartern vom Ertrag seiner zweiten 1000 £ zufrieden, so nur deshalb, weil keine einträglichere Verwendung für sie gefunden werden kann. Die allgemeine Profitrate würde dem entsprechen, und falls sich der ursprüngliche Pächter weigerte, würde sich ein anderer bereit finden, dem Eigentümer des Bodens, aus dem er seinen Profit zieht, alles zu überlassen, was diese Profitrate übersteigt.

In diesem, wie auch in dem anderen Falle bringt das zuletzt angelegte Kapital keine Rente. Fünfzehn Quarter werden für die größeren produktiven Fähigkeiten der ersten 1000 £ gezahlt, während für die Anlage der zweiten 1000 £ keinerlei Rente gezahlt wird. Falls aber dritte 1000 £ auf demselben Boden angelegt werden mit einem Ertrag von fünfundsiebzig Quartern, so wird für die zweiten 1000 £ eine Rente gezahlt werden, die der Differenz zwischen den Produkten beider entspricht, d. h. zehn Quarter. Gleichzeitig wird die Rente der ersten 1000 £ von fünfzehn auf fünfundzwanzig Quarter steigen, während die letzten 1000 £ keinerlei Rente abwerfen werden.

Wenn also guter Boden in einem viel größeren Ausmaß vorhanden wäre, als die Produktion von Nahrungsmitteln für eine sich vergrößernde Bevölkerung erfordert, oder wenn man Kapital ohne verminderten Ertrag unbeschränkt auf dem alten Boden anlegen könnte, dann könnte es kein Steigen der Rente geben; denn die Rente entspringt immer der Aufwendung einer zusätzlichen Menge Arbeit mit einem verhältnismäßig geringeren Ertrag.

Der fruchtbarste und bestgelegene Boden wird zuerst bebaut, und der Tauschwert seines Produktes wird in der gleichen Weise wie der Tauschwert aller anderen Waren bestimmt, nämlich durch das gesamte Quantum

Arbeit, das in verschiedenen Formen von Anfang bis zu Ende notwendig ist, um es zu produzieren und auf den Markt zu bringen. Sobald Boden von geringerer Qualität in Bebauung genommen wird, wird der Tauschwert der Rohprodukte [raw produce] steigen, da mehr Arbeit zu ihrer Erzeugung erforderlich ist.

Der Tauschwert aller Waren, ob sie industriell erzeugt werden oder das Produkt des Bergbaus oder des Bodens sind, wird nicht durch die geringere Quantität Arbeit bestimmt, die zu ihrer Produktion unter sehr günstigen Bedingungen ausreicht und in deren Genuß ausschließlich diejenigen kommen, die besondere Produktionsleichtigkeiten haben, sondern durch die größere Menge Arbeit, die notwendigerweise von denen bei ihrer Produktion aufgewendet werden muß, die solche Erleichterungen nicht besitzen, — von denjenigen, die sie dauernd unter den ungünstigsten Bedingungen produzieren; das bedeutet, unter den ungünstigsten Bedingungen, unter denen die Produktion im Hinblick auf die verlangte Produktenmenge notwendigerweise weitergeführt werden muß.

So werden bei einer charitativen Stiftung, in der Arme mit dem von Wohltätern gestifteten Geld zur Arbeit angehalten werden, die allgemeinen Preise der Waren, die das Ergebnis dieser Arbeit sind, nicht durch die besonderen Erleichterungen bestimmt, die diesen Arbeitern gewährt werden, sondern durch die allgemeinen gewöhnlichen und natürlichen Schwierigkeiten, denen jeder andere Fabrikant begegnet. Der Fabrikant, der sich keiner dieser Erleichterungen erfreut, kann schließlich überhaupt vom Markt vertrieben werden, wenn das Angebot, das durch diese begünstigten Arbeiter erzeugt wird, den gesamten Bedürfnissen der Gesellschaft entspricht. Wenn er jedoch das Gewerbe fortführt, so nur dann, wenn er daraus die übliche und allgemeine Rate des Kapitalprofits bezieht, was nur geschehen kann, wenn seine Ware zu einem Preise verkauft wird, der dem auf ihre Produktion verwendeten Quantum Arbeit entspricht.[1]

Es stimmt, daß das gleiche Produkt auf dem besten Boden mit derselben Arbeit wie früher erreicht wird, aber sein Wert wird sich infolge der verringerten Erträge erhöhen, die jene erzielen, welche neue Arbeit und neues Kapital auf dem weniger fruchtbaren Boden verwenden. Obwohl also die Vorteile von fruchtbarem über minderwertigen Boden auf keinen Fall verloren gehen, sondern nur vom Bebauer oder dem Konsumenten auf den Grundeigentümer übertragen werden, so wird doch — da auf den minderwertigeren Böden mehr Arbeit erforderlich ist, und wir nur von solchem Land unsere zusätzliche Belieferung mit Rohprodukten ermöglichen

[1] Hat nicht Say in der folgenden Stelle vergessen, daß es die Produktionskosten sind, die in letzter Instanz den Preis bestimmen? „Das Produkt der auf den Boden angewendeten Arbeit hat die besondere Eigenschaft, nicht teurer zu werden, wenn es seltener wird, weil die Bevölkerung sich immer gleichzeitig mit den Nahrungsmitteln verringert und daher vermindert sich gleichzeitig mit der Menge der *verlangten* Produkte auch die angebotene Menge. Außerdem kann man nicht feststellen, daß Getreide an jenen Orten, wo es genügend unbebauten Boden gibt, teurer ist als in vollständig kultivierten Ländern. England und Frankreich waren im Mittelalter weit weniger bebaut als jetzt und brachten insgesamt viel weniger Rohprodukte hervor; trotzdem wurde damals Getreide, soweit wir das durch Vergleich mit dem Werte anderer Dinge feststellen können, nicht teurer verkauft. War das Produkt geringer, so war es auch die Bevölkerung; die geringe Nachfrage wurde aufgewogen durch den geringen Umfang des Angebotes“ (Bd. II, S. 338). Say ist von der Ansicht durchdrungen, daß der Preis der Waren vom Preis der Arbeit bestimmt wird, und er vermutet richtig, daß charitative Stiftungen aller Art die Tendenz haben, die Bevölkerung mehr als sonst zu vermehren und daher die Löhne zu senken. Er sagt: „Ich vermute, daß die Wohlfeilheit der aus England kommenden Waren zum Teil durch die zahlreichen charitativen Stiftungen verursacht wird, die in jenem Land existieren“ (Bd. II, S. 277). Das ist eine folgerichtige Ansicht bei demjenigen, der behauptet, die Löhne bestimmen den Preis.

können – der relative Wert jenes Produktes über seinem früheren Stand verharren und gegen mehr Hüte, Kleider, Schuhe usw. ausgetauscht werden, zu deren Produktion kein solches zusätzliches Arbeitsquantum nötig ist.

Der Grund für das Steigen des relativen Wertes von Rohprodukten ist also, daß mehr Arbeit bei der Produktion des zuletzt gewonnenen Teiles aufgewendet wird, und nicht, daß dem Grundeigentümer eine Rente gezahlt wird. Der Wert des Getreides wird durch die Quantität Arbeit bestimmt, die bei seiner Produktion auf Boden von jener Qualität oder mit dem Teil des Kapitals, der keine Rente bringt, aufgewendet wird. Der Preis des Getreides ist nicht hoch, weil eine Rente gezahlt wird, sondern eine Rente wird gezahlt, weil der Preis des Getreides hoch ist. Es ist mit Recht festgestellt worden, daß auch dann keine Verminderung des Getreidepreises eintreten würde, wenn die Grundeigentümer auf ihre gesamte Rente verzichten. Ein solcher Schritt würde es nur einigen Farmern ermöglichen, wie Herren zu leben, er würde aber nicht das Quantum Arbeit vermindern, das notwendig ist, um auf dem am wenigsten ergiebigen bebauten Boden Rohprodukte zu erzeugen.

Nichts ist alltäglicher, als von den Vorteilen zu hören, die der Boden gegenüber jeder anderen Quelle nützlicher Produkte besitzt wegen des Überschusses, den er in Form der Rente hervorbringt. Aber gerade wenn Boden am reichlichsten vorhanden, am produktivsten und fruchtbarsten ist, wirft er keine Rente ab. Erst wenn seine Kräfte sich erschöpfen und er weniger als Ertrag der Arbeit hergibt, wird ein Teil des ursprünglichen Produkts seiner fruchtbareren Teile als Rente abgezweigt. Es ist eigenartig, daß diese Eigenschaft des Bodens als Ursache seiner besonderen Überlegenheit hervorgehoben wird, obwohl sie eigentlich, verglichen mit den natürlichen Kräften, von denen die Fabrikanten unterstützt werden, als eine Unvollkommenheit bezeichnet werden sollte. Wenn Luft, Wasser, die Dampfkraft und der atmosphärische Druck von verschiedener Qualität wären, wenn sie angeeignet werden könnten und jede Qualität existierte nur in beschränktem Umfang, dann würden sie gleich dem Boden eine Rente abwerfen, so wie die einander folgenden Qualitäten verwendet werden. Mit jeder angewendeten schlechteren Qualität würde der Wert der Güter steigen, zu deren Herstellung sie benutzt werden, denn gleiche Mengen Arbeit wären nun weniger produktiv. Der Mensch würde im Schweiße seines Angesichts mehr, die Natur jedoch weniger verrichten, und der Boden würde nicht länger wegen seiner beschränkten Fähigkeiten ausgezeichnet werden.

Wäre das zusätzliche Produkt, das der Boden in Form der Rente liefert, ein Vorteil, so wäre zu wünschen, daß die alljährlich neu erbauten Maschinen weniger brauchbar wären als die alten, denn das würde zweifellos nicht nur den durch diese, sondern auch den durch die anderen Maschinen des Königreiches erzeugten Waren einen größeren Tauschwert verleihen. Eine Rente würde dann allen jenen bezahlt, die die produktivsten Maschinen besäßen.[1]

[1] „Auch in der Landwirtschaft", sagt Adam Smith, „arbeitet die Natur gemeinsam mit dem Menschen und obwohl ihre Arbeit keine Kosten verursacht, hat ihr Produkt, gleich dem des teuersten Arbeiters, seinen Wert." Die Arbeit der Natur wird bezahlt, nicht weil sie viel, sondern weil sie wenig tut. In dem Maße, in dem sie mit ihren Gaben geizig wird, fordert sie einen höheren Preis für ihre Arbeit. Wo sie sehr freigebig ist, arbeitet sie immer umsonst. „Das in der Landwirtschaft verwendete Arbeitsvieh bringt ebenso wie die Arbeiter in der Industrie, nicht nur die Reproduktion eines Wertes hervor, der ihrer eigenen Konsumtion oder dem sie beschäftigenden Kapital entspricht, zuzüglich des Profits des Eigentümers, sondern einen viel größeren Wert. Über das Kapital des Farmers und dessen gesamten Profit hinaus bringt es regelmäßig die Reproduktion der Rente des Grundeigentümers hervor. Diese Rente kann als das Produkt jener Naturkräfte angesehen werden, deren

Das Steigen der Rente ist immer das Ergebnis des zunehmenden Reichtums des Landes und der Schwierigkeit der Beschaffung von Nahrungsmitteln für seine gewachsene Bevölkerung. Es ist ein Anzeichen, aber nie-

Nutzung der Grundeigentümer dem Farmer überläßt. Sie ist größer oder geringer je nach dem vermuteten Ausmaß dieser Kräfte, oder mit anderen Worten, entsprechend der vermuteten natürlichen oder künstlich erhöhten Fruchtbarkeit des Bodens. Sie ist das Produkt der Natur, das nach dem Abzug oder dem Ersatz alles dessen, was man als Menschenwerk ansehen kann, übrig bleibt. Sie beträgt selten weniger als ein Viertel und häufig mehr als ein Drittel des Gesamtprodukts. Eine gleich große, in der Manufaktur verwendete Menge produktiver Arbeit kann niemals eine so große Reproduktion hervorbringen. *Hier leistet die Natur nichts, der Mensch alles;* und die Reproduktion muß stets im Verhältnis zu den Kräften, die sie bewirken, stehen. Daher setzt das in der Landwirtschaft verwendete Kapital nicht nur ein größeres Quantum produktiver Arbeit in Bewegung als ein gleiches, in der Manufaktur verwendetes Kapital, sonders es fügt sogar im Verhältnis zu der von ihm beschäftigten Menge produktiver Arbeit dem jährlichen Produkt des Bodens und der Arbeit des Landes sowie dem *wirklichen* Reichtum und dem Einkommen seiner Bewohner einen viel größeren Wert hinzu. Von all den Möglichkeiten der Verwendung eines Kapitals, ist dies die bei weitem vorteilhafteste für die Gesellschaft.“ Buch II, Kap. V, S. 15. Hilft die Natur dem Menschen in der Manufaktur nicht? Sind Wind- und Wasserkraft, die unsere Maschinen antreiben und der Schiffahrt dienen, nichts? Der atmosphärische Druck und die Dampfkraft, die es uns ermöglichen, erstaunliche Maschinen zu benutzen — sind sie keine Naturgaben? Dabei sprechen wir gar nicht über die Wirkungen der Hitze beim Enthärten und Schmelzen von Metallen, über die Zersetzung der Luft beim Färb- und Gärungsprozeß. Es kann keine Manufaktur genannt werden, in der die Natur nicht dem Menschen großzügig und unentgeltlich hilft.
Zu der Stelle, die ich von Adam Smith zitiert habe, bemerkt Buchanan: „Ich habe mich mit den im vierten Band enthaltenen Darlegungen über produktive und unproduktive Arbeit zu zeigen bemüht, daß die Landwirtschaft dem nationalen Reichtum nicht mehr als jede andere Tätigkeit hinzufügt. Dr. Smith, der betont, daß die Reproduktion der Rente ein sehr großer Vorteil für die Gesellschaft ist, bedenkt dabei nicht, daß die

mals eine Ursache des Reichtums, denn dieser wächst oft außerordentlich rasch, während die Rente unverändert bleibt oder sogar fällt. Die Rente steigt dann am raschesten, wenn der verfügbare Boden in seinen produktiven Fähigkeiten nachläßt. Der Reichtum wächst am schnellsten in jenen Ländern, in denen der verfügbare Boden am fruchtbarsten und die Einfuhr am wenigsten beschränkt ist, wo die Produktion ohne eine proportionale Zunahme des Arbeitsquantums durch Verbesserungen der Bewirtschaftung vervielfacht werden kann und wo daher die Zunahme der Rente nur eine langsame ist.

Wäre ein hoher Preis des Getreides Ergebnis und nicht Ursache der Rente, so würde der Preis von einer hohen oder niedrigen Rente entsprechend beeinflußt, und die Rente wäre ein Bestandteil des Preises. Jedoch ist das mit dem größten Aufwand an Arbeit produzierte Getreide der Regulator des Getreidepreises und die Rente wird und kann nicht im geringsten als Bestandteil in ihn eingehen.[1] Deshalb kann Adam Smith nicht recht haben mit der Annahme, daß die ursprüngliche Regel, nach der sich der Tauschwert der Waren bestimmt, — nämlich die verhältnismäßige Quantität Arbeit,

Rente das Resultat eines hohen Preises ist und daß das, was der Grundeigentümer auf diese Art gewinnt, er nur auf Kosten der gesamten Gesellschaft gewinnt. Es gibt keinen absoluten Gewinn für die Gesellschaft durch die Reproduktion der Rente; es profitiert dabei nur eine Klasse auf Kosten einer anderen. Die Vorstellung, daß die Landwirtschaft ein Produkt und daraus entspringend eine Rente hervorbringt, weil Natur und menschliche Tätigkeit bei der Bebauung zusammenwirken, ist bloße Einbildung. Nicht aus dem Produkt entspringt die Rente, sondern aus dem Preis, zu dem das Produkt verkauft wird; und dieser Preis wird nicht erzielt, weil die Natur die Produktion unterstützt, sondern weil es der Preis ist, der die Konsumtion dem Angebot anpaßt."

[1] Das vollkommene Begreifen dieses Grundsatzes ist nach meiner Überzeugung von größter Bedeutung für die Wissenschaft der politischen Ökonomie.

durch die sie produziert wurden, — durch die Aneignung von Boden und die Zahlung einer Rente überhaupt geändert werden kann. Rohmaterial geht in die Zusammensetzung der meisten Waren ein, aber der Wert dieses Rohmaterials wird ebenso wie der des Getreides durch die Produktivität des Kapitalteiles bestimmt, der zuletzt auf dem Boden verwendet wurde und keine Rente abwirft. Deshalb ist die Rente kein Bestandteil des Preises der Waren.

Wir haben bisher die Wirkungen des natürlichen Fortschritts des Reichtums und der Bevölkerung auf die Rente in einem Land untersucht, in dem der Boden von unterschiedlicher Produktivität ist, und wir haben gesehen, daß mit jeder zusätzlichen Kapitalmenge, deren Anlage auf Boden mit geringerem Ertrag notwendig wird, die Rente steigt. Aus der gleichen Regel ergibt sich, daß beliebige Umstände innerhalb der Gesellschaft, die es überflüssig machen, die gleiche Menge Kapital für den Boden aufzuwenden und die deshalb den zuletzt aufgewendeten Teil produktiver machen, die Rente sinken lassen. Jede größere Verminderung des Kapitals eines Landes, welche die für den Unterhalt der Arbeit bestimmten Fonds fühlbar verringert, führt selbstverständlich zu diesem Resultat. Die Bevölkerung paßt sich selbst den für ihre Beschäftigung bestimmten Fonds an und vermehrt oder vermindert sich immer mit der Vergrößerung oder Verringerung des Kapitals. Jeder Verringerung des Kapitals folgt daher notwendigerweise eine geringere effektive Nachfrage nach Getreide, ein Sinken der Preise und eine Beschränkung des Anbaus. Wie die Vermehrung von Kapital die Rente steigen läßt, so wird umgekehrt seine Verringerung die Rente sinken lassen. Boden von geringerer Fruchtbarkeit wird allmählich aufgegeben, der Tauschwert des Produkts wird fallen, und der zuletzt bebaute Boden wird von besserer Qualität sein und also keine Rente mehr abwerfen.

Dieselben Folgen können jedoch hervorgerufen werden, wenn sich Reichtum und Bevölkerung eines Landes vergrößern, diese Vergrößerung aber von derart bemerkenswerten Verbesserungen in der Landwirtschaft begleitet wird, daß sie gleicherweise die Notwendigkeit verringern, entweder schlechteren Boden zu bebauen oder den gleichen Betrag an Kapital für die Bebauung der fruchtbareren Bodenteile aufzuwenden.

Wenn eine Million Quarter Getreide für den Unterhalt einer bestimmten Bevölkerung erforderlich ist, das auf Boden der Güteklassen 1, 2 und 3 gewonnen wird, so wird offensichtlich nach der späteren Entdeckung einer Verbesserung, mittels deren das Getreide auf Boden der Güteklassen 1 und 2 gewonnen werden kann ohne Nr. 3 heranzuziehen, ein Fall der Rente das unmittelbare Ergebnis sein. Denn dann wird Nr. 2 an Stelle von Nr. 3 bebaut, ohne eine Rente hervorzubringen, und die Rente von Nr. 1 wird anstatt der Differenz zwischen dem Produkt von Nr. 3 und Nr. 1 nur die Differenz zwischen Nr. 2 und 1 ausmachen. Bei gleicher Bevölkerung kann es keine Nachfrage für eine zusätzliche Menge Getreide geben. Kapital und Arbeit, die auf Nr. 3 verwendet wurden, werden nunmehr der Produktion anderer, von der Gesellschaft gewünschter Waren gewidmet. Sie können keine Erhöhung der Rente bewirken, es sei denn, daß das Rohmaterial, aus dem sie hergestellt werden, nicht anders beschafft werden kann als durch unvorteilhaftere Verwendung von Kapital auf landwirtschaftlichen Boden, d. h. in diesem Falle müßte Nr. 3 wieder bebaut werden.

Es ist zweifellos richtig, daß der Fall des relativen Preises von Rohprodukten als Folge von Verbesserungen in der Landwirtschaft oder, genauer, als Folge des verringerten Aufwandes von Arbeit bei ihrer Produktion selbstverständlich zu erhöhter Akkumulation führen muß, da der Kapitalprofit sich erheblich vergrößert. Diese Akkumulation wird zu steigender Nachfrage nach

Arbeit, zu höheren Löhnen, zu steigender Bevölkerungszahl, zu weiterer Nachfrage nach Rohstoffen und zu gesteigertem Anbau führen. Jedoch ist die Rente nur nach einer Bevölkerungszunahme so hoch wie vorher, d. h. nachdem Nr. 3 wieder in Bebauung genommen wurde. Ein bedeutender Zeitraum würde aber mittlerweile verstrichen sein, begleitet von einer tatsächlichen Verminderung der Rente.

Verbesserungen in der Landwirtschaft sind aber von zweierlei Art: solche, die die produktiven Fähigkeiten des Bodens erhöhen, und solche, die uns durch Verbesserung unserer Maschinerie ermöglichen, sein Produkt mit weniger Arbeit zu erlangen. Beide führen zu einem Sinken der Preise für Rohprodukte, beide beeinflussen die Rente, aber sie tun es nicht in gleichem Maße. Wenn sie kein Sinken des Preises der Rohprodukte verursachen, sind sie keine Verbesserungen, denn die notwendige Eigenschaft einer Verbesserung besteht darin, die früher für die Produktion einer Ware notwendige Arbeit zu vermindern; diese Verminderung aber kann ohne einen Fall ihres Preises oder relativen Wertes nicht vor sich gehen.

Die Verbesserungen, die die produktiven Fähigkeiten des Bodens erhöhen, sind beispielsweise ein zweckmäßigerer Fruchtwechsel oder eine bessere Düngerauswahl. Diese Verbesserungen ermöglichen uns, unmittelbar das gleiche Produkt von einer kleineren Bodenfläche zu erhalten. Wenn ich durch Einführung eines Rübenschlages außer der Gewinnung meines Getreides auch noch meine Schafe füttern kann, so wird der Boden, der früher die Schafe ernährte, überflüssig, und dieselbe Menge Rohprodukte wird unter Benutzung von weniger Boden gewonnen. Entdecke ich einen Dünger, der es mir ermöglicht, ein Stück Boden 20 Prozent mehr Getreide hervorbringen zu lassen, so kann ich mindestens einen Teil meines Kapitals vom unproduktivsten Teil meiner Farm abziehen. Wie ich bereits früher bemerkte, ist es aber nicht notwendig, Boden brach liegen zu lassen, um die Rente zu senken; es genügt, um diese Wirkung zu erreichen, daß Kapitalteile sukzessiv auf demselben Boden mit verschiedenem Ergebnis angelegt sind und daß jener Teil mit dem geringsten Produkt herausgezogen wird. Wenn ich durch die Einführung der Rübenwirtschaft oder durch Verwendung eines wirkungsvolleren Düngers das gleiche Produkt mit weniger Kapital erzielen kann, ohne dadurch den Unterschied zwischen den produktiven Fähigkeiten der aufeinanderfolgenden Kapitalteile zu beeinträchtigen, so werde ich damit die Rente senken, weil ein anderer und produktiverer Kapitalteil den Maßstab bilden wird, auf den sich alle anderen beziehen. Wenn z. B. die sukzessiven Kapitalteile 100, 90, 80, 70 hervorbringen, so wird meine Rente, solange ich diese vier Kapitalteile aufwende, 60 sein, oder gleich der Differenz zwischen

70 und 100 = 30	während das	100
70 und 90 = 20	Produkt 340	90
70 und 80 = 10	ist	80
60		70
		340

Die Rente wird die gleiche bleiben, solange diese Kapitalteile verwendet werden, obwohl das Produkt jedes einzelnen sich im gleichen Ausmaß vergrößert. Falls das Produkt von 100, 90, 80, 70 auf 125, 115, 105, 95 steigt, so wird die Rente immer noch 60 betragen oder gleich sein der Differenz zwischen

95 und 125 = 30	während sich	125
95 und 115 = 20	das Produkt auf	115
95 und 105 = 10	440 erhöht hat	105
60		95
		440

Aber bei einer derartigen Produktionssteigerung liegt ohne Erhöhung der Nachfrage[1] kein Anlaß für die Verwendung von so viel Kapital auf dem Boden vor; ein Teil wird abgezogen, der letzte Kapitalteil wird daher 105 statt 95 einbringen und die Rente wird auf 30 fallen oder gleich der Differenz sein zwischen

105 und 125 = 20	während das Produkt immer	125
105 und 115 = 10	noch den Bedürfnissen der	115
30	Bevölkerung entspricht,	105
	nämlich 345 Quarter ausmacht, oder	345

während eine Nachfrage jedoch nur für 340 Quarter besteht. — Es gibt aber Verbesserungen, die den relativen Wert des Produkts verringern, ohne die Getreiderente zu vermindern, obwohl sie die Geldrente verkleinern. Solche Verbesserungen erhöhen nicht die produktiven Fähigkeiten des Bodens, sie ermöglichen uns aber, sein Produkt mit weniger Arbeit zu erhalten. Sie sind mehr auf die Bildung des für den Boden aufgewendeten Kapitals gerichtet als unmittelbar auf die Bebauung des Bodens. Darunter fallen Verbesserungen der landwirtschaftlichen Geräte, wie des Pfluges und der Dreschmaschine, wirtschaftlicherer Einsatz der im Betrieb verwendeten Pferde sowie verbesserte Kenntnisse der Tierheilkunde. Weniger Kapital, was das gleiche wie weniger Arbeit ist, wird auf den Boden

[1] Ich hoffe, ich werde nicht als jemand angesehen, der die Bedeutung der verschiedenartigen Verbesserungen in der Landwirtschaft für die Grundeigentümer gering bewertet. Ihre unmittelbare Wirkung besteht in einer Verringerung der Rente. Da sie jedoch die Bevölkerungsvermehrung sehr anregen und uns gleichzeitig ermöglichen, schlechteren Boden mit weniger Arbeit zu bestellen, sind sie letzten Endes von sehr großem Vorteil für den Grundeigentümer. Es muß jedoch bis dahin erst eine Zeit verstreichen, während der sie sich für ihn tatsächlich als nachteilig erweisen.

verwendet; jedoch kann nicht weniger Boden bebaut werden, um das gleiche Produkt zu erzielen. Ob jedoch Verbesserungen dieser Art die Getreiderente beeinflussen, hängt davon ab, ob die Differenz des durch die verschiedenen Kapitalteile gewonnenen Produktes sich erhöht, gleich bleibt oder sich vermindert. Wenn vier Kapitalteile, 50, 60, 70, 80 auf den Boden verwendet werden, von denen jeder das gleiche Ergebnis liefert, und irgendeine Verbesserung bei der Bildung dieses Kapitals ermöglicht es mir, 5 von jedem abzuziehen, so daß sie 45, 55, 65 und 75 betragen, so wird keine Veränderung der Getreiderente eintreten. Sind aber die Verbesserungen derart, daß sie es mir ermöglichen, die gesamte Einsparung bei dem am wenigsten produktiv angelegten Kapitalteil vorzunehmen, so wird die Getreiderente sofort sinken, da die Differenz zwischen dem produktivsten und dem am wenigsten produktiven Kapitalteil sich verringert; es ist aber diese Differenz, die die Rente bildet.

Ohne die Beispiele zu vermehren, hoffe ich doch, genügend gezeigt zu haben, daß alles, was die Ungleichheit des Produktes von aufeinanderfolgenden Kapitalteilen vermindert, die auf demselben oder neuen Boden angelegt werden, die Tendenz hat, die Rente zu senken; und was immer diese Ungleichheit vermehrt, erzeugt notwendigerweise eine entgegengesetzte Wirkung, hat die Tendenz, sie zu erhöhen.

Als wir von der Rente des Grundeigentümers sprachen, haben wir sie vor allem als Teil des Produktes betrachtet, das man mit einem bestimmten Kapital auf einer bestimmten Farm erzielt, ohne uns mit ihrem Tauschwert zu beschäftigen. Da aber dieselbe Ursache, d. h. die Schwierigkeit der Produktion, sowohl den Tauschwert der Rohprodukte als auch den Tauschwert jenes Teiles davon erhöht, der dem Grundeigentümer als Rente gezahlt wird, ist es offensichtlich, daß der Grundeigentümer durch die Schwierigkeiten der Produktion zweifach begünstigt wird. Einmal erhält er einen größeren Anteil, und zum anderen ist die Ware, mit der er bezahlt wird, von größerem Wert.[1]

KAPITEL III

ÜBER DIE BERGWERKSRENTE

Die Metalle werden gleich anderen Dingen durch Arbeit gewonnen. Die Natur bringt sie allerdings hervor,

[1] Um dies deutlich zu machen und die Ausmaße zu zeigen, in denen sich Getreide- und Geldrente verändern werden, wollen wir annehmen, daß die Arbeit von zehn Leuten auf Boden von bestimmter Qualität 180 Quarter Weizen hervorbringt, deren Wert 4 £ pro Quarter oder 720 £ insgesamt beträgt und daß die Arbeit weiterer zehn Leute auf diesem oder irgendwelchem anderen Boden nur 170 Quarter zusätzlich produzieren wird. Weizen wird dann von 4 £ auf 4 £ 4 sh 8 d steigen, denn 170 zu 180 verhält sich wie 4 £ zu 4 £ 4 sh 8 d; oder aber, da in dem einen Fall, bei der Produktion der 170 Quarter, die Arbeit von zehn Leuten, im anderen Fall nur die von 9,44 erforderlich ist, so wird sich die Erhöhung wie 9,44 zu 10 oder 4 £ zu 4 £ 4 sh 8 d verhalten. Falls noch zehn Leute beschäftigt werden und der Ertrag beläuft sich auf

160 so wird der Preis steigen auf £ 4 10 0
150 „ „ „ „ „ „ £ 4 16 0
140 „ „ „ „ „ „ £ 5 2 10

Wenn nun für den Boden, der 180 Quarter bei einem Getreidepreis von 4 £ pro Quarter liefert, keine Rente gezahlt wird, so wird der Wert von 10 Quarter als Rente entrichtet, sofern man nur 170 ernten kann, was zu 4 £ 4 sh 8 d pro Quarter 42 £ 7 sh 6 d ergibt.

20 Quarter bei einer Produktion von 160, was zu £ 4 10 0 ausmacht £ 90 0 0

30 Quarter bei einer Produktion von 130, was zu £ 4 16 0 ausmacht £ 144 0 0

40 Quarter bei einer Produktion von 140, was zu £ 5 2 10 ausmacht £ 205 13 4

Die Getreiderente wird steigen im Verhältnis von	100 200 300 400	und die Geldrente im Verhältnis von	100 212 340 485

jedoch ist es die menschliche Arbeit, die sie dem Innern der Erde entreißt und sie für unsere Benutzung zurichtet.

Gleich dem Boden bringen Bergwerke im allgemeinen ihrem Eigentümer eine Rente ein, die, ebenso wie die Bodenrente Ergebnis, niemals aber Ursache des hohen Wertes ihrer Produkte ist.

Gäbe es Überfluß an gleich ergiebigen Bergwerken, die sich jeder Beliebige aneignen könnte, würden sie keine Rente abwerfen, und der Wert ihrer Produkte hinge von dem Quantum Arbeit ab, das notwendig ist, um das Metall aus dem Bergwerk zu fördern und auf den Markt zu bringen.

Jedoch gibt es Minen verschiedener Qualität, die bei gleicher Menge Arbeit sehr verschiedene Ergebnisse aufweisen. Das aus dem unergiebigsten, noch betriebenen Bergwerk gewonnene Metall muß mindestens einen Tauschwert besitzen, der nicht nur ausreicht, um allen denen, die darin arbeiten und das Produkt auf den Markt bringen, die von ihnen verbrauchte Kleidung, Nahrungsmittel und anderen lebensnotwendigen Güter zu verschaffen, sondern auch, um demjenigen, der das für den Betrieb erforderliche Kapital vorschoß, den allgemein üblichen Profit abzuwerfen. Der Kapitalertrag [return of capital] des unergiebigsten Bergwerkes, das keine Rente abwirft, wird die Rente aller anderen, ergiebigeren Minen bestimmen. Es wird angenommen, daß dieses Bergwerk den gewöhnlichen Kapitalprofit abwirft. Alles, was die anderen Bergwerke darüber hinaus einbringen, muß notwendigerweise den Eigentümern als Rente bezahlt werden. Da hier das gleiche Prinzip vorliegt, das wir in bezug auf Grund und Boden bereits dargelegt haben, wird es nicht notwendig sein, sich darüber noch auszulassen.

Es genügt festzustellen, daß dieselbe allgemeine Regel, die den Wert der Rohprodukte und der Manufakturwaren reguliert, ebenso auf Metalle anwendbar ist. Ihr Wert hängt nicht ab von der Profitrate, nicht von der

Lohnrate noch von der Rente, die für Bergwerke gezahlt wird, sondern von der Gesamtmenge an Arbeit, die notwendig ist, um das Metall zu gewinnen und es auf den Markt zu bringen.

Der Wert der Metalle ist, wie der jeder anderen Ware, Veränderungen unterworfen. An den im Bergbau verwendeten Maschinen und Geräten können Verbesserungen vorgenommen werden, welche die Arbeit erheblich verkürzen, neue und ergiebigere Minen können gefunden werden, in denen mit der gleichen Arbeit mehr Metall gewonnen wird, oder die Möglichkeiten, es auf den Markt zu bringen, werden besser. In jedem dieser Fälle werden die Metalle an Wert verlieren und sich deshalb gegen eine geringere Quantität anderer Dinge tauschen. Andererseits kann ihr Wert im Vergleich mit dem anderer Dinge durch erhöhte Schwierigkeiten der Metallgewinnung bedeutend steigen, die durch die größere Tiefe, in der das Bergwerk betrieben werden muß, die Ansammlung von Wasser oder einem anderen Umstand verursacht werden.

Man hat daher richtig festgestellt, daß so sehr auch die Münze eines Landes ihrem Münzfuß [standard] entsprechen mag, aus Gold und Silber hergestelltes Geld wie alle anderen Waren doch Wertschwankungen unterworfen ist, nicht nur zufälligen und zeitlich begrenzten, sondern dauernden und naturbedingten Änderungen.

Durch die Entdeckung Amerikas und der dort reichlich vorhandenen Minen wurde der natürliche Preis der Edelmetalle stark beeinflußt. Vielfach wird vermutet, daß diese Einwirkung bis heute noch nicht beendet sei. Es ist jedoch wahrscheinlich, daß die durch die Entdeckung Amerikas ausgelösten Einflüsse auf den Wert der Metalle längst aufgehört haben und daß, falls in den letzten Jahren ein Rückgang ihres Wertes eingetreten ist, dieser auf Verbesserungen in den Methoden der Ausbeutung der Minen zurückgeführt werden muß.

Gleichgültig, durch welche Ursache dies eingetreten ist, die Wirkung war so langsam und allmählich, daß sich sehr wenig praktische Störungen fühlbar machten, die davon herrühren, daß Gold und Silber das allgemeine Medium ist, in dem der Wert aller anderen Dinge geschätzt wird. Obwohl sie zweifellos ein veränderliches Maß des Wertes sind, existiert wahrscheinlich keine Ware, die geringeren Schwankungen ausgesetzt ist. Dieser und andere Vorteile, die diese Metalle besitzen wie ihre Härte, Formbarkeit, Teilbarkeit und viele andere, haben ihnen mit Recht den Vorrang als Grundlage [standard] des Geldes der zivilisierten Länder gesichert, der ihnen überall zuerkannt wird.

Wenn gleiche Arbeitsquanten und gleiche Mengen fixen Kapitals immer gleiche Mengen Gold aus jener Mine, die keine Rente abwirft, gewinnen könnten, so würde Gold ein fast so unveränderliches Wertmaß sein, wie wir es der Natur der Dinge nach besitzen können. Die Menge würde zwar mit der Nachfrage steigen, aber sein Wert wäre unveränderlich und es wäre hervorragend dazu geeignet, den wechselnden Wert aller anderen Dinge zu messen. Ich habe bereits in einem vorhergehenden Teil dieses Werkes Gold als mit einer solchen Unveränderlichkeit ausgestattet angesehen und im folgenden Kapitel werde ich weiter von dieser Voraussetzung ausgehen. Wenn ich daher von einem veränderlichen Preis spreche, so wird vorausgesetzt, daß die Veränderung in der Ware und niemals in dem Medium vor sich geht, in dem sie geschätzt wird.

KAPITEL IV

ÜBER DEN NATÜRLICHEN UND DEN MARKTPREIS

Wenn wir die Arbeit als Grundlage des Wertes der Waren und die zu ihrer Produktion erforderlichen verhältnismäßigen Quantitäten Arbeit als Regel betrachten, nach der sich die entsprechenden Quantitäten von Waren bemessen, die beim Tausch füreinander hingegeben werden, so darf man uns doch nicht unterstellen, daß wir die zufälligen und zeitweiligen Abweichungen des tatsächlichen oder Marktpreises der Waren von diesem ihren ursprünglichen und natürlichen Preis in Abrede stellen.

Im normalen Verlauf der Dinge gibt es keine Ware, die während eines längeren Zeitraums andauernd gerade in jenem Umfang angeboten wird, den die Bedürfnisse und Wünsche der Menschheit erfordern und daher gibt es nicht eine, die nicht zufälligen und zeitweiligen Preisänderungen unterworfen ist.

Nur als Resultat solcher Änderungen wird Kapital genau im erforderlichen Umfang und nicht darüber hinaus der Produktion der verschiedenen Waren zugeführt, nach denen gerade Nachfrage besteht. Mit dem Steigen oder Fallen des Preises werden die Profite entweder über das allgemeine Niveau gehoben oder darunter herabgedrückt und das Kapital wird entweder ermuntert, sich der bestimmten Produktion zuzuwenden, in der die Änderung eingetreten ist, oder es wird aufgefordert, sich davon abzuwenden.

Solange es jedermann freisteht, sein Kapital dort anzulegen [to employ] wo es ihm gefällt, wird er selbstverständlich die vorteilhafteste Anlage [employment] aussuchen. Er wird natürlich mit einem Profit von 10 Prozent unzufrieden sein, wenn er durch eine Übertragung seines Kapitals einen Profit von 15 Prozent erzielen kann. Dieses unaufhörliche Streben aller Kapitalbesitzer [employers of capital], ein weniger profitables Unternehmen zugunsten eines vorteilhafteren aufzugeben, erzeugt eine starke Tendenz, die Profitrate aller zu egalisieren oder die Profite jeweils in ein solches Verhältnis zueinander zu bringen, daß sie nach Meinung der Beteiligten eine Vergütung für einen Vorteil enthalten, den einer gegenüber dem anderen besitzt oder zu besitzen scheint. Es ist möglicherweise äußerst schwierig, die Schritte zu verfolgen, durch die eine solche Veränderung herbeigeführt wird: sie wird wahrscheinlich nicht durch einen völligen Wechsel der Anlagesphäre eines Fabrikanten verursacht, sondern lediglich durch eine Verringerung seines Kapitals in einer bestimmten Anlagesphäre. Es gibt in allen reichen Ländern eine Gruppe von Menschen, welche die sogenannte Klasse der Geldleute [monied class] bilden; diese Leute üben kein Gewerbe aus, sondern leben von den Zinsen ihres Geldes, das in Wechselgeschäften oder in Anleihen an den fleißigeren Teil der Gesellschaft angelegt ist. Auch die Bankiers legen größere Kapitalien auf die gleiche Weise an. Das so verwendete Kapital bildet ein zirkulierendes Kapital von großem Umfang, das in größerem oder geringerem Maße von den verschiedenen Wirtschaftszweigen des Landes in Anspruch genommen wird. Es gibt vielleicht keinen noch so reichen Fabrikanten, der sein Unternehmen auf jene Ausdehnung beschränkt, die ihm seine Mittel gestatten: er besitzt immer einen Teil dieses nicht festgelegten Kapitals, der sich entsprechend der Entwicklung der Nachfrage nach seinen Waren vergrößert oder verringert. Sobald die Nachfrage nach Seide steigt und nach Tuch sinkt, wandert der Tuchfabrikant mit seinem Kapital nicht etwa in die Seidenindustrie, sondern er entläßt einige seiner Arbeiter und stellt seine Nachfrage nach Anleihen bei Bankiers und Geldleuten ein. Der Fall des Seidenfabrikanten liegt hingegen gerade umgekehrt: er möchte mehr Arbeiter beschäftigen und sein Wunsch zu borgen verstärkt sich. Er leiht mehr und Kapital wird so von einem in den anderen Zweig übertragen, ohne daß für einen Fabrikanten die Notwendigkeit entsteht, seine übliche Beschäftigung aufzugeben. Wenn wir die Märkte einer großen Stadt betrachten und sehen, mit welcher Regelmäßigkeit sie unter den Bedingungen wechselnder Nachfrage, die einer Geschmackslaune oder einer Veränderung der Bevölkerungszahl entspringt, mit einheimischen und ausländischen Erzeugnissen im erforderlichen Umfang beschickt werden, ohne daß sich häufig die Folgen einer Überfüllung wegen zu reichlicher Belieferung oder ein stark überhöhter Preis durch eine der Nachfrage nicht entsprechende Zufuhr einstellen, dann müssen wir zugeben, daß das Prinzip, nach dem Kapital jedem Industriezweig genau in dem von ihm benötigten Umfang zugeführt wird, umfassender wirkt, als allgemein angenommen wird.

Ein Kapitalist, der für sein Vermögen profitable Anlagemöglichkeiten sucht, wird natürlich alle Vorteile abwägen, die eine Sphäre gegenüber einer anderen besitzt. Er kann deshalb bereit sein, im Hinblick auf die Sicherheit, Sauberkeit, Bequemlichkeit oder irgendeinen anderen tatsächlichen oder eingebildeten Vorteil, die eine Anlage gegenüber der anderen besitzt, auf einen Teil seines Profits in Geld zu verzichten.

Wenn unter Berücksichtigung solcher Umstände die Kapitalprofite so abgestuft sind, daß sie in einem Zweig 20, im anderen 25 und im dritten 30 Prozent betragen, so werden sie wahrscheinlich weiterhin diesen relativen Unterschied — und nur diesen — aufweisen; steigen nämlich durch irgendeine Ursache die Profite in einem dieser Zweige um 10 Prozent, so wird der erhöhte Profit entweder nur vorübergehend auftreten und bald wieder auf den üblichen Stand zurückfallen, oder die Profite der anderen werden im gleichen Ausmaß steigen.

Die jetzige Zeit scheint eine Ausnahme von der Richtigkeit dieser Feststellung zu bilden. Die Beendigung des Krieges hat die vorher in Europa existierende Verteilung der Anlagen so aus der Ordnung gebracht, daß noch nicht jeder Kapitalist seinen Platz in der nunmehr nötig gewordenen neuen Aufteilung gefunden hat.

Wir wollen unterstellen, daß alle Waren auf ihrem natürlichen Preis stehen, daß daher die Profite in allen

Zweigen auf Grund dessen die genau gleiche Rate aufweisen oder sich doch nur insoweit unterscheiden, als es nach der Einschätzung der Beteiligten einem wirklichen oder eingebildeten Vorteil entspricht, den sie besitzen oder der ihnen fehlt. Angenommen nun, ein Modewechsel erhöht die Nachfrage nach Seide und verringert sie für Wollwaren. Der natürliche Preis beider, das zu ihrer Produktion notwendige Arbeitsquantum, wird weiter unverändert bleiben, aber der Marktpreis für Seide wird steigen und der für Wollwaren fallen. Folglich wird der Profit des Seidenfabrikanten über der allgemeinen und ausgeglichenen Profitrate liegen, während sich der des Tuchfabrikanten darunter befinden wird. Nicht nur der Profit, sondern auch die Löhne der Arbeiter in diesen Zweigen werden in Mitleidenschaft gezogen. Die erhöhte Nachfrage nach Seidenwaren wird jedoch bald durch die Überführung von Kapital und Arbeit von der Woll- zur Seidenmanufaktur befriedigt werden, worauf die Marktpreise von Woll- und Seidenwaren sich wiederum den natürlichen Preisen annähern, und damit die üblichen Profite durch die jeweiligen Fabrikanten dieser Waren erzielt werden.

Das jedem Kapitalisten eigentümliche Streben, sein Kapital von einer weniger profitablen in einen mehr Profit abwerfenden Zweig zu übertragen, bewahrt daher den Marktpreis der Waren davor, längere Zeit entweder erheblich über oder unter deren natürlichen Preis zu verharren. Diese Konkurrenz gleicht die Tauschwerte der Waren einander so an, daß nach Zahlung der Löhne für die zu ihrer Produktion notwendige Arbeit und aller übrigen Kosten, die zur Wiederherstellung des ursprünglichen Standes der Verwendbarkeit des angelegten Kapitals erforderlich sind, der verbleibende Wert oder Überschuß in jedem Zweige im Verhältnis zum angelegten Kapital steht.

Im 7. Kapitel des Wealth of Nations ist alles diese Frage Betreffende hervorragend behandelt. Nachdem wir die zeitweiligen Wirkungen uneingeschränkt anerkannt haben, die in bestimmten Anlagesphären von Kapital durch zufällige Ursachen auf die Warenpreise, die Arbeitslöhne und die Kapitalprofite hervorgerufen werden, ohne daß sie den allgemeinen Preis der Waren, die Löhne oder den Profit beeinflussen — da diese Wirkungen in allen Entwicklungsstufen der Gesellschaft vorhanden sind —, wollen wir sie vollständig aus unserer Betrachtung ausschließen, wenn wir die Gesetze erörtern, welche die natürlichen Preise, natürlichen Löhne und den natürlichen Profit bestimmen, deren Wirkungen völlig unabhängig von jenen zufälligen Ursachen sind. Wenn ich daher vom Tauschwert der Waren oder von der irgendeiner Ware eigenen Kaufkraft spreche, so meine ich immer die Fähigkeit, die sie besitzt, sofern sie nicht durch eine vorübergehende oder zufällige Ursache gestört wird und die ihr natürlicher Preis ist.

KAPITEL V

ÜBER DEN LOHN

Wie alle anderen Dinge, die gekauft und verkauft werden und deren Menge sich vergrößern und verringern kann, hat auch die Arbeit ihren natürlichen und ihren Marktpreis. Der natürliche Preis der Arbeit ist jener, der notwendig ist, um den Arbeitern, einen wie den anderen, zu ermöglichen, sich zu erhalten und die Existenz ihres Standes [race] ohne Vermehrung oder Verminderung weiterzuführen.

Die Fähigkeit des Arbeiters, sich und seine Familie, die zur Aufrechterhaltung der Arbeiterzahl notwendig ist, zu erhalten, hängt nicht von der Summe Geldes ab, die er als Lohn erhält, sondern von der Menge Nahrungsmittel, lebenswichtiger Güter und Annehmlichkeiten, die auf Grund der Gewohnheit für ihn lebensnotwendig geworden sind und die er mit diesem Gelde kaufen kann.

Daher hängt der natürliche Preis der Arbeit vom Preise der für den Unterhalt des Arbeiters und seiner Familie erforderlichen Nahrungsmittel, lebenswichtigen Güter und Annehmlichkeiten ab. Der natürliche Preis der Arbeit wird bei einer Erhöhung des Preises der Nahrungsmittel und der lebenswichtigen Güter steigen, bei einem Fall dieser Preise sinken.

Mit der Entwicklung der Gesellschaft hat der natürliche Preis der Arbeit immer eine steigende Tendenz, da eine der hauptsächlichsten Waren, durch die der natürliche Preis der Arbeit bestimmt wird, wegen der größeren Schwierigkeit ihrer Produktion die Tendenz hat, teurer zu werden. Da jedoch die Verbesserungen der Landwirtschaft und das Auffinden neuer Märkte, von denen Nahrungsmittel eingeführt werden können, imstande sind, der Tendenz zur Steigerung der Preise der lebenswichtigen Güter zeitweilig entgegenzuwirken und sogar ein Sinken ihrer natürlichen Preise hervorzurufen, werden dieselben Ursachen die entsprechenden Wirkungen auf den natürlichen Preis der Arbeit ausüben.

Der natürliche Preis aller Waren, ausgenommen Rohprodukte und Arbeit, hat mit der fortschreitenden Entwicklung des Reichtums und der Bevölkerung eine fallende Tendenz; denn obwohl sie einerseits durch das Steigen des natürlichen Preises des Rohmaterials, aus dem sie hergestellt werden, an wirklichem Wert zunehmen, so wird dies doch mehr als ausgeglichen durch die Verbesserungen der Maschinerie, durch die verbesserte Teilung und Verteilung der Arbeit und durch die bessere technische und wissenschaftliche Ausbildung der Produzenten.

Der Marktpreis der Arbeit ist der für sie auf Grund der natürlichen Verschiebung des Verhältnisses von Angebot und Nachfrage tatsächlich bezahlte Preis. Die Arbeit ist teuer, wenn sie knapp ist, und billig, wenn sie reichlich vorhanden ist. Wie sehr auch der Marktpreis der Arbeit von ihrem natürlichen Preis abweichen mag, gleich den Waren hat er die Tendenz, sich ihm anzugleichen.

Übersteigt der Marktpreis der Arbeit ihren natürlichen Preis, so ist der Arbeiter in einer günstigen und glücklichen Lage. Er ist imstande, über einen größeren Anteil an lebenswichtigen Gütern und Annehmlichkeiten des Lebens zu verfügen und dadurch eine gesunde und vielköpfige Familie zu ernähren. Sobald jedoch durch den Auftrieb, den hohe Löhne der Bevölkerungsvermehrung geben, sich die Zahl der Arbeiter erhöht, fallen die Löhne wiederum auf ihren natürlichen Preis und manchmal als Reaktion darauf sogar darunter.

Liegt der Marktpreis der Arbeit unter ihrem natürlichen Preis, so befinden sich die Arbeiter in einer außerordentlich elenden Lage und die Armut beraubt sie jener Annehmlichkeiten, welche die Gewohnheit zu unabdingbaren Lebensnotwendigkeiten gemacht hat. Nur nachdem ihre Entbehrungen ihre Zahl vermindert haben oder die Nachfrage nach Arbeit sich erhöht hat, wird der Marktpreis der Arbeit wieder auf ihren natürlichen Preis steigen, und die Arbeiter werden die bescheidenen Annehmlichkeiten haben, die ihnen die natürliche Rate des Lohns gewährt.

Trotz der Tendenz der Löhne, sich ihrer natürlichen Rate anzugleichen, kann ihre Marktrate in einer sich entwickelnden Gesellschaft für unbestimmte Zeit dauernd darüber liegen. Denn der Anstoß, der von einer Vermehrung des Kapitals für eine neue Nachfrage nach Arbeit ausgeht, braucht sich erst dann auszuwirken, wenn eine nochmalige Kapitalvermehrung in gleicher Weise wirkt. Wenn so die Erhöhung des Kapitals allmählich und stetig erfolgt, kann die Nachfrage nach Arbeit einen ständigen Anreiz zur Vermehrung der Bevölkerung bieten.

Kapital ist der zur Produktion verwendete Teil des Reichtums eines Landes, der aus Nahrungsmitteln, Kleidung, Werkzeugen, Rohstoffen, Maschinerie usw.

besteht, Dingen, die nötig sind, damit die Arbeit Resultate erzielt.

Kapital kann gleichzeitig an Umfang und Wert zunehmen. In einem Lande kann eine zusätzliche Menge an Nahrungsmitteln und Kleidung erzeugt werden, obwohl gleichzeitig mehr Arbeit als vorher zur Erzeugung dieses Zusatzquantums erforderlich ist; in diesem Falle wird nicht nur der Umfang, sondern auch der Wert des Kapitals steigen.

Kapital kann sich aber auch ohne Erhöhung seines Wertes vermehren, ja sogar, wenn sich sein Wert tatsächlich vermindert. Nicht nur die Menge der Nahrungsmittel und der Kleidung eines Landes kann vergrößert werden, sondern diese Vergrößerung kann mit Hilfe von Maschinen erzielt werden, ohne irgendeine Erhöhung der zu ihrer Produktion erforderlichen verhältnismäßigen Quantität Arbeit, ja sogar bei deren absoluter Verringerung. Der Umfang des Kapitals kann sich erweitern, während es weder insgesamt noch einer seiner einzelnen Teile einen größeren Wert als vorher besitzt, sondern tatsächlich sogar weniger wert sein kann.

Im ersteren Falle wird der natürliche Preis der Arbeit, der immer vom Preis der Nahrungsmittel, der Kleidung und anderer lebenswichtiger Güter abhängt, steigen. Im zweiten Fall wird er unverändert bleiben oder sinken. In beiden Fällen wird aber die Marktrate des Lohns steigen, denn entsprechend der Vermehrung des Kapitals wird eine Vermehrung der Nachfrage nach Arbeit eintreten; im Verhältnis zu der Arbeit, die geleistet werden muß, wird die Nachfrage nach jenen stehen, die sie verrichten sollen.

Auch in diesen beiden Fällen wird der Marktpreis der Arbeit über ihren natürlichen Preis steigen und eine Tendenz der Angleichung an den natürlichen Preis zeigen, wobei im ersteren Falle die Übereinstimmung schnellstens erreicht wird. Die Lage des Arbeiters wird zwar verbessert werden, jedoch nicht wesentlich, denn der erhöhte Preis der Nahrungsmittel und lebenswichtigen Güter wird einen großen Teil der Lohnerhöhung verschlingen. Daher wird ein geringes Mehrangebot an Arbeit oder eine unwesentliche Vermehrung der Bevölkerung den Marktpreis bald auf den inzwischen erhöhten natürlichen Preis der Arbeit senken.

Im zweiten Falle wird sich die Lage des Arbeiters erheblich verbessern. Er wird einen erhöhten Geldlohn beziehen, ohne daß er höhere, ja vielleicht sogar niedrigere Preise für die von ihm und seiner Familie verbrauchten Waren bezahlt. Nur nach einer beträchtlichen Zunahme der Bevölkerung wird der Marktpreis der Arbeit wiederum auf ihren nunmehr niedrigen und gesunkenen natürlichen Preis fallen.

So wird also mit jedem Fortschritt der Gesellschaft, mit jeder Vermehrung ihres Kapitals der Marktlohn der Arbeit steigen. Aber der Bestand seiner Steigerung hängt davon ab, ob der natürliche Preis der Arbeit ebenfalls gestiegen ist. Das wiederum wird von der Erhöhung des natürlichen Preises jener lebenswichtigen Güter abhängen, für die der Arbeitslohn ausgegeben wird.

Man möge das nicht so auffassen, als ob der natürliche Preis der Arbeit, auch wenn er in Nahrungsmitteln und lebensnotwendigen Gebrauchsgüterm ausgedrückt wird, unbedingt feststehend und unveränderlich ist. Er schwankt zu verschiedenen Zeiten im gleichen Land und ist sehr unterschiedlich in verschiedenen Ländern.[1] Er

[1] „Das Obdach und die Kleidung, die in dem einen Land unerläßlich sind, brauchen in einem anderen keineswegs nötig sein. Ein Arbeiter in Indien kann seine Arbeit in aller Frische fortsetzen, obwohl er als seinen natürlichen Lohn nur eine solche Menge Kleidung erhält, die völlig ungenügend wäre, um einen Arbeiter in Rußland vor dem Tode zu bewahren. Sogar in Ländern mit gleichem Klima werden unterschiedliche Lebensgewohnheiten sehr oft Unterschiede im natürlichen Preis der Arbeit verursachen, die ebenso beträchtlich wie die durch natürliche Ursachen bedingten sind." R. Torrens, Esq.,

hängt entscheidend von den Sitten und Gebräuchen des Volkes ab. Ein englischer Arbeiter würde seinen Lohn als unter seiner natürlichen Rate stehend und als zu armselig, eine Familie zu ernähren, betrachten, wenn er damit keine anderen Nahrungsmittel als Kartoffeln kaufen und in keiner besseren Behausung als einer Lehmhütte wohnen könnte. Dennoch werden diese bescheidenen natürlichen Ansprüche oft als ausreichend erachtet in den Ländern, in denen „das Leben des Menschen billig ist" und seine Bedürfnisse leicht zu befriedigen sind. Viele der Annehmlichkeiten, deren sich heute eine englische Hütte erfreut, hätte man in früheren Zeiten unserer Geschichte für Luxus gehalten.

Dadurch, daß mit dem gesellschaftlichen Fortschritt Manufakturwaren ständig sinken und Rohprodukte stets steigen, wird auf die Dauer ein derartiges Mißverhältnis in ihren relativen Werten geschaffen, daß in reichen Ländern ein Arbeiter durch den Verzicht auf einen nur geringfügigen Teil seiner Nahrungsmittel seinen gesamten sonstigen Bedarf ausreichend decken kann.

Abgesehen von den Änderungen des Geldwertes, die notwendigerweise die Geldlöhne beeinflussen, von denen wir jedoch hier annehmen, daß sie nicht eintreten, da wir durchgehend Geld als von gleichem Wert unterstellen, scheint es also, daß der Lohn einem Steigen oder Fallen aus zweierlei Ursachen unterworfen ist:

1. Dem Angebot und der Nachfrage von Arbeitern.
2. Dem Preis der Waren, für die der Arbeitslohn ausgegeben wird.

Die Vermehrung des Kapitals oder der Mittel für die Beschäftigung der Arbeiter geht in den verschiedenen Entwicklungsstufen der Gesellschaft mehr oder weniger

An Essay on the External Corn Trade, S. 68. — Das ganze Thema ist von Oberst Torrens vorzüglich behandelt worden.

rasch vor sich und muß in jedem Falle von den produktiven Fähigkeiten der Arbeit abhängen. Die produktiven Fähigkeiten der Arbeit sind im allgemeinen am größten, wenn es reichlich fruchtbaren Boden gibt: in solchen Zeiten geht die Vermehrung so rasch vor sich, daß Arbeiter nicht mit derselben Schnelligkeit wie Kapital beschafft werden können.

Man hat berechnet, daß sich die Bevölkerung unter günstigen Bedingungen in fünfundzwanzig Jahren verdoppeln kann. Das Kapital eines Landes kann sich jedoch unter denselben günstigen Bedingungen möglicherweise in kürzerer Zeit verdoppeln. In diesem Falle werden die Löhne während des gesamten Zeitraumes eine steigende Tendenz haben, da die Nachfrage nach Arbeit noch rascher anwachsen wird als das Angebot.

In neuen Ansiedlungen, wo die Kunstfertigkeiten und Kenntnisse aus in deren Verfeinerung sehr fortgeschrittenen Ländern eingeführt werden, ist es wahrscheinlich, daß das Kapital dahin tendiert, sich rascher als die Menschen zu vermehren, und wenn der Mangel an Arbeitern nicht durch besser bevölkerte Länder ausgeglichen wird, so wird diese Tendenz den Preis der Arbeit sehr erheblich steigern. So wie diese Länder sich bevölkern und Boden geringerer Güte in Bebauung genommen wird, schwächt sich die Tendenz zur Kapitalerhöhung ab, da der nach der Sättigung des Bedarfes der vorhandenen Bevölkerung verbleibende Produktenüberschuß notwendigerweise der Leichtigkeit der Produktion, d. h. der geringeren Zahl der in der Produktion Beschäftigten entsprechen muß. Obwohl es demnach wahrscheinlich ist, daß unter den günstigsten Bedingungen die Möglichkeiten der Produktion größer sind als die Zahl der Bevölkerung, so kann dies doch nicht lange anhalten. Da der Boden in seiner Ausdehnung begrenzt und in seiner Güte unterschiedlich ist, geht mit jedem zusätzlich darauf angelegten Kapital die Rate der Produktion zurück, während die durch die

Bevölkerung gegebenen Möglichkeiten stets die gleichen bleiben.

In jenen Ländern, in denen reichlich fruchtbarer Boden vorhanden ist, deren Bewohner aber infolge Unwissenheit, Gleichgültigkeit und Rückständigkeit all den Übeln von Mangel und Hungersnot ausgesetzt sind, und von denen man sagt, daß die Bevölkerung gegen den Nahrungsmittelspielraum preßt, sollte ein ganz anderes Heilmittel angewendet werden als in seit langem besiedelten Ländern, in denen als Folge der sinkenden Zufuhrrate für Rohprodukte alle Plagen einer Übervölkerung ausgestanden werden. In dem einen Fall entspringt das Übel einer schlechten Regierung, der Unsicherheit des Eigentums und einem Mangel an Erziehung in allen Schichten der Bevölkerung. Um glücklicher zu werden, ist es nur notwendig, sie besser zu regieren und zu unterrichten, denn eine Vermehrung des Kapitals über die der Bevölkerung hinaus würde das unausbleibliche Ergebnis sein. Kein Zuwachs der Bevölkerung könnte jemals zu groß werden, da die Möglichkeiten der Produktion noch größer sind. Im anderen Falle vermehrt sich die Bevölkerung rascher als die für ihren Unterhalt bestimmten Mittel. Jede Betätigung von Fleiß, die nicht Hand in Hand mit einer niedrigeren Zuwachsrate der Bevölkerung geht, wird das Übel nur vergrößern, denn die Produktion kann nicht damit Schritt halten.

Bei einer Bevölkerung, die gegen den Nahrungsmittelspielraum preßt, sind entweder eine Verminderung der Bevölkerungszahl oder eine raschere Akkumulation des Kapitals die einzigen Heilmittel. In reichen Ländern, in denen das gesamte fruchtbare Land bereits bebaut wird, ist das letztere Mittel weder gut anwendbar noch besonders wünschenswert, da seine Wirkung bei einer weitgehenden Anwendung in einer gleichartigen Verarmung aller Klassen bestehen würde. In armen Ländern hingegen, wo reichlich Mittel zur Produktion vorhanden sind, da noch nicht alles fruchtbare Land in Bebauung genommen wurde, ist es das einzige sichere und wirksame Mittel zur Behebung des Übels, zumal seine Wirkung in einer Verbesserung für alle Klassen des Volkes bestünde.

Freunde der Menschheit können nur wünschen, daß die arbeitenden Klassen in allen Ländern Sinn für Annehmlichkeiten und Genuß haben, und daß sie in ihren Bemühungen, sich diese zu verschaffen, mit allen zulässigen Mitteln angespornt werden. Es gibt keine größere Sicherheit gegen eine zu große Bevölkerung. In jenen Ländern, in denen die arbeitenden Klassen die geringsten Bedürfnisse haben und mit den wohlfeilsten Nahrungsmitteln zufrieden sind, ist das Volk den größten Wechselfällen und dem größten Elend ausgesetzt. Sie besitzen keinen Zufluchtsort gegen Notstände; sie können keine Sicherheit auf einer niederen Ebene suchen, denn sie befinden sich schon auf einem so niedrigen Lebensniveau, daß sie nicht tiefer sinken können. Bei einem Mangel an ihrem hauptsächlichsten Nahrungsmittel gibt es nur wenige Ersatzstoffe, mit denen sie sich helfen können, und eine Teuerung wird bei ihnen von fast allen Übeln einer Hungersnot begleitet.

Die Arbeitslöhne werden mit dem natürlichen Fortschritt der Gesellschaft eine fallende Tendenz haben, soweit sie von Angebot und Nachfrage bestimmt werden, da das Angebot an Arbeitern in gleichem Ausmaße, die Nachfrage jedoch weniger steigen wird. Werden die Löhne beispielsweise durch eine jährliche Zuwachsrate des Kapitals von 2 Prozent bestimmt, so werden sie bei einer Rate der Akkumulation von nur $1^1/_2$ Prozent fallen. Sie werden noch mehr sinken, wenn das Kapital nur zu einer Rate von 1 oder $^1/_2$ Prozent steigt und werden so lange fallen, bis das Kapital stagniert. In diesem Falle stagniert auch der Lohn und er wird gerade ausreichen, die vorhandene Bevölkerungszahl aufrechtzuerhalten. Ich behaupte, daß die Löhne unter diesen Umständen fallen, wenn sie nur durch Angebot und Nachfrage von

Arbeitern bestimmt werden; wir dürfen aber nicht vergessen, daß Löhne auch von den Preisen der Waren bestimmt werden, für die man sie verausgabt.

Mit der Vermehrung der Bevölkerung werden diese lebensnotwendigen Güter dauernd im Preise steigen, da zu ihrer Produktion mehr Arbeit erforderlich wird. Wenn daher der Geldlohn der Arbeit fällt, während alle Waren, für die der Arbeitslohn verwendet wird, steigen, so wird der Arbeiter zweifach getroffen und bald gänzlich seines Unterhaltes beraubt sein. Infolgedessen wird der Geldlohn der Arbeit, anstatt zu fallen, steigen, jedoch nicht genügend, um dem Arbeiter den Einkauf ebenso vieler Annehmlichkeiten und notwendiger Güter zu ermöglichen, wie er vor dem Preisanstieg jener Waren kaufen konnte. Wenn sein Jahreslohn vorher 24 £ oder sechs Quarter Getreide betrug, als der Preis 4 £ pro Quarter war, so wird er jetzt, wo das Getreide auf 5 £ pro Quarter gestiegen ist, wahrscheinlich nur den Gegenwert von fünf Quartern erhalten. Fünf Quarter kosten aber jetzt 25 £; er wird also einen Zuschlag zu seinem Geldlohn erhalten, obwohl er sich mit diesem Zuschlag nicht die gleiche Menge Getreide und andere Waren beschaffen kann, die er vorher mit seiner Familie verbraucht hat.

Obwohl der Arbeiter also tatsächlich schlechter bezahlt wird, wird diese Erhöhung seines Lohnes doch notwendigerweise den Profit des Fabrikanten verringern, da dessen Waren zu keinem höheren Preis verkauft werden, die Kosten ihrer Produktion aber gestiegen sind. Das werden wir jedoch bei unserer Untersuchung der Gesetze, die den Profit bestimmen, betrachten.

Die gleiche Ursache, welche die Rente erhöht — nämlich die zunehmende Schwierigkeit, eine zusätzliche Menge Nahrungsmittel mit der relativ gleichen Menge Arbeit herzustellen — scheint demnach auch den Lohn steigen zu lassen; wenn daher der Wert des Geldes unverändert bleibt, werden sowohl die Rente als auch der

Lohn mit dem Fortschritt des Reichtums und der Bevölkerung eine steigende Tendenz haben.

Zwischen dem Steigen der Rente und dem des Lohnes besteht jedoch folgender wesentlicher Unterschied. Die Erhöhung des Geldwertes der Rente wird von einem größeren Anteil am Produkt begleitet; nicht nur die Geldrente des Grundeigentümers ist größer, sondern auch seine Getreiderente. Er wird mehr Getreide besitzen, und jede bestimmte Einheit dieses Getreides wird sich gegen eine größere Quantität aller anderen Waren eintauschen, die nicht im Wert gestiegen sind. Hingegen wird das Los des Arbeiters weniger glücklich sein. Es stimmt zwar, daß er einen höheren Geldlohn erhält, aber sein Lohn in Getreide ist geringer und nicht nur sein Besitz an Getreide, sondern auch seine allgemeine Lage wird dadurch verschlechtert, da es für ihn schwieriger wird, die Marktrate des Lohnes über seiner natürlichen Rate zu halten. Während der Getreidepreis um 10 Prozent steigt, wird der Lohn immer um weniger als 10 Prozent und die Rente immer um mehr steigen. Die Lage des Arbeiters wird sich allgemein verschlechtern und die des Grundeigentümers sich immer verbessern.

Angenommen, der Lohn des Arbeiters beträgt bei einem Weizenpreis von 4 £ pro Quarter jährlich 24 £, entspricht also dem Wert von 6 Quarter Weizen, und er gibt die Hälfte seines Lohnes für Weizen, die andere Hälfte, 12 £, für andere Dinge aus. Er würde so erhalten:

24 £ 14 sh — d	bei einem	4 £ 4 sh 8 d
25 £ 10 sh — d	Weizen-	4 £ 10 sh — d
26 £ 8 sh — d	preis von	4 £ 16 sh — d
27 £ 8 sh 6 d		5 £ 2 sh 10 d

oder den	5,83 Quarter
Wert von	5,66 „
	5,50 „
	5,33 „

Der Erhalt dieses Lohnes ermöglicht es dem Arbeiter genauso gut wie früher, aber nicht besser zu leben, denn bei einem Getreidepreis von 4 £ pro Quarter wird er für

drei Quarter Getreide zu je 4 £ ausgeben	12 £
für andere Dinge	12 £
	24 £

Bei einem Weizenpreis von 4 £ 4 sh 8 d, kosten die von ihm und seiner Familie verbrauchten 3 Quarter	12 £	14 sh	
andere, im Preis unveränderte Dinge . .	12 £	— sh	
	24 £	14 sh	
Bei einem Preis von 4 £ 10 sh kosten drei Quarter Weizen	13 £	10 sh	
und die anderen Dinge	12 £	— sh	
	25 £	10 sh	
Bei einem Preis von 4 £ 16 sh drei Quarter Weizen	14 £	8 sh	
andere Dinge	12 £	— sh	
	26 £	8 sh	
Bei einem Preis von 5 £ 2 sh 10 d kosten drei Quarter Weizen	15 £	8 sh	6 d
andere Dinge	12 £	— sh	— d
	27 £	8 sh	6 d

In dem Maße, wie Getreide teurer wird, wird der Arbeiter einen niedrigeren Lohn in Getreide beziehen, sein Geldlohn aber wird ständig steigen, während unter der obigen Voraussetzung seine Annehmlichkeiten genau die gleichen bleiben. Da jedoch auch andere Waren im Preise steigen werden entsprechend dem Verhältnis, in dem Rohprodukte in ihre Zusammensetzung eingehen, wird er für einige von ihnen mehr bezahlen müssen. Obwohl sein Tee, Zucker, Seife, Kerzen und die Miete wahrscheinlich nicht teurer werden, wird er mehr für seinen Speck, Käse, Butter, Leinen, Schuhe und Tuch bezahlen, und seine Lage wird ungeachtet der vorangegangenen Lohnerhöhung relativ schlechter sein. Es kann jedoch eingewendet werden, daß ich die Wirkung der Löhne auf den Preis unter der Voraussetzung betrachtet habe, daß Gold oder das Metall, aus dem Geld hergestellt wird, das Produkt des Landes ist, in dem sich die Löhne verändert haben, und daß die von mir gezogenen Schlußfolgerungen wenig mit dem wirklichen Stand der Dinge übereinstimmen, da Gold ein Metall ausländischer Produktion ist. Der Umstand jedoch, daß Gold ein ausländisches Produkt ist, erschüttert nicht die Richtigkeit der Beweisführung, da gezeigt werden kann, daß, gleichgültig, ob es im Inland gewonnen oder aus dem Ausland eingeführt wird, sowohl die endgültigen als auch selbst die unmittelbaren Ergebnisse die gleichen sein werden.

Wenn der Lohn steigt, so im allgemeinen deshalb, weil das Wachstum des Reichtums und des Kapitals eine neue Nachfrage nach Arbeit ausgelöst hat, die unweigerlich von einer vermehrten Produktion von Waren begleitet wird. Um diese zusätzliche Warenmenge zirkulieren zu lassen, wenn auch zu gleichen Preisen wie vorher, ist mehr Geld erforderlich, mehr von dieser ausländischen Ware, aus der Geld hergestellt wird und die nur durch Einfuhr beschafft werden kann. Wann immer eine Ware in größerer Menge als früher verlangt wird, steigt ihr relativer Wert im Vergleich zu jenen Waren, mit denen sie gekauft wird. Wenn mehr Hüte verlangt werden, so steigt ihr Preis und es wird mehr Gold für sie gegeben. Wenn mehr Gold verlangt wird, wird es im Preis steigen und Hüte werden fallen, da eine größere Menge Hüte und aller anderen Dinge dann notwendig ist, um die gleiche Quantität Gold zu kaufen. Aber in dem angenommenen Fall zu sagen, daß die Waren steigen, weil die Löhne steigen, heißt einen offenen Widerspruch behaupten. Denn wir sagen erstens, daß der relative Wert des Goldes wegen der Nachfrage steigen wird, zweitens aber, daß er fallen wird, weil die Preise steigen, zwei Resultate, die miteinander unvereinbar sind. Es ist das gleiche, ob man sagt, daß Waren im Preis gestiegen sind, oder ob man sagt, daß der relative Wert des Geldes gesunken ist, denn der relative Wert des Goldes wird in Waren gemessen. Wenn also alle Waren im Preise steigen, so kann Gold nicht aus dem Auslande kommen, um alle diese teuren Waren zu kaufen, sondern es wird das Inland verlassen, um vorteilhaft zum Ankauf der relativ billigeren ausländischen Waren verwendet zu werden. Es ergibt sich also, daß ein Steigen des Lohnes nicht die Warenpreise erhöhen wird, gleichgültig, ob nun das Metall, aus dem man Geld herstellt, im In- oder Ausland produziert wird. Es können nicht alle Waren gleichzeitig ohne Vermehrung der Geldmenge steigen. Diese zusätzliche Menge kann weder, wie wir bereits gesehen haben, im Inland gewonnen, noch vom Ausland bezogen werden. Um eine beliebige Menge Gold zusätzlich im Ausland zu kaufen, müssen im Inland die Waren wohlfeil und nicht teurer sein. Importe von Gold und eine Preissteigerung aller Waren heimischer Erzeugung, mit denen Gold gekauft oder bezahlt wird, sind einander völlig ausschließende Vorgänge. Der ausgiebige Gebrauch von Papiergeld verändert das Problem nicht, denn Papiergeld deckt sich — oder sollte sich decken — mit dem Wert des Goldes, und sein Wert wird daher von den Faktoren beeinflußt, die den Wert dieses Metalls beeinflussen.

Das also sind die Gesetze, durch die der Lohn bestimmt wird und von denen das Wohlbefinden des weitaus größten Teiles jeder Gesellschaft beherrscht wird. Wie alle anderen Verträge sollten auch die Löhne der gerechten und freien Konkurrenz des Marktes überlassen bleiben und niemals durch Eingriffe der Gesetzgebung kontrolliert werden.

Die offensichtliche und unmittelbare Absicht der Armengesetzgebung steht zu diesen auf der Hand liegenden Grundsätzen in direktem Gegensatz.* Sie dient nicht, wie es die Gesetzgebung wohlwollender Weise beabsichtigte, der Verbesserung der Lage der Armen, sondern der Verschlechterung der Lage sowohl der Armen als auch der Reichen. Anstatt die Armen reich zu machen, ist sie darauf berechnet, die Reichen arm zu machen. Solange die derzeitigen Gesetze in Kraft sind, entspricht es vollkommen der natürlichen Ordnung der Dinge, daß die Beträge für den Unterhalt der Armen laufend steigen, bis sie die gesamte Netto-Revenue des Landes in sich aufgesaugt haben oder mindestens soviel davon, wie uns der Staat nach Befriedigung seines nie endenden Bedarfes für den öffentlichen Aufwand belassen wird.[1]

Diese schädliche Wirkung jener Gesetze ist für uns kein Rätsel mehr, seit es durch die talentierten Schriften

* Die englische Armengesetzgebung wurde bis 1834 maßgeblich durch den Act of the relief of the Poor aus dem Jahre 1601 bestimmt, der aber verschiedentlich durch spätere Bestimmungen ergänzt und verändert wurde. Ricardo bezieht sich hier im besonderen auf die Bestimmungen des Speenhamland-Act-of-Parliament aus dem Jahre 1795, der unter Berücksichtigung der jeweiligen Weizenpreise und der Familiengröße ein Lebensminimum für Arbeiter festlegt. Sofern die Höhe des Lohnes unter dieser Mindestgrenze blieb, wurde der Differenzbetrag aus dem Armenfonds ausgeglichen. Dies wurde dazu benutzt, den Unternehmern billige Arbeitskräfte zu verschaffen, die zum Teil auf Kosten der Armensteuerpflichtigen erhalten wurden.

[1] Ich stimme mit Buchanan in der folgenden Stelle, sofern sie sich auf zeitweilige Notlagen bezieht, soweit überein, daß „das große Übel der Lage des Arbeiters die Armut ist, die aus einer Knappheit entweder von Nahrungsmitteln oder von Arbeit entspringt. In allen Ländern sind zahllose Gesetze zu seiner Hilfe erlassen worden. Aber in der sozialen Verfassung gibt es Elend, das die Gesetzgebung nicht beseitigen kann; es ist deswegen nützlich, ihre Grenzen zu kennen, so daß wir nicht durch Streben nach Unausführbarem das Gute auslassen, dessen Erreichung wirklich in unserer Macht liegt". Buchanan, S. 61.

Malthus' vollständig gelöst worden ist, und jeder Freund der Armen muß sehnlichst ihre Abschaffung wünschen. Unglücklicherweise bestehen sie schon recht lange, und die Gewohnheiten der Armen haben sich unter dem Einfluß ihrer Existenz entwickelt, daß die vorsichtigste und geschickteste Behandlung notwendig ist, um sie gefahrlos aus unserem System auszumerzen. Alle, die einer Aufhebung dieser Gesetze sehr wohlwollend gegenüberstehen, stimmen darin überein, daß ihre Abschaffung nur sehr allmählich erfolgen kann, wenn man das größte Elend von denjenigen abwenden will, zu deren Wohlfahrt sie irrtümlich erlassen wurden.

Es ist eine nicht zu bezweifelnde Wahrheit, daß die Annehmlichkeiten und das Wohlergehen der Armen nicht auf die Dauer sichergestellt werden können, ohne ihre eigene Einsicht oder ohne ein Bemühen der Gesetzgebung, ihr zahlenmäßiges Wachstum zu regulieren und die Zahl früher und unüberlegter Heiraten zu beschränken. Die Wirkung der Armengesetzgebung war dem direkt entgegengesetzt. Sie hat Zurückhaltung überflüssig gemacht und die Unüberlegtheit herausgefordert, indem man ihr einen Teil des Lohnes, der durch Vorsicht und Fleiß erarbeitet wurde, anbot.[1]

[1] Der Fortschritt in der Erkenntnis über diesen Gegenstand, der sich seit 1796 im House of Commons gezeigt hat, war glücklicherweise nicht allzu gering, wie man bei einer Gegenüberstellung des letzten Berichtes der Kommission für die Armengesetzgebung und den folgenden Gefühlsäußerungen Pitts in dem vorerwähnten Jahr sehen kann: „Laßt uns", sagt er, „in den Fällen Hilfe geben, wo eine größere Kinderzahl, anstatt ein Grund von Schmach und Schande, eine Sache des Rechts und der Ehre ist. Das wird eine große Familie zu einem Segen machen, nicht aber zu einem Fluch, und es wird eine klare Scheidungslinie ziehen zwischen denjenigen, die vermittels ihrer Arbeit für sich selbst sorgen können und den anderen, die, nachdem sie das Land mit einer Anzahl Kinder bereichert haben, einen Anspruch auf seine Hilfe beim Unterhalt haben." Hansard's Parliamentary History, Bd. 32, S. 170.

Die Natur des Übels weist auf das Heilmittel hin. Durch die allmähliche Einschränkung des Geltungsbereiches der Armengesetze, die Erweckung der Wertschätzung für die Unabhängigkeit bei den Armen, die Belehrung, sich weder auf systematische noch auf gelegentliche Mildtätigkeit, sondern auf ihre eigenen Bemühungen für ihren Unterhalt zu verlassen und daß Vorsicht und Vorsorge weder überflüssige, noch uneinträgliche Tugenden sind, werden wir uns schrittweise einem vernünftigeren und gesünderen Zustand nähern.

Kein Entwurf zur Verbesserung der Armengesetze verdient die geringste Beachtung, der nicht ihre Aufhebung als Endziel hat, und derjenige ist der beste Freund der Armen und der Sache der Menschheit, der zeigt, wie dieses Ziel mit größter Sicherheit und gleichzeitig mit geringster Gewaltanwendung erreicht werden kann. Nicht durch eine von der jetzigen sich unterscheidende Art der Aufbringung der Beträge, mit denen die Armen unterstützt werden, kann das Übel gemildert werden. Es wäre nicht nur keine Verbesserung, sondern sogar eine Verschlimmerung des Elends, das wir beseitigt sehen wollen, wenn die Summe der Beträge erhöht wird oder wenn sie gemäß kürzlich gemachter Vorschläge als eine allgemeine Abgabe des gesamten Landes erhoben werden. Die jetzige Art ihrer Aufbringung und Verwendung hat dazu gedient, ihre schädlichen Wirkungen zu mildern. Jedes Kirchspiel erhebt besondere Geldbeträge für die Unterstützung seiner eigenen Armen. Es wird dadurch von größerem Interesse und besser durchführbar, die Sätze niedrig zu halten, als bei der Aufbringung eines allgemeinen Fonds zur Unterstützung der Armen des gesamten Königreiches. Ein Kirchspiel ist viel mehr an einer billigen Erhebung der Beiträge und einer sparsamen Verteilung der Unterstützung interessiert, wenn die gesamte Einsparung ihm zugute kommt, als wenn Hunderte von anderen Kirchspielen daran teilhaben.

Dieser Ursache ist die Tatsache zuzuschreiben, daß die Armengesetze noch nicht die gesamte Netto-Revenue des Landes verschlungen haben. Nur der Strenge, mit der sie angewendet werden, verdanken wir, daß sie nicht übermäßig drückend geworden sind. Wenn jeder Mensch, der Unterstützung braucht, sicher sein könnte, sie kraft Gesetzes auch zu bekommen, und zwar in solchem Ausmaße, um das Leben einigermaßen angenehm zu machen, so würde uns die Theorie erwarten lassen, daß alle anderen Steuern zusammen leicht zu ertragen sein würden im Verhältnis zu der einen Armensteuer. Das Gravitationsgesetz ist nicht gewisser als die Tendenz derartiger Gesetze, Reichtum und Macht in Elend und Schwäche zu verwandeln, die Arbeitsanstrengungen von jedem Gegenstand, ausgenommen der Beschaffung des bloßen Unterhalts, abzulenken, jeden Unterschied des Geistes auszulöschen, den Geist fortwährend mit der Befriedigung des leiblichen Bedarfs zu beschäftigen — und das alles so lange, bis am Ende alle Klassen mit der Pest der allgemeinen Armut angesteckt sind. Zum Glück waren diese Gesetze während einer Zeit zunehmenden Wohlstandes in Geltung, in der die Fonds für den Unterhalt der Arbeit sich fortlaufend vergrößert haben und natürlich auch ein Zuwachs der Bevölkerung erforderlich war. Wenn sich aber unser Fortschritt verlangsamen sollte, wenn wir einen Zustand der Stagnation erreichen sollten, von dem wir meines Erachtens noch weit entfernt sind, dann wird der schädliche Charakter dieser Gesetze handgreiflicher und beängstigender und ihre Beseitigung dazu noch durch viele zusätzliche Schwierigkeiten erschwert werden.

KAPITEL VI

ÜBER DEN PROFIT

Nachdem gezeigt worden ist, daß die Kapitalprofite in verschiedenen Anlagen sich in einem bestimmten Verhältnis zueinander verhalten und dazu tendieren, sich alle im gleichen Ausmaß und derselben Richtung zu verändern, bleibt uns noch die Untersuchung der Ursache für die dauernden Veränderungen der Profitrate und die daraus entspringenden anhaltenden Änderungen des Zinsfußes.

Wir haben gesehen, daß der Preis[1] des Getreides von der Quantität Arbeit bestimmt wird, die zusammen mit dem keine Rente abwerfenden Teil des Kapitals zu seiner Produktion erforderlich ist. Wir haben ferner gesehen, daß alle Manufakturwaren im Preise steigen oder fallen entsprechend dem zu ihrer Produktion erforderlichen größeren oder geringeren Arbeitsaufwand. Weder der Farmer, der jenen Boden bebaut, der den Preis bestimmt, noch der Fabrikant, der Waren erzeugt, geben einen Teil des Produktes zugunsten der Rente auf. Der gesamte Wert ihrer Waren spaltet sich nur in zwei Teile: der eine bildet den Kapitalprofit, der andere den Arbeitslohn.

Vorausgesetzt, daß Getreide und Manufakturwaren stets zu unveränderten Preisen verkauft werden, so sind die Profite hoch oder niedrig, je nachdem die Löhne niedrig oder hoch sind. Angenommen aber, Getreide steigt im Preise, weil mehr Arbeit zu seiner Produktion erforderlich ist, so wird diese Ursache nicht den Preis jener Manufakturwaren erhöhen, zu deren Produktion keine zusätzliche Menge Arbeit benötigt wird. Falls also die Löhne weiterhin unverändert bleiben, werden auch die Profite der Fabrikanten die gleichen bleiben. Wenn jedoch, wie es vollkommen sicher ist, die Löhne mit dem Getreidepreise steigen, so werden ihre Profite notwendigerweise sinken.

Wenn ein Fabrikant seine Waren stets für die gleiche Summe Geld, z. B. für 1000 £ verkauft, so wird sein

[1] Der Leser möge im Auge behalten, daß ich, um das Problem besser zu klären, den Wert des Geldes als unveränderlich und daher jede Preisänderung als von einer Änderung des Wertes der Waren herrührend betrachte.

Profit von dem Preis der Arbeit abhängen, die zur Produktion dieser Waren notwendig ist. Sein Profit wird geringer sein, wenn der Lohn 800 £ ausmacht, als wenn er nur 600 £ beträgt. In dem Ausmaß also, wie der Lohn steigt, fällt der Profit. Wenn sich aber der Preis der Rohprodukte erhöht, könnte man fragen, ob nicht wenigstens der Farmer dieselbe Profitrate erhält, obwohl er einen zusätzlichen Betrag an Löhnen auszahlt? Sicherlich nicht; denn er wird nicht nur ebenso wie der Fabrikant jedem von ihm beschäftigten Arbeiter eine Lohnerhöhung zu zahlen haben, sondern er wird auch gezwungen sein, entweder eine Rente zu zahlen oder zusätzlich Arbeiter zu beschäftigen, um das gleiche Produkt zu erzielen. Die Erhöhung des Preises der Rohprodukte wird aber nur dieser Rente, bzw. dieser zusätzlichen Zahl von Arbeitern entsprechen, ihn aber nicht für die Lohnerhöhung schadlos halten.

Wenn beide, der Fabrikant und der Farmer zehn Leute beschäftigen, deren Lohn von 24 £ auf 25 £ pro Mann und Jahr steigt, so beträgt der von jedem ausgezahlte Betrag 250 £ anstatt 240 £. Das ist jedoch der gesamte zusätzliche Betrag, den der Fabrikant zu bezahlen hat, um dieselbe Menge Waren zu erhalten. Hingegen wird der Farmer auf neu bebautem Boden wahrscheinlich gezwungen sein, einen weiteren Mann zu beschäftigen und so zusätzlich 25 £ für Löhne auszugeben, während der Farmer auf schon früher bebautem Boden gezwungen ist, denselben zusätzlichen Betrag von 25 £ als Rente abzuführen. Ohne zusätzliche Arbeit wäre weder der Getreidepreis noch die Rente gestiegen. Der eine wird daher nur für Löhne, der andere für Löhne und Rente zusammen 275 £ zu bezahlen haben — jeder 25 £ mehr als der Fabrikant. Für diese letzteren 25£ wird der Farmer durch den höheren Preis der Rohprodukte entschädigt, und sein Profit wird daher immer noch dem des Fabrikanten gleichkommen. Da diese Behauptung wichtig ist, werde ich mich bemühen, sie noch weiter zu erläutern.

Wir haben gezeigt, daß in früheren Gesellschaftsstufen der Anteil des Grundeigentümers wie auch der des Arbeiters am *Werte* des Produktes der Erde nur sehr gering ist und daß er entsprechend der Vermehrung des Reichtums und der Schwierigkeit der Nahrungsmittelbeschaffung steigt. Wir haben auch gezeigt, daß sich der tatsächliche Anteil des Arbeiters verringern wird, obwohl dessen Wert durch den hohen Wert der Lebensmittel steigt, während der dem Grundeigentümer zufallende Teil nicht nur an Wert, sondern auch an Quantität zunimmt.

Die vom Produkt des Bodens nach Bezahlung des Arbeiters und des Grundeigentümers übrigbleibende Menge gehört notwendigerweise dem Farmer und stellt den Profit seines Kapitals dar. Man könnte nun behaupten, daß der Farmer, obwohl sich mit der Entwicklung der Gesellschaft sein Anteil am Gesamtprodukt vermindert, ebenso wie der Grundeigentümer und der Arbeiter doch einen größeren Wert erhält, da der Anteil an Wert gewinnt.

Man könnte z. B. sagen, daß die auf dem besten Boden geernteten 180 Quarter, wenn Getreide von 4 £ auf 10 £ steigt, für 1800 £ statt 720 £ verkauft werden und sich daher der Wert des Profits des Farmers noch erhöht, obgleich Grundeigentümer und Arbeiter erwiesenermaßen einen größeren Wert in Form von Rente und Lohn erhalten haben. Das ist jedoch unmöglich, wie ich mich nun zu zeigen bemühen werde.

Vor allem wird der Preis des Getreides nur entsprechend der größeren Schwierigkeit seines Anbaus auf Boden schlechterer Qualität steigen.

Es ist schon festgestellt worden, daß, wenn die Arbeit von zehn Leuten auf Boden bestimmter Qualität 180 Quarter Weizen ergibt und sein Wert 4 £ pro Quarter, insgesamt 720 £ beträgt und wenn die Arbeit weiterer zehn Leute auf diesem oder anderem Boden nur 170 Quarter zusätzlich erzeugt, Weizen von 4 £ auf 4 £ 4 sh 8 d steigen wird, denn 170 verhält sich zu 180 wie 4 £ zu

4 £ 4 sh 8 d. Mit anderen Worten: da in dem einen Falle für die Produktion von 170 Quarter die Arbeit von zehn Leuten, im anderen Falle aber nur die von 9,44 notwendig ist, so verhält sich die Steigerung wie 9,44 zu 10 oder wie 4 £ zu 4 £ 4 sh 8 d. In gleicher Weise kann gezeigt werden, daß der Preis noch höher auf 4 £ 10 sh ansteigt, falls die Arbeit weiterer zehn Leute nur 160 Quarter produziert; falls 150 auf 4 £ 16 sh usw.

Wenn aber auf dem Boden, der keine Rente abwirft, 180 Quarter geerntet werden, und der Preis beträgt 4 £ pro Quarter, so wird Getreide verkauft für	720 £
Und wenn 170 Quarter auf dem Boden, der keine Rente abwirft, geerntet werden und der Preis auf 4 £ 4 sh 8 d steigt, dann wird es auch noch verkauft für	720 £
Ebenso bringen 160 Quarter zu 4 £ 10 sh	720 £
und 150 Quarter zu 4 £ 16 sh ebenfalls	720 £

Es ist nun offensichtlich, daß sich die Profitrate des Farmers proportional zur Erhöhung des Getreidepreises vermindern wird, wenn er auf Grund dieser gleichen Werte Lohn zu zahlen hat, der sich einmal nach dem Weizenpreis von 4 £ und zu anderen Zeiten nach höheren Preisen bestimmt.

Ich glaube, für diesen Fall klar gezeigt zu haben, daß ein Steigen des Getreidepreises, das den Geldlohn des Arbeiters erhöht, den Geldwert des Profits des Farmers vermindert.

Der Fall des Farmers auf altem und besserem Boden liegt aber keineswegs anders. Er wird ebenfalls höhere Löhne zu zahlen haben und niemals mehr als 720 £ vom Wert des Produkts zurückbehalten — gleichgültig, wie hoch dessen Preis sei —, die zwischen ihm und seinen an Zahl stets gleichen Arbeitern geteilt werden müssen. Er wird in dem Maße, in dem sie mehr bekommen, weniger für sich zurückbehalten.

Als der Getreidepreis auf 4 £ stand, gehörten die gesamten 180 Quarter dem Bebauer, und er verkaufte sie für 720 £. Als Getreide auf 4 £ 4 sh 8 d stieg, mußte er den Wert von zehn Quartern aus seinen 180 Quartern als Rente abführen, und die restlichen 170 brachten ihm folglich nicht mehr als 720 £ ein. Als es weiter auf 4 £ 10 sh stieg, bezahlte er zwanzig Quarter oder deren Wert als Rente und behielt folglich nur 160 Quarter übrig, die dieselbe Summe von 720 £ einbrachten.

Man sieht also, daß, gleichgültig, welche Erhöhung des Getreidepreises eintreten mag, diese doch immer wegen der Notwendigkeit, mehr Arbeit und Kapital zur Erzielung einer bestimmten zusätzlichen Menge von Produkten aufzuwenden, dem Werte der zusätzlichen Rente oder zusätzlich beschäftigten Arbeit entspricht, so daß der Farmer nach dem Verkauf des Getreides aus dem, was ihm nach Zahlung der Rente verbleibt, denselben realen Wert erhält, mag er nun das Getreide für 4 £, 4 £ 10 sh oder 5 £ 2 sh 10 d verkaufen. Wir sehen daher, daß er stets dieselbe Summe von 720 £ erhält, gleichgültig, ob das ihm gehörende Produkt 180, 170, 160 oder 150 Quarter beträgt, da der Preis im umgekehrten Verhältnis zur Menge steigt.

Daraus folgt, daß die Rente immer den Konsumenten und niemals den Farmer belastet, denn wenn das Produkt seiner Farm unveränderlich 180 Quarter bleibt, so wird er bei einer Preissteigerung den Wert einer kleineren Quantität für sich behalten und den einer größeren Menge an den Grundeigentümer abführen. Der Abzug wird aber soviel betragen, daß er stets die gleiche Summe von 720 £ übrig behält.

Man wird auch erkannt haben, daß in jedem Falle dieselbe Summe von 720 £ zwischen Lohn und Profit geteilt werden muß. Falls der Wert der Rohprodukte [raw produce] des Bodens diese Summe übersteigt, so ist dieser Betrag, wie groß er auch sein mag, der Rente zuzurechnen. Gibt es keinen Überschuß, so gibt es auch keine Rente. Ob der Lohn oder Profit steigt oder fällt, beide müssen immer aus dem Betrag von 720 £ gedeckt werden. Einerseits kann der Profit niemals so hoch steigen, daß er so viel von den 720 £ verschlingt, daß nicht genügend übrig bleibt, um die Arbeiter mit den unbedingt notwendigen Gütern zu versorgen, andererseits können die Löhne niemals so hoch steigen, daß von diesem Betrage nichts für den Profit zurückbleibt.

So werden also in jedem Falle die agrikolen wie die industriellen Profite durch eine Preissteigerung der Rohprodukte herabgesetzt, falls diese von einer Erhöhung der Löhne begleitet wird.[1] Wenn der Farmer keinen zusätzlichen Wert für das ihm nach Zahlung der Rente verbleibende Getreide und der Fabrikant keinen zusätzlichen Wert für die von ihm erzeugten Waren erhält und beide einen größeren Wert in Form von Löhnen zu bezahlen haben, kann dann etwas klarer sein, als daß der Profit bei einem Steigen des Lohnes fallen muß?

Der Farmer hat demnach ein sehr erhebliches Interesse daran, die Rente, oder vielmehr den natürlichen Preis der Produkte niedrig zu halten, obwohl er keinen Teil der Rente seines Grundeigentümers trägt, da diese immer von dem Preis der Produkte bestimmt wird und stets den Konsumenten trifft. Als Konsument von Rohprodukten und jener Dinge, in die Rohprodukte als Bestandteil eingehen, wird er gleich allen anderen Konsumenten daran interessiert sein, den Preis niedrig zu halten. Er wird aber sehr wesentlich durch einen hohen Getreidepreis in Mitleidenschaft gezogen, da dieser den Lohn bestimmt. Bei jedem Steigen des Getreidepreises muß er aus der gleichen und unveränderlichen Summe

[1] Der Leser wird merken, daß wir die zufälligen Schwankungen außer acht lassen, die von guten oder schlechten Ernten oder vom Steigen oder Fallen der Nachfrage infolge einer plötzlichen Veränderung des Standes der Bevölkerung herrühren. Wir sprechen von dem natürlichen und ständigen, nicht von dem zufälligen und schwankenden Getreidepreis.

von 720 £ einen zusätzlichen Betrag an Löhnen den zehn Leuten zahlen, die er nach unserer Annahme ständig beschäftigt. Wir haben bei der Untersuchung des Lohnes festgestellt, daß er sich mit dem Steigen des Preises der Rohprodukte zwangsläufig erhöht. Man wird auf Grund der auf Seite 87 für die Berechnung angenommenen Basis erkennen, daß der Jahreslohn 24 £ beträgt, wenn der Weizen auf 4 £ pro Quarter steht.

Wenn der Weizen steht auf	beträgt der Lohn
4 £ 4 sh 8 d	24 £ 14 sh — d
4 £ 10 sh — d	25 £ 10 sh — d
4 £ 16 sh — d	26 £ 8 sh — d
5 £ 2 sh 10 d	27 £ 8 sh 6 d

Aus dem unveränderlichen Fonds von 720 £ werden nun zwischen Arbeitern und Farmern verteilt:

wenn der Weizenpreis beträgt	erhalten die Arbeiter	erhalten die Farmer
4 £ — sh — d	240 £ — sh — d	480 £ — sh — d
4 £ 4 sh 8 d	247 £ — sh — d	473 £ — sh — d
4 £ 10 sh — d	255 £ — sh — d	465 £ — sh — d
4 £ 16 sh — d	264 £ — sh — d	456 £ — sh — d
5 £ 2 sh 10 d	274 £ 5 sh — d	455 £ 15 sh — d[1]

[1] Die 180 Quarter Getreide werden sich bei den eben genannten Änderungen des Wertes von Getreide zwischen Grundeigentümern, Farmern und Arbeitern in folgendem Verhältnis verteilen:

Preis pro Quarter	Rente in Weizen	Profit in Weizen	Löhne in Weizen	Insgesamt
4 £ — sh — d	keine	120 Quarter	60 Quarter	180
4 £ 4 sh 8 d	10 Quarter	111,7 „	58,3 „	
4 £ 10 sh — d	20 „	103,4 „	56,6 „	
4 £ 16 sh — d	30 „	95 „	55 „	
5 £ 2 sh 10 d	40 „	86,7 „	53,3 „	

und unter den gleichen Bedingungen werden sich Rente, Lohn und Profit auf folgende Geldbeträge belaufen:

Das ursprüngliche Kapital des Farmers mit 3000 £ angenommen, wird sich — bei einem Profit von 480 £ wie im ersten Falle — die Profitrate auf 16 Prozent belaufen. Wenn sein Profit auf 473 £ fällt, so wird dessen Rate 15,7 Prozent betragen.

465 £ . . .	15,5
456 £ . . .	15,2
445 £ . . .	14,8

Allein die Profit*rate* wird noch mehr sinken, da, wie man sich ins Gedächtnis rufen muß, das Kapital des Farmers zum großen Teil aus Agrarprodukten besteht, wie Getreide, Heu, ungedroschenem Weizen und Gerste, seinen Pferden und Kühen, die alle im Preise als Folge der allgemeinen Preiserhöhung der Produkte gestiegen sind. Sein absoluter Profit wird von 480 £ auf 445 £ 15 sh fallen. Wenn sich jedoch aus der eben erwähnten Ursache sein Kapital von 3000 £ auf 3200 £ erhöht, so wird seine Profitrate bei einem Getreidepreis von 5 £ 2 sh 10 d unter 14 Prozent liegen.

Wenn ein Fabrikant gleichfalls 3000 £ in seinem Unternehmen angelegt hat, so muß er infolge des Steigens der Löhne sein Kapital erhöhen, um imstande zu sein, sein Unternehmen weiter zu führen. Falls seine Waren vorher für 720 £ verkauft wurden, so werden sie weiterhin

Preis pro Quarter	Rente	Profit
4 £ — sh — d	keine	480 £ — sh — d
4 £ 4 sh 8 d	42 £ 7 sh 6 d	473 £ — sh — d
4 £ 10 sh — d	90 £ — sh — d	465 £ — sh — d
4 £ 16 sh — d	144 £ — sh — d	456 £ — sh — d
5 £ 2 sh 10 d	205 £ 13 sh 4 d	445 £ 15 sh — d

Löhne	Insgesamt
240 £ — sh — d	720 £ — sh — d
247 £ — sh — d	762 £ 7 sh 6 d
255 £ — sh — d	810 £ — sh — d
264 £ — sh — d	864 £ — sh — d
274 £ 5 sh — d	925 £ 13 sh 4 d

zum gleichen Preis abgesetzt, aber die Arbeitslöhne, die vorher 240 £ ausmachten, werden bei einem Getreidepreis von 5 £ 2 sh 10 d auf 274 £ 5 sh steigen. Im ersteren Fall erhält er die Differenz von 480 £ als Profit auf sein Kapital von 3000 £, im zweiten erzielt er einen Profit von nur 445 £ 15 sh auf ein erhöhtes Kapital, der dadurch mit der veränderten Profitrate des Farmers übereinstimmt.

Es gibt wenig Waren, deren Preis nicht durch ein Steigen der Rohprodukte mehr oder weniger beeinflußt wird, da irgendwelches aus dem Boden gewonnenes Rohmaterial in die Zusammensetzung der meisten Waren eingeht. Baumwollwaren, Leinen und Tuch werden sämtlich mit dem Steigen des Weizens im Preise steigen. Sie steigen jedoch wegen der Verausgabung einer größeren Menge Arbeit für das zu ihrer Erzeugung verwendete Rohmaterial, nicht aber, weil der Fabrikant den Arbeitern, die er für diese Waren beschäftigt, mehr bezahlt.

In jedem Falle steigen die Waren, weil mehr Arbeit für sie verausgabt wurde, nicht aber, weil die für sie verausgabte Arbeit einen höheren Wert hat. Schmuckstücke, Eisen-, Silber- und Kupferwaren werden nicht steigen, weil keines der von der Erdoberfläche gewonnenen Rohprodukte in sie eingeht.

Man könnte sagen, ich hätte als feststehend angenommen, daß die Geldlöhne bei einem Preisanstieg der Rohprodukte ebenfalls steigen, während dies doch keineswegs eine unausbleibliche Folge ist, da sich der Arbeiter ja mit weniger Annehmlichkeiten zufrieden geben kann. Es mag stimmen, daß der Arbeitslohn früher einen hohen Stand hatte und daß er nun eine Verminderung ertragen kann. Wenn dem so ist, kann das Sinken des Profits aufgehalten werden. Doch kann man unmöglich annehmen, daß der Geldpreis des Lohnes bei einer schrittweisen Erhöhung der lebenswichtigen Güter sinken oder unverändert bleiben wird. Man kann daher als sicher unterstellen, daß normalerweise keine dauernde Preiserhöhung der lebensnotwendigen Güter stattfindet, ohne ein Steigen des Lohnes auszulösen oder ohne vorhergehende Lohnerhöhung.

Die auf den Profit ausgeübte Wirkung würde gleich oder beinahe gleich gewesen sein, wenn außer bei Nahrungsmitteln auch bei jenen lebenswichtigen Gütern, für die der Arbeitslohn verausgabt wird, ein Anstieg der Preise eingetreten wäre. Die Notwendigkeit, einen höheren Preis für diese lebensnotwendigen Güter zu zahlen, unter welcher der Arbeiter nun steht, zwingt ihn, einen höheren Lohn zu fordern; und was immer den Lohn erhöht, verringert notwendigerweise den Profit. Angenommen aber, der Preis von Seide, Samt, Möbeln und einer Reihe anderer Waren, die nicht vom Arbeiter benötigt werden, steigt infolge des für sie verausgabten größeren Arbeitsquantums, wird das nicht den Profit berühren? Sicherlich nicht; denn nichts als eine Erhöhung des Lohnes kann den Profit beeinträchtigen. Seide und Samt werden nicht vom Arbeiter konsumiert, und sie können daher den Lohn nicht in die Höhe treiben.

Es versteht sich, daß ich vom Profit im allgemeinen spreche. Ich habe bereits bemerkt, daß der Marktpreis einer Ware ihren natürlichen oder notwendigen Preis übersteigen kann, da sie vielleicht in geringerem Umfang produziert wird, als die neue Nachfrage nach ihr erheischt. Das ist jedoch nur eine zeitweilige Erscheinung. Der hohe Profit auf das in der Produktion dieser Ware angelegte Kapital wird selbstverständlich Kapital in diesen Zweig ziehen, und sobald der erforderliche Fonds vorhanden und die Warenmenge entsprechend erhöht ist, wird der Preis fallen und der Profit dieses Zweiges wird sich dem allgemeinen Niveau angleichen. Ein Sinken der allgemeinen Profitrate ist keineswegs unvereinbar mit einem auf bestimmte Zweige beschränkten Steigen des Profits. Durch die Ungleichheit der Profite wird das Kapital von einer Anlage zur anderen übergeleitet. Während also der Profit im allgemeinen fallen und sich allmählich auf einem niedrigeren Niveau stabilisieren kann infolge der Erhöhung des Lohnes und der wachsenden Schwierigkeiten, eine sich vergrößernde Bevölkerung mit lebenswichtigen Gütern zu versorgen, kann der Profit des Farmers für einen Zeitraum von kurzer Dauer über dem früheren Stand liegen. Einer außerordentlichen Belebung kann sich eine Zeitlang auch ein bestimmter Zweig des auswärtigen oder kolonialen Handels erfreuen. Jedoch macht das Zugeben dieser Erscheinung keineswegs die Theorie ungültig, daß der Profit von hohen oder geringen Löhnen, die Löhne vom Preis der lebenswichtigen Güter und der Preis der lebenswichtigen Güter hauptsächlich vom Preis der Lebensmittel abhängig ist, da alle anderen Artikel fast grenzenlos vermehrbar sind.

Man muß sich erinnern, daß Preise auf dem Markt andauernd schwanken, und zwar in erster Linie wegen des relativen Verhältnisses zwischen Nachfrage und Angebot. Obwohl Tuch zu 40 sh pro Yard angeboten wird und den normalen Kapitalprofit abwerfen könnte, kann es doch durch einen allgemeinen Modewechsel oder durch eine andere, die Nachfrage plötzlich und unerwartet steigernde oder das Angebot vermindernde Ursache auf 60 oder 80 sh ansteigen. Die Tuchfabrikanten werden zeitweise ungewöhnliche Profite machen, aber Kapital wird natürlich in diesen Zweig einströmen, bis Angebot und Nachfrage wieder auf ihren richtigen Stand sind, worauf der Preis des Tuches wieder auf 40 sh, seinen natürlichen und notwendigen Preis, sinken wird. In gleicher Weise kann Getreide bei jeder erhöhten Nachfrage so hoch steigen, daß es dem Farmer mehr als den allgemeinen Profit einbringt. Falls reichlich fruchtbarer Boden vorhanden ist, wird der Preis des Getreides wieder auf seinen früheren Stand sinken, nachdem die zu seiner Produktion erforderliche Menge Kapital angelegt wurde, und der Profit wird derselbe wie früher sein. Ist jedoch nicht genügend fruchtbarer Boden vorhanden und wird zur Erzeugung dieser zusätzlichen Quantität mehr als die übliche Menge Kapital und Arbeit benötigt, so wird das Getreide nicht auf seinen früheren Stand sinken. Sein natürlicher Preis wird in die Höhe getrieben und, anstatt erhöhte Profite einzustreichen, wird sich der Farmer gezwungen sehen, mit der reduzierten Rate zufrieden zu sein, welche die unausbleibliche Folge der durch das Steigen der lebenswichtigen Güter verursachten Erhöhung der Löhne ist.

Die natürliche Tendenz des Profits ist also zu fallen, denn mit der fortschreitenden Entwicklung der Gesellschaft kann die zusätzlich benötigte Menge Lebensmittel nur durch das Opfer von immer mehr Arbeit gewonnen werden. Diese Tendenz oder sozusagen Gravitation des Profits wird zum Glück häufig durch Verbesserungen der mit der Produktion von lebenswichtigen Gütern verbundenen Maschinen sowie durch Entdeckungen der Agrarwissenschaft gehemmt, die uns ermöglichen, einen Teil der früher erforderlichen Menge Arbeit freizusetzen und daher den Preis der wichtigsten lebensnotwendigen Güter zu senken. Die Erhöhung der Preise für existenznotwendige Konsumgüter und Löhne ist jedoch begrenzt; denn sobald die Löhne (wie in unserem früher angenommenen Beispiel) 720 £, d. h. die Gesamteinnahme des Farmers, erreichen, muß die Akkumulation aufhören, weil dann kein Kapital irgendeinen Profit abwerfen kann, keine weitere Arbeit nachgefragt wird und die Bevölkerung damit ihren höchsten Stand erreicht hat. Allerdings wird schon viel früher die außerordentlich niedrige Profitrate jede Akkumulation zum Stillstand gebracht haben, und fast das gesamte Produkt des Landes wird nach Bezahlung der Arbeiter Eigentum der Grundeigentümer und der Empfänger von Zehenten und Steuern sein.

Wenn wir auf die vorige, sehr unvollkommene Basis als Grundlage meiner Berechnung zurückgreifen, so scheint es, daß das gesamte Nettoeinkommen des Landes den Grundeigentümern gehören würde, falls Getreide auf 20 £ pro Quarter steht, denn dann wird dieselbe Quantität Arbeit, die ursprünglich zur Produktion von 180 Quarter erforderlich war, nun zur Produktion von 36 notwendig sein, da 20 £ zu 4 £ sich verhalten wie 180 zu 36. Der Farmer also, der 180 Quarter produziert (wenn es einen solchen überhaupt gibt, da das auf dem Boden angelegte alte und neue Kapital so miteinander vermischt sein wird, daß man es unmöglich auseinanderhalten kann), wird verkaufen:

180 Quarter zu 20 £ pro Quarter oder	3600 £
abzüglich des Wertes von 144 Quarter, die als Differenz von 36 und 180 Quarter dem Grundeigentümer als Rente zufließen	2880 £
bleibt 36 Quarter	720 £
Der Wert von 36 Quarter an 10 Arbeiter . . .	720 £

so daß nichts für den Profit übrigbleibt.

Ich habe angenommen, daß die Arbeiter bei diesem Preis von 20 £ weiterhin drei Quarter pro Kopf und Jahr

verbrauchen oder	60 £
und daß ihre Ausgaben für andere Waren betragen	12 £
	72 £ für jeden Arbeiter.

Daher kosten 10 Arbeiter jährlich 720 £.

Bei all diesen Berechnungen war ich nur bestrebt, das Prinzip zu erläutern, und es ist wohl kaum erforderlich zu erwähnen, daß die Grundlage willkürlich angenommen ist und nur dem Zwecke der Erläuterung dient. Wie sehr ich auch immer bemüht gewesen wäre, den Unterschied in der Zahl der zur Gewinnung der immerwährend steigenden Getreidemenge erforderlichen Arbeiter — die für eine wachsende Bevölkerung benötigt wird — die von der Familie des Arbeiters konsumierte

Menge usw. genau anzugeben, das Ergebnis wäre zwar graduell verschieden, prinzipiell aber das gleiche gewesen. Mein Ziel war die Vereinfachung des Gegenstandes, und ich habe daher den steigenden Preis der neben den Lebensmitteln für den Arbeiter notwendigen Gebrauchsgüter nicht in Anschlag gebracht. Eine solche Steigerung ist die Folge des erhöhten Wertes des Rohmaterials, aus denen sie hergestellt werden, und sie läßt natürlich die Löhne weiter ansteigen und den Profit sinken.

Ich habe bereits ausgeführt, daß lange, bevor dieser Stand der Preise zu einer Dauererscheinung geworden ist, kein Anreiz zur Akkumulation besteht, da niemand akkumuliert, es sei denn mit der Absicht, seine Akkumulation produktiv anzulegen, und nur bei einer solchen Anlage wirft sie Profit ab. Ohne Anreiz gibt es keine Akkumulation, und folglich kann ein solcher Stand der Preise niemals eintreten. Farmer und Fabrikant können ebensowenig ohne Profit wie der Arbeiter ohne Lohn leben. Ihr Anreiz zur Akkumulation wird mit jeder Verringerung des Profits abgeschwächt und wird dann ganz verschwinden, wenn ihr Profit so gering ist, daß er ihnen keine angemessene Entschädigung für ihre Mühe und das Risiko gewährt, das sie notwendigerweise bei der produktiven Anlage ihres Kapitals auf sich nehmen müssen.

Ich muß nochmals betonen, daß die Profitrate viel rascher sinken würde, als ich bei meiner Berechnung unterstellt habe: denn bei einem Wert des Produktes, wie ich ihn unter den angenommenen Bedingungen angegeben habe, wird sich der Wert des Kapitals des Farmers erheblich erhöhen, da es notwendigerweise aus vielen in ihrem Preise gestiegenen Waren besteht. Ehe Getreide von 4 £ auf 12 £ steigen kann, wird sich der Tauschwert seines Kapitals wahrscheinlich verdoppeln, und es wird anstatt 3000 £ 6000 £ wert sein. Wenn also sein Profit 180 £ oder 6 Prozent auf sein ursprüngliches Kapital beträgt, ist die *Rate* des Profits in Wirklichkeit zu dieser Zeit nicht höher als 3 Prozent, da 6000 £ zu 3 Prozent 180 £ einbringen, und unter diesen Bedingungen ein neuer Farmer sich nur mit 6000 £ in seiner Tasche in der Landwirtschaft betätigen könnte.

Viele Gewerbezweige werden aus derselben Quelle mehr oder weniger Vorteile schöpfen. Der Brauer, der Destillateur, der Tuch- oder Leinenfabrikant werden zum Teil durch die Wertsteigerung ihrer Vorräte an Rohmaterial und Fertigwaren für die Verminderung ihres Profits entschädigt werden; jedoch der Fabrikant von Eisenwaren, von Schmuck und von vielen anderen Waren würde gleich denen, deren Kapital vollständig aus Geld besteht, dem gesamten Fall der Profitrate ausgesetzt sein, ohne irgendeinen Ausgleich zu erhalten.

Wir sollten gleichfalls erwarten, daß — wenn sich auch die Profitrate des Kapitals infolge der zusätzlichen Anlage von Kapital [accumulation] auf dem Boden und des Steigens der Löhne verringert — doch die Gesamtsumme der Profite wächst. Angenommen nun, daß bei wiederholten Kapitalzugängen von 100000 £ die Profitrate von 20 auf 19, auf 18, auf 17 Prozent fiele, sich also eine ständig fallende Rate ergäbe; man sollte erwarten, daß die Profitsumme, die jene einander folgenden Kapitalbesitzer erhalten, immer stiege, daß sie größer sein würde, wenn das Kapital 200000 £ als wenn es 100000 £ beträgt, und noch größer, wenn es 300000 £ ausmacht, und so weiter, trotz verminderter Rate mit jeder Steigerung des Kapitals wachsend. Diese Progression stimmt jedoch nur für eine gewisse Zeit. So ist 19 Prozent von 200000 £ mehr als 20 Prozent von 100000 £, 18 Prozent von 300000 £ ist wieder mehr als 19 Prozent von 200000 £. Aber nachdem das Kapital zu einer großen Summe angewachsen ist und die Profite gefallen sind, vermindert die weitere Akkumulation die Gesamtsumme des Profits. Angenommen also, das Kapital würde 1000000 £ und der Profit 7 Prozent betragen, so wird die Gesamtsumme des Profits 70000 £ ausmachen. Wenn jetzt zu der Million eine Vermehrung von 100000 £ Kapital hinzu käme und der Profit auf 6 Prozent fiele, dann werden die Kapitalbesitzer 66000 £ erhalten, eine Verminderung von 4000 £, obwohl die Gesamtsumme des Kapitals von 1000000 £ auf 1100000 £ angestiegen wäre.

Solange das Kapital überhaupt noch einen Profit abwirft, kann jedoch keine Akkumulation von Kapital stattfinden, ohne daß sie nicht nur eine Vergrößerung des Produkts, sondern auch einen Zuwachs an Wert hervorruft. Durch die Verwendung von 100000 £ zusätzlichen Kapitals wird kein Teil des alten Kapitals weniger produktiv. Das Produkt des Bodens und der Arbeit des Landes muß sich vergrößern und sein Wert muß steigen, nicht nur durch den Wert dessen, was der früheren Produktionsmenge zugesetzt wird, sondern auch durch den neuen Wert, der durch die erhöhte Schwierigkeit der Produktion seines letzten Teiles dem gesamten Produkt verliehen wird. Sobald aber die Akkumulation von Kapital sehr groß wird, wird das Produkt, ungeachtet dieses erhöhten Wertes, so verteilt, daß ein geringerer Wert als vorher auf den Profit entfällt, während der auf Rente und Lohn entfallende steigt. Bei sukzessiven Vermehrungen des Kapitals um 100000 £ wird bei einem Fall der Profitrate von 20 auf 19, 18, 17 Prozent usw. das alljährlich erzeugte Produkt an Umfang zunehmen und einen größeren zusätzlichen Wert aufweisen als den, welchen das zusätzliche Kapital der Berechnung nach zu produzieren imstande war. Von 20000 £ wird er auf mehr als 39000 £ und dann auf 57000 £ steigen. Wenn das angelegte Kapital eine Million ausmacht, wie wir früher annahmen, und es um 100000 £ vermehrt wird und die Profitmasse tatsächlich geringer als vorher ist, so sind nichtsdestoweniger 6000 £ der Revenue des Landes hinzugefügt worden, allerdings der Revenue der Grundeigentümer und

Arbeiter. Sie werden mehr als den zusätzlichen Ertrag erhalten und infolge ihrer Position imstande sein, sich sogar die früheren Gewinne der Kapitalisten teilweise anzueignen. Nehmen wir also an, der Preis des Getreides beträgt 4 £ pro Quarter und, entsprechend unserer früheren Berechnung, behält der Farmer von jeden, ihm nach Zahlung seiner Rente verbliebenen 720 £ für sich 480 £ zurück und bezahlt 240 £ seinen Arbeitern; steigt der Preis auf 6 £ pro Quarter, so wird er gezwungen sein, seinen Arbeitern 300 £ zu zahlen und wird nur 420 £ als Profit behalten: er ist gezwungen, ihnen 300 £ zu bezahlen, um ihnen den Verbrauch derselben Menge lebensnotwendiger Güter wie früher zu ermöglichen, aber keineswegs mehr. Wenn nun das aufgewendete Kapital so groß ist, daß es hunderttausendmal 720 £ oder 72000000 £ einbringt, so ist bei einem Weizenpreis von 4 £ pro Quarter die Profitmasse 48000000 £, und wenn bei Aufwand eines größeren Kapitals bei einem Weizenpreis von 6 £ 105000mal 720 £, oder 75600000 £ erzielt würden, so wird der Profit tatsächlich von 48000000 £ auf 44100000 oder 105000mal 420 £ zurückgehen, und die Löhne werden von 24000000 £ auf 31500000 £ steigen. Die Löhne werden steigen, da im Verhältnis zum Kapital mehr Arbeiter beschäftigt sind und jeder Arbeiter mehr Geldlohn erhält. Jedoch würde die Lage des Arbeiters, wie bereits gezeigt, eine schlechtere sein, da er nur über eine geringere Menge des Produktes des Landes verfügen kann. Die einzigen wirklichen Gewinner sind die Grundeigentümer; sie erhalten höhere Renten, einmal, weil das Gesamtprodukt [produce] einen höheren Wert besitzt, zum anderen, weil sie einen erheblich vergrößerten Anteil dieses Produktes bekommen.

Obwohl ein größerer Wert produziert wird, so wird ein höherer Anteil von dem, was nach Zahlung der Rente von diesem Werte übrig bleibt, von den Produzenten konsumiert, und das — und nur das — bestimmt den Profit. Solange der Boden reichliche Erträge hergibt, können die Löhne zeitweilig steigen und die Produzenten mehr als ihren gewöhnlichen Anteil konsumieren; aber der Anreiz, der dadurch für die Bevölkerungsvermehrung gegeben wird, wird die Arbeiter raschestens auf ihren üblichen Konsum herabdrücken. Sobald aber schlechte Böden in Bebauung genommen werden oder mehr Kapital und Arbeit mit einem geringeren Ertrage [produce] auf dem alten Boden aufgewendet wird, muß die Wirkung eine dauernde sein. Ein größerer Anteil von dem verbleibenden Produkt, der nach Zahlung der Rente zwischen dem Eigentümer des Kapitals und dem Arbeiter aufzuteilen ist, wird dem letzteren zufallen. Jeder Arbeiter kann, und wird wahrscheinlich auch, eine absolut geringere Menge haben; da aber mehr Arbeiter im Verhältnis zu dem gesamten Produkt, das dem Farmer verbleibt, beschäftigt werden, wird der Wert eines größeren Teiles des Gesamtprodukts durch den Lohn in Anspruch genommen und daher der Wert eines kleineren Teiles auf den Profit entfallen. Das wird notwendigerweise durch Naturgesetze dauernd aufrechterhalten, welche den produktiven Kräften des Bodens Grenzen gezogen haben.

So kommen wir wieder zu dem gleichen Schluß, den wir bereits früher zu ziehen versuchten: daß in allen Ländern und zu allen Zeiten der Profit von dem Quantum Arbeit abhängt, das zur Beschaffung der für die Arbeiter notwendigen Güter auf dem Boden oder mit dem Kapital erforderlich ist, das keine Rente abwirft. Die Wirkungen der Akkumulation werden also unterschiedlich in verschiedenen Ländern sein und hauptsächlich von der Fruchtbarkeit des Bodens abhängen. Wie ausgedehnt ein Land auch sein mag, in dem der Boden von schlechter Qualität und die Lebensmitteleinfuhr verboten ist, es wird doch die bescheidenste Kapitalansammlung von erheblichen Reduktionen der Profitrate und einem raschen Steigen der Rente begleitet sein; auf der anderen Seite kann ein kleines aber fruchtbares Land, besonders wenn es die Einfuhr von Lebensmitteln ungehindert zuläßt, einen großen Kapitalbetrag ohne größeren Rückgang der Profitrate und ohne erhebliches Steigen der Grundrente aufhäufen. Wir haben uns in dem Kapitel über den Lohn zu zeigen bemüht, daß der Geldpreis des Lohnes nicht durch ein Steigen des Lohnes nach oben getrieben wird, gleichgültig, ob wir annehmen, daß der Geldstandard Gold das Produkt dieses Landes ist oder aus dem Ausland eingeführt wird. Wäre dem aber anders, würden die Warenpreise dauernd durch hohe Löhne nach oben getrieben, so wäre die Behauptung nicht weniger richtig, daß hohe Löhne unausweichlich den Unternehmer durch den Entzug eines Teiles seines wirklichen Profits treffen. Angenommen, der Hutmacher, der Strumpfwirker und der Schuhmacher zahlen jeder für die Herstellung einer bestimmten Quantität ihrer Waren 10 £ mehr Lohn und der Preis der Hüte, Strümpfe und Schuhe steigt um einen für die Rückzahlung der 10 £ an den Fabrikanten ausreichenden Betrag, dann ist ihre Lage nicht besser, als wenn keine solche Erhöhung eingetreten wäre. Falls der Strumpfwirker seine Strümpfe statt für 100 £ für 110 £ verkauft, beläuft sich sein Profit auf genau den gleichen Geldbetrag wie früher. Da er jedoch im Austausch für die gleiche Summe ein Zehntel weniger Hüte, Schuhe sowie alle anderen Waren bekommt und mit seiner früheren Summe an Rücklagen zu den erhöhten Löhnen weniger Arbeiter beschäftigen und weniger Rohmaterial zu erhöhten Preisen kaufen kann, wird er sich in keiner günstigeren Situation befinden, als wenn der Betrag seines Profits in Geld tatsächlich zurückgegangen und alles auf seinem früheren Preise geblieben wäre. Ich habe mich also bemüht zu zeigen, erstens, daß eine Lohnerhöhung nicht den Preis der Waren erhöhen, sondern unausweichlich den Profit senken wird und zweitens, daß, wenn der Preis aller Waren erhöht werden könnte, die Wirkung auf den Profit immer noch die gleiche wäre und daß in Wirklichkeit nur der Wert der Ware gesenkt wird, in der die Preise und Profite ausgedrückt werden.

KAPITEL VII

ÜBER DEN AUSWÄRTIGEN HANDEL

Keine Ausdehnung des auswärtigen Handels wird unmittelbar die Summe der Werte eines Landes vermehren, obwohl er sehr erheblich zu einer Erhöhung der Masse der Waren und folglich auch der Menge der Annehmlichkeiten beitragen wird. Da der Wert aller ausländischen Waren durch die im Austausch für sie hingegebene Menge von Produkten unseres Bodens und unserer Arbeit bemessen wird, werden wir keinen größeren Wert besitzen, wenn wir durch die Entdeckung neuer Märkte eine doppelte Menge ausländischer Waren für eine bestimmte Quantität der unserigen erhalten. Wenn ein Kaufmann durch den Ankauf englischer Waren zum Betrage von 1000 £ eine Quantität ausländischer Waren erhalten kann, die er auf dem englischen Markt für 1200 £ zu verkaufen imstande ist, so wird er 20 Prozent Profit bei einer solchen Anlage seines Kapitals erzielen; aber weder sein Gewinn noch der Wert der importierten Waren wird durch die größere oder geringere Menge der bezogenen ausländischen Waren vermehrt oder vermindert. Es wird seinen Verdienst in keiner Weise beeinflussen, ob er z. B. fünfundzwanzig oder fünfzig Schläuche Wein einführt, falls er zu einer bestimmten Zeit die fünfundzwanzig Schläuche und zu einer anderen die fünfzig Schläuche für die gleichen 1200 £ verkauft. In beiden Fällen ist sein Profit auf 200 £ oder 20 Prozent seines Kapitals beschränkt, und in beiden Fällen ist derselbe Wert nach England eingeführt worden. Falls die fünfzig Schläuche für mehr als 1200 £ verkauft werden, wird der Profit dieses einzelnen Kaufmanns die allgemeine Profitrate übersteigen, und selbstverständlich wird solange Kapital in diesen vorteilhaften Zweig einfließen, bis der Preisfall des Weines alles wieder auf den vorherigen Stand zurückgeschraubt hat.

Es ist in der Tat behauptet worden, daß die großen Profite, welche manchmal durch einzelne Kaufleute im auswärtigen Handel gemacht werden, die allgemeine Profitrate im Lande anheben und daß das Abziehen von Kapital aus anderen Anlagesphären, um an dem neuen und vorteilhaften auswärtigen Handel teilzunehmen, allgemein die Preise und damit die Profite steigen läßt. Es ist von einer großen Autorität erklärt worden, daß, da nun notwendigerweise weniger Kapital für den Anbau von Getreide, für die Herstellung von Tuch, Hüten, Schuhen usw. aufgewendet werden muß — während die Nachfrage die gleiche bleibt —, die Preise dieser Waren so steigen werden, daß der Farmer, Hutmacher, Tuch- und Schuhmacher ebenso einen höheren Profit erzielen werden wie der mit ausländischen Waren handelnde Kaufmann.[1]

Diejenigen, die diese Ansicht vertreten, stimmen mit mir darin überein, daß die Profite verschiedener Zweige eine Tendenz zur Angleichung haben, daß sie gemeinsam steigen und fallen. Unsere Meinungsverschiedenheit besteht darin: sie behaupten, daß die Gleichheit der Profite durch das allgemeine Steigen der Profite zustande gebracht werden wird, und ich bin der Meinung, daß die Profite des bevorzugten Gewerbes schnell auf den allgemeinen Stand sinken werden.

Denn erstens bestreite ich, daß notwendigerweise weniger Kapital für den Anbau von Getreide, die Erzeugung von Tuch, Hüten, Schuhen usw. aufgewendet wird, solange die Nachfrage nach diesen Waren nicht

[1] Siehe Adam Smith, Buch I, Kap. 9.

zurückgeht; und wenn das geschieht, wird ihr Preis nicht steigen. Für den Kauf ausländischer Waren wird entweder der gleiche, oder ein größerer oder auch geringerer Teil des Produktes des Bodens und der Arbeit Englands aufgewendet. Wird der gleiche Teil derart verwendet, dann wird auch dieselbe Nachfrage wie früher nach Tuch, Schuhen, Getreide und Hüten vorhanden sein, und derselbe Anteil an Kapital wird zu ihrer Produktion verwendet werden. Wird infolge des niedrigeren Preises der ausländischen Waren ein geringerer Teil des jährlichen Produkts des Bodens und der Arbeit Englands für den Ankauf ausländischer Waren aufgewendet, so wird mehr für den Kauf anderer Dinge übrig bleiben. Wenn eine größere Nachfrage als früher nach Hüten, Schuhen, Getreide usw. existiert — was möglich ist, da die Konsumenten ausländischer Waren einen zusätzlichen Teil ihrer Revenue verfügbar haben —, so ist auch das Kapital verfügbar, mit dem der größere Wert der ausländischen Waren früher gekauft wurde. So sind gleichzeitig mit der erhöhten Nachfrage nach Getreide, Schuhen usw. auch die Mittel für die Schaffung eines erhöhten Angebots vorhanden, und daher können weder Preise noch Profite auf die Dauer steigen. Falls mehr vom Produkt des Bodens und der Arbeit Englands für den Ankauf ausländischer Waren angewendet wurde, so kann weniger für den Kauf anderer Dinge verwendet werden, und daher werden weniger Hüte, Schuhe usw. verlangt. Zu gleicher Zeit, da Kapital aus der Produktion von Schuhen, Hüten usw. freigesetzt wird, muß mehr Kapital bei der Fabrikation jener Waren aufgewendet werden, mit denen die ausländischen Waren gekauft werden. Folglich ist in allen Fällen die Nachfrage für aus- und inländische Waren zusammengenommen, was den Wert betrifft, durch die Revenue und das Kapital des Landes begrenzt. Steigt die eine, muß sich die andere verringern. Wenn sich die für die gleiche Menge englischer Waren eingeführte Quantität Wein verdoppelt, so kann die englische Bevölkerung entweder doppelt soviel Wein als früher oder aber dieselbe Menge Wein und eine größere Menge englischer Waren konsumieren. Beträgt meine Revenue 1000 £, mit der ich jährlich einen Schlauch Wein für 100 £ und eine bestimmte Menge englischer Waren für 900 £ gekauft habe, so kann ich, falls Wein auf 50 £ pro Schlauch fällt, die eingesparten 50 £ entweder für den Kauf eines zusätzlichen Schlauches Wein oder für den Ankauf englischer Waren ausgeben. Wenn ich mehr Wein kaufe und jeder Weintrinker macht es ebenso, so wird der auswärtige Handel nicht im geringsten beeinträchtigt. Die gleiche Menge Waren wird im Austausch für Wein exportiert, und wir werden die doppelte Quantität Wein, aber nicht den doppelten Wert empfangen. Wenn hingegen ich und die anderen sich mit derselben Menge Wein wie früher begnügen, so werden weniger englische Waren exportiert, und die Weintrinker können entweder die früher ausgeführten Waren oder irgendwelche anderen gemäß ihren Neigungen konsumieren. Das für deren Produktion erforderliche Kapital würde zur Verfügung gestellt von dem im auswärtigen Handel freigesetzten Kapital.

Es gibt zwei Wege, auf denen Kapital akkumuliert werden kann: es kann gespart werden infolge erhöhter Revenue oder infolge verringerter Konsumtion. Wenn mein Profit sich von 1000 £ auf 1200 £ erhöht, während meine Ausgaben weiterhin die gleichen bleiben, so werde ich jährlich 200 £ mehr als früher akkumulieren. Wenn ich 200 £ bei meinen Ausgaben einspare, während mein Profit weiter der gleiche bleibt, so wird dieselbe Wirkung erzielt; 200 £ werden jährlich meinem Kapital zugeschlagen. Der Kaufmann, der Wein einführt, nachdem die Profite von 20 auf 40 Prozent gestiegen sind, muß nun seine englischen Waren anstatt für 1000 £ für 875 £ 2 sh 10 d kaufen, wenn er den Wein, den er für diese Waren importiert, auch weiterhin für 1200 £ verkauft; oder er muß den Preis seines Weins auf 1400 £ erhöhen, falls er seine englischen Waren weiter für 1000 £ einkauft. Er erhält so 40 anstatt 20 Prozent Profit auf sein Kapital. Wenn aber er und alle anderen Konsumenten infolge der Wohlfeilheit aller der Waren, für die sie ihre Revenue verwenden, den Wert von 200 £ bei jeden 1000 £, die sie früher verausgabten, sparen können, werden sie wirksamer zum wirklichen Wohlstand des Landes beitragen; in einem Falle werden die Ersparnisse infolge einer Erhöhung der Revenue, im anderen infolge verringerter Ausgaben gemacht.

Wenn die Waren, für welche die Revenue verausgabt wird, durch die Einführung von Maschinen im allgemeinen um 20 Prozent im Werte fallen, so wird es mir ermöglicht, ebenso wirkungsvoll zu sparen, als ob meine Revenue sich um 20 Prozent erhöht hätte. In dem einen Fall bleibt jedoch die Profitrate unverändert, im anderen erhöht sie sich um 20 Prozent. — Wenn ich durch die Einfuhr wohlfeiler ausländischer Waren 20 Prozent meiner Ausgaben einsparen kann, so wird das Ergebnis das gleiche sein, als wenn Maschinerie die Kosten ihrer Produktion gesenkt hätte, jedoch wird der Profit sich nicht erhöhen.

Nicht infolge der Ausdehnung des Marktes erhöht sich daher die Profitrate, obwohl eine solche Ausdehnung gleichfalls die Vermehrung der Masse der Waren bewirken kann und uns dadurch möglicherweise in den Stand versetzt, die für den Unterhalt der Arbeiter bestimmten Mittel und die Materialien, für welche die Arbeit verwendet wird, zu vermehren. Die Vermehrung unserer Annehmlichkeiten durch eine bessere Verteilung der Arbeit, indem jedes Land jene Waren produziert, für die es durch seine Lage, sein Klima sowie seine anderen natürlichen oder künstlichen Vorteile geeignet ist, und sie gegen die Waren anderer Länder eintauscht, ist, für das Wohl der Menschheit genauso wichtig wie ihre Verwendung.

Es war mein Bestreben, durch dieses ganze Werk zu zeigen, daß die Profitrate niemals anders als durch eine Senkung der Löhne erhöht werden kann und daß eine dauernde Senkung der Löhne nur durch ein Sinken der lebenswichtigen Güter, für welche die Löhne verausgabt werden, eintritt. Wenn daher durch die Ausdehnung des auswärtigen Handels oder durch Verbesserungen der Maschinerie die Nahrungsmittel und die anderen lebensnotwendigen Güter des Arbeiters zu einem niedrigeren Preis auf den Markt gebracht werden können, wird der Profit steigen. Wenn wir, anstatt unser eigenes Getreide anzubauen oder die Kleidung und die anderen lebenswichtigen Güter des Arbeiters selbst zu erzeugen, einen neuen Markt entdecken, durch den wir uns mit diesen Waren wohlfeiler versorgen können, so werden die Löhne fallen und der Profit wird steigen. Wenn aber die durch die Ausdehnung des auswärtigen Handels oder durch Verbesserungen der Maschinerie zu einem niedrigeren Satze bezogenen Waren ausschließlich von den Reichen konsumierte Waren sind, wird keine Veränderung der Profitrate eintreten. Die Lohnrate wird nicht berührt, obwohl Wein, Samt, Seide und andere teuere Waren um 50 Prozent fallen, und die Profite bleiben folglich unverändert.

Obwohl also der auswärtige Handel sehr vorteilhaft für ein Land ist, da er die Menge und Vielfalt der Dinge vermehrt, für welche die Revenue verwendet werden kann, durch den Überfluß und die Wohlfeilheit der Waren Anreiz zum Sparen und zur Akkumulation von Kapital liefert, besitzt er keine Tendenz zur Erhöhung des Kapitalprofits, es sei denn, die eingeführten Waren sind solche, für die der Arbeitslohn ausgegeben wird.

Die Bemerkungen, die ich bezüglich des auswärtigen Handels gemacht habe, treffen in gleicher Weise für den Binnenhandel zu. Niemals wird die Profitrate erhöht durch eine bessere Verteilung der Arbeit, durch Erfindung von Maschinen, durch Straßen- und Kanalbauten oder irgendwelche anderen Mittel, welche die bei der Erzeugung oder dem Transport von Waren aufgewendete Arbeit verkürzen. Das sind Faktoren, die den Preis beeinflussen und immer sehr zum Vorteil der Konsumenten wirken, da sie ihnen ermöglichen, mit der gleichen Arbeit oder dem Wert des Produktes der gleichen Arbeit im Austausch eine größere Quantität der Waren zu erhalten, auf die sich die Verbesserung auswirkte. Auf den Profit haben sie jedoch keinerlei Einfluß. Andererseits erhöht jede Verminderung des Arbeitslohnes den Profit, sie beeinflußt aber den Preis der Waren nicht. Das eine ist für alle Klassen vorteilhaft, denn alle Klassen sind Konsumenten; das andere ist nur für die Produzenten vorteilhaft; sie gewinnen mehr, aber alles behält seinen früheren Preis. Im ersteren Fall erhalten sie gleich viel wie früher, doch ist alles, wofür ihre Gewinne ausgegeben werden, im Tauschwert gesunken.

Dieselbe Regel, die den relativen Wert der Waren innerhalb eines Landes bestimmt, bestimmt nicht den relativen Wert der zwischen zwei oder mehreren Ländern ausgetauschten Waren.

Bei einem System des vollkommen freien Handels wendet natürlich jedes Land sein Kapital und seine Arbeit solchen Zweigen zu, die jedem am vorteilhaftesten sind. Dieses Verfolgen des individuellen Vorteils ist bewundernswert mit dem allgemeinen Wohle des Ganzen verbunden. Durch Ansporn des Fleißes und Belohnung der Erfindungsgabe sowie durch die bestmögliche Ausnutzung der von der Natur verliehenen besonderen Fähigkeiten wird die Arbeit äußerst wirksam und sparsam verteilt, während allgemeiner Nutzen durch die Vermehrung der allgemeinen Produktenmasse verbreitet und durch ein gemeinsames Band des Interesses und des Verkehrs die weltweite Gesellschaft der Nationen der zivilisierten Welt verbunden wird. Dieses Prinzip führt dazu, daß Wein in Frankreich und Portugal gewonnen, daß Getreide in Amerika und Polen angebaut wird und daß Metall- und andere Waren in England fabriziert werden.

Die Profite befinden sich in ein und demselben Lande, allgemein gesprochen, immer auf demselben Niveau oder zeigen nur insoweit Unterschiede, als die Anlage von Kapital mehr oder weniger sicher und mühelos ist. Sollte der Profit auf in Yorkshire angewendetes Kapital den auf in London angewendetes übersteigen, so wird raschestens Kapital von London nach Yorkshire abfließen und die Gleichheit der Profite herstellen. Wenn aber infolge der verringerten Ertragsrate [rate of production] auf den Böden Englands oder infolge einer Vermehrung von Kapital und Bevölkerung die Löhne steigen, so folgt daraus nicht, daß notwendigerweise Kapital und Bevölkerung von England nach Holland, Spanien oder Rußland wandert, wo die Profite vielleicht höher sind.

Falls Portugal keine Handelsbeziehungen mit anderen Ländern hätte, würde es genötigt sein, anstatt einen beträchtlichen Teil seines Kapitals und seines Fleißes für die Erzeugung von Wein aufzuwenden, mit dem es für seinen Eigenverbrauch Tuch und Metallwaren aus anderen Ländern kauft, einen Teil dieses Kapitals für die Erzeugung jener Waren anzulegen, die es dann wahrscheinlich in minderer Qualität und geringerer Quantität erhalten würde.

Die Menge Wein, die es im Austausch gegen das englische Tuch hingeben muß, wird nicht durch die für die Produktion jeder der beiden Waren aufgewendeten Arbeitsquanta bestimmt, wie es der Fall wäre, wenn beide in England oder in Portugal erzeugt würden.

England kann in einer solchen Lage sein, daß die Erzeugung des Tuches die Arbeit eines Jahres von 100 Leuten erfordert, und wenn es versucht, den Wein herzustellen, so wird vielleicht die Arbeit gleicher Zeitdauer von 120 Leuten benötigt werden. England wird daher finden, daß es seinen Interessen entpricht, Wein zu importieren, und ihn mit Hilfe der Ausfuhr von Tuch zu kaufen.

Um den Wein in Portugal herzustellen, ist vielleicht nur die Arbeit von 80 Leuten während eines Jahres erforderlich, und um das Tuch in diesem Lande zu produzieren, braucht es vielleicht die Arbeit von 90 Leuten während der gleichen Zeit. Es ist daher für Portugal von Vorteil, Wein im Austausch für Tuch zu exportieren. Dieser Austausch kann sogar stattfinden, obwohl die von Portugal importierte Ware dortselbst mit weniger Arbeit als in England produziert werden kann. Wenngleich es das Tuch vermittels der Arbeit von 90 Leuten erzeugen kann, wird Portugal dieses doch aus einem Lande einführen, wo man zu seiner Herstellung die Arbeit von 100 Leuten benötigt, da es für Portugal von größerem Vorteil ist, sein Kapital in der Produktion von Wein anzulegen, wofür es von England mehr Tuch bekommt, als es durch Übertragung eines Teiles seines Kapitals vom Weinbau zur Tuchfabrikation produzieren könnte.

England gibt damit das Arbeitsprodukt von 100 Leuten für das von 80 hin. Ein solcher Austausch kann zwischen Personen des gleichen Landes nicht stattfinden. Die Arbeit von 100 Engländern kann nicht für die von 80 hingegeben werden, aber das Produkt der Arbeit von 100 Engländern kann gegen das Arbeitsprodukt von 80 Portugiesen, 60 Russen oder 120 Indern gegeben werden. Der diesbezügliche Unterschied zwischen einem einzelnen und mehreren Ländern ist leicht zu begreifen, wenn man die Schwierigkeit in Rechnung stellt, mit der Kapital von einem Lande in das andere wandert, um eine profitablere Anlage zu suchen, und die Beweglichkeit berücksichtigt, mit der es sich fortwährend innerhalb eines Landes von einer Provinz zur anderen bewegt.[1]

[1] Es scheint daher so zu sein, daß ein Land, das sehr erhebliche Vorteile in der Maschinerie und Arbeitsfertigkeit besitzt und

Es ist für die englischen Kapitalisten und die Konsumenten beider Länder zweifellos vorteilhaft, daß unter diesen Bedingungen beides, Wein und Tuch, in Portugal hergestellt wird, und daß daher Kapital und Arbeit, die für die Erzeugung von Tuch in England verwendet wurden, zu diesem Zweck nach Portugal überführt werden. In diesem Falle würde sich der relative Wert dieser Waren nach dem gleichen Grundsatz bestimmen, als wenn die eine das Produkt von Yorkshire, die andere das von London wäre. Auch in jedem anderen Falle, in dem Kapital ungehindert in jene Länder fließt, in denen es am profitabelsten angelegt werden kann, kann es keinen Unterschied in der Profitrate geben und keinen anderen Unterschied in dem wirklichen oder in Arbeit ausgedrückten Preis der Waren als den auf der zusätzlichen Quantität Arbeit beruhenden, die für ihren Transport auf die verschiedenen Märkte, wo sie verkauft werden sollen, notwendig ist.

Die Erfahrung zeigt jedoch, daß die eingebildete oder tatsächliche Unsicherheit eines nicht der unmittelbaren Kontrolle seines Eigentümers unterliegenden Kapitals, zusammen mit der natürlichen Abneigung jedes Menschen, das Land seiner Geburt und persönlichen Beziehungen zu verlassen und sich mit allen seinen eingewurzelten Gewohnheiten einer fremden Regierung

deswegen in der Lage ist, Waren mit viel weniger Arbeit als seine Nachbarn zu erzeugen, gegen diese Waren einen Teil des zu seiner Konsumtion benötigten Getreides einführen kann, sogar wenn sein Boden fruchtbarer ist und Getreide mit weniger Arbeit angebaut werden kann als in dem Lande, aus dem es eingeführt wurde. Zwei Menschen können beide Hüte und Schuhe erzeugen, und einer ist dem anderen in beiden Tätigkeiten überlegen. Aber in der Herstellung von Hüten kann er seinen Konkurrenten nur um ein Fünftel oder 20 Prozent überflügeln, und in der Schuherzeugung übertrifft er ihn um $1/3$ oder 33 Prozent. Wird es nicht in beider Interesse liegen, daß der Überlegene sich ausschließlich mit der Schuherzeugung und der Unterlegene mit der Hutmacherei beschäftigt?

und ungewohnten Gesetzen anzuvertrauen, die Abwanderung von Kapital hemmen. Diese Gefühle, deren Schwinden ich sehr bedauern würde, bestimmen die meisten Menschen mit Vermögen, sich eher mit einer niedrigen Profitrate im eigenen Land zu begnügen, als daß sie eine vorteilhaftere Anlage für ihren Reichtum bei fremden Nationen suchen.

Gold und Silber, die als allgemeines Mittel der Zirkulation gewählt wurden, werden durch die Konkurrenz des Handels in solchen Anteilen unter die verschiedenen Länder der Welt verteilt, daß sie sich dem natürlichen Verkehr anpassen, der stattfinden würde, wenn solche Metalle nicht existierten und der Handel unter den Ländern lediglich ein Tauschhandel wäre.

Tuch kann also nach Portugal nicht eingeführt werden, es sei denn, es wird dort für mehr Gold verkauft, als es in dem Lande kostet, aus dem es eingeführt wurde, und Wein kann nicht nach England eingeführt werden, solange er nicht für mehr verkauft wird, als er in Portugal kostet. Wäre der Handel reiner Tauschhandel, so könnte er nur solange fortgeführt werden, wie England Tuch so billig herstellen kann, daß es mit einer gegebenen Quantität Arbeit durch die Erzeugung von Tuch eine größere Menge Wein bezieht, als es durch den Weinbau erhält, und solange die Wirtschaft [industry] Portugals mit umgekehrten Vorzeichen arbeitet. Angenommen nun, England erfindet ein solches Verfahren der Herstellung von Wein, daß dessen Anbau seinen Interessen mehr entspricht als seine Einfuhr, dann wird es natürlich einen Teil seines Kapitals vom auswärtigen zum Binnenhandel übertragen. Es wird aufhören, Tuch für den Export herzustellen und wird Wein für sich selbst anbauen. Der Preis dieser Waren in Geld wird entsprechend verändert; Wein wird bei uns sinken, während Tuch auf seinem früheren Preis verharren wird und in Portugal eine Änderung bei keiner der beiden Waren eintritt. Der Export von Tuch aus unserem Lande wird eine Zeitlang fortgesetzt werden, weil sein Preis in Portugal weiterhin höher als bei uns ist. Aber anstatt Wein wird Geld im Austausch dafür gegeben, bis die Anhäufung von Geld bei uns und seine Verringerung im Ausland sich auf den relativen Wert von Tuch in den beiden Ländern so auswirkt, daß sein Export nicht mehr profitabel ist. Wenn die Verbesserung in der Weinherstellung von bedeutendem Ausmaß wäre, so kann es für die beiden Länder vorteilhaft werden, ihre Produktionszweige gegenseitig auszutauschen, derart, daß England allen Wein und Portugal alles Tuch herstellt, die von beiden konsumiert werden. Das könnte jedoch nur durch eine Neuverteilung der edlen Metalle herbeigeführt werden, die den Preis des Tuches in England steigen, in Portugal sinken läßt. Der relative Preis des Weines wird in England infolge des durch die Verbesserung der Weinherstellung tatsächlich vorhandenen Vorteils sinken. Das bedeutet, sein natürlicher Preis sinkt, der relative Preis des Tuches aber wird hier infolge der Anhäufung von Geld steigen.

Angenommen also, der Preis des Weines beträgt vor der Verbesserung in der Weinherstellung in England 50 £ pro Schlauch und der Preis einer bestimmten Menge Tuch 45 £, während in Portugal der Preis der gleichen Menge Wein 45 £ und derselben Menge Tuch 50 £ beträgt, so wird Wein aus Portugal mit einem Profit von 5 £ und Tuch aus England mit einem Profit in gleicher Höhe ausgeführt.

Unterstellen wir, daß Wein nach der Verbesserung in England auf 45 £ fällt und Tuch den gleichen Preis beibehält. Jede Transaktion im Handel ist von der anderen unabhängig. Solange ein Kaufmann in England Tuch für 45 £ kaufen und es mit dem üblichen Profit in Portugal verkaufen kann, wird er mit dessen Export aus England fortfahren. Sein Geschäft besteht einfach darin, englisches Tuch zu kaufen und es mit einem Wechsel zu bezahlen, den er mit portugiesischem Geld kauft. Es hat für ihn keinerlei Bedeutung, was mit diesem Geld geschieht; er hat durch die Übergabe des Wechsels seine Schuld getilgt. Seine Transaktion wird zweifellos durch die Bedingungen bestimmt, unter denen er sich diesen Wechsel beschaffen kann. Jedoch sind ihm diese zur Zeit des Kaufes bekannt, und die Ursachen, die den Marktpreis von Wechseln oder den Wechselkurs beeinflussen können, sind nicht seine Sorge.

Wenn der Markt für den Weinexport von Portugal nach England günstig ist, so wird der Exporteur des Weins Verkäufer eines Wechsels sein, der entweder vom Tuchimporteur oder von demjenigen erstanden wird, der ihm seinen Wechsel verkauft hat. So werden die Exporteure jedes Landes für ihre Waren bezahlt, ohne daß die Übersendung von Geld aus einem der beiden Länder notwendig ist. Ohne eine direkte Transaktion miteinander zu haben, wird das in Portugal von dem Tuchimporteur bezahlte Geld dem portugiesischen Weinexporteur ausgehändigt, und in England durch die Begebung desselben Wechsels der Tuchexporteur berechtigt, dessen Wert vom Weinimporteur zu empfangen. Bei Weinpreisen aber, die keinen Weinexport nach England zulassen, wird der Tuchimporteur ebenfalls einen Wechsel kaufen. Der Preis dieses Wechsels wird jedoch höher sein wegen der Kenntnis, die der Verkäufer darüber besitzt, daß sich kein Gegenwechsel auf dem Markt befindet, mit dem er schließlich die Transaktionen zwischen den beiden Ländern abschließen kann. Er weiß vielleicht, daß das Gold- oder Silbergeld, das er im Austausch für seinen Wechsel bekam, tatsächlich zu seinem Partner nach England exportiert werden muß, um die Bezahlung der Forderung zu ermöglichen, zu deren Erhebung er die Berechtigung erteilt hat, und er wird daher in dem Preis seines Wechsels zusammen mit seinem angemessenen und üblichen Profit alle die ihm entstehenden Kosten einrechnen.

Wenn nun diese Prämie für einen Wechsel auf England dem beim Tuchimport erzielten Profit gleich ist, wird die Einfuhr natürlich aufhören. Aber wenn die Prämie für den Wechsel nur 2 Prozent beträgt, wenn man, um in England eine Schuld von 100 £ zu begleichen, 102 £ in Portugal bezahlen muß, während Tuch, das 45 £ kostet, für 50 £ verkauft wird, so wird Tuch eingeführt, werden Wechsel gekauft und wird Geld ausgeführt, bis die Verminderung des Geldes in Portugal und seine Anhäufung in England einen solchen Preisstand in England zustande gebracht haben, daß die Fortsetzung dieser Transaktionen nicht mehr profitabel ist.

Aber die Verminderung des Geldes in dem einen und seine Vermehrung in einem anderen Lande wirken sich nicht nur auf den Preis einer, sondern auf die Preise aller Waren aus, und der Preis sowohl von Wein als auch von Tuch wird in England steigen und in Portugal sinken. Der Tuchpreis würde vom Stande von 45 £ in dem einen und 50 £ in dem anderen Lande wahrscheinlich auf 49 £ oder 48 £ in Portugal fallen und in England auf 46 £ oder 47 £ steigen und so nach Zahlung der Prämie für einen Wechsel keinen ausreichenden Profit abwerfen, um irgendeinen Kaufmann zum Import dieser Ware zu veranlassen.

Auf diesem Wege wird das Geld jedem Lande nur in solchen Mengen zugeteilt, als es für die Regelung eines profitablen Tauschhandels notwendig erscheint. England exportierte Tuch im Austausch für Wein, weil sich dadurch seine Arbeit für das Land produktiver gestaltete. Es besaß mehr Tuch und Wein, als wenn es beides selbst erzeugt hätte. Portugal führte Tuch ein und Wein aus, weil die Arbeit Portugals mit größerem Vorteil für beide Länder bei der Herstellung von Wein angewandt werden konnte. Sobald es schwieriger wird, in England Tuch oder in Portugal Wein zu produzieren, oder leichter, in England Wein und in Portugal Tuch herzustellen, muß der Handel sofort aufhören.

Es soll keinerlei Änderung der Situation in Portugal eintreten; England findet jedoch, daß es seine Arbeit produktiver bei der Herstellung von Wein verwenden kann, und sofort wird sich der Tauschhandel zwischen den beiden Ländern verändern. Nicht nur, daß der Weinexport aus Portugal eingestellt wird, sondern es ergibt sich auch eine neue Verteilung der Edelmetalle, und seine Tucheinfuhr wird ebenfalls verhindert.

Beide Länder werden es wahrscheinlich als ihren Interessen entsprechend finden, ihren eigenen Wein und ihr eigenes Tuch herzustellen. Aber folgendes eigenartige Ergebnis wird eintreten: obwohl Wein in England billiger ist, wird Tuch im Preise steigen, und der Konsument wird mehr dafür bezahlen, während in Portugal die Konsumenten sowohl von Tuch als auch von Wein diese Waren wohlfeiler erwerben können. In dem Lande, wo die Verbesserung eingeführt wird, werden die Preise steigen; dort, wo keine Änderung eingetreten ist, wo man aber einen einträglichen Zweig des auswärtigen Handels verloren hat, werden die Preise sinken.

Das ist jedoch für Portugal nur ein scheinbarer Vorteil, denn die in diesem Lande produzierte Menge von Tuch und Wein zusammengenommen hat sich verringert, während die in England erzeugte Quantität sich vergrößert hat. Das Geld hat in den beiden Ländern in gewissem Ausmaße seinen Wert verändert, er ist in England gesunken und in Portugal gestiegen. Die in Geld ausgedrückte gesamte Revenue Portugals hat sich verringert, und die auf gleiche Weise ausgedrückte gesamte Revenue Englands ist gestiegen.

Es zeigt sich also, daß die Vervollkommnung eines Produktionszweiges in irgendeinem Lande dahin tendiert, die Verteilung der Edelmetalle unter den Nationen der Welt zu verändern. Sie hat die Tendenz, die Menge der Waren zu vergrößern und zur gleichen Zeit die allgemeinen Preise in dem Lande zu erhöhen, in dem die Verbesserung eingetreten ist.

Um das Problem zu vereinfachen, habe ich angenommen, daß der Handel zwischen zwei Ländern auf zwei Waren beschränkt ist, auf Wein und Tuch. Es ist jedoch wohl bekannt, daß vielerlei und verschiedenartige Artikel in die Aus- und Einfuhrliste eingehen. Durch das Abfließen von Geld aus dem einen und seiner Anhäufung in einem anderen Lande werden alle Waren in ihren Preisen beeinflußt, und folglich wird außer der Ausfuhr von Geld die vieler anderer Waren ermutigt, wodurch eine große Auswirkung auf den Geldwert in beiden Ländern — die man sonst erwarten würde — verhindert wird.

Neben den Verbesserungen der Technik und der Maschinerie gibt es zahlreiche andere Ursachen, die sich ständig auf den natürlichen Ablauf des Handels auswirken und sein Gleichgewicht sowie den relativen Wert des Geldes störend beeinflussen. Aus- und Einfuhrprämien, neue Steuern auf Waren stören bald durch ihre unmittelbare, bald durch ihre mittelbare Einwirkung den natürlichen Tauschhandel und verursachen die daraus entspringende Notwendigkeit der Ein- oder Ausfuhr von Geld, damit sich die Preise der natürlichen Entwicklung des Handels anpassen können. Diese Wirkung wird aber nicht nur in dem Lande hervorgerufen, in dem der störende Faktor auftritt, sondern in größerem oder geringerem Ausmaße in jedem Lande der Handel treibenden Welt.

Das erklärt in einem gewissen Maße den verschiedenen Wert des Geldes in verschiedenen Ländern. Es erklärt uns, warum, abgesehen von anderen Ursachen, die Preise einheimischer Waren und jener, die ein großes Volumen aber verhältnismäßig geringen Wert besitzen, in den Ländern höher sind, in denen die Industrie blüht. Von zwei Ländern, die eine genau gleich große Bevölkerung, dieselbe Fläche Boden gleicher Fruchtbarkeit unter Kultur und auch dieselben landwirtschaftlichen Kenntnisse besitzen, werden die Preise der Rohprodukte dort am höchsten sein, wo die größere Fertigkeit und die besseren Maschinen bei der Erzeugung exportfähiger Waren angewendet werden. Die Profitrate wird wahrscheinlich nur geringfügig verschieden sein, denn die Löhne oder das tatsächliche Entgelt für den Arbeiter können in beiden gleich sein. Aber diese Löhne werden ebenso wie die Rohprodukte, in Geld ausgedrückt, in jenem Land höher sein, in das, auf Grund der von seiner Fertigkeit und Maschinerie herrührenden Vorteile, eine Fülle Geld im Austausch für seine Waren eingeführt wird.

In keines dieser beiden Länder würden übermäßig viel Edelmetalle einströmen, solange eines in der Erzeugung von Waren der einen Art, das andere in der Herstellung von Waren einer anderen Gattung den Vorteil besitzt. Diese Wirkung ist jedoch unausbleiblich, sobald der Vorteil des einen ein sehr starkes Übergewicht erhält.

In dem vorhergehenden Teil des Werkes haben wir zum Zwecke der Beweisführung angenommen, daß Geld stets denselben Wert besitzt. Wir bemühen uns nun, zu zeigen, daß außer den gewöhnlichen Schwankungen des Geldwertes sowie jenen, die der ganzen Handel treibenden Welt gemeinsam sind, es auch noch partielle Veränderungen gibt, denen das Geld in bestimmten Ländern ausgesetzt ist, und daß in Wirklichkeit der Wert des Geldes in zwei beliebigen Ländern niemals gleich ist, da er von der jeweiligen Besteuerung, von der industriellen Fertigkeit, den klimatischen Vorteilen, natürlichen Reichtümern [natural productions] und vielen anderen Ursachen abhängig ist.

Obwohl aber das Geld derartigen fortwährenden Änderungen unterworfen ist, und folglich die Preise der Waren, die in den meisten Ländern vorhanden sind, ebenfalls große Unterschiede aufweisen, wird doch weder vom Zu- noch vom Abfluß des Geldes eine Wirkung auf die Profitrate ausgeübt. Das Kapital wird durch eine Vermehrung der Zirkulationsmittel nicht vergrößert.

Wenn die vom Farmer dem Grundeigentümer gezahlte Rente und die von ihm seinen Arbeitern gezahlten Löhne in dem einen Land um 20 Prozent höher als in dem anderen sind und wenn gleichzeitig der nominelle Wert des Kapitals des Farmers 20 Prozent mehr beträgt, so wird er genau dieselbe Profitrate erhalten, obwohl er seine Rohprodukte um 20 Prozent höher verkauft.

Der Profit, das kann man nicht oft genug wiederholen, hängt von den Löhnen ab, nicht von den Nominal- sondern den Reallöhnen, nicht von der Zahl der Pfunde, die dem Arbeiter vielleicht jährlich bezahlt werden, sondern von der Anzahl der Tagewerke, die zur Erlangung dieser Pfunde notwendig sind. Die Löhne können daher in zwei Ländern genau gleich sein, und sie können auch im gleichen Verhältnis zur Rente und zum Gesamtprodukt des Bodens stehen, obwohl der Arbeiter in einem dieser Länder zehn Schilling wöchentlich und im anderen zwölf erhält.

In den frühen Gesellschaftsstufen, als die gewerbliche Produktion geringe Fortschritte machte, das Produkt aller Länder fast gleichartig war und aus den voluminösen und nützlichsten Waren bestand, wird der Wert des Geldes in verschiedenen Ländern hauptsächlich durch ihre Entfernung von den die Edelmetalle liefernden Bergwerken bestimmt. So wie sich jedoch Technik und gesellschaftlicher Fortschritt entwickeln und verschiedene Nationen sich in bestimmten Gewerbezweigen hervortun, wird der Wert der edlen Metalle in der Hauptsache durch die Überlegenheit jener Zweige bestimmt, wenn auch die Entfernung noch immer in Rechnung gestellt wird.

Angenommen, alle Völker produzieren nur Getreide, Vieh und grobes Tuch, und durch die Ausfuhr dieser Waren wird Gold von den Ländern bezogen, die es produzieren, oder von jenen, die diese unterworfen haben, so wird Gold natürlich einen höheren Tauschwert in Polen als in England haben, auf Grund der größeren Kosten bei der Versendung einer so voluminösen Ware wie Getreide auf weitere Entfernung und ebenso auf Grund der größeren Kosten, die bei der Übersendung des Goldes nach Polen entstehen.

Dieser Unterschied im Wert des Goldes oder, was dasselbe ist, dieser Unterschied im Preis des Getreides in den beiden Ländern ist vorhanden, obwohl die Leichtigkeiten der Produktion für Getreide in England diejenigen Polens bei weitem übertreffen infolge der größeren Bodenfruchtbarkeit und der Überlegenheit der Geschicklichkeit und der Werkzeuge des Arbeiters.

Falls jedoch Polen als erstes Land seine gewerbliche Produktion verbessert und es ihm gelingt, eine allgemein begehrte Ware mit kleinem Volumen und großem Wert herzustellen, oder wenn es allein mit einem allgemein begehrten Naturprodukt gesegnet sein sollte, das andere Länder nicht besitzen, so wird es für diese Ware im Austausch eine zusätzliche Menge Gold erhalten, was sich auf den Preis von Getreide, Vieh und grobem Tuch auswirken wird. Der Nachteil der Entfernung wird wahrscheinlich durch den Vorteil des Besitzes einer exportfähigen Ware von großem Wert mehr als aufgewogen, und Geld wird in Polen dauernd einen geringeren Wert als in England haben. Wenn andererseits der Vorteil der Geschicklichkeit und der Maschinerie bei England liegt, so wird den früher vorhandenen Gründen noch ein weiterer hinzugefügt, warum Gold in England weniger wert als in Polen ist, und warum Getreide, Vieh und grobes Tuch im ersteren Land einen höheren Preis haben.

Ich glaube, daß dies die einzigen beiden Faktoren sind, die den komparativen Wert des Geldes in den verschiedenen Ländern der Welt bestimmen. Denn obgleich die Besteuerung eine Störung im Gleichgewicht des Geldes auslöst, so tritt diese nur dadurch ein, daß sie das Land, dem sie auferlegt wird, einiger Vorteile beraubt, die es auf Grund von Geschicklichkeit, Fleiß und Klima besitzt.

Ich habe mich bemüht, sorgfältig zwischen einem niedrigen Wert des Geldes und einem hohen Wert des Getreides oder einer anderen Ware, mit der man Geld in Beziehung setzen kann, zu unterscheiden. Beides hat man gewöhnlich als gleichbedeutend angesehen. Es ist aber offensichtlich, daß bei einer Steigerung des Getreidepreises von fünf auf zehn Schilling pro Bushel entweder ein Sinken des Geldwertes oder ein Steigen des Getreidepreises die Ursache sein kann. Wir haben bereits gesehen, daß infolge des Zwanges, auf Boden immer schlechterer Qualität zurückzugreifen, um eine sich vergrößernde Bevölkerung zu ernähren, Getreide an relativen Wert gegenüber anderen Dingen gewinnen muß. Wenn daher Geld dauernd den gleichen Wert behält, so wird Getreide sich gegen mehr von diesem Geld austauschen, d. h. es wird im Preis steigen. Der gleiche Preisanstieg wird durch eine solche Verbesserung der Maschinerie in der Industrie verursacht, die uns ermöglicht, Waren mit besonderen Vorteilen zu erzeugen, denn ein Zufluß von Geld wird die Folge sein. Es wird im Wert fallen und sich deshalb gegen weniger Getreide austauschen. Die Wirkungen jedoch, die sich aus einem hohen Getreidepreis ergeben, sind je nachdem, ob er durch ein Steigen des Wertes von Getreide oder durch ein Sinken des Geldwertes verursacht wird, völlig verschieden. In beiden Fällen wird der Geldpreis des Lohnes steigen; wenn dies aber infolge des Sinkens des Geldwertes geschieht, werden nicht nur Löhne und Getreide, sondern alle anderen Waren steigen. Wenn der Fabrikant mehr an Lohn zahlen muß, so wird er auch mehr für seine erzeugten Waren erhalten und die Profitrate wird unberührt bleiben. Wenn aber das Steigen des Getreidepreises das Resultat von Produktionsschwierigkeiten ist, werden die Profite sinken; denn der Fabrikant wird gezwungen sein, höhere Löhne zu zahlen, und er wird nicht imstande sein, sich durch die Erhöhung des Preises seiner Manufakturwaren schadlos zu halten.

Jegliche Verbesserung zur Erleichterung des Bergbaus, wodurch die Edelmetalle mit einem geringeren Quantum Arbeit produziert werden können, wird den Wert des Geldes allgemein sinken lassen. Es wird dann in allen Ländern gegen weniger Waren getauscht. Wenn sich aber irgendein bestimmtes Land bei Manufakturwaren hervortut, so daß ein Zustrom von Geld zu ihm einsetzt, so wird der Wert des Geldes niedriger und die Preise von Getreide und Arbeit werden in diesem Land verhältnismäßig höher als in anderen sein.

Dieser höhere Geldwert wird nicht durch den Wechselkurs angezeigt werden; Wechsel können weiterhin zu pari begeben werden, obwohl die Preise von Getreide und Arbeit um 10, 20 oder 30 Prozent höher in dem einen Lande als im anderen sein mögen. Unter den angenommenen Bedingungen ist ein solcher Unterschied der Preise die natürliche Ordnung der Dinge, und der Kurs kann nur auf pari stehen, sofern eine ausreichende Menge Geld in das Land eingeführt wurde, das sich in bezug auf Manufakturwaren auszeichnet, die den Preis seines Getreides und seiner Arbeit steigen läßt. Sollten andere Länder die Geldausfuhr verbieten und die Beachtung eines solchen Gesetzes mit Erfolg erzwingen können, so können sie tatsächlich das Ansteigen der Preise von Getreide und Arbeit in dem industriellen Lande verhindern. Denn eine solche Erhöhung kann nur nach einem Zufluß von Edelmetall eintreten, vorausgesetzt, daß kein Papiergeld benutzt wird. Sie könnten jedoch nicht verhindern, daß sich ein für sie sehr ungünstiger Wechselkurs ergibt. Falls England das Industrieland ist und es gelingt, die Geldeinfuhr zu unterbinden, so kann der Wechselkurs gegenüber Frankreich, Holland und Spanien auf 5, 10 oder 20 Prozent zuungunsten dieser Länder stehen.

Sobald der Kreislauf des Geldes gewaltsam unterbrochen und das Geld daran gehindert wird, sich auf dem richtigen Stand zu stabilisieren, gibt es keine Grenzen für die möglichen Kursschwankungen. Die Resultate sind denen ähnlich, die sich einstellen, wenn Papiergeld der Zirkulation aufgezwungen wird, das nicht nach Belieben des Inhabers in Metall einlösbar ist. Ein solches Zahlungsmittel [currency] ist notwendigerweise auf das Land beschränkt, in dem es ausgegeben wurde: wenn es zu reichlich vorhanden ist, kann es sich nicht auf andere Länder ausbreiten. Das Gleichgewicht der Zirkulation ist gestört, und der Wechselkurs wird unausweichlich ungünstig für das Land sein, in dem es in übermäßiger Menge vorhanden ist. Eben die gleichen Wirkungen stellen sich bei der Zirkulation von Metall ein, falls durch Zwangsmittel, durch nicht zu umgehende Gesetze, Geld in einem Lande zurückgehalten wird, während ihm der Lauf des Handels einen Drang nach anderen Ländern gibt.

Wenn jedes Land genau die Geldmenge besitzt, die es haben sollte, so wird dennoch Geld nicht den gleichen Wert in jedem Land besitzen, denn bei vielen Waren kann der Unterschied 10, 20 oder sogar 30 Prozent betragen, aber der Wechselkurs wird auf pari stehen. Mit einhundert Pfund in England oder mit dem Silber, das in 100 £ enthalten ist, kann ein Wechsel über 100 £ oder die gleiche Menge Silber in Frankreich, Spanien oder Holland gekauft werden.

Wenn wir vom Wechselkurs und dem komparativen Wert des Geldes in verschiedenen Ländern sprechen, so dürfen wir das nicht im geringsten auf den in Waren geschätzten Geldwert in irgendeinem Lande beziehen. Der Wechselkurs wird niemals durch Schätzung des komparativen Geldwertes in Getreide, Tuch oder irgendeiner Ware festgestellt, sondern durch Schätzung des Wertes der Währung [currency] eines Landes, ausgedrückt in der Währung eines anderen.

Man kann das auch durch den Vergleich mit irgendeinem beiden Ländern gemeinsamen Maßstab feststellen. Wenn ein auf England gezogener Wechsel über 100 £ dieselbe Menge Waren in Frankreich oder Spanien kaufen kann, die ein auf denselben Betrag lautender Wechsel auf Hamburg kauft, so steht der Wechselkurs zwischen Hamburg und England auf pari; wenn jedoch ein Wechsel auf England über 130 £ nicht mehr zu kaufen vermag als ein Wechsel über 100 £ auf Hamburg, so steht der Kurs 30 Prozent zuungunsten Englands.

Mit 100 £ kann man vielleicht in England einen Wechsel oder den Anspruch kaufen, 101 £ in Holland, 102 £ in Frankreich oder 105£ in Spanien zu erhalten.* In diesem Fall sagt man, daß der Wechselkurs gegenüber England 1 Prozent zuungunsten Hollands, 2 Prozent zuungunsten Frankreichs und 5 Prozent zuungunsten Spaniens steht. Dies zeigt an, daß der Stand des Geldumlaufs [currency] in diesen Ländern höher ist, als er sein sollte, und der komparative Wert zwischen ihren Währungen und der Englands wird sich sofort wieder auf pari stellen entweder durch einen Geldabfluß von ihnen oder durch eine Vermehrung des Geldes in England.

Diejenigen, welche behaupteten, unsere Währung hätte sich während der vergangenen zehn Jahre entwertet, als der Wechselkurs zwischen 10 und 30 Prozent zuungunsten unseres Landes schwankte, haben damit niemals erklärt — wessen man sie beschuldigt hat —, daß Geld in einem Lande nicht mehr wert als in einem anderen sein kann, verglichen mit verschiedenen Waren. Sie haben jedoch erklärt, daß 130 £ nicht in England zurückbehalten werden können, es sei denn, sie wären

* Entsprechend dem Disagio der Banknoten im Inland nach der bank-restriction erlitten die auf englische Währung lautenden und in England zahlbaren Wechsel auf den Auslandsmärkten erhebliche Kursverluste. Erst nach der Wiederaufnahme der Einlösung in Gold 1821 gewannen sie ihren vollen Kurswert zurück. (Vgl. auch Fußnote auf Seite 198)

entwertet und würden, in hamburgischem oder holländischem Geld gemessen, keinen größeren Wert als den eines Barrens von 100 £ besitzen.

Durch Übersendung von 130 £, guter englischer Pfund Sterling, nach Hamburg würde ich sogar bei 5 £ Kosten dort 125 £ besitzen; was anderes also könnte mich einverstanden sein lassen, für einen Wechsel 130 £ zu bezahlen, der mir in Hamburg 100 £ einbringt, als daß meine Pfunde keine guten Pfund Sterling sind? Sie wären verschlechtert, in ihrem inneren Wert unter die hamburgischen Pfund Sterling gesunken, und wenn ich sie tatsächlich mit 5 £ Kosten dorthin sende, kann ich sie nur für 100 £ verkaufen. Es wird nicht bestritten, daß mir meine 130 £, falls sie aus Edelmetall beständen, 125 £ in Hamburg einbrächten, mit Papierpfund kann ich jedoch nur 100 £ bekommen. Trotzdem ist behauptet worden, daß 130 £ in Papier den gleichen Wert wie 130 £ in Silber oder Gold besitzen.

Einige behaupteten allerdings vernünftiger, daß 130 £ in Papier nicht den gleichen Wert wie 130 £ in Metallgeld haben; sie erklärten aber, daß das Metallgeld und nicht das Papiergeld seinen Wert geändert hat. Sie wollten die Bedeutung des Wortes Entwertung auf ein wirkliches Sinken des Wertes beschränken, nicht aber auf einen verhältnismäßigen Unterschied zwischen dem Werte des Geldes und dem Maßstab, an dem es gesetzlich gemessen wird, anwenden. Einhundert Pfund englischen Geldes hatten früher den gleichen Wert wie 100 £ hamburgischen Geldes und konnten die letzteren kaufen. In irgendeinem anderen Lande konnte ein Wechsel entweder auf England oder auf Hamburg genau die gleiche Menge Waren kaufen. Um dieselben Dinge zu bekommen, war ich kürzlich gezwungen, 130 £ englisches Geld hinzuzugeben, während Hamburg sie für 100 £ hamburgisches Geld erhalten konnte. Wenn englisches Geld also denselben Wert wie früher hat, muß hamburgisches Geld an Wert gewonnen haben. Wo ist aber der Beweis dafür? Wie kann man feststellen, ob englisches Geld gefallen oder hamburgisches Geld gestiegen ist? Es gibt keinen Maßstab, mit Hilfe dessen das festgestellt werden könnte. Das ist eine Vermutung, die keinen Beweis erlaubt und die weder eindeutig bestätigt noch eindeutig widerlegt werden kann. Die Völker der Erde müssen schon frühzeitig überzeugt gewesen sein, daß es keinen natürlichen Maßstab des Wertes gibt, auf den man sich fest verlassen kann, und sie haben deshalb ein Medium gewählt, das ihnen im ganzen weniger veränderlich als irgendeine andere Ware erschien.

Nach diesem Maßstab müssen wir uns richten, bis das Gesetz geändert ist und bis irgendeine andere Ware entdeckt wird, durch deren Gebrauch wir einen zuverlässigeren Maßstab als den erhalten, welchen wir eingeführt haben. Solange Gold der alleinige Maßstab bei uns ist, wird das Geld entwertet sein, wenn ein Pfund Sterling nicht den gleichen Wert wie 5 dwts. und 3 grs. Standardgold hat, gleichgültig, ob Gold an allgemeinem Werte gewinnt oder verliert.

KAPITEL VIII

ÜBER STEUERN

Steuern sind ein Teil vom Produkt des Bodens und der Arbeit eines Landes, der der Regierung zur Verfügung gestellt wird; sie werden letzten Endes immer aus dem Kapital oder aus der Revenue des Landes bezahlt.

Wir haben bereits gezeigt, wie das Kapital eines Landes entweder fixes oder zirkulierendes ist, je nachdem, ob es mehr oder weniger dauerhafter Natur ist. Es ist schwierig, genau anzugeben, wo der Unterschied zwischen zirkulierendem und fixem Kapital beginnt, da es fast zahllose Abstufungen in der Lebensdauer des Kapitals gibt. Die Nahrungsmittel eines Landes werden mindestens einmal jährlich konsumiert und reproduziert; die Kleidung des Arbeiters wird wahrscheinlich nicht in weniger als zwei Jahren konsumiert und reproduziert, während die Haltbarkeit seines Hauses und seiner Möbel für einen zehn- oder zwanzigjährigen Zeitraum veranschlagt ist.

Sofern die jährliche Produktion eines Landes seine jährliche Konsumtion übersteigt, so sagt man von ihm, daß es sein Kapital vermehrt. Wenn seine jährliche Konsumtion durch seine jährliche Produktion nicht wenigstens ersetzt wird, so sagt man, es vermindert sein Kapital. Kapital kann daher durch eine erhöhte Produktion oder durch eine verringerte unproduktive Konsumtion vermehrt werden.

Falls der durch die Einführung zusätzlicher Steuern erhöhte Verbrauch der Regierung entweder durch eine erhöhte Produktion oder durch eine verminderte Konsumtion des Volkes getragen wird, so werden die Steuern die Revenue treffen und das nationale Kapital unberührt lassen; wenn aber weder eine erhöhte Produktion noch eine verminderte Konsumtion des Volkes vorhanden ist, so werden die Steuern unvermeidlich das Kapital treffen, d. h. sie werden den für die produktive Konsumtion vorgesehenen Fonds beeinträchtigen.[1]

[1] Man muß verstehen, daß alle Produkte eines Landes konsumiert werden. Es ist aber der denkbar größte Unterschied, ob sie konsumiert werden durch jene, die einen anderen Wert reproduzieren oder durch solche, die ihn nicht reproduzieren. Wenn wir sagen, daß Revenue erspart und zum Kapital geschlagen wird, so meinen wir, daß der Teil der Revenue, von dem es heißt, er sei zum Kapital geschlagen, durch produktive statt durch unproduktive Arbeiter verzehrt wird. Es gibt keinen größeren Irrtum als zu unterstellen, daß Kapital durch Nicht-Konsum vermehrt wird. Stiege der Preis der Arbeit so hoch, daß trotz des Zuwachses von Kapital nicht mehr Arbeit angewandt werden könnte, so würde ich sagen, daß solcher Zuwachs von Kapital immer noch unproduktiv konsumiert wird.

In dem Maße, wie sich das Kapital eines Landes vermindert, wird auch seine Produktion notwendigerweise zurückgehen, und falls daher weiterhin die gleichen unproduktiven Ausgaben durch das Volk und die Regierung bei sich ständig verringernder jährlicher Produktion gemacht werden, werden die Ressourcen von Volk und Staat mit wachsender Schnelligkeit schwinden und Not und Elend folgen.

Trotz der enormen Ausgaben der englischen Regierung während der letzten zwanzig Jahre ist es kaum zweifelhaft, daß diese durch die erhöhte Produktion des Volkes mehr als ausgeglichen wurden. Das nationale Kapital ist nicht nur nicht angegriffen, sondern erheblich vermehrt worden, und die jährliche Revenue des Volkes ist sogar nach Zahlung der Steuern gegenwärtig wahrscheinlich größer als zu irgendeiner früheren Zeit unserer Geschichte.

Als Beweis dafür können wir auf die Vermehrung der Bevölkerung, die Ausdehnung der Landwirtschaft, die Erweiterung der Schiffahrt und der gewerblichen Produktion, den Bau von Docks, die Eröffnung zahlreicher Kanäle, ebenso wie auf viele andere kostspielige Unternehmen verweisen, die alle eine Vermehrung sowohl des Kapitals als auch der jährlichen Produktion anzeigen.

Es ist aber dennoch sicher, daß ohne Besteuerung die Zunahme des Kapitals noch viel beträchtlicher gewesen wäre. Es gibt keine Steuern, die nicht die Tendenz aufweisen, die Fähigkeit zur Akkumulation herabzusetzen. Alle Steuern müssen entweder das Kapital oder die Revenue treffen. Wenn sie das Kapital beeinträchtigen, so müssen sie den Fonds entsprechend verringern, durch dessen Größe stets der Umfang der produktiven Arbeit des Landes bestimmt wird. Treffen sie die Revenue, so müssen sie entweder die Akkumulation einschränken oder die Steuerzahler zwingen, den Steuerbetrag durch eine entsprechende Herabsetzung ihrer früheren unproduktiven Konsumtion von lebenswichtigen und

Luxusgütern einzusparen. Manche Steuern werden diese Wirkungen in größerem Maße als andere hervorrufen. Der große Schaden der Steuern liegt aber nicht so sehr in der Auswahl ihrer Objekte, sondern in der Gesamtsumme ihrer Auswirkungen zusammengenommen.

Steuern sind nicht notwendigerweise deswegen Kapitalsteuern, weil sie auf Kapital und nicht Einkommensteuern, weil sie auf Einkommen gelegt werden. Wenn ich von den 1000 £ meines Einkommens jährlich 100 £ zahlen muß, so wird dies dann tatsächlich eine Steuer auf mein Einkommen darstellen, wenn ich mich mit der Ausgabe der verbleibenden 900 £ begnüge. Gebe ich aber weiterhin 1000 £ aus, so wird es eine Kapitalsteuer sein.

Das Kapital, von dem ich mein Einkommen von 1000 £ beziehe, ist vielleicht 10000 £ wert. Eine einprozentige Steuer auf dieses Kapital macht 100 £ aus; indessen wird mein Kapital unangetastet bleiben, falls ich nach Bezahlung der Steuer mich ebenfalls auf Ausgaben von 900 £ beschränke.

Das Bestreben eines jeden, seine Stellung im Leben zu halten und sein Vermögen in dem einmal erreichten Umfang aufrechtzuerhalten, bewirkt, daß die meisten Steuern aus dem Einkommen gezahlt werden, gleichgültig, ob sie nun auf das Kapital oder auf Einkommen gelegt werden. Die jährlichen Annehmlichkeiten der Menschen müssen sich daher mit steigenden Steuern oder erhöhten Ausgaben der Regierung vermindern, es sei denn, sie können ihr Kapital und Einkommen entsprechend erhöhen. Es müßte die Politik der Regierungen sein, die Bereitschaft dazu im Volke zu fördern und niemals Steuern zu erheben, die zwangsläufig das Kapital belasten, denn damit beschränken sie den Fonds für den Unterhalt der Arbeit und verringern dadurch die künftige Produktion des Landes.

In England ist diese Politik vernachlässigt worden bei der Besteuerung der Testamente, der Erbschaftssteuer sowie bei allen Steuern, welche den Eigentumsübergang von Toten auf Lebende berühren. Wenn eine Erbschaft von 1000 £ einer Steuer von 100 £ unterliegt, so beträgt sie in den Vorstellungen des Erben nur 900 £, und er empfindet keine besondere Veranlassung, die Steuer von 100 £ bei seinen Ausgaben einzusparen, wodurch das Kapital des Landes verringert wird. Hätte er jedoch tatsächlich 1000 £ erhalten und wäre er verpflichtet, 100 £ als Steuer auf das Einkommen, auf Wein, Pferde oder Dienerschaft zu entrichten, so hätte er wahrscheinlich seine Ausgaben vermindert oder vielmehr nicht um diesen Betrag erhöht, und das Kapital des Landes bliebe unangetastet.

„Steuern auf die Übertragung von Eigentum von Toten auf die Lebenden", sagt Adam Smith, „fallen sowohl letzten Endes als auch unmittelbar auf die Personen, auf die das Eigentum übertragen wird. Steuern auf den Verkauf von Boden treffen insgesamt den Verkäufer. Der Verkäufer steht fast immer unter dem Zwang zu verkaufen und muß daher den Preis akzeptieren, den er erlangen kann. Der Käufer ist kaum jemals gezwungen zu kaufen und wird deshalb nur den ihm genehmen Preis bezahlen. Er überlegt, was der Boden ihm zusammen an Steuer und Preis kosten wird. Je mehr er in Form von Steuer bezahlen muß, desto weniger wird er in Form des Preises entrichten wollen. Diese Steuern treffen fast immer eine unter Zwang handelnde Person und müssen daher sehr grausam und drückend sein". „Stempelgebühren sowie Gebühren für die Registrierung von Schuldverschreibungen und für Verträge über geliehenes Geld belasten zur Gänze den Borger und werden tatsächlich immer von ihm bezahlt. Die Gebühren gleicher Art bei Prozeßangelegenheiten gehen zu Lasten der streitenden Parteien. Sie reduzieren für beide den Kapitalwert des Streitgegenstandes. Je mehr der Erwerb irgendwelchen Eigentums kostet, desto geringer muß dessen reiner Wert sein, sobald es erworben ist. Alle

Steuern auf die Übertragung von Eigentum jeder Art tendieren, soweit sie den Kapitalwert dieses Eigentums verringern, zu einer Verminderung der zum Unterhalt der Arbeit bestimmten Fonds. Sie sind alle mehr oder weniger verschwenderische Steuern, welche die Revenue des Monarchen, der selten andere als unproduktive Arbeiter unterhält, auf Kosten des Kapitals des Volkes erhöhen, das nur produktive Arbeiter beschäftigt."

Das ist jedoch nicht der einzige Einwand gegen Steuern auf Eigentumsübertragungen. Sie verhindern die Verteilung des nationalen Kapitals in einer dem Wohle der Gesellschaft am meisten entsprechenden Weise. Um der allgemeinen Prosperität willen können nicht genug Erleichterungen für die Übertragung und den Austausch aller Arten von Eigentum gewährt werden, denn auf solche Weise wird Kapital jeder Art wahrscheinlich in die Hände jener gelangen, die es am besten zur Erhöhung der Produktion des Landes verwenden. „Warum", fragt Say, „wünscht jemand seinen Boden zu verkaufen? Es geschieht, weil er eine andere Anlage im Auge hat, bei der sein Kapital produktiver sein wird. Warum möchte ein anderer diesen selben Boden kaufen? Um ein Kapital anzulegen, das ihm zu wenig einbringt, das brach liegt, oder dessen bessere Verwendung ihm möglich erscheint. Dieser Austausch wird das allgemeine Einkommen erhöhen, da er das Einkommen der beiden Partner erhöht. Wenn aber die Gebühren so enorm sind, daß sie den Tausch verhindern, so bilden sie ein Hindernis für eine solche Steigerung des allgemeinen Einkommens." Diese Steuern können jedoch leicht eingetrieben werden, und das mag von vielen als ein gewisser Ausgleich für ihre schädlichen Wirkungen betrachtet werden.

KAPITEL IX

STEUERN AUF ROHPRODUKTE

Nachdem ich in einem vorangehenden Teil dieses Werkes hoffentlich zufriedenstellend das Prinzip auseinandergesetzt habe, daß der Preis des Getreides durch dessen Produktionskosten ausschließlich auf jenem Boden oder besser, ausschließlich mit jenem Kapital, das keine Rente abwirft, bestimmt wird, so folgt daraus, daß jedwede Erhöhung der Produktionskosten den Preis in die Höhe treibt, jegliche Verringerung den Preis senkt. Die Notwendigkeit, schlechteren Boden zu bebauen oder einen geringeren Ertrag aus einem bestimmten zusätzlichen Kapital auf bereits bebautem Boden zu ziehen, wird unausweichlich den Tauschwert der Rohprodukte steigern. Die Erfindung von Maschinen, die dem Farmer ermöglichen, sein Getreide mit geringeren Produktionskosten zu produzieren, wird notwendigerweise dessen Tauschwert senken. Jede dem Farmer auferlegte Steuer, ob nun in Form von Grundsteuer, Zehent oder Steuer auf die erzeugten Produkte, wird die Produktionskosten erhöhen und daher den Preis der Rohprodukte steigen lassen.

Steigt der Preis der Rohprodukte nicht in dem Maße, daß der Farmer für die Steuer entschädigt wird, so verläßt er natürlich einen Erwerbszweig, in dem sein Profit unter das allgemeine Niveau gedrückt wurde. Das wird so lange eine Verringerung des Angebots verursachen, bis die unverminderte Nachfrage einen solchen Preisanstieg der Rohprodukte bewirkt hat, daß deren Anbau ebenso profitabel wie die Anlage von Kapital in irgendeinem anderen Zweige wird.

Eine Preiserhöhung ist das einzige Mittel, durch das er die Steuer bezahlen und weiterhin den üblichen und allgemeinen Profit aus seiner Kapitalanlage ziehen kann. Er kann die Steuer nicht von seiner Rente abziehen und seinen Grundeigentümer zur Zahlung zwingen, da er keine Rente zahlt. Er wird die Steuer auch nicht von seinem Profit in Abzug bringen, denn es gibt keinen Grund, warum er weiterhin in einem Zweig tätig sein sollte, der nur einen geringen Profit abwirft, während alle anderen einen größeren einbringen. Es kann daher kein Zweifel bestehen, daß es in seiner Macht liegt, den Preis der Rohprodukte um einen der Steuer entsprechenden Betrag heraufzusetzen.

Eine Steuer auf Rohprodukte wird weder vom Grundeigentümer noch vom Farmer getragen, sondern sie wird in Gestalt eines erhöhten Preises vom Konsumenten bezahlt.

Man muß sich daran erinnern, daß Rente die Differenz zwischen dem Produkt ist, das man durch gleiche Mengen Arbeit und Kapital erhält, die auf Boden gleicher oder verschiedener Güte verwendet werden. Man muß sich ebenso daran erinnern, daß die Geldrente und die Getreiderente des Bodens sich in gleichem Maße verändern.

Im Falle einer Steuer auf Rohprodukte, einer Grundsteuer oder von Zehenten wird sich die Getreiderente des Bodens verändern, während die Geldrente gleichbleibt.

Falls, wie wir vordem annahmen, der bebaute Boden dreierlei Qualität besitzt und man mit derselben Summe an Kapital erzielt

180 Quarter Getreide vom Boden Nr. 1,
170 Quarter Getreide vom Boden Nr. 2,
160 Quarter Getreide vom Boden Nr. 3,

so beträgt die Rente von Nr. 1 20 Quarter, nämlich die Differenz von Nr. 3 und Nr. 1, die von Nr. 2 10 Quarter, d. h. die Differenz von Nr. 3 und Nr. 2, während Nr. 3 keinerlei Rente abwirft.

Wenn nun der Getreidepreis 4 £ pro Quarter beträgt, so ist die Geldrente von Nr. 1 80 £ und die von Nr. 2 40 £.

Angenommen, eine Steuer von 8 sh pro Quarter wird auf Getreide gelegt, so wird der Preis auf 4 £ 8 sh steigen, und falls die Grundeigentümer die gleiche Getreiderente wie früher erhalten, beträgt die Rente von Nr. 1 88 £ und die von Nr. 2 44 £. Sie werden jedoch nicht die gleiche Getreiderente bekommen. Die Steuer belastet Nr. 1 schwerer als Nr. 2 und Nr. 2 schwerer als Nr. 3, weil sie von einer größeren Menge Getreide erhoben wird. Es ist die Schwierigkeit der Produktion auf Nr. 3, die den Preis bestimmt, und das Getreide steigt auf 4 £ 8 sh, damit der Profit des auf Nr. 3 angelegten Kapitals mit dem allgemeinen Kapitalprofit auf gleichem Niveau stehen kann.

Das Produkt und die Steuer der drei Bodenqualitäten werden folgendermaßen aussehen:

Nr. 1 ergibt 180 Quarter zu 4 £ 8 sh pro Quarter	792 £
abzüglich des Wertes von 16,3 Quarter oder von 8 sh pro Quarter bei 180 Quarter	72 £
Nettoprodukt an Getreide 163,7 Quarter; Nettoprodukt in Geld	720 £
Nr. 2 ergibt 170 Quarter zu 4 £ 8 sh pro Quarter	748 £
abzüglich des Wertes von 15,4 Quarter zu je 4 £ 8 sh pro Quarter oder von 8 sh pro Quarter bei 170 Quarter	68 £
Nettoprodukt an Getreide 154,6; Nettoprodukt in Geld	680 £
Nr. 3 ergibt 160 Quarter zu 4 £ 8 sh pro Quarter	704 £
abzüglich des Wertes von 14,5 Quarter zu je 4 £ 8 sh pro Quarter oder von 8 sh pro Quarter bei 160 Quarter	64 £
Nettoprodukt an Getreide 145,5; Nettoprodukt in Geld	640 £

Die Geldrente von Nr. 1 wird weiter 80 £, d. h. die Differenz zwischen 640 £ und 720 £, und die von Nr. 2

40 £, die Differenz zwischen 640 £ und 680 £, betragen, genau wie früher. Die Getreiderente von Nr. 1 wird jedoch von 20 Quartern auf 18,2 Quarter sinken, die Differenz zwischen 145,5 und 163,7 Quarter, und die von Nr. 2 von 10 auf 9,1 Quarter, die Differenz zwischen 145,5 und 154,6 Quarter.

Eine Getreidesteuer trifft also die Konsumenten von Getreide und erhöht dessen Wert, verglichen mit allen anderen Waren, in einem der Steuer entsprechenden Ausmaße. In dem Maße, in dem Rohprodukte in die Zusammensetzung anderer Waren eingehen, wird sich auch deren Wert erhöhen, sofern die Steuer nicht durch andere Faktoren ausgeglichen wird. Sie unterliegen damit tatsächlich einer indirekten Besteuerung, und ihr Wert steigt entsprechend der Steuer.

Aber eine Steuer auf Rohprodukte und die für den Arbeiter lebenswichtigen Artikel besitzt eine weitere Wirkung — sie erhöht den Lohn. Infolge der Wirkung des Bevölkerungsgesetzes auf die Vermehrung der Menschheit halten sich die niedrigsten Löhne niemals wesentlich über jenem Stand, den Natur und Gewohnheit für den Unterhalt des Arbeiters erfordern. Diese Klasse ist niemals in der Lage, einen erheblichen Teil der Steuerlast zu tragen, und wenn sie daher zusätzlich 8 sh pro Quarter Weizen und kleinere Beträge für andere notwendige Artikel bezahlen muß, so kann sie nicht mit dem gleichen Lohn wie früher existieren und den Stand der Arbeiter fortpflanzen. Die Löhne werden unaufhaltsam und notwendigerweise steigen, und in dem Maße, in dem sie steigen, fällt der Profit. Die Regierung wird auf alles im Lande verbrauchte Getreide eine Steuer von 8 sh pro Quarter erhalten, von der ein Teil unmittelbar von den Getreidekonsumenten gezahlt wird. Der andere Teil wird von denjenigen, die Arbeiter beschäftigen, mittelbar bezahlt, und er beeinflußt den Profit in derselben Weise wie eine Lohnsteigerung infolge einer im Verhältnis zum Angebot erhöhten Nachfrage oder infolge erhöhter Schwierigkeiten, die vom Arbeiter benötigten Nahrungsmittel und lebenswichtigen Artikel zu beschaffen.

Soweit die Steuer die Konsumenten trifft, ist sie eine gleiche Steuer [equal tax], insoweit sie jedoch den Profit trifft, sie ist eine Sondersteuer [partial tax], da sie weder den Grundeigentümer noch den Geldkapitalisten belastet, denn diese werden weiter dieselbe Geldrente beziehungsweise dieselben Geldzinsen wie früher beziehen. Eine Steuer auf das Produkt des Bodens wird sich also wie folgt auswirken:

1. Sie läßt den Preis der Rohprodukte um einen der Steuer gleichen Betrag steigen und trifft daher jeden Konsumenten entsprechend seiner Konsumtion.

2. Sie erhöht den Arbeitslohn und senkt den Profit.

Man kann daher gegen eine solche Steuer einwenden:

1. Daß sie eine ungleiche Steuer ist, da sie durch Erhöhung des Lohnes und Senkung des Profits das Einkommen des Farmers, Kaufmanns und Fabrikanten trifft und das Einkommen des Grundeigentümers, Geldkapitalisten und anderer, die sich eines festen Einkommens erfreuen, steuerfrei läßt.

2. Daß eine erhebliche Zeitspanne zwischen dem Steigen des Getreidepreises und der Erhöhung der Löhne verstreichen wird, in der die Arbeiter große Not erleiden.

3. Daß eine Erhöhung der Löhne und eine Senkung des Profits eine Entmutigung für die Akkumulation ist und in gleicher Weise wie eine natürliche Unfruchtbarkeit des Bodens wirkt.

4. Daß durch die Erhöhung des Preises für Rohprodukte die Preise aller Waren, in die Rohprodukte eingehen, erhöht werden und daß wir daher den ausländischen Fabrikanten auf dem allgemeinen Markt nicht unter gleichen Bedingungen gegenübertreten können.

Auf den ersten Einwand, nämlich, daß eine solche Steuer durch die Erhöhung der Arbeitslöhne und Senkung des Profits ungleich wirkt, da sie das Einkommen des Farmers, des Händlers und des Fabrikanten beeinträchtigt und das Einkommen des Grundeigentümers, Geldkapitalisten und anderer Bezieher fester Einkommen steuerfrei läßt, könnte man entgegnen, daß es Sache der Gesetzgebung ist, die ungleiche Wirkung gleich zu machen, indem man die Grundrente und die Zinsen für Kapital unmittelbar besteuert. Wenn man so handelt, erreicht man vollständig den Zweck einer Einkommensteuer, ohne in die unangenehme Lage zu kommen, zu der verhaßten Maßnahme greifen zu müssen, in jedermanns Angelegenheiten Einblick zu nehmen und Beamte mit Vollmachten auszustatten, die den Gewohnheiten und Gefühlen eines freien Landes zuwiderlaufen.

Auf den zweiten Einwand, daß eine erhebliche Zeitspanne zwischen dem Steigen des Getreidepreises und der Erhöhung der Löhne verstreichen würde, in der die niederen Klassen großer Not ausgesetzt wären, entgegne ich, daß unter verschiedenen Umständen der Lohn dem Preis der Rohprodukte in sehr verschiedenem Tempo folgt, daß in einigen Fällen durch das Steigen des Getreides überhaupt keine Wirkung auf den Lohn ausgeübt wird und daß in anderen die Erhöhung der Löhne dem Steigen des Getreidepreises vorauseilt; weiterhin stellt sich in einigen Fällen die Wirkung auf den Lohn langsam, in anderen schnell ein.

Diejenigen, die behaupten, daß der Preis der lebensnotwendigen Güter den Preis der Arbeit bestimmt, immer unter Berücksichtigung des jeweiligen Entwicklungsstandes der Gesellschaft, scheinen allzu bereitwillig zuzugeben, daß auf ein Steigen oder Fallen der lebenswichtigen Güter eine Erhöhung oder ein Sinken des Lohnes sehr langsam folgen wird. Ein hoher Preis der Lebensmittel kann verschiedenen Ursachen entspringen und demgemäß sehr verschiedene Wirkungen hervorbringen. Er kann entstehen durch

1. ein ungenügendes Angebot,

2. eine allmählich steigende Nachfrage, die schließlich mit erhöhten Produktionskosten befriedigt werden kann,

3. ein Sinken des Geldwertes,

4. Steuern auf lebensnotwendige Artikel.

Diese vier Ursachen sind von denjenigen, die den Einfluß eines hohen Preises lebenswichtiger Güter auf den Lohn untersucht haben, nicht genügend unterschieden und auseinandergehalten worden. Wir wollen sie einzeln prüfen.

Eine schlechte Ernte verursacht einen hohen Lebensmittelpreis, und der hohe Preis ist das einzige Mittel, durch das die Konsumtion gezwungen wird, sich dem Umfang des Angebots anzupassen. Wären alle Käufer von Getreide reich, so kann sich der Preis beliebig erhöhen, aber am Ergebnis wird sich nichts ändern. Der Preis wäre schließlich so hoch, daß die am wenigsten Begüterten gezwungen sind, auf den Verbrauch eines Teiles der von ihnen normalerweise konsumierten Menge zu verzichten, da nur durch eingeschränkten Konsum die Nachfrage den Grenzen des Angebots angepaßt werden kann. Unter solchen Umständen kann keine Politik unsinniger sein als die der gewaltsamen Anpassung des Geldlohnes an den Preis der Nahrungsmittel, wie es häufig durch falsche Anwendung der Armengesetze getan wird. Eine solche Maßnahme gewährt dem Arbeiter keine wirkliche Hilfe, da ihre Wirkung in einer weiteren Erhöhung des Getreidepreises besteht, und er schließlich doch seinen Konsum entsprechend dem begrenzten Angebot einschränken muß. Bei einem natürlichen Verlauf der Dinge wird ohne einen schädlichen oder unklugen Eingriff ein von einer schlechten Ernte herrührendes unzureichendes Angebot keine Erhöhung der Löhne nach sich ziehen. Die Steigerung der Löhne ist für die Empfänger eine bloß nominelle. Sie verschärft die Konkurrenz am Getreidemarkt, und letzten Endes besteht ihre Wirkung darin, die Profite der Getreideproduzenten und Getreidehändler zu erhöhen. Der Arbeitslohn wird in der Tat durch das Verhältnis zwischen Angebot und Nachfrage für lebenswichtige Güter und dem Angebot und der Nachfrage für Arbeit bestimmt, und Geld ist lediglich Medium oder Maß, in dem der Lohn ausgedrückt wird. In diesem Fall ist also die Notlage des Arbeiters unvermeidlich, und keine Gesetzgebung kann Abhilfe schaffen, es sei denn durch die Einfuhr von Nahrungsmitteln oder die Verwendung der am meisten geeigneten Ersatzmittel.

Wenn ein hoher Getreidepreis das Resultat steigender Nachfrage ist, geht ihm immer eine Lohnerhöhung voraus, da die Nachfrage nicht steigen kann ohne eine Vermehrung der Mittel des Volkes, um das von ihm Gewünschte zu bezahlen. Die Akkumulation von Kapital erzeugt natürlich eine verschärfte Konkurrenz zwischen denjenigen, die Arbeiter beschäftigen, und ruft eine entsprechende Erhöhung des Preises der Arbeit hervor. Die erhöhten Löhne werden nicht immer sofort für Nahrungsmittel ausgegeben, sondern zunächst für zusätzliche andere Annehmlichkeiten des Arbeiters verwendet. Seine bessere Lage aber verleitet ihn und macht es ihm möglich zu heiraten, und dann verdrängt die Nachfrage nach Lebensmitteln für den Unterhalt seiner Familie eine Annehmlichkeit nach der anderen, für die sein Lohn zeitweise ausgegeben wurde. Getreide steigt also, weil die Nachfrage danach steigt, da es Leute innerhalb der Gesellschaft gibt, die mehr Mittel besitzen, um es zu bezahlen. Der Profit des Farmers wird über das allgemeine Niveau des Profits steigen, bis die erforderliche Menge Kapital für den Anbau von Getreide angelegt worden ist. Ob Getreide nun, nachdem dies stattgefunden hat, wiederum auf seinen alten Preis heruntergeht oder weiterhin dauernd höher stehen wird, hängt von der Qualität des Bodens ab, der die zusätzliche Getreidemenge geliefert hat. Wurde sie ohne höhere Kosten an Arbeit von Boden derselben Fruchtbarkeit gewonnen, wie sie der zuletzt in Bebauung genommene hatte, so wird der Preis auf seinen früheren Stand zurückgehen; falls sie aber von weniger fruchtbarem Land geerntet wurde, wird Getreide weiter dauernd höher stehen. Die hohen Löhne entspringen im ersten Beispiel einer erhöhten Nachfrage nach Arbeit: insoweit sie zur Heirat reizen und Kinder ernähren, bewirken sie eine Vermehrung des Angebots von Arbeit. Aber sobald dieses Angebot vorhanden ist, sinkt der Lohn wieder auf seinen früheren Preis, falls Getreide auf seinen früheren Preis zurückgegangen ist; auf einen höheren als den früheren Preis aber sinkt er dann, wenn das zusätzliche Getreideangebot auf Boden minderer Qualität produziert wurde. Ein hoher Preis ist keineswegs mit einem reichlichen Angebot unvereinbar. Der Preis steht dauernd hoch, nicht weil eine unzureichende Menge vorhanden ist, sondern weil erhöhte Kosten bei der Produktion entstanden sind. Sobald ein Anreiz zur Bevölkerungsvermehrung gegeben ist, tritt allerdings gewöhnlich ein Ergebnis ein, welches über das erforderliche Ausmaß hinausgeht. Die Bevölkerung kann derart steigen und tut es gewöhnlich auch, daß sie trotz der erhöhten Nachfrage nach Arbeit in verhältnismäßig größerer Zahl dem für den Unterhalt der Arbeiter bestimmten Fonds gegenübersteht als vor der Zunahme des Kapitals. In diesem Fall wird ein Rückschlag eintreten, der Lohn befindet sich unter seinem natürlichen Niveau und wird dort verharren, bis das normale Verhältnis zwischen Angebot und Nachfrage wieder hergestellt ist. In diesem Falle geht also dem Steigen des Getreidepreises eine Erhöhung des Lohnes voran und verursacht deswegen keine Not für den Arbeiter.

Ein Sinken des Geldwertes infolge eines Zustromes edler Metalle aus den Bergwerken oder durch einen Mißbrauch des Bankprivilegs stellt eine andere Ursache für das Steigen der Nahrungsmittelpreise dar, wird aber keine Veränderung der produzierten Menge bewirken. Es läßt ebenso die Zahl der Arbeiter als auch die Nachfrage nach ihnen unberührt, da weder eine Vermehrung noch eine Verminderung von Kapital eintritt. Die Menge der dem Arbeiter zukommenden lebenswichtigen Artikel hängt ab von dem Verhältnis zwischen Angebot und Nachfrage nach lebensnotwendigen Gütern im Vergleich zu dem Verhältnis zwischen Angebot und der Nachfrage nach Arbeit, wobei Geld nur das Medium ist, in dem die Menge ausgedrückt wird. Da sich keines von beiden geändert hat, wird sich die tatsächliche Entlohnung des Arbeiters nicht ändern. Der Geldlohn wird steigen, aber er gestattet ihm nur, sich mit derselben Menge notwendiger Artikel wie früher zu versorgen. Wer dieses Prinzip bestreitet, ist verpflichtet zu zeigen, warum eine Vermehrung des Geldes nicht die gleiche Wirkung bei der Erhöhung des Preises der Arbeit hat — deren Angebot nicht vermehrt wurde — die er beim Preis von Schuhen, Hüten und Getreide zugibt, falls die Menge dieser Waren nicht vergrößert wird. Der relative Marktwert von Hüten und Schuhen wird durch die Nachfrage und das Angebot von Hüten bestimmt, verglichen mit Nachfrage und Angebot von Schuhen, und Geld ist lediglich das Medium, in dem ihr Preis ausgedrückt wird. Wenn Schuhe ihren Preis auf das Doppelte erhöhen, werden Hüte ebenfalls einen doppelt so hohen Preis haben, und beide behalten den gleichen verhältnismäßigen Wert. So wird auch die Arbeit sich auf den doppelten Preis erhöhen, falls Getreide und alle für den Arbeiter lebenswichtigen Artikel im Preise auf das Doppelte steigen. Solange keine Unterbrechung des üblichen Angebots und der Nachfrage von notwendigen Gütern und Arbeit eintritt, kann es keinen Grund geben, warum sie ihren relativen Wert nicht behalten sollten.

Weder ein Sinken des Geldwertes noch eine Steuer auf Rohprodukte, obwohl beides die Preise erhöht, wird *notwendigerweise* die Menge der Rohprodukte oder die Zahl der Menschen beeinträchtigen, die imstande sind, diese Menge zu kaufen und die sie zu konsumieren wünschen. Es ist sehr leicht zu begreifen, warum bei einer ungewöhnlichen Vermehrung des Kapitals die Löhne steigen, während der Getreidepreis entweder unverändert bleibt oder in geringerem Ausmaß steigt und ebenso, warum bei einer Abnahme des Kapitals eines Landes die Löhne sinken, während Getreide unverändert bleibt oder in geringerem Ausmaß sinkt, und das auch noch für eine geraume Zeit. Der Grund besteht darin, daß die Arbeit eine Ware ist, die nicht beliebig vermehrt oder verringert werden kann. Wenn auf dem Markte der Nachfrage zu wenig Hüte gegenüberstehen, wird deren Preis steigen, jedoch nur für kurze Zeit. Denn im Laufe eines Jahres kann durch einen größeren Aufwand von Kapital in diesem Zweige jede vorstellbare Erhöhung der Zahl der Hüte erreicht werden, und ihr Marktpreis kann daher nicht lange ihren natürlichen Preis wesentlich übersteigen. Mit den Menschen liegen die Dinge nicht so. Man kann ihre Zahl nicht in ein oder zwei Jahre erhöhen, sobald eine Vermehrung des Kapitals eingetreten ist, noch kann man ihre Zahl rasch verringern, wenn das Kapital sich in einem Stadium des Rückgangs befindet. Deswegen muß bei langsam vor sich gehender Erhöhung oder Abnahme der Zahl der Arbeiter, während die für den Unterhalt der Arbeit bestimmten Fonds rasch steigen oder fallen, ein erheblicher Zeitraum verstreichen, ehe der Preis der Arbeit genau durch den Preis des Getreides und der lebenswichtigen Güter bestimmt wird. Bei einem Sinken des Geldwertes oder bei einer Getreidesteuer ergibt sich aber nicht mit Notwendigkeit ein Überangebot von Arbeit oder ein

Rückgang der Nachfrage, und deshalb gibt es keinen Grund für eine tatsächliche Kürzung des Arbeitslohnes.

Eine Getreidesteuer vermindert nicht notwendigerweise die Menge des Getreides, sie erhöht lediglich dessen Geldpreis; sie verringert nicht unbedingt die Nachfrage nach Arbeit im Vergleich mit dem Angebot. Warum sollte sie also den an den Arbeiter gezahlten Teil verkleinern? Angenommen, es stimmt, daß sie die dem Arbeiter ausgehändigte Quantität verringert, anders ausgedrückt, daß sie seinen Geldlohn nicht in dem gleichen Maße erhöht, wie die Steuer den Preis des von ihm konsumierten Getreides steigert, wird das Angebot an Getreide nicht die Nachfrage übersteigen? Wird es nicht im Preise sinken, und wird der Arbeiter nicht auf diese Weise seinen normalen Anteil erhalten? Falls der Preis nicht um den gesamten Steuerbetrag steigt, wird in einem solchen Fall allerdings Kapital aus der Landwirtschaft abgezogen werden, denn der Profit aus der Landwirtschaft liegt dann unter dem allgemeinen Niveau des Profits, und das Kapital wird eine günstigere Anlage suchen. Bezüglich des zu erörternden Problems einer Steuer auf Rohprodukte scheint es mir, daß zwischen der Preiserhöhung der Rohprodukte und dem Steigen des Lohnes des Arbeiters kein den Arbeiter drückend belastender Zeitraum verstreichen wird und daß diese Klasse daher kein anderes Ungemach erleiden wird als das, welches sie auch von jeder anderen Art der Besteuerung erdulden würde, die Gefahr nämlich, daß die Steuer die für den Unterhalt der Arbeiter dienenden Fonds schmälert und somit die Nachfrage nach Arbeit hemmt oder zurückgehen läßt.

Bezüglich des dritten Einwandes gegen Steuern auf Rohprodukte, nämlich, daß der steigende Lohn und der sinkende Profit eine Abschreckung für die Akkumulation bildet und in der gleichen Weise wie die natürliche Unfruchtbarkeit des Bodens wirkt, habe ich mich in einem anderen Teil dieses Werkes zu zeigen bemüht, daß Ersparnisse ebenso wirkungsvoll bei den Ausgaben wie bei der Produktion gemacht werden können — ebenso wie durch einen Rückgang des Wertes der Waren, auch durch eine Erhöhung der Profitrate. Durch eine Vermehrung meines Profits von 1000 £ auf 1200 £, während die Preise unverändert bleiben, ist meine Fähigkeit gewachsen, mein Kapital durch Ersparnisse zu vermehren, sie ist jedoch nicht in dem Maße gewachsen, als sie es getan hätte, wenn mein Profit unverändert geblieben wäre, aber die Waren im Preise so gesunken wären, daß ich mir mit 800 £ ebensoviel hätte kaufen können wie vorher mit 1000 £.

Nun muß aber die durch die Steuer aufzubringende Summe erhoben werden, und die Frage ist einfach, ob der gleiche Betrag einzelnen Personen abgenommen werden soll, indem man ihre Profite verringert oder indem man die Preise der Waren erhöht, für die ihre Profite ausgegeben werden.

Besteuerung jeder Art ist nichts anderes als eine Wahl zwischen mehreren Übeln. Trifft sie nicht den Profit oder andere Einkommensquellen, so muß sie die Ausgaben treffen. Vorausgesetzt, daß die Last gleichmäßig getragen werden muß und die Reproduktion nicht einschränkt, ist es gleichgültig, worauf sie gelegt wird. Auf die Produktion oder den Kapitalprofit gelegte Steuern haben — ob sie nun die Profite unmittelbar treffen oder mittelbar durch Besteuerung des Bodens oder dessen Produkts — anderen Steuern gegenüber den Vorteil, daß ihnen keine Klasse der Gesellschaft entgehen kann und jede ihren Mitteln entsprechend beitragen muß, vorausgesetzt, daß alles sonstige Einkommen besteuert wird.

Ein Geizhals kann Aufwandsteuern entgehen. Er hat vielleicht ein Jahreseinkommen von 10000 £, von dem er nur 300 £ ausgibt. Er kann jedoch den Steuern auf den Profit nicht entgehen, seien sie direkte oder indirekte. Er wird zu ihnen entweder beisteuern, indem er einen Teil seines Produktes oder dessen Wert abführt oder indem er sich wegen der hohen Preise der zur Produktion notwendigen Waren außerstande sieht, die Akkumulation mit gleicher Rate fortzusetzen. Er kann allerdings ein Einkommen von gleichem Wert beziehen, aber er wird nicht dieselben Möglichkeiten haben, über Arbeit oder über die gleiche Menge Material zu verfügen, zu dessen Bearbeitung diese Arbeit verwendet werden kann.

Wenn ein Land von allen anderen abgeschlossen ist und mit keinem seiner Nachbarn Handel treibt, kann es in keiner Weise irgendeinen Teil seiner Steuer von sich abwälzen. Ein Teil des Produktes seines Bodens und seiner Arbeit wird für den Dienst des Staates verwendet. Ich kann jedoch nicht umhin anzunehmen, daß es von unwesentlicher Bedeutung ist, ob die Steuern auf den Profit oder auf landwirtschaftliche oder industrielle Waren gelegt werden, solange sie nicht ungleich schwerer die Klasse belasten, die akkumuliert und spart. Wenn sich meine Revenue auf 1000 £ jährlich beläuft und ich Steuern in Höhe von 100 £ zu entrichten habe, so ist es von geringer Bedeutung, ob ich sie aus meiner Revenue bezahle, so daß mir nur 900 £ bleiben, oder ob ich 100 £ mehr für meine landwirtschaftlichen oder Industriewaren ausgebe. Wenn 100 £ meinen angemessenen Anteil an den Ausgaben des Landes darstellen, so besteht der Vorzug einer Besteuerungsart darin, daß ich mit Sicherheit diese 100 £, jedoch nicht mehr und nicht weniger, bezahle. Das kann auf keine andere Weise so sicher erreicht werden wie durch Steuern auf Löhne, Profite oder Rohprodukte.

Der vierte und letzte Einwand, dem man noch Aufmerksamkeit schenken muß, besagt, daß durch die Erhöhung des Preises der Rohprodukte die Preise aller Waren, in welche Rohprodukte eingehen, erhöht werden und daß wir daher dem ausländischen Fabrikanten nicht unter gleichen Bedingungen auf dem allgemeinen Markt gegenübertreten.

Zunächst können Getreide und *alle* einheimischen Waren ohne einen Zustrom von Edelmetallen nicht wesentlich im Preis steigen, denn ein und dieselbe Geldmenge kann nicht zu hohen wie zu niedrigen Preisen die gleiche Warenmenge zirkulieren lassen, und die Edelmetalle können niemals mit teuren Waren eingekauft werden. Sobald mehr Gold erforderlich ist, muß man es sich im Austausch durch die Hingabe von mehr, nicht aber von weniger Waren verschaffen. Auch kann der Geldmangel nicht durch Papier behoben werden, denn nicht das Papier bestimmt den Wert des Goldes als Ware, sondern Gold bestimmt den Wert des Papiers. Falls also der Wert des Goldes nicht gesenkt werden kann, kann auch kein Papier der Zirkulation zugesetzt werden, ohne entwertet zu werden. Und es scheint klar, daß der Goldwert nicht gesenkt werden kann, wenn wir uns überlegen, daß der Wert des Goldes als Ware durch die Quantität Waren bestimmt wird, die Ausländern im Austausch dafür gegeben werden muß. Wenn Gold billig ist, sind die Waren teuer, und wenn Gold teuer ist, sind die Waren billig und sinken im Preise. Da nun keine Ursache ersichtlich ist, warum Ausländer ihr Gold wohlfeiler als üblich abgeben sollten, scheint es nicht wahrscheinlich zu sein, daß sich ein Zustrom von Gold einstellt. Ohne einen solchen Zustrom aber gibt es keine Vermehrung der Menge, kein Sinken seines Wertes, keine allgemeine Erhöhung der Warenpreise.[1]

Die wahrscheinliche Wirkung einer Steuer auf Rohprodukte besteht in einer Erhöhung des Preises der Rohprodukte und derjenigen Waren, die Rohprodukte enthalten, jedoch keineswegs entsprechend der Höhe

[1] Man mag bezweifeln, ob Waren, deren Preis sich lediglich durch Besteuerung erhöht hat, irgendeine Zusatzmenge an Geld zu ihrer Zirkulation brauchen. Ich glaube nicht, daß das der Fall ist.

der Steuer; hingegen werden andere, keine Rohprodukte enthaltende Waren, wie aus Metall oder Ton verfertigte Artikel, im Preise sinken, so daß die gleiche Geldmenge wie früher für die gesamte Zirkulation genügt.

Eine Steuer, die eine Preiserhöhung aller einheimischen Produkte hervorruft, wird den Export höchstens für sehr begrenzte Zeit verringern. Wenn ihr Preis im Inland gestiegen ist, so können sie tatsächlich nicht unmittelbar und mit Profit ausgeführt werden, da sie bei uns einer Belastung ausgesetzt werden, von der sie im Ausland frei sind. Die Steuer ruft dieselbe Wirkung hervor wie eine Änderung des Geldwertes, die nicht allgemein und allen Ländern gemeinsam ist, sondern sich auf ein einziges Land beschränkt. Falls England dieses Land ist, so wäre es nicht imstande zu verkaufen, aber es könnte vielleicht kaufen, da Importwaren nicht im Preis gestiegen zu sein brauchen. In dieser Situation könnte es als Gegenleistung für ausländische Waren einzig und allein Geld ausführen, aber einen solchen Handel kann man nicht lange fortsetzen. Eine Nation kann nicht von allem Geld entblößt werden, denn nach dem Abfluß einer gewissen Menge wird der Wert des zurückbleibenden steigen, und die Folge ist ein solcher Preis der Waren, daß sie wiederum mit Profit ausgeführt werden können. Sobald das Geld gestiegen ist, werden wir es daher nicht mehr gegen Waren ausführen, sondern wir werden jene Waren exportieren, die durch die Preiserhöhung der Rohprodukte, aus denen sie hergestellt wurden, zuerst im Preise gestiegen und dann infolge der Geldausfuhr wieder gesunken sind.

Es mag jedoch eingewendet werden, daß der Geldwert bei einer derartigen Erhöhung sowohl gegenüber ausländischen als auch einheimischen Waren steigt und daß daher jeder Anreiz zur Einfuhr ausländischer Waren aufhört. Angenommen also, wir importieren Waren, die im Ausland 100 £ kosten und die bei uns für 120 £ verkauft werden können, so würden wir mit ihrer Einfuhr aufhören, sobald der Geldwert in England so gestiegen ist, daß man sie bei uns nur für 100 £ verkaufen kann. Das kann jedoch niemals eintreten. Der Grund, der uns zum Import einer Ware veranlaßt, ist die Entdeckung ihrer relativen Billigkeit im Ausland: es ist der Vergleich ihres Preises im Ausland mit ihrem Preise im Inland. Wenn ein Land Hüte exportiert und Tuch importiert, so deswegen, weil es durch die Erzeugung von Hüten und deren Austausch gegen Tuch mehr Tuch erhält, als wenn es das Tuch selbst erzeugt. Wenn das Steigen der Rohprodukte ein Steigen der Produktionskosten für Hüte verursacht, so verursacht es auch erhöhte Kosten bei der Tucherzeugung. Wenn daher beide Waren im Inlande hergestellt werden, so steigen beide. Da jedoch die eine Ware von uns importiert wird, wird sie mit der Erhöhung des Geldwertes weder steigen noch sinken; denn indem sie nicht fällt, erlangt sie ihr natürliches Verhältnis gegenüber der exportierten Ware zurück. Die Erhöhung der Rohprodukte läßt einen Hut von 30 auf 33 Schilling, um 10 Prozent steigen. Würden wir Tuch herstellen, so ließe es die gleiche Ursache von 20 sh auf 22 sh pro Yard steigen. Diese Erhöhung stört das Verhältnis zwischen Tuch und Hüten nicht; ein Hut war und ist auch weiterhin ein und ein halbes Yard Tuch wert. Wenn wir aber Tuch einführen, so wird sein Preis unverändert weiterhin auf 20 sh pro Yard verharren und zunächst unberührt vom Sinken und dann vom Steigen des Geldwertes bleiben, während die Hüte, die von 30 sh auf 33 sh gestiegen waren, wiederum von 33 sh auf 30 sh sinken werden, wonach das Verhältnis zwischen Tuch und Hüten wieder hergestellt sein wird.

Um die Erörterung dieses Themas zu vereinfachen, habe ich unterstellt, daß ein Steigen des Wertes von Rohmaterial alle einheimischen Waren in gleichem Maße trifft, daß bei einer so verursachten Erhöhung einer Ware um 10 Prozent auch alle anderen um 10 Prozent steigen. Da jedoch der Wert der Waren sich in sehr unterschiedlicher Weise aus Rohmaterial und Arbeit zusammensetzt, und da einige Waren, z. B. alle aus Metall produzierten, von einer Erhöhung der von der Erdoberfläche gewonnenen Rohprodukte unberührt bleiben, ist es offensichtlich, daß die durch eine Rohproduktensteuer auf den Wert der Waren ausgelösten Wirkungen äußerst vielfältig sind. Sofern diese Wirkung eintritt, wirkt sie auf den Export bestimmter Waren entweder fördernd oder hemmend und wird zweifellos von der gleichen unangenehmen Erscheinung wie bei einer Besteuerung von Waren begleitet sein, sie wird nämlich das natürliche Wertverhältnis zwischen den einzelnen Waren zerstören. Auf solche Weise kann der natürliche Preis eines Hutes, anstatt gleich einem und einem halben Yard Tuch zu sein, nur dem Wert von einem und einviertel Yard oder von einem und dreiviertel Yard entsprechen, und damit kann dem Außenhandel eine andere Richtung gegeben werden. Alle diese unangenehmen Erscheinungen werden wahrscheinlich den Wert der Ein- und Ausfuhren nicht berühren; sie werden nur die bestmögliche Verteilung des in der ganzen Welt vorhandenen Kapitals verhindern, die niemals so gut geregelt ist, als wenn jede Ware frei auf ihrem natürlichen Preis steht, unbeeinflußt durch künstliche Maßnahmen.

Obwohl also die Preiserhöhung der Mehrzahl unserer eigenen Waren zeitweilig den Export allgemein behindern und die Ausfuhr einiger weniger Waren dauernd verhindern mag, so kann sie doch den auswärtigen Handel nicht wesentlich stören und uns, was die Konkurrenz auf ausländischen Märkten anbetrifft, keinem komparativen Nachteil aussetzen.

KAPITEL X

STEUERN AUF DIE RENTE

Eine auf die Rente gelegte Steuer trifft allein die Rente; sie belastet voll und ganz die Grundeigentümer und kann auf keine Klasse von Konsumenten überwälzt werden. Der Grundeigentümer ist nicht imstande, seine Rente zu erhöhen, da die Differenz zwischen dem vom unproduktivsten bebauten Boden gewonnenen Produkt und dem vom Boden jeder anderen Qualität unverändert bleibt. Drei Bodenarten, Nr. 1, 2 und 3, werden bebaut und ergeben jeweils mit gleicher Arbeit 180, 170 und 160 Quarter Weizen; aber Nr. 3 wirft keine Rente ab und wird daher nicht besteuert. Die Rente von Nr. 2 läßt sich also nicht über den Wert von 10 Quarter, noch die von Nr. 1 über den Wert von 20 Quarter hinaus steigern. Eine solche Steuer kann den Preis der Rohprodukte nicht erhöhen, weil der Farmer von Nr. 3 weder Rente noch Steuer abführt und daher auf keine Weise imstande ist, den Preis der produzierten Ware heraufzusetzen. Eine Rentensteuer schreckt niemand von der Kultivierung neuen Bodens ab, denn dieser Boden bringt keine Rente und bleibt unbesteuert. Wird Nr. 4 bebaut und liefert 150 Quarter, so wird für diesen Boden keine Steuer entrichtet; das läßt jedoch eine Rente von zehn Quarter auf Nr. 3 entstehen, der dann mit der Zahlung der Steuer beginnen würde.

Eine Rentensteuer wird, so wie die Rente beschaffen ist, von der Kultivierung abhalten, da sie eine Steuer auf den Profit des Grundeigentümers darstellt. Die Bezeichnung Grundrente, wie ich an anderer Stelle bemerkte, wird auf die gesamte Summe des Wertes angewendet, den der Farmer dem Grundeigentümer zahlt, von der, streng genommen, nur ein Teil Rente darstellt. Die Gebäude, immobile Einrichtung und die anderen vom Grundeigentümer bezahlten Auslagen, bilden, genau genommen, einen Teil des Kapitals der Farm und müssen, falls sie nicht vom Grundeigentümer zur Verfügung gestellt worden sind, vom Pächter beigestellt werden. Rente ist der Betrag, der dem Grundeigentümer für den Gebrauch des Bodens — und nur dafür — bezahlt wird. Der überschießende Betrag, den er unter der Bezeichung Rente erhält, wird für die Benutzung der Gebäude usw. bezahlt und ist in Wirklichkeit Profit auf das Kapital des Grundeigentümers. Wenn bei der Besteuerung der Rente kein Unterschied gemacht wird zwischen dem für den Gebrauch des Bodens gezahlten Teil und dem Teil, der für die Benutzung des Kapitals des Grundeigentümers bezahlt wird, so wird ein Teil der Steuer den Profit des Grundeigentümers treffen und damit von einer weiteren Kultivierung abschrecken, es sei denn, der Preis der Rohprodukte steigt. Bei jenem Boden, für dessen Gebrauch keine Rente gezahlt wird, kann jedoch unter dieser Bezeichung dem Grundeigentümer eine Entschädigung für die Benutzung seiner Gebäude bezahlt werden. Diese Gebäude wären weder errichtet worden, noch würden auf solchem Boden Rohprodukte gezogen worden sein, solange ihr Verkaufspreis nicht nur alle normalen Ausgaben, sondern auch die zusätzliche der Steuer ersetzt. Dieser Teil der Steuer trifft weder den Grundeigentümer noch den Farmer, sondern den Konsumenten der Rohprodukte.

Es kann kaum bezweifelt werden, daß die Grundeigentümer im Falle einer Besteuerung der Rente sehr bald einen Weg finden werden, um zwischen dem, was ihnen für den Gebrauch des Bodens und dem, was ihnen für die Benutzung der Gebäude und für die durch das Kapital des Grundeigentümers hervorgerufenen Verbesserungen bezahlt wird, zu unterscheiden. Das letztere wird man entweder Haus- und Gebäudemiete [rent of house and buildings] nennen, oder es werden auf allem neu bebauten Land derartige Baulichkeiten und Verbesserungen vom Pächter und nicht vom

Grundeigentümer durchgeführt. Allerdings kann durchaus des Grundeigentümers Kapital für diesen Zweck verwendet werden. Dem Namen nach kann es vom Pächter ausgegeben werden, und der Grundeigentümer liefert ihm die Mittel dazu entweder in Form eines Darlehens oder des Kaufes einer jährlichen Rentenzahlung für die Dauer der Pacht. Ob sie nun unterschieden werden oder nicht, so ist ein tatsächlicher Unterschied in der Natur der Entschädigungen vorhanden, die der Grundbesitzer für diese unterschiedlichen Dinge erhält, und es steht absolut fest, daß eine Steuer auf die wirkliche Grundrente voll und ganz den Grundeigentümer trifft, daß aber eine Steuer auf die Entschädigung, die der Grundeigentümer für die Benutzung seines für die Farm verauslagten Kapitals erhält, in einem sich entwickelnden Lande den Konsumenten von Rohprodukten belastet. Wenn man die Rente besteuert und keine Mittel zur Aussonderung der vom Pächter dem Grundeigentümer unter der Bezeichnung Rente derzeit gezahlten Entschädigung anwendet, wird die Steuer, soweit sie die Miete für Gebäude und andere immobile Einrichtungen betrifft, niemals für längere Zeit den Grundeigentümer, sondern den Konsumenten belasten. Das für diese Gebäude usw. aufgewendete Kapital muß den üblichen Kapitalprofit abwerfen. Es wird jedoch aufhören, diesen Profit auf dem zuletzt in Bebauung genommenen Boden abzuwerfen, wenn die Ausgaben für jene Baulichkeiten usw. nicht den Pächter belasten; wenn sie ihn aber belasten, wird der Pächter nicht mehr seinen üblichen Profit erzielen, es sei denn, er kann sie dem Konsumenten aufbürden.

KAPITEL XI

ZEHENTE

Zehente sind Steuern vom Bruttoprodukt des Bodens und treffen wie die Steuern auf Rohprodukte voll und ganz den Konsumenten. Sie unterscheiden sich von einer Rentensteuer insofern, als sie Boden erfassen, den eine solche Steuer unberührt läßt, und als sie die Preise der Rohprodukte heraufsetzen, die diese Steuer nicht verändert. Boden von schlechtester Qualität zahlt ebenso wie der von bester Qualität den Zehent, und zwar genau im Verhältnis zu der auf ihnen erzielten Produktenmenge; Zehente sind daher eine gleiche Steuer.

Wenn Boden schlechtester Qualität oder jener, der keine Rente abwirft und den Getreidepreis bestimmt, eine genügende Menge hergibt, um dem Farmer den üblichen Kapitalprofit bei einem Weizenpreis von 4 £ pro Quarter zu verschaffen, so muß der Preis auf 4 £ 8 sh steigen, damit der gleiche Profit nach Erhebung des Zehenten gemacht werden kann. Denn für jeden Quarter Weizen hat der Farmer acht Schillinge an die Kirche zu zahlen, und wenn er nicht denselben Profit erzielt, liegt kein Grund vor, warum er diese Tätigkeit nicht aufgeben sollte, sofern er ihn in anderen Zweigen erzielen kann.

Der einzige Unterschied zwischen Zehenten und Steuern auf Rohprodukte besteht darin, daß die einen veränderliche Geldsteuern, die anderen feste Geldsteuern sind. In einem stagnierenden Gesellschaftszustand, wo es weder vermehrte noch verringerte Produktionserleichterungen für Getreide gibt, werden sie in ihren Wirkungen genau gleich sein, denn bei einem solchen Zustande wird Getreide einen unveränderlichen Preis haben, und die Steuer wird daher auch unveränderlich sein. Bei einer rückläufigen Bewegung oder in einer Situation, in der bedeutende Verbesserungen in der Landwirtschaft eingeführt werden, und in der folglich die Rohprodukte im Verhältnis zu anderen Dingen an Wert verlieren, werden Zehente eine leichtere Steuer als eine feste Geldsteuer sein; denn wenn der Getreidepreis von 4 auf 3 £ zurückgeht, sinkt die Steuer von acht auf sechs Schilling. In einem sich entwickelnden Zustand der Gesellschaft, der jedoch keine bemerkenswerten Verbesserungen der Landwirtschaft aufweist, steigt der Getreidepreis, und Zehente sind eine drückendere Last als eine feste Geldsteuer. Wenn Getreide von 4 auf 5 £ steigt, steigt der Zehent vom selben Boden von acht auf zehn Schillinge.

Weder Zehente noch eine Geldsteuer berühren die Geldrente des Grundeigentümers, aber beide beeinflussen die Getreiderenten erheblich. Wir haben bereits die Einwirkung einer Geldsteuer auf die Getreiderenten erörtert, und es ist ebenso offensichtlich, daß eine ähnliche Wirkung durch Zehente hervorgerufen wird. Wenn der Boden Nr. 1, 2, 3 jeweils 180, 170 und 160 Quarter hervorbringt, so beträgt die Rente auf Nr. 1 zwanzig Quarter und auf Nr. 2 zehn Quarter. Aber dieses Verhältnis wird nach der Zahlung von Zehenten nicht länger beibehalten, denn falls von jedem ein Zehntel abgeführt wird, beträgt das verbleibende Produkt 162, 153, 144, und die Getreiderente von Nr. 1 geht auf achtzehn und von Nr. 2 auf neun Quarter zurück. Der Getreidepreis aber steigt von 4 £ auf 4 £ 8 sh $10^2/_3$ d, denn 144 Quarter verhalten sich zu 4 £ wie 160 Quarter zu 4 £ 8 sh $10^2/_3$ d, und daher bleibt die Geldrente weiterhin unverändert, denn sie beträgt von Nr. 1 80 £[1] und von Nr. 2 40 £.[2]

Der Haupteinwand gegen Zehente besteht darin, daß sie keine ständige und feste Steuer sind, sondern im Werte steigen, entsprechend der erhöhten Schwierigkeit der Getreideproduktion. Falls diese Schwierigkeiten einen Getreidepreis von 4 £ verursachen, ist die Steuer 8 sh, falls sie ihn auf 5 £ steigen lassen, beläuft sich die Steuer auf 10 sh, und bei 6 £ beträgt sie 12 sh. Zehente gewinnen nicht nur an Wert, sondern steigen auch im Gesamtbetrag. Als nämlich Nr. 1 bebaut wurde, wurde die Steuer nur von 180 Quarter erhoben; als Nr. 2

[1] 18 Quarter zu 4 £ 8 sh $10^2/_3$ d.
[2] 9 Quarter zu 4 £ 8 sh $10^2/_3$ d.

bebaut wurde, wurde sie auf 180 + 170 Quarter, zusammen 350 Quarter, gelegt, und sobald Nr. 3 in Anbau genommen wurde, auf 180 + 170 + 160 = 510 Quarter. Die Summe der Steuer wächst nicht nur von 100000 auf 200000 Quarter, sobald sich das Produkt von einer auf zwei Millionen Quarter erhöht, sondern der relative Wert der Rohprodukte wächst infolge der zur Produktion der zweiten Million erforderlichen erhöhten Menge Arbeit derart, daß die 200000 Quarter zwar nur die doppelte Menge, an Wert aber das Dreifache der früher bezahlten 100000 Quarter darstellen können.

Wenn auf irgendeine andere Weise für die Kirche ein gleich großer Wert erhoben wird, der ebenso wie Zehente proportional mit der Schwierigkeit des Anbaus wächst, so ist die Wirkung die gleiche, und deshalb ist es ein Irrtum anzunehmen, daß sie den Anbau mehr entmutigen, weil sie vom Boden erhoben werden, als ein Betrag in gleicher Höhe, der auf andere Weise eingezogen wird. Die Kirche wird in beiden Fällen immerwährend einen sich erhöhenden Anteil des Nettoproduktes vom Boden und von der Arbeit des Landes erhalten. Mit fortschreitender Entwicklung der Gesellschaft geht das Nettoprodukt des Bodens im Verhältnis zu seinem Bruttoprodukt immer zurück. Alle Steuern werden aber letzten Endes aus dem Nettoeinkommen eines Landes bezahlt, gleichgültig, ob es sich um ein aufstrebendes oder stagnierendes Land handelt. Eine mit dem Bruttoeinkommen steigende und das Nettoeinkommen belastende Steuer muß notwendigerweise sehr drückend und unerträglich sein. Zehente sind ein Zehntel des Brutto- und nicht des Nettoprodukts vom Boden, und sie müssen deshalb mit fortschreitendem Wohlstand der Gesellschaft einen relativ immer größer werdenden Teil des Nettoproduktes bilden, obwohl sie stets der gleiche Teil des Bruttoproduktes sind.

Jedoch können Zehente als nachteilig für die Grundeigentümer erachtet werden, insoweit sie nämlich als

Einfuhrprämie wirken, da sie das heimische Getreide besteuern, wohingegen die Einfuhr ausländischen Getreides unbehindert bleibt. Und wenn eingeführtes Getreide in gleichem Maße wie inländisches Getreide besteuert wird und die Einkünfte dem Staat zufließen, um die Grundeigentümer von den Auswirkungen einer schwächer gewordenen Nachfrage nach Boden zu bewahren, die eine solche Prämie zur Folge haben muß, so gibt es keine gerechtere und billigere Maßnahme. Denn alles was dem Staate durch diese Steuer zugeführt wird, dient zur Verringerung der anderen Steuern, die wegen der Ausgaben der Regierung notwendig sind. Wenn aber eine solche Steuer lediglich der Erhöhung der Mittel der Kirche dient, so kann sie allerdings insgesamt die allgemeine Produktenmasse vermehren, sie verkleinert jedoch jenen Teil dieser Masse, der den produktiven Klassen zufällt.

Wenn man den Tuchhandel unbehelligt läßt, so sind unsere Fabrikanten möglicherweise imstande, Tuch wohlfeiler zu verkaufen, als wir es importieren können. Wenn der inländische Fabrikant, nicht aber der Tuchimporteur besteuert wird, so kann Kapital mit Schaden von der Tucherzeugung zur Fabrikation einer anderen Ware getrieben werden, da ja Tuch dann wohlfeiler importiert wird, als es im Inland erzeugt werden kann. Falls man eingeführtes Tuch auch besteuert, wird man Tuch wieder im Inland erzeugen. Der Konsument kauft zunächst heimisches Tuch, weil es billiger als ausländisches ist; dann kauft er ausländisches Tuch, weil es unversteuert billiger ist als das versteuerte inländische; und zuletzt kauft er wiederum heimisches, weil es billiger ist, sobald beide, ausländisches als auch inländisches Tuch, besteuert werden. Den höchsten Preis für sein Tuch bezahlt er im letzteren Fall; aber den gesamten von ihm zusätzlich aufgebrachten Betrag streicht der Staat ein. Im zweiten Falle zahlt er mehr als im ersten, aber nicht alles, was er mehr zahlt, erhält der

Staat. Es handelt sich um einen erhöhten Preis, der durch die Schwierigkeiten der Produktion verursacht wird, die eingetreten sind, weil uns die leichteste Art der Produktion durch die Belastung mit einer Steuer genommen wurde.

KAPITEL XII

GRUNDSTEUER

Eine Grundsteuer, die proportional zur Grundrente erhoben wird und mit jeder Veränderung der Grundrente variiert, ist im Ergebnis eine Steuer auf die Rente. Da eine solche Steuer sich weder auf jenen Boden, der keine Rente abwirft, noch auf das Produkt jenes Kapitals bezieht, das lediglich mit der Erwartung auf Profit auf dem Boden angelegt wurde und niemals Rente abwirft, wird sie in keiner Weise den Preis der Rohprodukte beeinflussen, sondern in ihrem gesamten Umfang die Grundeigentümer treffen. Eine solche Steuer wird sich in keiner Beziehung von einer Steuer auf die Rente unterscheiden. Aber wenn eine Grundsteuer auf allen bebauten Boden gelegt wird, wie mäßig sie auch sein mag, so ist dies eine Besteuerung der Produkte und wird daher deren Preis erhöhen. Wenn Nr. 3 der zuletzt kultivierte Boden ist, so kann er nicht, obwohl er keine Rente abwirft, nach Einführung der Steuer bebaut werden und die allgemeine Profitrate abwerfen, sofern nicht der Preis des Produktes so hoch steigt, daß die Steuer aufgewogen wird. Entweder wird Kapital von einer solchen Anlage ferngehalten, bis der Preis infolge der Nachfrage genügend gestiegen ist, um den üblichen Profit abzuwerfen, oder, falls Kapital auf solchen Boden bereits angelegt ist, wird es abwandern, um eine günstigere Anlage zu suchen. Die Steuer kann nicht auf den Grundeigentümer überwälzt werden, denn entsprechend unserer Voraussetzung erhält er keine Rente. Eine solche Steuer kann im Verhältnis zur Qualität des Bodens und zur Größe des Produktes stehen, und sie unterscheidet sich dann in keiner Weise von den Zehenten, oder es kann eine feste Steuer pro Morgen [acre] des gesamten bebauten Bodens sein, unabhängig von dessen Qualität.

Eine Grundsteuer letzterer Art ist eine sehr ungleiche Steuer und steht im Widerspruch zu einer der vier für Steuern im allgemeinen gültigen Grundregeln, denen nach Adam Smith alle Steuern entsprechen sollen. Die vier Grundsätze lauten folgendermaßen:

1. „Die Untertanen jedes Staates sollen zur Unterstützung der Regierung so genau wie möglich im Verhältnis zu ihren individuellen Möglichkeiten beisteuern."
2. „Die Steuer, zu deren Zahlung jeder Einzelne verpflichtet ist, soll feststehen und nicht willkürlich sein."
3. „Jede Steuer soll in dem Zeitpunkt und auf eine solche Art erhoben werden, daß die Entrichtung dem Steuerzahler höchstwahrscheinlich am besten paßt."
4. „Jede Steuer soll so eingerichtet sein, daß sie aus den Taschen der Leute so wenig wie möglich über das hinaus, was sie dem öffentlichen Haushalt des Staates einbringt, entnimmt oder von ihnen fernhält."

Eine einheitliche Grundsteuer, die wahllos und ohne Beachtung der Qualitätsunterschiede auf alle bebauten Böden gelegt wird, läßt den Preis des Getreides entsprechend der von dem Farmer mit Boden schlechtester Qualität bezahlten Steuer steigen. Boden verschiedener Qualität wird bei Verwendung gleichen Kapitals sehr verschiedene Mengen Rohprodukte liefern. Wenn man einen Boden, der mit einem bestimmten Kapital tausend Quarter Getreide liefert, mit einer Steuer von 100 £ belegt, so wird Getreide um 2 sh pro Quarter steigen, damit der Farmer für die Steuer entschädigt wird. Mit dem gleichen Kapital kann man aber vielleicht auf Boden besserer Qualität 2000 Quarter ernten, was bei einer Preiserhöhung von 2 sh 200 £ ausmachen würde. Aber die beide Böden gleichmäßig belastende Steuer wird sowohl für den besseren als auch den schlechteren 100 £ betragen, und der Getreidekonsument wird daher nicht nur besteuert, um für die Bedürfnisse des Staates aufzukommen, sondern auch, um dem Farmer mit besserem Boden während der Dauer seiner Pacht 100 £ jährlich zu geben und um danach die Rente des Grundeigentümers in Höhe dieses Betrages zu vermehren. Eine derartige Steuer widerspricht also der vierten Grundregel Adam Smith', sie wird aus den Taschen der Leute mehr entnehmen und von ihnen fernhalten als sie der Staatskasse einbringt. Die Taille im vorrevolutionären Frankreich war eine solche Steuer. Nur jener Boden wurde besteuert, der sich in nichtadeligem Besitz befand. Der Preis der Rohprodukte erhöhte sich der Steuer entsprechend, und diejenigen, deren Boden unbesteuert blieb, hatten durch die Erhöhung ihrer Rente einen Vorteil. Steuern auf Rohprodukte sind ebenso wie Zehente diesem Einwand nicht ausgesetzt. Sie lassen zwar den Preis der Rohprodukte steigen, nehmen aber von jeder Bodenqualität einen Beitrag, der sich nach dem tatsächlichen Produkt richtet und nicht nach dem Produkt des am wenigsten produktiven Bodens.

Aus seiner eigentümlichen Auffassung über die Rente, bei der er nicht beachtet hat, daß in jedem Land viel Kapital auf Boden angelegt ist, für den keine Rente entrichtet wird, schlußfolgert Adam Smith, daß alle Grundsteuern, ob nun der Boden selbst in Form von Grundsteuer oder Zehenten oder das Produkt des Bodens damit belegt wird, oder ob sie dem Profit des Farmers entnommen werden, unabänderlich vom Grundeigentümer bezahlt werden, und daß er in allen Fällen der tatsächliche Steuerzahler ist, obwohl die Steuer im allgemeinen nominell vom Pächter bezahlt wird. „Steuern auf Bodenprodukte“, sagt er, „sind in Wirklichkeit Steuern auf die Rente; und obwohl sie ursprünglich vom Farmer entrichtet werden mögen, bezahlt sie letzten Endes doch der Grundeigentümer. Sobald ein gewisser Teil der Produktion als Steuer abgeführt werden muß, errechnet der Farmer, so gut er kann, wie hoch der Wert dieses Teiles ein um das andere Jahr wahrscheinlich sein wird, und er macht einen entsprechenden Abzug von der Rente, die er dem Grundeigentümer zu bezahlen bereit ist. Es gibt keinen Farmer, der nicht vorher berechnet, wieviel der eine derartige Grundsteuer darstellende Kirchenzehent Jahr für Jahr wahrscheinlich beträgt.“ Es stimmt zweifellos, daß der Farmer bei der Übereinkunft mit seinem Grundeigentümer über die Rente für seine Farm seine wahrscheinlichen Ausgaben aller Art einkalkuliert. Wenn er für den der Kirche bezahlten Zehent oder für eine Steuer auf das Produkt des Bodens nicht durch die Erhöhung des relativen Wertes der Erzeugnisse seiner Farm entschädigt wird, so bemüht er sich natürlich, sie von der Rente abzuziehen. Aber genau das ist die strittige Frage: ob er sie schließlich von seiner Rente abzieht oder ob er durch einen höheren Preis seiner Produkte entschädigt wird. Ich kann nicht den geringsten Zweifel hegen, daß sich aus den bereits angeführten Gründen der Preis der Produkte erhöht und daß Adam Smith daher über diese wichtige Frage eine irrige Ansicht entwickelt hat.

Dr. Smith' Ansicht über diese Frage ist wahrscheinlich der Grund, warum er „den Zehent und jede andere derartige Grundsteuer als sehr ungleiche Steuern unter dem Schein vollkommener Gleichheit“ erklärt hat, „da ein bestimmter Teil des Produktes unter verschiedenartigen Umständen einen sehr unterschiedlichen Teil der Rente darstellt“. Ich habe zu zeigen versucht, daß solche Steuern nicht mit verschiedenem Gewicht auf den beiden verschiedenen Klassen der Farmer und Grundeigentümer lasten, da beide durch das Steigen der Rohprodukte entschädigt werden und zu der Steuer nur in dem Maße beitragen, wie sie Konsumenten von Rohprodukten sind. Insoweit allerdings die Löhne und durch sie die Profitrate in Mitleidenschaft gezogen werden, bilden die Grundeigentümer eine besonders verschonte Klasse, anstatt mit ihrem vollen Anteil zu einer solchen Steuer beizutragen. Aus dem Kapitalprofit stammt dieser Teil der Steuer, welcher jene Arbeiter trifft, die infolge der Unzulänglichkeit ihrer Mittel nicht in der Lage sind, Steuern zu bezahlen. Dieser Teil wird ausschließlich von denjenigen getragen, deren Einkommen aus der Anlage von Kapital stammt, und er berührt daher in keiner Weise die Grundeigentümer.

Man kann aus dieser Ansicht über Zehente und über die Steuern auf den Boden und seine Erzeugnisse nicht schlußfolgern, daß sie die Kultivierung des Bodens nicht beeinträchtigen. Alles, was den Tauschwert von allgemein benötigten Waren aller Art steigen läßt, tendiert dazu, sowohl Anbau als auch Produktion zu hemmen. Das ist jedoch ein von jeder Besteuerung untrennbares Übel und ist nicht auf die speziellen Steuern beschränkt, über die wir jetzt sprechen.

Das kann man tatsächlich als den unvermeidlichen Nachteil betrachten, der allen vom Staat eingenommenen und verausgabten Steuern anhaftet. Jede neue Steuer wird zu einer neuen Belastung der Produktion und erhöht den natürlichen Preis. Ein Teil der Arbeit des Landes, der früher dem Steuerzahler zur Verfügung stand, wird nun dem Staat zur Verfügung gestellt und kann daher nicht mehr produktiv verwendet werden. Dieser Teil kann so groß werden, daß kein ausreichender Überschuß verbleibt, um die Bemühungen derjenigen anzuspornen, die normalerweise das Kapital des Staates mit ihren Ersparnissen vermehren. Zum Glück ist bisher noch in keinem freien Lande die Besteuerung so weit getrieben worden, daß sie ständig Jahr für Jahr das Kapital verringert hätte. Ein solcher Stand der Besteuerung ließe sich nicht lange ertragen, oder falls er ertragen wird, verschlingt er ständig so viel vom Jahresprodukt des Landes, daß dadurch außerordentlich weit verbreitetes Elend, Hungersnot und Entvölkerung hervorgerufen werden.

„Eine Grundsteuer", sagt Adam Smith, „die gleich der Großbritanniens jedem Distrikt nach einem bestimmten unveränderlichen Schlüssel auferlegt wird, wird notwenigerweise mit Ablauf der Zeit ungleich, entsprechend den verschiedenen Stufen der Verbesserung oder Vernachlässigung bei der Kultivierung der einzelnen Landesteile, obwohl sie bei ihrer ersten Einführung von gleicher Wirkung gewesen sein mag. Die Veranlagung, nach der für die verschiedenen Grafschaften und Kirchspiele in England die Bemessung der Grundsteuer im vierten Regierungsjahre Williams und Marys vorgenommen wurde, war sogar bei der ursprünglichen Festlegung sehr ungleich.* Diese Steuer verstößt daher gegen die erste der von mir vorher erwähnten vier Grundregeln. Sie entspricht den übrigen drei vollkommen. Sie ist absolut feststehend. Sie ist für den Steuerzahler so bequem wie möglich, da der Zeitpunkt der Bezahlung der Steuer mit dem der Rente zusammenfällt. Obwohl der Grundeigentümer auf jeden Fall der tatsächliche Steuerzahler ist, wird die Steuer gewöhnlich vom Pächter vorgeschossen, dem sie der Grundeigentümer bei der Zahlung der Rente in Abzug bringen muß."

* Smith bezieht sich hier auf die 1692 eingeführte land-tax, die ursprünglich als eine allgemeine Vermögens- und Besoldungssteuer gedacht war und die 1689 abgeschaffte, unpopuläre Herdsteuer als hauptsächlichste Form der Besteuerung ablöste. Da in England zu dieser Zeit ein ausgebildetes Katasterwesen fehlte, das eine zuverlässige Berechnung der Bemessungsgrundlage ermöglicht hätte, war die Höhe der Steuer in den einzelnen Grafschaften und Kirchspielen sehr unterschiedlich.

Falls die Steuer vom Pächter nicht auf den Grundeigentümer, sondern den Konsumenten überwälzt wird, dann kann sie niemals ungleich werden, wenn sie es nicht von Anbeginn war; denn der Preis der Produkte hat sich sofort entsprechend der Steuer erhöht und wird sich später aus diesem Grunde nicht mehr ändern. Sie mag, wenn sie ungleich ist — was sie sein wird, wie ich zu zeigen versuchte —, gegen die vierte eben erwähnte Grundregel verstoßen, sie wird aber nicht zur ersten im Widerspruch stehen. Sie zieht vielleicht mehr aus den Taschen der Leute, als sie dem Staatshaushalt einbringt, sie wird aber nicht irgendeine bestimmte Klasse der Steuerzahler stärker belasten. Say scheint sich über Natur und Wirkung der englischen Grundsteuer geirrt zu haben, wenn er meint: ,,Viele Leute schreiben dieser unveränderlichen Bewertung die große Blüte der englischen Landwirtschaft zu. Daß sie dazu sehr viel beigetragen hat, darüber kann kein Zweifel bestehen. Was soll man jedoch zu einer Regierung sagen, die an die kleinen Handwerker folgende Worte richtet: ,Mit einem geringen Kapital betreibt ihr eine kleine Werkstatt und Euer unmittelbarer Steueranteil ist deshalb äußerst gering. Leiht und akkumuliert Kapital, dehnt Eure Betriebe aus, so daß sie Euch ungeheuere Profite einbringen. Dessen ungeachtet sollt Ihr niemals eine höhere Steuer zu entrichten haben. Außerdem, sobald Eure Nachfolger Eure Profite erben und sie weiter erhöht haben werden, sollen sie ihnen nicht höher als Euch angerechnet werden und Eure Nachfahren sollen keinen größeren Teil der öffentlichen Lasten zu tragen haben.'

Zweifellos wäre das ein gewaltiger Ansporn für Industrie und Handwerk. Ist es aber gerecht? Kann man ihre Entwicklung nicht um irgendeinen anderen Preis erreichen? Haben nicht Manufaktur und Handel in England selbst seit jener Zeit sogar noch größere Fortschritte gemacht, ohne so einseitig bevorzugt zu werden? Ein

Grundeigentümer steigert durch Fleiß, Sparsamkeit und Geschicklichkeit seine jährliche Revenue um 5000 Franken. Wenn der Staat ihm den fünften Teil seines Einkommenszuwachses abverlangt, werden dann nicht 4000 Franken des Zuwachses als Ansporn zukünftiger Bemühungen übrigbleiben?"

Say unterstellt, daß „ein Grundeigentümer durch seinen Fleiß, durch Sparsamkeit und Geschicklichkeit seine jährliche Revenue um 5000 Franken steigert". Ein Grundeigentümer hat aber keine Möglichkeit, seinen Fleiß, Sparsamkeit und Geschicklichkeit auf seinen Boden zu verwenden, solange er ihn nicht selbst bewirtschaftet. Dann aber führt er die Verbesserung in seiner Eigenschaft als Kapitalist und Farmer ein, nicht aber in seiner Eigenschaft als Grundeigentümer. Es ist nicht vorstellbar, wie er das Produkt seiner Farm durch eine *besondere* Geschicklichkeit seinerseits vermehren kann, ohne vorher das in ihr angelegte Kapital zu vergrößern. Wenn er das Kapital vergrößert, so wird seine höhere Revenue zu dem erhöhten Kapital wahrscheinlich im gleichen Verhältnis stehen, wie die Revenue aller anderen Farmer zu deren Kapital.

Wird Says Vorschlag befolgt, und der Staat fordert den fünften Teil des vergrößerten Einkommens des Farmers, so bedeutet das eine Sondersteuer für Farmer, die sich auf ihren Profit auswirkt und die Profite in anderen Zweigen nicht berührt. Die Steuer wird von allen Böden entrichtet, sowohl von jenen, die nur dürftig als auch von jenen, die reichlich tragen, und auf einigen Böden kann es dafür keine Entschädigung durch einen Abzug von der Rente geben, da keine Rente bezahlt wird. Eine Sondersteuer auf den Profit trifft niemals den damit belegten Zweig, denn entweder wird der Unternehmer diesen Zweig verlassen oder sich für die Steuer schadlos halten. Wer aber keine Rente zahlt, kann nur durch eine Preiserhöhung der Produkte entschädigt werden, und so trifft die von Say vorgeschlagene Steuer weder den Grundeigentümer noch den Farmer sondern den Konsumenten.

Erhöht man die vorgeschlagene Steuer proportional zur vermehrten Menge oder dem größeren Werte des vom Boden gewonnenen Bruttoprodukts, so unterscheidet sie sich durch nichts von den Zehenten und wird ebenso auf den Konsumenten überwälzt. Ob sie also vom Brutto- oder vom Nettoprodukt des Bodens erhoben wird, sie wird in beiden Fällen eine Konsumtionssteuer sein und den Grundeigentümer und den Farmer nur auf gleiche Weise wie andere Steuern auf Rohprodukte treffen.

Wäre der Boden mit keiner Steuer irgendwelcher Art belegt und der gleiche Betrag auf irgendeine andere Weise aufgebracht worden, so wäre die Landwirtschaft mindestens im selben Maße, wie es geschehen ist, gediehen; denn es ist ausgeschlossen, daß irgendeine Grundsteuer ein *Ansporn* für die Landwirtschaft sein kann. Eine mäßige Steuer mag und wird sie wahrscheinlich nicht hemmen, aber sie kann die Produktion nicht anregen. Die englische Regierung bediente sich keiner solchen Sprache, wie Say sie unterstellt. Sie versprach nicht, die landwirtschaftlichen Klassen und ihre Nachkommen von jeder zukünftigen Besteuerung zu befreien und den vom Staat vielleicht in Zukunft benötigten Bedarf von den anderen Klassen der Gesellschaft zu erheben; sie sagte lediglich: „Auf diese Weise werden wir den Boden nicht weiter belasten. Wir behalten uns jedoch vollkommenste Freiheit vor, Euch in irgendeiner anderen Form zur Zahlung Eures vollen Anteils an den zukünftigen Bedürfnissen des Staates heranzuziehen."

Dort, wo er von Naturalsteuern oder Steuern in Höhe eines bestimmten Teiles des Produktes spricht — was genau gleichbedeutend mit Zehenten ist — sagt Say: „Diese Art der Besteuerung scheint die gerechteste zu sein. Es gibt jedoch keine, die es weniger ist. Sie läßt die vom Produzenten geleisteten Vorschüsse völlig unberücksichtigt, und sie verhält sich proportional zur Bruttorevenue und nicht zur Nettorevenue. Zwei Landwirte bauen verschiedene Arten von Rohprodukten an: der eine baut Getreide auf Boden mittlerer Qualität und seine Ausgaben belaufen sich auf jährlich 8000 Franken im Durchschnitt; die Rohprodukte seines Bodens verkauft er für 12000 Franken, und er hat also eine Nettorevenue von 4000 Franken.

Sein Nachbar hat Weiden oder Wald, die ihm jedes Jahr dieselbe Summe von 12000 Franken einbringen, aber seine Ausgaben betragen nur 2000 Franken. Er hat daher eine durchschnittliche Nettorevenue von 100000 Franken.

Ein Gesetz ordnet nun an, daß ein Zwölftel der Ernte aller Früchte der Erde in natura abzuführen ist, gleichgültig, welcher Art sie sind. Gemäß diesem Gesetz wird dem ersten Getreide im Werte von 1000 Franken, dem zweiten Heu, Vieh oder Holz ebenso im Werte von 1000 Franken genommen. Was ist geschehen? Dem einen hat man ein Viertel seines 4000 Franken betragenden Nettoeinkommens, dem anderen, dessen Einkommen sich auf 10000 Franken belief, nur ein Zehntel weggenommen. Einkommen ist der Nettoprofit, der nach der genauen Wiederherstellung des früheren Zustandes des Kapitals verbleibt. Hat ein Kaufmann ein Einkommen, das gleich all den von ihm im Laufe eines Jahres getätigten Verkäufen ist? Sicherlich nicht; sein Einkommen besteht nur aus den bei seinen Verkäufen über seine Auslagen hinaus erzielten Überschüssen, und nur diesen Überschuß sollten die Einkommensteuern belasten."

Says Irrtum in der oben angeführten Stelle liegt in der Annahme, daß, weil der Wert des Produktes einer dieser beiden Farmen nach Ersatz des Kapitals größer als der Wert des Produktes der anderen ist, das Nettoeinkommen der Farmer aus diesem Grunde um den gleichen Betrag verschieden ist. Das Nettoeinkommen des Grundeigentümers und des Pächters des Waldes mag zusammen viel größer als das Nettoeinkommen des Grundeigentümers und des Pächters des Getreidebodens sein; das liegt aber am Unterschied der Rente und nicht am Unterschied der Profitrate. Say hat völlig die verschiedenen Summen an Rente, welche die beiden Farmer zu bezahlen haben, außer acht gelassen. Es kann nicht zwei verschiedene Profitraten im selben Produktionszweig geben, und wenn daher der Wert des Produktes in einem unterschiedlichen Verhältnis zum Kapital steht, so wird die Rente und nicht der Profit verschieden sein. Aus welchem Grunde sollte es jemand gestattet sein, mit einer Kapitalanlage von 2000 Franken einen Nettoprofit von 10000 Franken zu ziehen, während ein anderer mit einem Kapital von 8000 Franken nur 4000 Franken erhält? Sobald Say die Rente in angemessener Höhe einkalkuliert und auch die Wirkung, die eine solche Steuer auf die Preise dieser verschiedenen Arten von Rohprodukten ausübt, in Betracht zieht, wird er einsehen, daß es sich nicht um eine ungleiche Steuer handelt, und darüber hinaus, daß die Farmer selbst nicht anders zu ihr beitragen, als jede andere Klasse von Konsumenten.

KAPITEL XIII

STEUERN AUF GOLD

In allen Fällen wird als Resultat einer Besteuerung oder von Produktionsschwierigkeiten schließlich eine Erhöhung der Warenpreise eintreten; die Dauer des zeitlichen Zwischenraums jedoch, der verstreicht, bis Marktpreis und natürlicher Preis übereinstimmen, hängt ab von der Beschaffenheit der Ware und der Mühelosigkeit, mit der ihre Menge verringert werden kann. Wenn sich die Menge der besteuerten Ware nicht vermindern läßt, wenn z. B. das Kapital des Farmers oder des Hutmachers nicht für andere Zweige abgezogen werden kann, hat die Verringerung ihrer Profite unter das allgemeine Niveau auf Grund einer Steuer keine Bedeutung. Es wird ihnen niemals gelingen, den Marktpreis von Getreide und Hüten bis auf deren gestiegenen natürlichen Preis zu erhöhen, es sei denn, die Nachfrage nach ihren Waren steigt. Ihre Ankündigungen, ihre Unternehmen aufzugeben und ihr Kapital in begünstigtere Zweige zu überführen, würden als unausführbare leere Drohungen betrachtet, und der Preis kann daher nicht durch eine eingeschränkte Produktion erhöht werden. Jedoch können Waren jeder Art mengenmäßig verringert und Kapital kann von wenig profitablen Zweigen in günstigere überführt werden, allerdings mit unterschiedlicher Geschwindigkeit. In dem Maße, in dem sich die Zufuhr einer bestimmten Ware ohne Schwierigkeiten für den Produzenten leichter einschränken läßt, wird ihr Preis nach der Vergrößerung der Produktionsschwierigkeiten durch Besteuerung oder andere Maßnahmen schneller steigen. Da Getreide eine für jeden unbedingt notwendige Ware ist, wird die Nachfrage durch eine Steuer geringfügig beeinflußt, und das Angebot bleibt deshalb wahrscheinlich nicht lange überreichlich, sogar dann nicht, wenn die Farmer großen Schwierigkeiten beim Abzug ihres Kapitals vom Boden gegenüberstehen. Aus diesem Grunde wird durch eine Besteuerung der Getreidepreis rasch ansteigen, und der Farmer wird imstande sein, die Steuer von sich auf den Konsumenten zu überwälzen.

Befänden sich die Minen, die uns mit Gold versorgen, in unserem Lande und würde Gold besteuert, so kann sein relativer Wert zu anderen Dingen solange nicht steigen, bis seine Menge verringert ist. Das wäre besonders dann der Fall, wenn Gold ausschließlich als Geld gebraucht wird. Es stimmt, daß die am wenigsten produktiven Bergwerke, die keine Rente abwerfen, nicht weiter betrieben werden können, da sie die allgemeine Profitrate so lange nicht abwerfen können, bis sich der relative Wert des Goldes um ebensoviel erhöht hat wie die

Steuer beträgt. Die Menge des Goldes und daher die Menge des Geldes wird langsam zurückgehen: sie wird im Laufe eines Jahres geringfügig und etwas mehr im zweiten verringert werden, und schließlich wird sich ihr Wert entsprechend der Steuer erhöht haben. In der Zwischenzeit sind aber die Eigentümer oder Pächter die Leidtragenden, da sie die Steuer bezahlen, nicht aber jene, die Geld benützen. Wenn von jeden im Lande befindlichen 1000 Quarter Weizen ebenso wie von jeden in Zukunft produzierten 1000 Quarter, die Regierung 100 Quarter als Steuer beansprucht, so tauschen sich die verbleibenden 900 Quarter gegen dieselbe Menge anderer Waren wie früher 1000. Wenn aber sich das gleiche mit Gold ereignet, wenn von jeden 1000 £ Geld, die sich im Lande befinden oder in Zukunft eingeführt werden, die Regierung 100 £ als Steuer einfordern kann, so können die verbleibenden 900 £ sehr wenig mehr kaufen als früher 900 £. Die Steuer würde den treffen, dessen Vermögen aus Geld besteht, und das so lange, bis dessen Menge sich entsprechend seiner durch die Steuer verursachten höheren Produktionskosten verringert hat.

Das wird vielleicht noch mehr bei einem als Geld verwendeten Metall als bei irgendeiner anderen Ware eintreten, weil die Nachfrage nach Geld sich nicht auf eine bestimmte Menge erstreckt wie die Nachfrage nach Kleidung oder Nahrungsmitteln. Die Nachfrage nach Geld wird völlig von seinem Wert bestimmt und sein Wert durch seine Menge. Hätte Gold den doppelten Wert, so würde die halbe Menge die gleichen Funktionen innerhalb der Zirkulation erfüllen, und wenn es den halben Wert besäße, würde die doppelte Menge benötigt. Wenn der Marktwert von Getreide durch Besteuerung oder Produktionsschwierigkeiten um ein Zehntel steigt, so ist es sehr zu bezweifeln, ob dadurch überhaupt eine Wirkung auf die konsumierte Menge hervorgerufen wird, da jedermanns Verlangen auf eine bestimmte Menge gerichtet ist und er daher, vorausgesetzt, daß er die Mittel zum Kauf hat, weiterhin wie früher konsumieren wird. Bei Geld jedoch entspricht die Nachfrage genau seinem Wert. Niemand kann doppelt soviel an Getreide verbrauchen als für seinen Unterhalt normalerweise nötig ist, hingegen kann jeder, der lediglich dieselbe Menge Waren kauft und verkauft, gezwungen sein, das Doppelte, Dreifache oder ein beliebiges Vielfaches derselben Geldmenge aufzuwenden.

Die von mir soeben angewandte Beweisführung gilt jedoch nur für jene Stadien der Gesellschaft, in denen die Edelmetalle als Geld benützt werden und Kreditpapier nicht eingeführt wurde. Der Wert des Metalls Gold wird gleich dem aller anderen Waren letztlich am Markt durch die relative Leichtigkeit oder Schwierigkeit der Produktion bestimmt; und obwohl es wegen seiner Dauerhaftigkeit und wegen der Schwierigkeit der Verringerung seiner Menge sich nicht reibungslos den Veränderungen seines Marktwertes anpaßt, so wird doch diese Schwierigkeit durch die Tatsache, daß es als Geld verwendet wird, noch erhöht. Wenn sich die auf dem Markte für Zwecke des Handels befindliche Menge Gold auf 10000 Unzen beläuft und der Verbrauch unserer Manufakturen 2000 Unzen jährlich beträgt, so kann es in einem Jahr um ein Viertel oder 25 Prozent im Wert steigen, wenn die jährliche Zufuhr eingestellt wird. Falls jedoch als Folge seiner Verwendung als Geld die verwendete Menge 100000 Unzen ausmacht, wird sein Wert erst nach zehn Jahren um ein Viertel steigen. Da aus Papier hergestelltes Geld sich mühelos mengenmäßig verringern läßt, wird sich sein Wert, wenngleich auf dem Goldstandard beruhend, so rasch erhöhen wie der des Metalls selbst, wenn das Metall, weil es einen sehr kleinen Teil der Zirkulationsmittel bildet, lediglich eine sehr lose Beziehung zum Geld hat.

Wenn Gold das Produkt nur eines Landes wäre und allgemein als Geld verwendet würde, so könnte eine sehr erhebliche Steuer darauf gelegt werden, die ein bestimmtes Land nur insoweit träfe, als Gold in der Industrie und für Geräte von ihm verwendet wird. Für den Teil, der als Geld verwendet wird, wird niemand die Steuer zahlen, obwohl sie beträchtlich sein kann. Das ist eine besondere Eigentümlichkeit des Geldes. Alle anderen Waren, von denen es nur eine bestimmte Menge gibt und die nicht mit Hilfe der Konkurrenz vermehrt werden können, sind bezüglich ihres Wertes vom Geschmack, der Laune und der Kaufkraft der Käufer abhängig. Geld ist hingegen eine Ware, deren Vermehrung von keinem Land in irgendeiner Weise erwünscht oder benötigt wird. Die Verwendung von zwanzig Millionen Zirkulationsmitteln [currency] bringt keine größeren Vorteile mit sich als die Verwendung von zehn Millionen. Ein Land kann ein Monopol für Wein oder Seide besitzen, und doch können die Preise von Seide und Wein sinken, weil aus Laune, Mode oder Geschmack Branntwein und Tuch vorgezogen und an ihrer Stelle verbraucht werden. Die gleiche Wirkung mag in gewissem Maße bei Gold eintreten, insoweit seine Verwendung auf die Industrie beschränkt ist. Solange aber Geld das allgemeine Medium für den Austausch ist, ist der Bedarf danach niemals eine Angelegenheit des Beliebens, sondern entspringt einer Notwendigkeit. Man muß es im Austausch für die eigenen Waren annehmen, und daher gibt es keine Grenzen für die Menge, die jemand durch den auswärtigen Handel aufgezwungen werden kann, falls es an Wert verliert, und es gibt auch keine Verringerung der Menge, die man nicht über sich ergehen lassen müßte, falls es steigt. Man kann allerdings Papiergeld an seine Stelle setzen, aber dadurch wird nicht und kann auch nicht die Menge des Geldes verringert werden, denn diese wird durch den Wert des Währungsmetalls [standard] bestimmt, gegen das es austauschbar ist. Nur durch die Erhöhung der Preise der Waren ist es zu verhindern, daß sie von einem Lande, wo sie mit wenig Geld gekauft werden können, nach einem solchen exportiert werden, wo sie sich für mehr verkaufen lassen, und diese Erhöhung kann nur herbeigeführt werden entweder durch die Einfuhr von Metallgeld aus dem Ausland oder durch die Schöpfung bzw. Vermehrung von Papiergeld im Inland. Wenn also der König von Spanien — vorausgesetzt, er wäre im alleinigen Besitz der Bergwerke und ausschließlich Gold würde als Geld verwendet — Gold mit einer erheblichen Steuer belegt, so erhöht er dessen natürlichen Wert ganz beträchtlich, und da sein Marktwert in Europa in letzter Instanz durch seinen natürlichen Wert in Spanisch-Amerika bestimmt wird, werden mehr Waren von Europa für eine bestimmte Menge Gold gegeben. Doch wird in Amerika nicht die gleiche Menge Gold produziert werden, da sein Wert lediglich proportional zu der Verringerung der Menge erhöht wird, die mit seinen gestiegenen Produktionskosten eintritt. Man wird also in Amerika im Austausch für alles exportierte Gold nicht mehr Waren als früher erhalten, und man könnte fragen, worin denn also der Vorteil für Spanien und seine Kolonien besteht? Der Vorteil besteht darin, daß, wenn weniger Gold produziert wird, weniger Kapital in seiner Produktion angelegt ist. Der gleiche Wert an Waren aus Europa, der früher mit dem Aufwand eines größeren Kapitals bezogen wurde, wird nun mit Hilfe eines geringeren eingeführt, und alle die Produkte, die durch die Anlage des aus den Minen abgezogenen Kapitals gewonnen werden, stellen damit einen Vorteil dar, den Spanien aus der Einführung der Steuer gezogen hat und den es nicht in solchem Ausmaß oder mit solcher Sicherheit durch den Besitz des Monopols an irgendeiner anderen Ware erlangen kann. Durch eine solche Steuer werden die Völker Europas, was Geld anbetrifft, keinerlei Nachteil erleiden. Sie besitzen dieselbe Menge Waren und daher dieselben Annehmlichkeiten wie früher, aber diese Waren zirkulieren mit Hilfe einer geringeren, weil wertvolleren Quantität Geld.

Wenn wegen der Steuer nur ein Zehntel der derzeitigen Menge Gold aus den Minen gefördert wird, so wird dieses Zehntel von gleichem Wert wie die jetzt produzierten zehn Zehntel sein. Jedoch ist der König von Spanien nicht ausschließlicher Besitzer der Edelmetallbergwerke, und falls er es wäre, so würde der aus ihrem Besitz und der Steuerhoheit entspringende Vorteil sehr erheblich gemindert durch die Beschränkung der Nachfrage und Konsumtion in Europa infolge des in größerem oder geringerem Ausmaße vor sich gehenden Ersatzes durch Papiergeld. Die Übereinstimmung der Marktpreise und der natürlichen Preise aller Waren hängt immer von der Leichtigkeit ab, mit der die Zufuhr vermehrt oder eingeschränkt werden kann. Im Falle von Gold, Gebäuden und Arbeit und vieler anderer Dinge kann unter gewissen Umständen eine solche Wirkung nicht rasch hervorgerufen werden. Das ist aber anders bei jenen Waren, die alljährlich konsumiert und reproduziert werden, wie Hüte, Schuhe, Getreide und Tuch. Sie können, wenn erforderlich, eingeschränkt werden, und die Zeit, die bis zu einer ihren erhöhten Produktionsbelastung entsprechenden Beschränkung des Angebots verstreicht, kann nicht erheblich sein.

Eine Steuer auf Rohprodukte der Erdoberfläche trifft, wie wir gesehen haben, den Konsumenten und wird in keiner Weise die Rente berühren, solange sie nicht durch die Verringerung der Fonds für den Unterhalt der Arbeit die Löhne senkt, die Bevölkerung vermindert und die Nachfrage nach Getreide zurückgehen läßt. Eine Steuer auf das Produkt der Goldminen aber muß durch die Erhöhung des Wertes dieses Metalls notwendigerweise die Nachfrage danach vermindern und muß daher zwangsläufig Kapital aus der Anlage freisetzen, für die es verwendet wurde. Ungeachtet dessen, daß Spanien alle die von mir erwähnten Vorteile aus einer Steuer auf Gold zieht, werden die Eigentümer jener Minen, von denen das Kapital abgezogen wurde, ihre gesamte Rente verlieren. Dies würde einen Verlust für Einzelpersonen, nicht aber für die Nation darstellen. Da die Rente keine Neuschöpfung, sondern lediglich eine Übertragung von Reichtum ist, würden der König von Spanien und die Eigentümer jener Minen, die weiterhin in Betrieb sind, zusammen nicht nur das erhalten, was das freigesetzte Kapital produziert hat, sondern alles, was die anderen Eigentümer verloren haben.

Angenommen, die Bergwerke der 1., 2. und 3. Qualität sind in Betrieb und produzieren 100, 80 und 70 Gewichtspfund Gold und die Rente von Nr. 1 beträgt daher dreißig und die von Nr. 2 zehn Pfund. Gesetzt nun, die Steuer auf jede im Betrieb befindliche Mine beläuft sich auf siebzig Pfund Gold jährlich und nur Nr. 1 kann folglich mit Profit betrieben werden, so ist es offensichtlich, daß jedwede Rente sofort verschwindet. Vor Einführung der Steuer wurde von den in Nr. 1 geförderten 100 Pfund eine Rente von dreißig Pfund gezahlt, und der Bergwerksunternehmer behielt siebzig, eine Summe, die gleich dem Produkt der am wenigsten ergiebigen Mine ist. Der Wert dessen, was dem Kapitalisten des Bergwerkes Nr. 1 bleibt, muß also der gleiche wie früher sein, da er sonst nicht den üblichen Kapitalprofit erhält. Folglich muß der Wert, der nach Zahlung von siebzig Pfund als Steuer von seinen 100 Pfund verbleibenden dreißig so groß wie der Wert von siebzig früher sein, und daher der Wert der gesamten hundert so groß wie früher der von 233 Pfund. Ihr Wert kann höher, jedoch nicht geringer sein, denn dann würde sogar dieses Bergwerk nicht mehr betrieben werden. Da es sich um eine Monopolware handelt, kann sie über ihrem natürlichen Wert stehen und wirft dann in der Höhe dieses Überschusses eine Rente ab. Aber es wird kein Kapital in der Mine angelegt werden, falls sie unter diesem Werte steht. Für ein Drittel der in den Bergwerken aufgewendeten Arbeit und Kapitalbeträge erhält Spanien so viel Gold, daß man dafür dieselbe Menge oder beinahe dieselbe Menge

Waren wie früher eintauschen kann. Es wird um das Produkt der aus den Minen freigesetzten zwei Drittel reicher sein. Wenn der Wert der 100 Pfund Gold dem der früher geförderten 250 Pfund gleich wäre, so wird der Anteil des Königs von Spanien, seine siebzig Pfund, ebensoviel wert sein wie die 175 zum früheren Werte. Nur ein kleiner Teil der königlichen Steuer wird seine eigenen Untertanen treffen, der größere Teil wird auf Grund einer besseren Verteilung des Kapitals vereinnahmt.

Das Konto Spaniens wird so aussehen:

Früher produziert	
250 Pfund Gold im (angenommenen) Wert von	10000 Yards Tuch
Jetzt produziert	
Von den beiden Kapitalisten, welche die Minen aufgaben, der gleiche Wert, der früher für 140 Pfund Gold eingetauscht werden konnte	5600 „ „
Von dem Kapitalisten, der Mine Nr. 1 weiter betreibt, dreißig Pfund Gold, die im Werte wie 1 zu $2^1/_2$ gestiegen sind und daher jetzt wert sind	3000 „ „
Steuer an den König siebzig Pfund, die auch im Wert wie 1 zu $2^1/_2$ gestiegen sind und daher jetzt wert sind	7000 „ „
	15600 Yards Tuch

Zu den vom König vereinnahmten 7000 steuert das spanische Volk nur 1400 bei und 5600 sind reiner Gewinn, hervorgebracht von dem freigesetzten Kapital.

Wenn die Steuer anstatt eines fixen Betrages für jede betriebene Mine ein bestimmter Anteil von ihrem Produkt wäre, wird die Menge dadurch unmittelbar nicht verringert. Wenn die Hälfte, ein Viertel oder ein Drittel von jedem Bergwerk als Steuer eingezogen wird, so liegt es nichtsdestoweniger im Interesse der Eigentümer, ihre Bergwerke soviel wie früher fördern zu lassen. Wenn sich aber die Menge nicht verringert, sondern nur ein Teil von ihr vom Eigentümer auf den König übertragen wird, steigt ihr Wert nicht; die Steuer würde die Bevölkerung der Kolonien treffen und keinen Vorteil mit sich bringen. Eine Steuer dieser Art hat die Wirkung, die Adam Smith von Rohproduktensteuern auf die Grundrente annimmt, sie trifft nämlich voll und ganz die Rente des Bergwerkes. Wenn sie jedoch ein wenig weiter getrieben wird, so verzehrt sie nicht nur die gesamte Rente, sondern beraubt den Bergwerksunternehmer auch des üblichen Kapitalprofits, und er wird daher sein Kapital aus der Goldproduktion abziehen. Wird sie noch weiter erhöht, so verzehrt sie die Rente noch besserer Bergwerke, und weiteres Kapital wird abgezogen. Die Menge wird so fortlaufend verkleinert und ihr Wert erhöht, und es werden diejenigen Resultate eintreten, auf die bereits hingewiesen wurde: ein Teil der Steuer wird von der Bevölkerung der spanischen Kolonien getragen und der andere stellt eine Neuschöpfung der Produktion insofern dar, als die Potenz des als Tauschmittel benutzten Stoffes erhöht wurde.

Steuern auf Gold sind von zweierlei Art, die eine wird auf die tatsächlich zirkulierende Menge Gold gelegt, die andere auf die jährlich in den Bergwerken gewonnene Menge. Beide haben eine Tendenz, die Menge des Goldes zu vermindern und seinen Wert zu erhöhen. Doch durch keine von beiden wird sein Wert erhöht, solange nicht die Menge zurückgegangen ist, und solche Steuern werden daher eine Zeitlang, bis die Zufuhr eingeschränkt wird, die Eigentümer von Geld treffen. Aber schließlich wird der die Gesamtheit dauernd belastende Teil bezahlt vom Eigentümer des Bergwerkes durch eine Reduktion der Rente und von den Käufern jenes Teiles des Goldes, das als Ware, die zu den Annehmlichkeiten der Menschen beiträgt, benutzt und nicht ausschließlich als Zirkulationsmittel abgesondert wird.

KAPITEL XIV

GEBÄUDESTEUERN

Es gibt außer Gold noch andere Waren, deren Menge nicht rasch verringert werden kann. Eine Steuer auf sie wird daher den Eigentümer treffen, falls die Preiserhöhung die Nachfrage verringert.

Gebäudesteuern gehören zu dieser Art. Obwohl sie dem Benutzer auferlegt werden, treffen sie häufig den Eigentümer als Mietminderung. Das Produkt des Bodens wird von Jahr zu Jahr konsumiert und reproduziert, und dasselbe geschieht mit vielen anderen Waren. Da sie somit rasch der Nachfrage angeglichen werden können, können sie nicht lange über ihrem natürlichen Preis stehen. Weil aber eine Gebäudesteuer als vom Mieter bezahlter zusätzlicher Mietbetrag betrachtet werden kann, so wird sie die Tendenz haben, die Nachfrage nach Häusern mit gleicher Jahresmiete zu verringern, ohne das Angebot zu vermindern. Die Miete wird daher sinken, und ein Teil der Steuer wird mittelbar vom Eigentümer getragen.

„Bei der Miete eines Hauses", sagt Adam Smith, „kann man zwei Teile unterscheiden, von denen der eine völlig zutreffend Hausmiete genannt werden kann, während der andere gewöhnlich als Grundrente bezeichnet wird. Die Hausmiete ist der Zins oder Profit für das beim Bau des Hauses aufgewendete Kapital. Um das Gewerbe eines Bauunternehmers mit anderen Zweigen auf gleiche Stufe zu stellen, ist es erforderlich, daß dieser Mietsbetrag ausreicht, erstens, um ihm den gleichen Zins abzuwerfen, den er für sein Kapital, falls er es gegen gute Sicherheit verliehen hätte, bekommen würde und zweitens, um das Haus in gutem Zustand zu erhalten oder, was dasselbe bedeutet, nach einer gewissen Reihe von Jahren das für seinen Bau aufgewendete Kapital zu ersetzen." „Wenn der Profit der Bauunternehmen gegenüber dem Geldzins zu irgendeiner Zeit erheblich größer als dieser ist, so werden sie sehr bald so viel Kapital aus anderen Zweigen an sich ziehen, daß der Profit auf seine angemessene Höhe gesenkt wird. Werfen sie zu irgendeiner Zeit viel weniger als den Zins ab, so werden andere Zweige so viel Kapital daraus an sich ziehen, daß der Profit wieder steigt. Der Teil der gesamten Miete eines Hauses, der einen solchen angemessenen Profit übersteigt, ist natürlich der Grundrente zuzurechnen, und dort, wo Grundeigentümer und Hauseigentümer verschiedene Personen sind, wird er meist gänzlich dem ersteren bezahlt. Bei Landhäusern, in einiger Entfernung von irgendeiner großen Stadt, wo es genügende Auswahl an Boden gibt, ist die Grundrente fast bedeutungslos oder beträgt nicht mehr als die Fläche einbringt, auf der das Haus steht, wenn sie landwirtschaftlich genutzt wird. Bei Landhäusern nahe einer großen Stadt ist sie manchmal beträchtlich höher, und die besondere Bequemlichkeit oder Schönheit der Lage wird häufig hoch bezahlt. Die Grundrenten sind im allgemeinen am höchsten in der Hauptstadt und ihren besonderen Teilen, wo gerade die größte Nachfrage nach Häusern besteht, gleichgültig, welches der Grund für diese Nachfrage ist, ob Handel und Gewerbe, Vergnügen und Gesellschaft oder lediglich Eitelkeit und Mode." Eine Steuer auf Hausmieten kann entweder den Benutzer oder den Grundbesitzer oder aber den Hausbesitzer treffen. Im Normalfall kann angenommen werden, daß die gesamte Steuer sowohl unmittelbar als auch letzten Endes vom Benutzer getragen wird.

Wenn die Steuer mäßig ist und die Situation des Landes entweder stagniert oder sich progressiv entwickelt, so wird für den Benutzer eines Hauses kaum Grund vorhanden sein, sich mit einem schlechteren zu begnügen. Wenn jedoch die Steuer hoch ist oder irgendwelche anderen Umstände die Nachfrage nach Häusern vermindern, so wird das Einkommen des Hauseigentümers sinken, denn der Benutzer wird für die Steuer zum Teil durch einen Mietnachlaß entschädigt werden. Man kann jedoch schwer sagen, in welchem Verhältnis jener Teil der Steuer, den der Benutzer durch die Mietminderung für sich einspart, zu Lasten der Hausmiete oder der Grundrente geht. Wahrscheinlich werden zunächst beide in Mitleidenschaft gezogen. Da Häuser aber, wenn auch langsam so doch mit Sicherheit vergänglich sind, und da solange keine mehr gebaut werden, bis der Profit der Bauunternehmer das allgemeine Niveau wieder erreicht, so wird die Hausmiete nach einiger Zeit wiederum ihrem natürlichen Preis entsprechen. Da der Bauunternehmer nur Miete erhält, solange das Gebäude steht, könnte er selbst unter den widrigsten Umständen nicht für längere Zeit einen Teil der Steuer tragen.

Die Bezahlung dieser Steuer wird also schließlich auf den Benutzer und den Grundbesitzer fallen, jedoch „in welchem Verhältnis die endgültige Zahlung zwischen ihnen aufgeteilt wird", sagt Adam Smith, „ist wahrscheinlich nicht allzuleicht zu bestimmen. Die Aufteilung wird wahrscheinlich sehr unterschiedlich unter verschiedenen Umständen ausfallen, und eine derartige Steuer kann entsprechend diesen verschiedenen Umständen beide, den Bewohner des Hauses und den Grundeigentümer, sehr ungleich treffen".[1]

Adam Smith hält Grundrenten für besonders geeignete Besteuerungsobjekte. „Beide, die Grundrente sowohl als die gewöhnliche Bodenrente", sagt er, „sind eine Art Revenue, deren sich der Eigentümer vielfach ohne irgendwelche eigene Mühe und Sorge erfreut. Wenngleich ihm ein Teil dieser Revenue zwecks Deckung der

[1] Buch V, Kap. II.

Staatsausgaben wieder abgenommen wird, so wird dadurch keine Art von Betätigung entmutigt. Das jährliche Produkt des Bodens und der Arbeit der Gesellschaft, der wirkliche Reichtum und die Revenue der großen Masse des Volkes können nach Einführung einer solchen Steuer die gleichen sein wie zuvor. Grundrenten und die gewöhnliche Bodenrente sind deshalb wohl die Arten von Revenue, welche eine Sondersteuer am leichtesten tragen können." Man muß zugeben, daß die Wirkung dieser Steuern so ist, wie sie Adam Smith darstellt. Es wäre aber sicherlich ungerecht, ausschließlich die Revenue einer bestimmten Klasse der Gesellschaft zu besteuern. Die Lasten des Staates sollten von allen ihren Mitteln entsprechend getragen werden. Das ist eine der von Adam Smith erwähnten vier Grundregeln, die jeder Besteuerung zugrunde liegen sollen. Die Rente gehört oft solchen Leuten, die nach vielen Arbeitsjahren ihre Gewinne zu Geld gemacht und ihr Vermögen für Boden- oder Hauskäufe verausgabt haben. Es wäre sicherlich eine Verletzung eines Grundsatzes, der für immer geheiligt sein sollte, nämlich der Sicherheit des Eigentums, wenn man es einer einseitigen Besteuerung unterwirft. Es ist bedauerlich, daß die Stempelabgabe, mit der die Übertragung von Grundeigentum belastet ist, dessen Überführung in solche Hände erheblich erschwert, wo es wahrscheinlich am produktivsten wäre. Sobald man den Boden als ein zur ausschließlichen Besteuerung geeignetes Objekt betrachtet, wird er nicht nur als Entschädigung für das Risiko dieser Besteuerung im Preise sinken, sondern auch entsprechend der Unbestimmtheit und unsicheren Bewertung des Risikos zu einem geeigneten Objekt für Spekulationen werden, die mehr von einem Glücksspiel als von sauberem Handel an sich haben. Wenn man das bedenkt, so ist es wahrscheinlich, daß die Hände, in die der Boden in diesem Falle voraussichtlich gerät, solchen Leuten gehören, die mehr die Eigenschaften eines Spielers als die des nüchtern denkenden Eigentümers besitzen, der seinen Boden vermutlich mit größtem Vorteil verwenden wird.

KAPITEL XV

PROFITSTEUERN

Steuern auf jene Waren, die man gemeinhin Luxusgüter nennt, treffen nur jene, die sie verbrauchen. Eine Weinsteuer wird vom Weinkonsumenten bezahlt, eine Steuer auf Luxuspferde oder Equipagen wird von jenen bezahlt, die sich derartige Genüsse verschaffen, und zwar in genau dem Ausmaße, in dem sie sich dieselben besorgen. Steuern auf lebenswichtige Güter aber belasten die Konsumenten dieser Güter nicht nur entsprechend der vielleicht von ihnen konsumierten Menge, sondern oftmals in einem bedeutend größeren Ausmaße. Wir haben festgestellt, daß eine Getreidesteuer den Fabrikanten nicht nur insoweit berührt, wie er und seine Familie Getreide verbrauchen, sondern daß sie die Rate des Kapitalprofits verändert und daher auch sein Einkommen trifft. Was immer den Arbeitslohn erhöht, senkt den Kapitalprofit; daher hat jede Steuer auf eine vom Arbeiter konsumierte Ware eine Tendenz, die Profitrate zu senken.

Eine Steuer auf Hüte wird den Preis von Hüten steigen lassen, eine Steuer auf Schuhe den Preis von Schuhen. Wäre das nicht der Fall, so würde die Steuer schließlich vom Fabrikanten getragen, sein Profit würde unter das allgemeine Niveau sinken, und er würde sein Gewerbe aufgeben. Eine Sondersteuer auf Profite wird den Preis der betroffenen Ware erhöhen, z. B. eine Steuer auf den Profit des Hutmachers wird die Preise der Hüte steigen lassen; denn falls sein Profit, nicht aber der anderer Zweige, besteuert wird, so liegt, sofern er den Preis seiner Hüte nicht erhöht, sein Profit unter der allgemeinen Profitrate, und er wird von seinem Gewerbe in ein anderes hinüberwechseln.

In gleicher Weise wird eine Steuer auf den Profit des Farmers den Getreidepreis, eine Steuer auf den Profit des Tuchmachers den Tuchpreis steigen lassen; und falls alle Zweige im Verhältnis zu ihren Profiten mit einer Steuer belegt werden, steigt der Preis jeder Ware. Wenn aber das Bergwerk, das uns mit dem Währungsmetall versorgt, in unserem Lande liegt und der Profit des Bergwerkunternehmers auch besteuert wird, so steigt der Preis keiner einzigen Ware; jeder gibt den gleichen Teil seines Einkommens und alles ist wie früher.

Wenn Geld nicht besteuert wird, und es daher seinen Wert behalten darf, während alles andere versteuert wird und im Wert steigt, so werden der Hutmacher, der Farmer und der Tuchmacher, falls jeder von ihnen Kapital in gleicher Höhe aufwendet und den gleichen Profit erhält, den gleichen Betrag an Steuer abführen. Wenn die Steuer 100 £ beträgt, dann werden die Hüte, das Tuch und das Getreide jeweils einen um 100 £ höheren Wert besitzen. Wenn der Hutmacher mit seinen Hüten anstatt 1000 £ 1100 £ Gewinn erzielt, so wird er 100 £ der Regierung als Steuer bezahlen und daher noch 1000 £ zur Verwendung für Waren zu seiner eigenen Konsumtion haben. Da jedoch das Tuch, das Getreide und alle anderen Waren durch die gleiche Ursache im Preise gestiegen sind, wird er für seine 1000 £ nicht mehr als früher für 910 £ erhalten und auf diese Weise durch eingeschränkte Ausgaben zu den Bedürfnissen des Staates beisteuern. Er wird durch die Steuerzahlung einen Teil des Produktes vom Boden und der Arbeit des Landes der Regierung zur Verfügung gestellt haben, anstatt diesen Teil selbst zu nutzen. Wenn er seine 1000 £ zu seinem Kapital schlägt, anstatt sie auszugeben, so wird er durch das Steigen der Löhne und durch die erhöhten Kosten von Rohmaterial und Maschinen entdecken, daß seine Ersparnisse von 1000 £ nicht mehr wert sind als vorher eine Ersparnis von 910 £.

Wenn Geld besteuert oder durch eine andere Ursache sein Wert verändert wird und alle Waren die gleichen Preise wie früher beibehalten, so werden die Profite des Fabrikanten und des Farmers ebenfalls die gleichen wie früher sein und weiterhin 1000 £ betragen. Da jeder von ihnen 100 £ der Regierung zu zahlen hat, werden sie nur 900 £ behalten, die ihnen weniger Verfügungsgewalt über das Produkt des Bodens und der Arbeit des Landes gewähren, gleichgültig, ob sie diese nun für produktive oder unproduktive Arbeit verausgaben. Genau das, was sie verlieren, wird die Regierung gewinnen. Im ersteren Falle besitzt der Steuerzahler für 1000 £ eine ebenso große Menge Waren wie er vordem für 910 £ hatte; im zweiten Falle besitzt er nur soviel, wie er früher für 900 £ hatte, denn der Preis der Waren bleibt unverändert, und er kann nur 900 £ ausgeben. Dies rührt von dem Unterschied des Steuerbetrages her; im ersten Fall beträgt er nur ein Elftel seines Einkommens, im zweiten ein Zehntel, da in beiden Fällen Geld von verschiedenem Wert ist.

Obwohl jedoch alle Waren im Preis steigen, falls Geld nicht besteuert wird und seinen Wert nicht ändert, so werden sie doch nicht im gleichen Verhältnis steigen. Sie werden nach der Besteuerung zueinander nicht denselben relativen Wert wie vorher besitzen. In einem früheren Teile dieses Werkes wurden die Wirkungen der Teilung des Kapitals in fixes und zirkulierendes, oder besser in dauerhaftes und vergängliches Kapital auf die Warenpreise erörtert. Es wurde gezeigt, daß zwei Fabrikanten genau den gleichen Betrag an Kapital aufwenden und daraus genau die gleichen Summen an Profit beziehen können, daß sie aber ihre Waren für sehr verschiedene Geldbeträge verkaufen werden, je nachdem das von ihnen verwendete Kapital rasch oder langsam verbraucht und reproduziert wird. Der eine kann seine Ware für 4000 £, der andere für 10000 £ verkaufen, und beide können 10000 £ Kapital verwenden und 20 Prozent oder

2000 £ Profit erhalten. Das Kapital des einen kann sich z. B. zusammensetzen aus 2000 £ zirkulierendem Kapital, das reproduziert werden muß, und 8000 £ fixem, angelegt in Gebäuden und Maschinerie; das Kapital des anderen kann aus 8000 £ zirkulierendem und nur 2000 £ fixem Kapital — Maschinerie und Gebäude — bestehen. Wenn nun jeder der beiden mit 10 Prozent oder 200 £ seines Einkommens besteuert wird, so muß der eine, damit sein Geschäft ihm die allgemeine Profitrate abwirft, seine Waren von 10000 £ auf 10200 £ erhöhen; der andere wird ebenso gezwungen sein, den Preis seiner Waren von 4000 £ auf 4200 £ zu steigern. Vor Einführung der Steuer waren die von dem einen dieser Fabrikanten verkauften Waren $2^1/_2$mal soviel wert als die Waren des anderen, nachher werden sie 2,42mal soviel wert sein. Die eine Warenart wird um zwei Prozent gestiegen sein, die andere um fünf Prozent. Eine Einkommensteuer wird daher, sofern das Geld weiterhin im Wert unverändert bleibt, die relativen Preise und Werte der Waren verändern. Das trifft auch zu, wenn die Steuer anstatt auf den Profit auf die Waren selbst gelegt wird. Vorausgesetzt, daß sie entsprechend dem Werte des zu ihrer Produktion aufgewandten Kapitals besteuert werden, so werden sie gleichmäßig steigen, was immer auch ihr Wert sei, und daher werden sie untereinander nicht ihr früheres Verhältnis beibehalten. Eine Ware, die von zehn- auf elftausend Pfund stieg, steht zu einer anderen, die von 2000 auf 3000 Pfund stieg, nicht mehr im gleichen Verhältnis wie früher. Wenn unter diesen Umständen Geld im Wert steigt, gleichgültig aus welchem Grund, so wird das die Warenpreise nicht im selben Ausmaß beeinflussen. Die gleiche Ursache, die den Preis der einen von 10200 £ auf 10000 £ oder um weniger als zwei Prozent senkt, wird den Preis der anderen von 4200 £ auf 4000 £ oder um $4^3/_4$ Prozent senken. Falls sie in irgendeinem anderen Verhältnis sinken, werden die Profite nicht gleich sein; denn um sie gleich zu machen, muß der Preis der zweiten Ware 4000 £ sein, sobald derjenige der ersten 10000 £ ist, und sofern der Preis der ersten 10200 £ beträgt, muß sich der Preis der anderen auf 4200 £ belaufen.

Die Berücksichtigung dieser Tatsache wird zum Verständnis eines sehr wichtigen Grundsatzes führen, der, wie ich glaube, noch niemals hervorgehoben wurde. Er besteht darin, daß die aus Knappheit oder Überfluß herrührende Veränderung des Geldwertes in einem Lande, in dem keine Besteuerung existiert, sich im gleichen Verhältnis auf die Preise der Waren auswirken wird, so daß, wenn eine Ware von 1000 £ Wert auf 1200 £ steigt oder auf 800 £ fällt, diejenige mit einem Wert von 10000 £ auf 12000 £ steigen oder auf 8000 £ fallen wird. In einem Lande jedoch, in dem die Preise durch Besteuerung künstlich erhöht wurden, wird sich der aus einem Zustrom entstehende Überfluß an Geld oder die durch ausländische Nachfrage hervorgerufene Ausfuhr und seine sich daraus ergebende Knappheit nicht im gleichen Verhältnis auf die Preise der Waren auswirken. Einige davon werden um 5, 6 oder 12 Prozent, andere um 3, 4 oder 7 Prozent steigen oder sinken. Wenn ein Land nicht besteuert wird und das Geld an Wert verliert, so wird dessen Überfluß auf jedem Warenmarkt ähnliche Wirkungen hervorrufen. Falls Fleisch um 20 Prozent steigt, werden Brot, Bier, Schuhe, Arbeit und jedwede Ware ebenfalls um 20 Prozent steigen; das ist erforderlich, damit jedem Zweig die gleiche Profitrate gesichert wird. Doch trifft das nicht mehr zu, sobald eine dieser Waren besteuert wird; wenn sie in einem solchen Falle dem Ausmaß der Verminderung des Geldwertes entsprechend alle steigen, ergeben sich ungleiche Profite. Bei versteuerten Waren werden die Profite über das allgemeine Niveau erhöht und Kapital wird von einem Zweig zum anderen solange übergeleitet, bis wiederum ein gleicher Stand der Profite hergestellt ist, was aber nur nach einer Änderung der relativen Preise der Fall sein kann.

Erklärt dieses Prinzip nicht die unterschiedlichen Wirkungen, die, wie man festgestellt hat, auf die Warenpreise durch den veränderten Geldwert in der Zeit der Bankrestriktion ausgeübt wurden?* Es wurde jenen, die behaupteten, daß das Geld in dieser Zeit durch den allzu großen Umfang des Papiergeldumlaufes entwertet sei, erwidert, daß, falls dem so wäre, alle Waren gleichmäßig hätten steigen müssen. Man fand aber, daß manche Waren viel stärker als andere gestiegen sind und zog daraus den Schluß, daß die Preissteigerung auf einen den Wert der Waren beeinflussenden Faktor zurückgeht, jedoch nicht auf eine Wertänderung des Geldes. Es stellt sich jedoch heraus, wie wir gerade sahen, daß die Waren in einem Lande, in dem sie besteuert werden, sich nicht alle infolge einer Erhöhung oder eines Sinkens des Geldwertes im gleichen Verhältnis im Preise ändern.

Wenn der Profit aller Zweige besteuert wird, ausgenommen der des Farmers, so werden mit Ausnahme der Rohprodukte alle Waren im Geldwert steigen. Der Farmer besitzt dasselbe Einkommen in Getreide wie früher und verkauft sein Getreide auch zum gleichen Geldpreis. Da er aber gezwungen ist, für alle von ihm konsumierten Waren, mit Ausnahme von Getreide, einen höheren Preis zu zahlen, so wird dies für ihn eine Aufwandsteuer sein. Er wird auch durch eine Änderung des Geldwertes von dieser Steuer nicht befreit werden, denn eine Änderung des Geldwertes läßt vielleicht alle die besteuerten Waren auf ihren früheren Preis zurückgehen, die steuerfreien aber sinken unter ihren früheren

* Die 1797 eingeführte ‚bank-restriction' suspendierte die Einlösung der umlaufenden Banknoten in Gold. Diese Maßnahme war durch die Beanspruchung der Edelmetallreserven der Bank von England infolge hoher Kriegsausgaben und durch die Kreditpolitik der Regierung notwendig geworden. Banknoten kursierten in der folgenden Zeit mit einem Disagio bis zu 25 Prozent.
Die Bank von England nahm erst 1821 die Einlösung der Banknoten in Gold wieder auf.

Stand, und obwohl der Farmer daher seine Waren zum gleichen Preis wie früher kauft, hat er weniger Geld, um sie zu kaufen.

Der Grundeigentümer ist in genau der gleichen Lage. Er wird das gleiche Getreide und dieselbe Geldrente wie früher haben, wenn alle Waren im Preise steigen und Geld denselben Wert behält. Er wird das gleiche Getreide, aber eine niedrigere Geldrente haben, wenn alle Waren ihre Preise beibehalten. So trägt er in beiden Fällen, obwohl sein Einkommen nicht unmittelbar besteuert wird, indirekt zu dem aufgebrachten Betrag bei.

Angenommen aber, auch der Profit des Farmers wird besteuert, so wird er sich in der gleichen Lage wie andere Unternehmer befinden: seine Rohprodukte steigen, so daß er nach Abführung der Steuer dieselbe Revenue in Geld hat, aber er wird für alle von ihm konsumierten Waren, einschließlich der Rohprodukte, einen höheren Preis bezahlen.

Sein Grundeigentümer hingegen wird sich in einer anderen Lage befinden. Er zieht aus der Steuer auf den Profit seines Pächters Vorteile, da er für den höheren Preis, zu dem er nun seine Industriewaren einkauft, falls sie im Preise steigen, entschädigt wird. Er wird die gleiche Geldrevenue besitzen, falls als Resultat einer Erhöhung des Geldwertes die Waren zum früheren Preis verkauft werden. Eine auf den Profit des Farmers gelegte Steuer ist keine dem Bruttoprodukt des Bodens proportionale, sondern richtet sich nach seinem Nettoprodukt, nach Bezahlung der Rente, der Löhne und aller übrigen Kosten. Da die Bebauer der verschiedenen Bodenqualitäten, Nr. 1, 2 und 3, genau die gleichen Beträge an Kapital verwenden, werden sie genau gleiche Profite erhalten, unabhängig von der Größe des Bruttoproduktes, von dem der eine vielleicht mehr als der andere erhält, und sie werden daher alle gleichmäßig besteuert. Angenommen, das Bruttoprodukt des Bodens der Qualität Nr. 1 sei 180 Quarter, das von Nr. 2 170

Quarter und von Nr. 3 160 Quarter und alle würden mit 10 Quartern besteuert, so wird der Unterschied zwischen dem Produkt von Nr. 1, Nr. 2 und Nr. 3 nach Entrichtung der Steuer derselbe wie früher sein, denn wenn Nr. 1 auf 170, Nr. 2 auf 160 und Nr. 3 auf 150 Quarter gesenkt wird, so beträgt der Unterschied zwischen Nr. 3 und Nr. 1 wie vordem 20 Quarter und zwischen Nr. 3 und Nr. 2 wie vordem 10 Quarter. Wenn nach Erhebung der Steuer die Preise des Getreides und aller anderen Waren die gleichen wie früher bleiben, so werden sowohl die Geldrente als auch die Getreiderente weiterhin keine Änderung erfahren. Wenn jedoch der Preis des Getreides und aller anderen Waren wegen der Steuer steigen sollte, so wird die Geldrente in gleichem Ausmaß ebenfalls steigen. Wenn der Getreidepreis 4 £ pro Quarter beträgt, wird die Rente auf Nr. 1 80 £ und die auf Nr. 2 40 £ sein. Wenn aber Getreide um 5 Prozent auf 4 £ 4 sh steigt, so wird die Rente auch um 5 Prozent steigen, denn zwanzig Quarter Getreide würden dann 84 £ und zehn Quarter 42 £ wert sein, so daß der Grundeigentümer in jedem Falle von einer solchen Steuer nicht berührt wird. Eine Steuer auf den Kapitalprofit läßt die Getreiderente stets unverändert, und die Geldrente schwankt daher mit dem Preis des Getreides. Aber eine Steuer auf Rohprodukte oder Zehente läßt die Getreiderente niemals unverändert, sie läßt aber die Geldrente im allgemeinen auf ihrer früheren Höhe. In einem anderen Teil dieses Werkes habe ich ausgeführt, daß, wenn eine Grundsteuer im gleichen Geldbetrag auf allen bebauten Boden gelegt wird, ohne Rücksicht auf Fruchtbarkeitsunterschiede, sie in ihrer Wirkung sehr ungleich wäre, da sie einen Gewinn für den Grundeigentümer der fruchtbareren Böden darstellt. Sie wird den Getreidepreis entsprechend der Last, die von dem Farmer mit dem schlechtesten Boden getragen wird, erhöhen. Da aber dieser erhöhte Preis auch für die größere Produktenmenge der besseren Böden erzielt wird, werden die Farmer auf diesen Böden während ihrer Pachtzeit daraus Vorteil ziehen, und danach wird dieser Vorteil in Gestalt einer Rentenerhöhung den Grundeigentümern zufallen. Die Wirkung einer gleichen Steuer auf den *Profit* des Farmers ist genau dieselbe, sie erhöht die Geldrente der Grundeigentümer, falls Geld den gleichen Wert behält. Da aber die Profite aller anderen Produktionszweige ebenso wie die des Farmers besteuert werden und folglich die Preise aller Waren ebenso wie bei Getreide steigen, verliert der Grundeigentümer ebensoviel durch die erhöhten Preise der Waren und des Getreides, für die er seine Rente ausgibt, wie er durch die Erhöhung seiner Rente gewinnt. Wenn Geld an Wert gewinnt, und alle Dinge sinken nach Einführung einer Steuer auf den Kapitalprofit auf ihren früheren Preis, so wird auch die Rente wieder die gleiche wie früher sein. Der Grundeigentümer wird dieselbe Geldrente erhalten, und er wird alle Waren, für die er sie verwendet, zu ihrem früheren Preis erhalten, so daß er unter allen Umständen weiterhin unbesteuert bleibt.[1]

Diese Tatsache ist merkwürdig. Durch eine Besteuerung des Profits des Farmers wird er nicht mehr belastet, als wenn sein Profit von der Steuer befreit wird, und der Grundeigentümer hat ein eindeutiges Interesse an der Besteuerung des Profits seines Pächters, da er selbst nur unter dieser Bedingung tatsächlich unbesteuert bleibt.

Eine Steuer auf den Kapitalprofit trifft auch den Geldkapitalisten [stockholder], wenn alle Waren proportional zur Steuer steigen, obwohl seine Zinsen weiter unbesteuert bleiben. Wenn aber durch eine Geldwertänderung alle Waren auf ihren früheren Preis zurückgehen, trägt der Geldkapitalist nichts zu der Steuer bei.

[1] Daß lediglich der Profit des Farmers, nicht aber die Profite anderer Kapitalisten besteuert werden, wäre für den Grundeigentümer äußerst vorteilhaft. Dies wäre im Ergebnis eine Steuer für die Konsumenten von Rohprodukten, die teilweise dem Staat und teilweise den Grundeigentümern zugute kommt.

Er kauft alle seine Waren zum gleichen Preis, bezieht aber noch immer den gleichen Geldzins.

Wenn Übereinstimmung darüber herrscht, daß durch die Besteuerung der Waren lediglich eines Fabrikanten der Preis seiner Waren steigt, um ihn in die gleiche Lage wie alle anderen Fabrikanten zu versetzen, und daß bei Besteuerung der Profite zweier Fabrikanten die Preise von zwei Warenarten steigen müssen, so verstehe ich nicht, wie man bestreiten kann, daß bei einer Besteuerung der Profite aller Fabrikanten die Preise aller Waren steigen werden, vorausgesetzt, daß die uns mit Geld versorgende Mine in unserem Lande liegt und weiter unbesteuert bleibt. Da aber Geld oder das dem Geld zugrunde liegende Währungsmetall eine aus dem Ausland eingeführte Ware ist, können nicht die Preise aller Waren steigen — denn ein solches Resultat kann nicht ohne eine zusätzliche Geldmenge eintreten[1], die man aber nicht im Austausch für teure Waren bekommen kann, wie auf

[1] Bei weiterer Überlegung bezweifle ich, ob mehr Geld für die Zirkulation der gleichen Warenmenge erforderlich ist, wenn ihre Preise durch eine Besteuerung und nicht infolge Produktionsschwierigkeiten steigen. Angenommen, 100000 Quarter Getreide werden in einem bestimmten Distrikt innerhalb eines bestimmten Zeitraumes zu 4 £ pro Quarter verkauft, und infolge einer direkten Steuer von 8 sh pro Quarter steigt Getreide auf 4 £ 8 sh, so denke ich, daß dieselbe Menge Geld und nicht mehr für die Zirkulation dieses Getreides zu erhöhten Preisen nötig ist. Wenn ich vorher 11 Quarter zu je 4 £ kaufte und wegen der Steuer gezwungen bin, meine Konsumtion auf 10 Quarter einzuschränken, so werde ich nicht mehr Geld brauchen, denn in beiden Fällen werde ich für mein Getreide 44 £ bezahlen. Die Bevölkerung wird tatsächlich um ein Elftel weniger verbrauchen, und diese Menge wird von der Regierung verbraucht. Das für seinen Kauf notwendige Geld stammt von den 8 sh, die von den Farmern als Steuer abgeführt werden, aber der erhobene Betrag wird gleichzeitig für ihr Getreide bezahlt werden. Die Steuer ist daher faktisch eine Naturalsteuer und erfordert nicht die Verwendung zusätzlichen Geldes und falls doch, dann so wenig, daß die Menge ruhig unberücksichtigt bleiben kann.

Seite 89 gezeigt wurde. Wenn jedoch eine solche Erhöhung stattfinden kann, so kann sie nicht von Dauer sein, da sie einen starken Einfluß auf den auswärtigen Handel ausübt. Jene teuren Waren können nicht im Austausch für importierte Waren exportiert werden, und wir werden für eine Zeit fortfahren zu kaufen, obwohl wir zu verkaufen aufgehört haben. Wir werden solange Geld oder Barrengold exportieren, bis die relativen Preise der Waren den früheren fast gleich sind. Mir erscheint es vollkommen sicher, daß eine gut angelegte Profitsteuer schließlich sowohl die Waren inländischer als auch ausländischer Erzeugung auf denselben Geldpreis, den sie vor Einführung der Steuer hatten, zurückführen wird.

Da Steuern auf Rohprodukte, Zehente, Steuern auf Löhne und auf die für den Arbeiter lebenswichtigen Artikel, indem sie die Löhne erhöhen, den Profit senken, werden sie alle, wenngleich nicht in demselben Maße, dieselben Wirkungen zeitigen.

Die Erfindung von Maschinen, die die inländische Industrie verbessern, tendiert immer zu einer Erhöhung des relativen Geldwertes und deshalb zu einer Belebung der Geldeinfuhr. Jedwede Besteuerung und jegliche verstärkte Behinderung des industriellen oder landwirtschaftlichen Warenproduzenten tendiert hingegen zu einer Senkung des relativen Geldwertes und daher zu einer Belebung der Ausfuhr von Geld.

KAPITEL XVI

LOHNSTEUERN

Lohnsteuern werden den Lohn erhöhen und deshalb die Rate des Kapitalprofits senken. Wir haben bereits gesehen, daß eine Steuer auf lebenswichtige Artikel deren Preise steigen lassen und eine Erhöhung des Lohnes nach sich ziehen wird. Der einzige Unterschied zwischen einer Steuer auf lebenswichtige Artikel und einer Lohnsteuer besteht darin, daß die erstere notwendigerweise von einer Erhöhung der Preise lebenswichtiger Artikel begleitet wird, während bei der letzteren dies nicht der Fall ist. Zu einer Lohnsteuer werden daher weder der Geldkapitalist noch der Grundeigentümer, noch irgendeine andere Klasse, sondern die Arbeitgeber beitragen. Eine Lohnsteuer ist in voller Höhe eine Profitsteuer; eine Steuer auf lebenswichtige Konsumgüter ist teils eine Profitsteuer, teils eine Steuer für reiche Konsumenten. Die schließlichen Wirkungen, die sich also aus solchen Steuern ergeben, sind genau die gleichen wie die aus einer direkten Profitsteuer entstehenden.

„Der Lohn der unteren Klassen der Arbeiter", sagt Adam Smith, „wird, wie ich mich im ersten Buch zu zeigen bemühte, überall notwendigerweise durch zwei Faktoren bestimmt, die Nachfrage nach Arbeit und den gewöhnlichen oder durchschnittlichen Preis für Lebensmittel. Die Nachfrage nach Arbeit — je nachdem ob sie wachsend, stagnierend oder rückläufig ist, oder ob sie eine steigende, stagnierende oder rückläufige Bevölkerungszahl verlangt — bestimmt den Unterhalt des Arbeiters und legt fest, inwieweit er reichlich, mäßig oder dürftig bemessen werden soll. Der *gewöhnliche oder durchschnittliche* Preis der Lebensmittel bestimmt die Geldmenge, die dem Arbeiter bezahlt werden muß, um ihm den Erwerb dieses reichlichen, mäßigen oder dürftigen Unterhalts Jahr für Jahr zu ermöglichen. Solange daher die Nachfrage nach Arbeit und der Preis der Lebensmittel gleich bleiben, kann eine direkte Steuer auf den Lohn keine andere Wirkung haben, als ihn etwas höher zu treiben als die Steuer."

Gegen die hier von Dr. Smith vorgebrachte Behauptung macht Buchanan zwei Einwände. Erstens bestreitet er, daß der Geldlohn der Arbeit von dem Preis der Lebensmittel bestimmt wird, und er bestreitet zweitens, daß eine Lohnsteuer den Preis der Arbeit steigen lassen wird. Zu dem ersten Punkt lautet Buchanans Beweisführung folgendermaßen (S. 59): „Wie bereits festgestellt wurde, besteht der Arbeitslohn nicht in Geld, sondern darin, was Geld kauft, nämlich Lebensmittel und andere notwendige Konsumartikel, und die dem Arbeiter aus dem allgemeinen Fonds gezahlte Vergütung wird sich immer nach dem Angebot richten. Wo Lebensmittel *wohlfeil und reichlich* vorhanden sind, wird sein Anteil größer, wo sie *knapp und teuer* sind, wird er geringer sein. Sein Lohn wird ihm stets seinen gerechten Anteil zukommen lassen, kann ihm aber nicht mehr geben. Es ist allerdings eine von Dr. Smith und den meisten anderen Autoren vertretene Ansicht, daß der Geldpreis der Arbeit durch den Geldpreis der Lebensmittel bestimmt wird und daß, sobald die Lebensmittel im Preise steigen, der Lohn entsprechend steigt. Es ist jedoch klar, daß der Preis der Arbeit in keinem zwangsläufigen Zusammenhang mit dem Preis der Lebensmittel steht, da er völlig von Angebot und Nachfrage von Arbeitern abhängt. Außerdem ist noch zu bemerken, daß der erhöhte Lebensmittelpreis ein sicheres Anzeichen für ein ungenügendes Angebot ist und sich im natürlichen Lauf der Dinge ergibt, um die Konsumtion zurückzuschrauben. Ein geringeres Angebot an Lebensmitteln, in das sich die gleiche Zahl von Konsumenten teilen muß, wird offensichtlich jedem nur eine kleinere Menge zugestehen, und der Arbeiter muß seinen Teil des allgemeinen Mangels tragen. Um diese Bürde gleichmäßig zu verteilen und um den Arbeiter daran zu hindern, seine Unterhaltsmittel ebenso bedenkenlos wie früher auszugeben, steigt der Preis. Es scheint aber, als ob der Lohn gleichzeitig steigen muß, damit er noch immer die gleiche Menge einer knappen Ware verbrauchen kann. So wird der natürliche Verlauf als seinem eigenen Zweck entgegenwirkend dargestellt: zuerst, als ob er zu einer Erhöhung des Lebensmittelpreises führe, um die Konsumtion zu beschränken, und darauf, als ob er die Löhne steigen ließe, um den Arbeitern denselben Verbrauch wie früher zu ermöglichen."

Es scheint mir, daß in dieser Beweisführung Buchanans ein großes Durcheinander von Wahrheit und Irrtum herrscht. Weil ein hoher Preis von Lebensmitteln manchmal von einem ungenügenden Angebot herrührt, hält Buchanan ihn für ein sicheres Anzeichen eines ungenügenden Angebotes. Er schreibt das, was vielerlei Ursachen entspringen kann, ausschließlich einer zu. Es ist zweifellos richtig, daß bei ungenügendem Angebot eine kleinere Menge zwischen der gleichen Zahl von Konsumenten geteilt wird und daß eine geringere Menge auf jeden entfällt. Um diese Reduktion gleichmäßig zu verteilen und um den Arbeiter daran zu hindern, ebenso bedenkenlos wie früher Unterhaltsmittel zu konsumieren, steigen die Preise. Man muß deshalb Buchanan zugestehen, daß eine durch ungenügendes Angebot hervorgerufene Erhöhung des Lebensmittelpreises nicht notwendigerweise den Geldlohn der Arbeit steigen lassen wird, da die Konsumtion eingeschränkt werden muß, was nur durch Verringerung der Kaufkraft der Konsumenten erreicht werden kann. Aber deswegen, weil der Lebensmittelpreis durch ein ungenügendes Angebot erhöht worden ist, sind wir keineswegs berechtigt zu schlußfolgern, wie Buchanan es anscheinend tut, daß es kein reichliches Angebot mit hohem Preis geben kann — einen hohen Preis nicht nur in bezug auf Geld, sondern in bezug auf alle anderen Dinge.

Der natürliche Preis der Waren, der immer in letzter Instanz ihren Marktpreis bestimmt, hängt ab von der Leichtigkeit der Produktion, aber die produzierte Menge steht nicht im Verhältnis zu dieser Leichtigkeit. Obwohl der zur Zeit in Bebauung genommene Boden viel minderwertiger als die vor drei Jahrhunderten bestellten Böden ist, und die Schwierigkeit der Produktion sich daher erhöht hat, kann niemand daran Zweifel hegen, daß die nunmehr produzierte Menge die damalige erheblich übersteigt. Ein hoher Preis ist nicht nur mit erhöhtem Angebot vereinbar, sondern bleibt in dessen Gefolge selten aus. Wenn also als Ergebnis einer Besteuerung oder von Produktionserschwernissen der Preis der Lebensmittel steigt und die Menge nicht zurückgeht, werden die Geldlöhne steigen; denn, wie Buchanan richtig bemerkte, „der Arbeitslohn besteht nicht in Geld, sondern darin, was Geld kauft, nämlich Lebensmittel und andere Konsumartikel, und die dem Arbeiter aus dem allgemeinen Fonds gezahlte Vergütung wird sich immer nach dem Angebot richten."

Bezüglich des zweiten Punktes, ob eine Steuer auf den Arbeitslohn den Preis der Arbeit steigen läßt, sagt Buchanan: „Nachdem der Arbeiter für seine Arbeit die angemessene Entschädigung erhalten hat, wie kann er sich für das, was er nachher als Steuer abzuführen gezwungen ist, an seinen Arbeitgeber halten? Es gibt in den menschlichen Beziehungen kein Gesetz und keinen Grundsatz, die einen solchen Schluß rechtfertigen. Nachdem der Arbeiter seinen Lohn erhalten hat, befindet er sich in seinem Besitz, und er muß seinen Fähigkeiten entsprechend die Bürde aller möglichen Belastungen tragen, denen er vielleicht nachträglich ausgesetzt ist, da er klarerweise keine Möglichkeit besitzt, diejenigen, die ihm bereits den angemessenen Preis für seine Arbeit bezahlt haben, zu einer Rückerstattung zu zwingen." Buchanan hat mit entschiedener Zustimmung die folgende vortreffliche Stelle aus Malthus' Werk über die Bevölkerung zitiert, die mir seinen Einwand erschöpfend zu widerlegen scheint: „Der Preis der Arbeit ist, sofern es ihm überlassen bleibt seine natürliche Höhe zu finden, ein außerordentlich bedeutsames soziales Barometer, das die Beziehungen zwischen dem Angebot an Lebensmitteln und der Nachfrage danach, zwischen der zu konsumierenden Menge und der Zahl der Konsumenten anzeigt. Darüber hinaus zeigt es eindeutig, im Durchschnitt und von zufälligen Umständen abgesehen, die Bedürfnisse der Gesellschaft in bezug auf die Bevölkerung, d. h. gleichgültig, wie groß die Zahl der Kinder einer Ehe sein mag, die zur Erhaltung des gegenwärtigen Standes der Bevölkerung erforderlich ist, wird der Preis der Arbeit gerade ausreichen, diese Zahl zu ernähren oder darüber oder darunter liegen, entsprechend dem Stand der tatsächlichen Fonds für den Unterhalt der Arbeit, ob sie nun stagnierend, sich entwickelnd oder rückläufig sind. Anstatt ihn jedoch in diesem Lichte zu betrachten, betrachten wir ihn als etwas, das nach Belieben steigt oder fällt und hauptsächlich von den Friedensrichtern Seiner Majestät abhängt. Wenn eine Erhöhung der Lebensmittelpreise bereits anzeigt, daß die Nachfrage gegenüber dem Angebot allzu groß ist, so erhöhen wir, um den Arbeiter in die gleiche Lage wie zuvor zu versetzen, den Preis der Arbeit, d. h., wir steigern die Nachfrage und sind dann sehr überrascht, daß der Lebensmittelpreis weiter steigt. Wir handeln damit beinahe so, als wenn wir das Quecksilber, das in einem gewöhnlichen Wetterglas auf „*Sturm*“ steht, durch irgendwelchen Druck auf „beständig schön“ in die Höhe treiben und dann sehr erstaunt sind, daß es weiter regnet.“

„Der Preis der Arbeit zeigt eindeutig die Bedürfnisse der Gesellschaft in bezug auf die Bevölkerung.“ Er wird gerade ausreichen, um jene Bevölkerungszahl zu unterhalten, die zur Zeit der Stand der zum Unterhalt der Arbeiter bestimmten Fonds erforderlich macht. Wenn der Arbeitslohn vordem nur ausgereicht hat, um die erforderliche Bevölkerungszahl zu ernähren, so wird er nach Einführung der Steuer zu deren Ernährung nicht ausreichen, denn der Arbeiter wird nicht mehr dieselben Mittel für seine Familie haben. Die Arbeit wird daher im Preis steigen, weil die Nachfrage weiter anhält, und nur durch die Erhöhung ihres Preises wird das Angebot nicht vermindert.

Nichts ist üblicher als zu beobachten, wie Hüte oder Malz steigen, sobald sie besteuert werden. Sie steigen, weil, wenn sie es nicht täten, das erforderliche Angebot nicht zustande käme. Ebenso steigt der Preis der Arbeit sobald die Löhne besteuert werden, weil andernfalls die notwendige Bevölkerungszahl nicht aufrecht erhalten wird. Gibt nicht Buchanan alles zu, was hier behauptet wird, indem er sagt: „... wäre er (der Arbeiter) tatsächlich auf das bloße Minimum an notwendigen Konsumartikeln herabgedrückt worden, so würde er künftig unter keiner weiteren Lohnsenkung leiden, da er unter solchen Bedingungen sich nicht fortpflanzen könnte". Angenommen, die Situation des Landes ist derart, daß von dem schlechtest bezahlten Arbeiter nicht nur verlangt wird, sich fortzupflanzen, sondern sich zu vermehren, so werden ihre Löhne dementsprechend festgelegt. Können sie sich im erforderlichen Ausmaß vermehren, wenn eine Steuer ihnen einen Teil ihres Lohnes wegnimmt und sie auf die unerläßlichen Konsumartikel beschränkt?

Es ist zweifellos richtig, daß eine besteuerte Ware nicht proportional zur Steuer steigen wird, wenn die Nachfrage danach zurückgeht und die Menge nicht vermindert werden kann. Wäre Metallgeld allgemein gebräuchlich, so würde durch eine Steuer sein Wert nicht für längere Zeit proportional dem Steuerbetrage steigen, da bei einem höheren Preise die Nachfrage zurückgeht, nicht aber die Menge. Zweifellos beeinflußt dieselbe Ursache häufig den Arbeitslohn. Die Zahl der Arbeiter kann im Vergleich mit der Erhöhung oder dem Rückgang des für ihre Beschäftigung bestimmten Fonds nicht rasch vermehrt oder verringert werden. Jedoch in dem angenommenen Fall gibt es keine notwendige Verringerung der Nachfrage nach Arbeit, und falls sie sich verringert, dann nicht proportional zur Steuer. Buchanan vergißt, daß die auf Grund der Steuer aufgebrachten Mittel von der Regierung zur Beschäftigung von Arbeitern verwendet werden, unproduktiven zwar, aber nichtsdestoweniger Arbeitern. Falls die Arbeit nicht steigt, sobald die Löhne besteuert werden, so wird sich die Konkurrenz um Arbeit sehr verschärfen, da die Eigentümer von Kapital, die zu einer solchen Steuer nicht beitragen müssen, dieselben Mittel zur Beschäftigung von Arbeitern besitzen, während die Regierung als Empfänger der Steuer einen zusätzlichen Fonds für diesen Zweck hat. Regierung und Volk werden solcherart Konkurrenten, und die Folge ihrer Konkurrenz ist eine Erhöhung des Preises der Arbeit. Nur die gleiche Zahl Menschen wird beschäftigt werden, jedoch mit erhöhtem Lohn.

Wenn mit der Steuer sofort die Kapitalisten belastet werden, so verringert sich ihr für den Unterhalt der Arbeit bestimmter Fonds in genau dem gleichen Ausmaß, in dem sich der Fonds der Regierung für diesen Zweck erhöht, und es gäbe daher keine Erhöhung der Löhne, denn obwohl dieselbe Nachfrage vorhanden ist, gibt es nicht die gleiche Konkurrenz. Wenn die Regierung gleich nach Erhebung der Steuer deren Ertrag als Subvention für einen fremden Staat ausführt, und diese Mittel daher für den Unterhalt ausländischer und nicht englischer Arbeiter verwendet werden, z. B. von Soldaten, Matrosen usw., dann ist allerdings eine geringere Nachfrage nach Arbeit vorhanden, und die Löhne brauchen nicht zu steigen, obwohl sie besteuert wurden. Das gleiche Ergebnis tritt aber ein, wenn die Steuer auf Konsumgüter oder auf den Kapitalprofit gelegt worden ist oder wenn die gleiche Summe für diese Subvention auf irgendeine andere Weise aufgebracht wird — weniger Arbeit könnte im Inland beschäftigt werden. In dem einen Falle werden die Löhne am Steigen gehindert, im anderen müssen sie unbedingt sinken. Angenommen aber, der Betrag der Lohnsteuer wird, nachdem er von den Arbeitern erhoben wurde, ohne Gegenleistung deren Arbeitgebern ausgezahlt, so wird er ihre für den Unterhalt der Arbeit bestimmten Geldmittel erhöhen, aber weder die Waren noch die Arbeit vermehren. Die Konkurrenz zwischen den Arbeitgebern wird sich daher verschärfen, und die Steuer hat schließlich weder für den Herrn noch für den Arbeiter einen Verlust zur Folge. Der Herr bezahlt einen höheren Arbeitslohn, der Aufschlag, den der Arbeiter erhält, wird als Steuer an die Regierung abgeführt und den Herren wieder zurückerstattet. Man darf aber nicht vergessen, daß der Ertrag von Steuern im allgemeinen verschwenderisch ausgegeben wird und sie immer auf Kosten der Annehmlichkeiten und Genüsse des Volkes erlangt werden, wobei sie gewöhnlich das Kapital verringern oder dessen Akkumulation beeinträchtigen. Indem sie das Kapital verringern, tendieren sie dazu, die tatsächlichen, für den Unterhalt der Arbeit bestimmten Mittel zu vermindern und daher die tatsächliche Nachfrage nach Arbeit einzuschränken. Steuern vermindern also im allgemeinen, insofern sie das wirkliche Kapital des Landes angreifen, die Nachfrage nach Arbeit. Es ist daher eine zwar wahrscheinliche, jedoch nicht notwendige oder besondere Folge einer Lohnsteuer, daß die Löhne zwar steigen, jedoch nicht um einen der Steuer genau gleichen Betrag.

Wie wir gesehen haben, hat Adam Smith ohne Einschränkung zugegeben, daß die Wirkung einer Lohnsteuer in einer dem Steuerbetrage zumindest gleichen Lohnerhöhung besteht und daß sie, wenn nicht unmittelbar, so doch letzten Endes vom Arbeitgeber bezahlt wird. Soweit stimmen wir völlig überein. Wir unterscheiden uns jedoch erheblich in unseren Ansichten über die darauffolgenden Wirkungen einer solchen Steuer.

„Eine direkte Steuer auf den Arbeitslohn kann daher“, sagt Adam Smith, „obwohl sie der Arbeiter vielleicht aus seiner Tasche bezahlt, richtigerweise nicht einmal als von ihm vorgeschossen bezeichnet werden, zumindest dann nicht, wenn die Nachfrage nach Arbeit und der durchschnittliche Preis der Lebensmittel nach Einführung der Steuer derselbe wie früher bleibt. In allen solchen Fällen wird nicht nur die Steuer, sondern in Wirklichkeit noch etwas darüber hinaus von demjenigen, der ihn unmittelbar beschäftigt, vorgeschossen. Die endgültige Zahlung wird in den verschiedenen Fällen auf verschiedene Personen fallen. Die durch eine solche Steuer bei den Löhnen für Manufakturarbeit verursachte Erhöhung wird vom Fabrikanten vorgeschossen, *der berechtigt und genötigt ist, sie mit einem Profit auf den Preis seiner Waren aufzuschlagen.* Die durch eine solche Steuer bei der Landarbeit verursachte Erhöhung schießt der Farmer vor, der ein größeres Kapital aufwenden muß, um dieselbe Zahl von Arbeitern wie früher zu beschäftigen. Um sein vergrößertes Kapital *zusammen mit dem üblichen Kapitalprofit* zurückzubekommen, ist es erforderlich, einen größeren Teil, oder was dasselbe ist, den Preis eines größeren Teiles des Produkts des Bodens für sich zu behalten und folglich dem Grundeigentümer weniger Rente zu zahlen. Die endgültige Bezahlung dieser Lohnerhöhung trifft in diesem Falle den Grundeigentümer, *einschließlich des zusätzlichen Profits des Farmers, der sie vorgeschossen hatte.* Eine direkte Steuer auf den Arbeitslohn muß in jedem Falle auf lange Sicht sowohl eine größere Verminderung der Bodenrente als auch eine erheblichere Erhöhung des Preises von Manufakturwaren verursachen, als sich aus einer ordentlichen, der Summe des Steuerertrags gleichen Bemessung einer teils die Grundrente und teils die Konsumgüter belastenden Steuer ergeben hätte." (Band III, S. 337.) An dieser Stelle wird behauptet, daß die von den Farmern zusätzlich bezahlten Löhne schließlich die Grundeigentümer treffen werden, die eine kleinere Rente erhalten werden; daß jedoch die von den Fabrikanten gezahlten zusätzlichen Löhne einen Preisanstieg der Manufakturwaren hervorrufen und daher die Konsumenten dieser Waren belasten werden.

Angenommen nun, eine Gesellschaft besteht aus Grundeigentümern, Fabrikanten, Farmern und Arbeitern, so herrscht Übereinstimmung darüber, daß die Arbeiter für die Steuer entschädigt werden. Von wem aber? Wer bezahlt jenen Teil, der nicht zu Lasten der Grundeigentümer geht? Die Fabrikanten können keinen Teil davon bezahlen, denn wenn der Preis ihrer Waren porportional zu den von ihnen bezahlten höheren Löhnen steigt, sind sie nach Einführung der Steuer in einer günstigeren Lage als vorher. Wenn der Tuch-, Hut- und Schuhmacher usw. imstande sind, den Preis ihrer Waren um 10 Prozent zu erhöhen — vorausgesetzt, daß 10 Prozent sie vollständig für die gezahlten zusätzlichen Löhne entschädigen —, wenn, wie Adam Smith sagt, „sie berechtigt und genötigt sind, die zusätzlichen Löhne *mit einem Profit* auf den Preis ihrer Waren aufzuschlagen", so kann jeder von ihnen ebensoviel wie früher von den Waren des anderen konsumieren, und sie tragen daher nichts zu der Steuer bei. Zahlt der Tuchmacher mehr für seine Hüte und Schuhe, bekommt er mehr für sein Tuch, und wenn der Hutmacher für sein Tuch und seine Schuhe mehr bezahlt, so erhält er für seine Hüte mehr. Sie werden alle Manufakturwaren ebenso vorteilhaft wie früher kaufen und, insofern Getreide nicht im Preis steigt — was Dr. Smith unterstellt —, werden sie, da sie zu seinem Ankauf einen zusätzlichen Betrag zur Verfügung haben, durch eine solche Steuer begünstigt und nicht benachteiligt.

Wenn also weder die Arbeiter noch die Fabrikanten zu einer solchen Steuer beitragen, wenn die Farmer ebenfalls durch ein Sinken der Rente entschädigt werden, so müssen die Grundeigentümer nicht nur die gesamte Last allein tragen, sondern auch zu den erhöhten Gewinnen der Fabrikanten beisteuern. Um das zu tun, müßten sie jedoch alle Manufakturwaren innerhalb des Landes konsumieren, denn der auf die Gesamtmasse aufgeschlagene Zusatzpreis beträgt wenig mehr als die ursprünglich den Manufakturarbeitern auferlegte Steuer.

Nun wird es wohl nicht bestritten, daß der Tuchmacher, der Hutmacher und alle übrigen Fabrikanten gegenseitig Konsumenten ihrer Waren sind, und es wird nicht in Abrede gestellt, daß die Arbeiter aller Art Seife, Tuch, Schuhe, Kerzen und verschiedene andere Waren konsumieren. Folglich ist es ausgeschlossen, daß die gesamte Last dieser Steuern ausschließlich die Grundeigentümer trifft.

Wenn aber die Arbeiter keinen Teil der Steuer zahlen und Manufakturwaren doch im Preise steigen, so müssen die Löhne ansteigen, nicht nur, um sie für die Steuer, sondern auch, um sie für den höheren Preis von Manufakturwaren zu entschädigen, was eine neue Ursache, soweit es die landwirtschaftliche Arbeit betrifft, für das Sinken der Rente und, soweit es die Arbeit in den Manufakturen betrifft, für eine weitere Erhöhung der Warenpreise sein wird. Diese Erhöhung der Warenpreise wird sich wiederum auf die Löhne auswirken, und Wirkung und Gegenwirkung zuerst der Löhne auf die Waren und dann der Waren auf die Löhne wird sich ohne erkennbare Grenzen fortsetzen. Die Begründungen, mit denen diese Theorie gestützt wird, führen zu derartig widersinnigen Schlußfolgerungen, daß die gänzliche Unhaltbarkeit des Prinzips sofort erkennbar ist.

Alle die im Laufe des natürlichen Fortschritts der Gesellschaft und alle größeren Schwierigkeiten der Produktion durch die Erhöhung der Rente und der lebenswichtigen Konsumartikel auf den Kapitalprofit und den Arbeitslohn erzeugten Einwirkungen werden sich in gleicher Weise aus einer Lohnerhöhung infolge Besteuerung ergeben. Daher werden die Annehmlichkeiten des Arbeiters ebenso wie die seines Arbeitgebers durch die Steuer eingeschränkt, und das nicht nur im besonderen durch diese Steuer, sondern durch jede andere, die den gleichen Betrag einbringt, da sie alle dazu tendieren, die für den Unterhalt der Arbeit bestimmten Fonds zu verkleinern.

Adam Smith' Irrtum entspringt in erster Linie seiner Annahme, daß alle von dem Farmer bezahlten Steuern notwendigerweise vom Grundeigentümer in Form eines Abzugs von der Rente getragen werden müssen. Über dieses Thema habe ich mich völlig erschöpfend ausgelassen, und ich hoffe, für den Leser zufriedenstellend gezeigt zu haben, daß wegen der Verwendung von viel Kapital auf Boden, der keine Rente abwirft und deswegen, weil es das mit Hilfe dieses Kapitals hervorgebrachte Produkt ist, das den Preis der Rohprodukte bestimmt, kein Abzug von der Rente vorgenommen werden kann. Daher kann entweder dem Farmer keine Vergütung für eine Lohnsteuer gewährt werden oder, falls sie gewährt wird, muß sie durch eine Erhöhung des Preises der Rohprodukte aufgebracht werden.

Falls Steuern einseitig den Farmer belasten, so wird es ihm gelingen, den Preis der Rohprodukte zu erhöhen, um sich mit denen, die ein anderes Gewerbe betreiben, auf dieselbe Stufe zu stellen. Aber eine Lohnsteuer, die ihn nicht härter als jedes andere Gewerbe trifft, kann durch einen hohen Preis der Rohprodukte nicht beseitigt oder wettgemacht werden, da derselbe Grund, der ihn zu einer Erhöhung des Getreidepreises verleitet — nämlich, sich für die Steuer zu entschädigen —, den Tuchmacher zur Erhöhung des Tuchpreises und den Schuhmacher, den Hutmacher und den Polsterer zu einer Erhöhung der Preise von Schuhen, Hüten und Möbeln veranlaßt.

Wenn sie nun alle die Preise ihrer Waren erhöhen können, so daß sie sich mit Profit für die Steuer entschädigen, so ist es offensichtlich, daß die Steuer niemals bezahlt werden kann, da sie gegenseitig Konsumenten ihrer Waren sind; denn wer würden die Steuerzahler sein, wenn sie entschädigt werden?

Ich hoffe also, daß es mir gelungen ist zu zeigen, daß eine beliebige Steuer, die eine Erhöhung der Löhne bewirkt, durch eine Verringerung des Profits bezahlt wird und daß daher eine Lohnsteuer in Wirklichkeit eine Profitsteuer ist.

Dieses Prinzip der Teilung des Produktes von Arbeit und Kapital in Lohn und Profit, das ich versucht habe aufzustellen, erscheint mir so sicher, daß ich es – abgesehen von den unmittelbaren Auswirkungen – als von geringer Wichtigkeit erachte, ob der Kapitalprofit oder die Arbeitslöhne besteuert werden. Durch eine Besteuerung des Kapitalprofits wird wahrscheinlich die Zuwachsrate des für den Unterhalt der Arbeit bestimmten Fonds verändert, und die Löhne geraten, da sie zu hoch sind, in ein Mißverhältnis zur Höhe dieses Fonds. Durch eine Besteuerung der Löhne steht die Entlohnung des Arbeiters, da sie zu niedrig ist, ebenfalls in einem Mißverhältnis zur Höhe dieses Fonds. Das natürliche Verhältnis zwischen Profit und Löhnen wird in dem einen Fall durch ein Sinken, im anderen durch ein Steigen der Geldlöhne wieder hergestellt. Eine Lohnsteuer trifft also nicht den Grundeigentümer, sondern den Kapitalprofit; sie „berechtigt und nötigt den Fabrikanten nicht, sie mit einem Profit auf den Preis seiner Waren aufzuschlagen", denn er wird nicht imstande sein, ihren Preis zu erhöhen und muß daher selbst ohne Entschädigung eine solche Steuer voll und ganz bezahlen.[1]

[1] Say scheint sich die allgemeine Ansicht über dieses Problem zu eigen gemacht zu haben. Wo er von Getreide spricht, erklärt er:

„Daher ergibt es sich, daß sein Preis den Preis *aller* anderen Waren beeinflußt. Ein Farmer, ein Fabrikant oder ein Kaufmann beschäftigen eine bestimmte Zahl von Arbeitern, die alle

Falls die Auswirkung von Lohnsteuern der von mir dargestellten entspricht, so verdienen sie nicht die von Dr. Smith über sie ausgesprochene Mißbilligung. Er erklärt von solchen Steuern: „Diese und einige andere gleichartige Steuern sollen durch Erhöhung des Preises der Arbeit den größten Teil der Manufakturen Hollands ruiniert haben. Ähnliche Steuern, wenngleich nicht so hoch, gibt es in den mailändischen und den genuesischen Gebieten, in den Herzogtümern Modena, Parma, Piacenza und Guastalla sowie im Kirchenstaat. Ein französischer Autor von Ruf hat vorgeschlagen, die Finanzen seines Landes einer Reform dadurch zu unterziehen, daß an Stelle anderer diese verderblichste aller Steuern gesetzt wird. ‚Nichts ist so absurd', sagt Cicero, ‚als daß es nicht zuweilen von einigen Philosophen behauptet worden wäre'." Und an anderer Stelle sagt er: „Steuern auf lebensnotwendige Konsumartikel tendieren mit Notwendigkeit dazu, durch Erhöhung der Arbeitslöhne die Preise aller Manufakturwaren in die Höhe zu treiben und damit den Umfang ihres Absatzes und ihrer Konsumtion einzuschränken." Sie würden diesen Tadel auch dann nicht verdienen, wenn Dr. Smith' Prinzip richtig wäre, daß solche Steuern den Preis von Manufakturwaren erhöhen; denn eine solche Auswirkung kann nur zeitweilig eintreten und wird uns keinen Nachteil in unserem auswärtigen Handel zufügen. Sollte irgendeine Ursache den Preis einiger weniger Manufakturwaren in die Höhe treiben, so wird das ihren Export verhindern oder hemmen; wenn aber dieselbe Ursache allgemein für alle Waren wirksam wird, so handelt es sich nur um eine nominelle Auswirkung und beeinflußt weder ihren relativen Wert, noch verringert sich im geringsten der Anreiz für einen Tausch-

eine gewisse Menge Getreide konsumieren müssen. Falls der Getreidepreis steigt, so ist jeder gezwungen, im gleichen Ausmaß den Preis seiner Produkte zu erhöhen." Bd. I, S. 255

handel als der sich jeder Handel, ob auswärtiger oder inländischer, in Wirklichkeit darstellt.

Ich habe bereits zu zeigen versucht, daß, sobald irgendeine Ursache die Preise aller Waren in die Höhe treibt, die Auswirkungen fast gleich denen sind, die bei einem Sinken des Geldwertes eintreten. Fällt der Geldwert, so steigen alle Waren im Preise, und falls diese Auswirkung auf ein Land beschränkt ist, so wird sie dessen auswärtigen Handel in gleicher Weise wie durch eine allgemeine Besteuerung hervorgerufene hohe Warenpreise beeinflussen. Wenn wir daher die Auswirkungen eines auf ein Land beschränkten niedrigen Geldwertes untersuchen, untersuchen wir auch die Auswirkungen sich auf ein Land beschränkender hoher Warenpreise. Adam Smith war sich allerdings der Ähnlichkeit der beiden Fälle voll bewußt und behauptete demgemäß, daß der niedrige Wert des Geldes oder, wie er es nennt, des Silbers, in Spanien infolge eines Ausfuhrverbotes höchst schädlich für die Industrie und den auswärtigen Handel Spaniens war. „Jedoch ist diese Entwertung des Silbers, die infolge einer besonderen Situation oder der politischen Einrichtungen eines bestimmten Landes nur in diesem Lande eintritt, eine Angelegenheit von großer Tragweite, die bei weitem nicht dazu tendiert, jemand wirklich reicher zu machen, sondern dazu, jedermann tatsächlich ärmer zu machen. *Die Erhöhung des Geldpreises aller Waren, die in diesem Falle auf jenes Land beschränkt ist,* hat die Tendenz, mehr oder weniger jede Art von dort betriebenem Gewerbe zu entmutigen und anderen Nationen zu ermöglichen, sie nicht nur auf dem Auslands-, sondern sogar auf dem Inlandsmarkt zu unterbieten, weil sie fast alle Arten von Waren für eine geringere Menge Silber liefern als die heimischen Fabrikanten es tun können.“ (Band II, S. 278.)

Ein, und ich meine der einzige, Nachteil eines niedrigen Silberwertes innerhalb eines Landes, der aus einem erzwungenen Überfluß entsteht, ist von Dr. Smith ausgezeichnet dargestellt worden. Ist der Handel mit Gold und Silber frei, so „wird das ins Ausland fließende Gold und Silber nicht umsonst ins Ausland abfließen, sondern einen gleichen Wert in Waren dieser oder jener Art zurückbringen. Diese Waren sind auch nicht alle nur kostspielige und Luxusdinge, die von Müßiggängern konsumiert werden, die nichts als Gegenleistung für ihre Konsumtion produzieren. Ebenso wie das tatsächliche Vermögen und die Revenue von Müßiggängern durch diese außergewöhnliche Ausfuhr von Gold und Silber nicht vermehrt wird, so wird auch ihre Konsumtion dadurch nicht erhöht. Diese Waren werden wahrscheinlich zum größeren, sicherlich aber zu einem gewissen Teil aus Material, Werkzeugen und Lebensmitteln zur Beschäftigung und zum Unterhalt fleißiger Leute bestehen, die den vollen Wert ihrer Konsumtion zusätzlich eines Profits reproduzieren. Ein Teil des brachliegenden Kapitals der Gesellschaft verwandelt sich so in produktives Kapital und setzt menschliche Arbeit in größerem Umfange als vorher in Bewegung."

Durch das Verbot eines freien Handels mit Edelmetallen verhindert man, sobald die Warenpreise entweder durch Besteuerung oder durch die Zufuhr von Edelmetallen gestiegen sind, die Verwandlung eines Teils des toten Kapitals der Gesellschaft in aktives Kapital — man verhindert die Beschäftigung menschlicher Arbeit in größerem Umfange. Das aber ist das ganze Ausmaß des Übels, eines Übels, das jene Länder nicht empfinden, in denen die Ausfuhr von Silber entweder erlaubt oder geduldet wird.

Der Wechselkurs zweier Länder steht nur solange auf pari, wie sie genau jene Menge Zirkulationsmittel besitzen, die bei der tatsächlichen Lage der Dinge notwendig ist, um die Zirkulation ihrer Waren zu bewerkstelligen. Wenn der Handel mit Edelmetallen vollkommen frei wäre und falls Geld ohne irgendwelche Kosten exportiert werden könnte, so müßten die Wechselkurse in jedem Lande auf pari stehen. Wenn der Handel mit Edelmetallen vollständig frei wäre und sie allgemein in der Zirkulation benutzt würden, so würde sogar mit den Kosten ihres Transportes der Wechselkurs in einem der Länder niemals um mehr von pari abweichen als um diese Kosten. Diese Prinzipien werden, wie ich glaube, jetzt nirgendwo bestritten. Wenn ein Land nicht in Metall eintauschbares und daher durch keinen festen Standard bestimmtes Papiergeld verwendet, so können die Wechselkurse im gleichen Ausmaß von der Parität abweichen, in dem sein Geld über jene Menge hinaus vermehrt wurde, die ihm durch den allgemeinen Handel zugemessen worden wäre, sofern ein freier Geldhandel bestanden hätte, und die Edelmetalle entweder als Geld oder als Geldstandard verwendet worden wären.

Wenn auf Grund der allgemeinen Handelsumsätze sich der Anteil Englands auf 10 Millionen Pfund Sterling von bekanntem Gewicht und Feingehalt belaufen sollte und sie würden durch zehn Millionen Papierpfunde ersetzt, so übt das keine Wirkung auf den Wechselkurs aus. Wenn aber durch den Mißbrauch der Berechtigung zur Ausgabe von Papiergeld 11 Millionen Pfund in der Zirkulation verwendet werden, so wird der Wechselkurs 9 Prozent, bei 12 Millionen 16 Prozent und bei 20 Millionen 50 Prozent gegen England stehen. Um ein solches Ergebnis zu erzielen, ist es jedoch nicht notwendig, Papiergeld zu verwenden. Jede beliebige Ursache, die innerhalb der Zirkulation eine größere Menge Pfunde zurückhält als zirkulieren würde, wenn der Handel frei wäre, und die Edelmetalle von bekanntem Gewicht und Feingehalt entweder als Geld oder Geldstandard benutzt worden wären, bringt genau die gleichen Ergebnisse hervor. Angenommen, daß durch Münzverschlechterung ein jedes Pfund nicht die durch Gesetz vorgeschriebene Menge Gold oder Silber enthält, so kann eine größere Zahl solcher Pfunde in der Zirkulation verwendet werden, als wenn sie nicht verschlechtert worden wären. Wenn von jedem Pfund ein Zehntel entnommen wird, dann können 11 Millionen solcher Pfunde anstatt 10 verwendet werden; bei zwei Zehntel werden 12 Millionen und bei der Hälfte zwanzig Millionen nicht als zuviel angesehen werden. Verwendet man die letztgenannte Summe in England anstatt 10 Millionen, so wird jede Ware in England auf das Doppelte ihres früheren Preises steigen und der Wechselkurs 50 Prozent gegen England stehen. Dies wird jedoch keine Störung des auswärtigen Handels hervorrufen, noch die Produktion irgendeiner Ware hemmen. Wenn z. B. Tuch von 20 auf 40 £ in England steigt, so werden wir es nach der Erhöhung ebenso ungehindert wie vorher exportieren, denn dem ausländischen Käufer wird durch den Wechselkurs eine Entschädigung von 50 Prozent gewährt, so daß er mit 20 £ in seiner Währung einen Wechsel kaufen kann, der ihm die Zahlung einer Schuld von 40 £ in England ermöglicht. In gleicher Weise wird er beim Export einer Ware, die ihn in seinem Heimatland 20 £ kostet und die er in England für 40 £ verkauft, nur 20 £ bekommen, denn 40 £ können in England nur einen Wechsel auf ein anderes Land über 20 £ kaufen. Die gleichen Resultate treten ein, falls aus irgendeinem Grund 20 Millionen zwangsweise Zirkulationsfunktionen in England versehen, wenn nur 10 Millionen erforderlich sind. Wenn ein so widersinniges Gesetz wie das Verbot des Edelmetallexports durchgesetzt werden könnte und infolge eines solchen Verbotes würden der Zirkulation 11 Millionen guter, soeben ausgeprägter Pfunde anstatt 10 Millionen aufgezwungen, so stünde der Wechselkurs 9 Prozent gegen England; wenn es sich um 12 Millionen handelt, stünde er 16 Prozent und bei 20 Millionen 50 Prozent gegen England. Die Industrie Englands wird aber keinen Rückschlag erleiden. Wenn inländische Waren zu einem hohen Preis in England verkauft werden, so gilt das ebenso für ausländische. Ob sie hoch oder niedrig stehen, ist für den ausländischen Exporteur oder Importeur von geringer Bedeutung, solange er einerseits genötigt ist, beim Wechselkurs eine Entschädigung zu gewähren, sobald seine Waren für einen hohen Preis verkauft werden, und er andererseits die gleiche Entschädigung erhält, sofern er gezwungen ist, englische Waren für einen hohen Preis zu kaufen. Der einzige Nachteil also, der einem Lande durch das Zurückbehalten einer größeren Menge von Gold oder Silber in der Zirkulation, mit Hilfe von Verbotsgesetzen, als sonst dort verharren würde, erwachsen kann, ist der Verlust, den es durch die unproduktive anstelle einer produktiven Anlage eines Teiles seines Kapitals erleidet. In der Form von Geld erzeugt dieses Kapital keinen Profit; in der Form von Material, Maschinen und Nahrungsmitteln, für die es eingetauscht werden kann, bringt es eine Revenue hervor und trägt zum Reichtum und den Ressourcen des Landes bei. Ich hoffe also, damit ausreichend bewiesen zu haben, daß ein infolge Besteuerung verhältnismäßig niedriger Preis der Edelmetalle oder anders ausgedrückt, ein allgemein hoher Preis der Waren, keinen Nachteil für einen Staat mit sich bringt, da ein Teil des Metalls exportiert wird, was infolge der Erhöhung seines Wertes wiederum die Warenpreise sinken läßt. Darüber hinaus wird, wenn es nicht exportiert und durch Verbotsgesetze im Lande zurückgehalten werden kann, die Auswirkung auf den Wechselkurs die Wirkung der hohen Preise ausgleichen. Wenn also Steuern auf notwendige Konsumartikel und auf die Löhne nicht die Preise aller Waren, auf die Arbeit verwendet wurde, steigen lassen, kann man sie nicht deswegen verurteilen. Darüber hinaus werden sie selbst dann, wenn die von Adam Smith vertretene Ansicht wohl begründet wäre, nach der sie eine solche Wirkung besitzen, nicht im geringsten deswegen schädlich sein. Sie sind aus keinen anderen Gründen als denen, die berechtigt gegen Steuern irgendeiner anderen Art vorgebracht werden, abzulehnen.

Die Grundeigentümer als solche sind von der Last der Steuer befreit; soweit sie jedoch beim Verbrauch ihrer Revenue unmittelbar Arbeiter beschäftigen — durch den Unterhalt von Gärtnern, Dienstboten usw. —, sind sie ihren Auswirkungen unterworfen.

Es ist zweifellos richtig, daß „Steuern auf Luxusartikel keine Tendenz aufweisen, den Preis irgendwelcher anderen Waren als der besteuerten zu erhöhen". Es stimmt jedoch nicht, „daß Steuern auf lebenswichtige Konsumartikel dazu tendieren, durch die Erhöhung der Arbeitslöhne mit Notwendigkeit den Preis aller Manufakturwaren steigen zu lassen". Es ist richtig, daß „Steuern auf Luxusartikel in letzter Instanz von den Konsumenten der besteuerten Waren ohne irgendeine Rückvergütung bezahlt werden. Sie treffen unterschiedslos jede Art von Revenue, den Arbeitslohn, den Kapitalprofit und die Grundrente". Es stimmt aber nicht, „daß Steuern auf lebensnotwendige Artikel, *soweit sie die arbeitenden Armen treffen,* letzten Endes teils von den Grundeigentümern durch eine verringerte Rente von ihrem Boden und teils von den reichen Konsumenten, ob sie nun Grundbesitzer oder andere Reiche sind, durch den erhöhten Preis der Manufakturwaren getragen werden"; denn, *soweit diese Steuern die arbeitenden Armen treffen,* werden sie fast gänzlich durch die Verringerung des Kapitalprofits bezahlt, und nur ein kleiner Teil wird von den Arbeitern selbst getragen in Form der eingeschränkten Nachfrage nach Arbeit, die tendenziell von jeder Art Steuer erzeugt wird.

Dr. Smith ist auf Grund seiner fehlerhaften Ansicht über die Wirkung dieser Steuern zu dem Schluß gelangt, daß „die mittleren und höheren Schichten des Volkes, wenn sie ihr eigenes Interesse begreifen, sich allen Steuern auf lebenswichtige Artikel ebenso widersetzen sollten wie auch allen direkten Lohnsteuern". Diese Schlußfolgerung ergibt sich aus seiner Überlegung, „daß die endgültige Bezahlung sowohl der einen als auch der anderen voll und ganz sie selbst trifft, und zwar immer mit einem beträchtlichen Aufschlag. Sie belasten am schwersten die Grundeigentümer[1], die stets in doppelter Eigenschaft zahlen: in der von Grundeigentümern, durch die Verringerung ihrer Rente und in der von reichen Konsumenten durch die Erhöhung ihrer Ausgaben. Die Feststellung von Sir Matthew Decker, daß bestimmte Steuern sich im Preise gewisser Waren manchmal vervier- oder verfünffachen, ist völlig richtig in bezug auf die lebenswichtigen Artikel. Im Preise des Leders muß nicht nur die Steuer auf das Leder der eigenen Schuhe, sondern auch ein Teil der auf die Schuhe des Schuhmachers und Gerbers entfallenden bezahlt werden. Man muß weiterhin auch für die Steuer auf das Salz, die Seife und die Kerzen bezahlen, welche jene Handwerker verbrauchen, während sie in unserem Dienst beschäftigt sind, sowie für die Steuer auf Leder, welches der Salzsieder, Seifensieder und Kerzenzieher konsumieren, während sie in ihrem Dienst beschäftigt sind."

Da nun Dr. Smith nicht behauptet, daß der Gerber, der Salzsieder, der Seifensieder und der Kerzenzieher aus der Steuer auf Leder, Salz, Seife und Kerzen Vorteile ziehen werden, und da es feststeht, daß die Regierung nicht mehr als die auferlegte Steuer bekommen wird, ist es unmöglich zu verstehen, wie von der Bevölkerung mehr gezahlt werden kann, wen auch immer die Steuer treffen mag. Die reichen Konsumenten können und werden in der Tat für den armen Konsumenten bezahlen, sie werden jedoch nicht mehr als den Gesamtbetrag der Steuer entrichten — und es liegt nicht in der Natur der Dinge, daß „die Steuer sich vervier- oder verfünffacht".

Ein Steuersystem kann fehlerhaft sein; es kann mehr von der Bevölkerung erhoben werden als seinen Weg

[1] Weit entfernt davon, dies zu tun, werden sie die Grundeigentümer und Geldkapitalisten kaum berühren.

in die Staatskasse findet, da ein Teil infolge der Auswirkung auf die Preise möglicherweise von jenen in Empfang genommen wird, die durch die besondere Art der Steuererhebung begünstigt werden. Derartige Steuern sind schädlich und sollten nicht begünstigt werden, denn es kann als ein Prinzip angesehen werden, daß sich gerecht auswirkende Steuern mit der ersten von Dr. Smith' Grundregeln übereinstimmen und von der Bevölkerung sowenig wie möglich über das hinaus erheben, was in die öffentlichen Staatseinnahmen eingeht. Say sagt: „Andere bieten Finanzprojekte an und schlagen Mittel zur Füllung der Kassen des Souveräns vor ohne Belastung seiner Untertanen. Solange ein Finanzprojekt nicht den Charakter eines kommerziellen Unternehmens besitzt, kann es der Regierung nicht mehr einbringen als es entweder Einzelpersonen oder auf andere Weise der Regierung selbst entzieht. Man kann nicht aus Nichts etwas durch die Berührung mit einem Zauberstab machen. Auf welche Art immer ein Vorgang auch verkleidet werden mag, in welche Formen wir einen Wert zwingen mögen, welche Metamorphosen wir ihn durchlaufen lassen, wir können einen Wert nur erhalten, indem wir ihn schaffen oder ihn anderen wegnehmen. Das beste aller Finanzprojekte ist, wenig auszugeben, und die beste aller Steuern ist jene, die ihrem Betrag nach die geringste ist."

Dr. Smith behauptet durchweg, und, wie ich glaube, mit Recht, daß die arbeitenden Klassen nicht wesentlich zu den Staatslasten beisteuern können. Eine Steuer auf lebenswichtige Artikel oder auf die Löhne wird deshalb von den Armen auf die Reichen überwälzt werden. Wenn also Dr. Smith' Ansicht dahin geht, „daß bestimmte Steuern sich im Preise gewisser Waren manchmal vervier- und verfünffachen", um dieses Ziel zu erreichen, nämlich die Überwälzung der Steuer von den Armen auf die Reichen, so sind sie deswegen nicht zu verurteilen.

Angenommen, der gerechte Steueranteil eines reichen Konsumenten beträgt 100 £, die er direkt entrichtet, falls die Steuer auf das Einkommen, auf Wein oder einen anderen Luxusartikel gelegt wird. Er wird keinen Schaden erleiden, wenn er durch die Besteuerung lebenswichtiger Konsumartikel nur zur Entrichtung von 25 £, soweit seine eigene und seiner Familie Konsumtion an notwendigen Artikeln betroffen ist, herangezogen wird, diese Steuerzahlung aber dreimal wiederholen muß, indem er einen höheren Preis für andere Waren bezahlt, um die Arbeiter oder deren Arbeitgeber für die Steuer, die sie vorzuschießen hatten, zu entschädigen. Sogar in diesem Fall ergibt sich kein zwingender Schluß; denn wenn nicht mehr bezahlt wird als die Regierung verlangt, von welcher Bedeutung kann es dann für den reichen Konsumenten sein, ob er die Steuer direkt durch die Zahlung eines höheren Preises für einen Luxusgegenstand oder indirekt durch die Bezahlung eines höheren Preises für die notwendigen Artikel und die anderen von ihm konsumierten Waren entrichtet? Wenn von der Bevölkerung nicht mehr bezahlt wird als die Regierung einnimmt, wird der reiche Konsument nur seinen angemessenen Anteil bezahlen. Wenn mehr bezahlt wird, so hätte Adam Smith erklären sollen, wer es bekommt. Seine gesamte Beweisführung ist jedoch auf einen Irrtum aufgebaut, denn die Preise der Waren werden durch derartige Steuern nicht erhöht.

Es scheint mir, als ob Say sich nicht konsequent an das einleuchtende Prinzip, das ich aus seinem vortrefflichen Werk zitiert habe, gehalten hat, denn auf der folgenden Seite, wo er über die Besteuerung spricht, sagt er: „Wenn sie zu weit getrieben wird, bewirkt sie das beklagenswerte Ergebnis, daß sie den Steuerzahler eines Teiles seines Reichtums beraubt, ohne den Staat zu bereichern. Das kann man verstehen, wenn wir uns überlegen, daß jedermanns Fähigkeit zu konsumieren, ob nun produktiv oder nicht, durch sein Einkommen begrenzt ist. Sein Einkommen kann also nicht um einen Teil geschmälert werden, ohne daß er zu einer Einschränkung seines Konsums gezwungen ist. Daraus entspringt eine Verringerung der Nachfrage nach den Waren, die er nicht mehr verbraucht und besonders nach jenen, die mit einer Steuer belegt sind. Aus dieser Verringerung der Nachfrage ergibt sich eine Einschränkung der Produktion und daher auch der versteuerbaren Waren. Dem Steuerzahler wird also ein Teil seiner Annehmlichkeiten, dem Produzenten ein Teil seines Profits und dem Staatshaushalt ein Teil seiner Einnahmen verloren gehen."

Say führt die Salzsteuer im vorrevolutionären Frankreich als Beispiel an, die, wie er sagt, die Produktion von Salz um die Hälfte reduzierte. Wenn jedoch weniger Salz konsumiert wurde, so wurde weniger Kapital für seine Produktion verwendet, und falls daher der Produzent weniger Profit aus der Produktion von Salz erhielt, so bekam er mehr aus der Produktion anderer Gegenstände. Trifft eine Steuer, mag sie auch noch so drückend sein, die Revenue und nicht das Kapital, so verringert sie nicht die Nachfrage, sondern verändert nur ihre Struktur. Sie ermöglicht der Regierung, ebensoviel vom Produkt des Bodens und der Arbeit des Landes zu konsumieren, wie vorher von den zur Steuer herangezogenen Einzelpersonen konsumiert wurde — ein auch ohne Übertreibung genügend großes Übel. Wenn sich mein Einkommen auf 1000 £ jährlich beläuft, und ich werde mit 100 £ im Jahre zu einer Steuer herangezogen, so kann ich nur neun Zehntel der früher konsumierten Waren nachfragen, aber ich habe der Regierung die Möglichkeit gegeben, nach dem restlichen Zehntel nachzufragen. Ist die besteuerte Ware Getreide, so ist es nicht erforderlich, daß sich meine Nachfrage nach Getreide vermindert, da ich es vielleicht vorziehe, 100 £ jährlich mehr für mein Getreide zu bezahlen und um den gleichen Betrag meine Nachfrage nach Wein, Möbeln oder einem anderen

Luxusartikel zu reduzieren.[1] Weniger Kapital wird daraufhin für die Weinherstellung oder im Polsterergewerbe angelegt werden, aber mehr für die Herstellung jener Waren verwendet, für welche die von der Regierung erhobenen Steuern ausgegeben werden.

Say meint, daß Turgot durch die Ermäßigung der Marktabgaben für Fisch (les droits d'entrée et de halle sur la marée) in Paris um die Hälfte nicht den Umfang der Fänge verringert hat, und daß sich daher die Konsumtion von Fisch verdoppelt haben muß. Er schließt daraus, daß der Profit der Fischer und der an diesem Produktionszweig Beteiligten sich auch verdoppelt haben muß, daß sich das Einkommen des Landes um den Gesamtbetrag dieser Profiterhöhungen vermehrt und der davon ausgehende Anreiz zur Akkumulation die Ressourcen des Staates vergrößert haben muß[2].

Ohne die Politik, die diese Änderung der Steuer erforderte, zu kritisieren, habe ich meine Zweifel daran, daß sie irgendwelchen großen Anreiz zur Akkumulation ausgeübt hat. Wenn der Profit der Fischer und der anderen an diesem Gewerbe Beteiligten sich infolge der

[1] Say behauptet, daß „die dem Preis der Waren zugeschlagene Steuer ihren Preis steigen läßt. Jede Erhöhung des Preises einer Ware vermindert notwendigerweise die Zahl derjenigen, die imstande sind, sie zu kaufen oder zumindest die Quantität, die sie davon konsumieren." Das ist keineswegs eine notwendige Folge. Ich glaube nicht, daß die Konsumtion von Brot, falls es besteuert wird, mehr zurückgeht, als wenn Tuch, Wein oder Seife besteuert werden.

[2] Die folgende Bemerkung desselben Autors scheint mir gleichfalls irrig zu sein: „Wenn eine hohe Abgabe auf Baumwolle gelegt wird, so wird die Produktion aller jener Waren verringert, für die Baumwolle die Grundlage ist. Wenn der bei ihren verschiedenen Erzeugnissen der Baumwolle zugesetzte Wert in einem bestimmten Lande 100 Millionen Franken jährlich beträgt und die Wirkung der Steuer in der Verminderung des Konsums um die Hälfte besteht, dann entzieht die Steuer dem Lande alljährlich 50 Mill. Franken zusätzlich zu der von der Regierung vereinnahmten Summe." Bd. II, S. 314

erhöhten Konsumtion von Fisch verdoppelt hat, so müssen Kapital und Arbeit aus anderen Gewerben abgezogen worden sein, um sie in diesem besonderen Zweig zu verwenden. In diesen Gewerben haben Kapital und Arbeit aber Profit abgeworfen, auf den nach ihrem Abzug verzichtet werden mußte. Die Fähigkeit des Landes zur Akkumulation wurde nur erhöht, um die Differenz zwischen dem Profit, der in jenem Geschäftszweig, in dem das Kapital neuerdings angelegt ist, erzielt wird und jenem, der dort gemacht wurde, von wo es abgezogen worden ist.

Ob die Steuern der Revenue oder dem Kapital entnommen werden, sie vermindern die versteuerbaren Waren des Staates. Wenn ich aufhöre, 100 £ für Wein auszugeben, weil ich durch die Zahlung einer Steuer in dieser Höhe der Regierung ermöglicht habe, an meiner Stelle 100 £ auszugeben, so werden Waren im Werte von hundert Pfund notwendigerweise von der Liste der versteuerbaren Waren entfernt. Beträgt die Revenue der Einzelpersonen eines Landes 10 Millionen, so werden sie mindestens steuerfähige Waren im Werte von 10 Millionen besitzen. Wenn durch die Besteuerung einiger eine Million in die Verfügung der Regierung übergeht, so wird ihre Revenue nominell immer noch 10 Millionen betragen, sie werden aber nur versteuerbare Waren im Werte von neun Millionen zurückbehalten. Es gibt weder Verhältnisse, in denen eine Besteuerung die Annehmlichkeit derer, die von den Steuern letzten Endes getroffen werden, nicht beschneidet, noch gibt es ein anderes Mittel, durch das diese Annehmlichkeiten wiederum vermehrt werden können als die Anhäufung neuer Revenue.

Eine Besteuerung kann nie so gleichmäßig durchgeführt werden, daß sie im gleichen Verhältnis auf den Wert aller Waren einwirkt und diese den gleichen relativen Wert weiter beibehalten. Häufig sind ihre Auswirkungen von den Absichten des Gesetzgebers infolge ihrer indirekten Wirkungen sehr verschieden. Wir haben bereits gesehen, daß die Wirkung einer direkten Steuer auf Getreide und Rohprodukte, sofern auch Geld in dem betreffenden Lande produziert wird, in der Erhöhung der Preise aller Waren besteht, und zwar in dem Maße, in dem Rohprodukte in ihre Zusammensetzung eingehen, und daß sie dadurch das natürliche Verhältnis, das vorher zwischen ihnen bestand, zerstört. Ein anderes indirektes Ergebnis ist die Erhöhung der Löhne und die Senkung der Profitrate. Wir haben in einem anderen Teil dieses Werkes auch gesehen, daß die Auswirkung einer Lohnerhöhung und eines Rückgangs des Profits in der Senkung der Geldpreise jener Waren besteht, bei deren Produktion fixes Kapital in größerem Ausmaß verwendet wird.

Daß eine Ware nicht mehr so profitabel exportiert werden kann, sobald sie besteuert wird, ist so gut begriffen worden, daß bei ihrer Ausfuhr häufig eine Rückvergütung gewährt und bei ihrer Einfuhr ein Zoll erhoben wird. Wenn diese Rückvergütungen und Zölle nicht nur bei den Waren unmittelbar, sondern auch bei allen anderen, die sie mittelbar beeinflussen können, genau bemessen werden, so wird allerdings keine Störung des Edelmetallwertes eintreten. Da wir eine Ware, nachdem sie besteuert wurde, genauso mühelos exportieren können wie vordem, und da für den Import keine besonderen Erleichterungen gewährt werden, werden Edelmetalle nicht häufiger als vorher in der Liste der ausführbaren Waren erscheinen.

Von allen Waren sind vielleicht keine für eine Besteuerung so geeignet wie diejenigen, die entweder mit Hilfe der Natur oder auf künstlichem Wege mit besonderer Leichtigkeit produziert werden. Was das Ausland anbetrifft, so können solche Waren in die Reihe jener eingereiht werden, deren Preis nicht durch aufgewendete Arbeitsquanten, sondern durch Laune, Geschmack und Kaufkraft der Käufer bestimmt wird. Wenn England ergiebigere Zinnbergwerke als andere Länder besäße oder infolge besserer Maschinen oder Brennstoffe besondere Vorteile in der Produktion von Baumwollwaren hätte, so werden die Preise von Zinn und Baumwollwaren in England auch weiterhin durch die zur ihrer Produktion erforderliche verhältnismäßige Quantität Arbeit bestimmt sein, und die Konkurrenz unserer Kaufleute sorgt dafür, daß sie für den ausländischen Konsumenten nur wenig teurer werden. Unser Vorteil bei der Produktion dieser Waren kann so erheblich sein, daß sie wahrscheinlich einen beträchtlichen Preiszuschlag auf den ausländischen Märkten ertragen können, ohne daß ihre Konsumtion wesentlich zurückgeht. Solange bei uns freie Konkurrenz herrscht, können sie diesen Preis niemals auf andere Weise als durch eine Steuer auf ihre Ausfuhr erreichen. Diese Steuer trifft ausschließlich den ausländischen Konsumenten, und ein Teil der Ausgaben der Regierung Englands wird durch eine Steuer auf den Boden und die Arbeit anderer Länder gedeckt werden. Die Teesteuer, die gegenwärtig von der Bevölkerung Englands bezahlt wird und zur Deckung der Ausgaben der englischen Regierung beiträgt, kann, wenn man sie in China auf die Ausfuhr von Tee legt, zur Bezahlung der Ausgaben der chinesischen Regierung verwendet werden.

Steuern auf Luxusartikel weisen gegenüber Steuern auf lebenswichtige Artikel einige Vorteile auf. Sie werden im allgemeinen aus dem Einkommen bezahlt und verkleinern daher das produktive Kapital des Landes nicht. Würde Wein infolge einer Besteuerung erheblich im Preise steigen, so ist es wahrscheinlich, daß man eher auf den Genuß von Wein verzichten als sein Kapital erheblich angreifen wird, um ihn kaufen zu können. Die Steuern werden so mit dem Preise identifiziert, daß der Steuerzahler kaum ihre Zahlung wahrnimmt. Sie haben jedoch auch ihre Nachteile. Erstens treffen sie niemals das Kapital, und bei manchen ungewöhnlichen Anlässen kann es erwünscht sein, daß sogar das Kapital zu den öffentlichen Lasten beisteuert, und zweitens bieten sie bezüglich des Steueraufkommens keine Sicherheit, denn es ist möglich, daß die Steuer nicht einmal das Einkommen trifft. Jemand, der sparen will, wird sich einer Steuer auf Wein entziehen, indem er seinen Verbrauch einstellt. Das Einkommen des Landes braucht nicht zurückzugehen, und doch kann der Staat außerstande sein, einen Schilling durch die Steuer einzutreiben.

Was durch Gewohnheit angenehm empfunden wird, wird nur widerstrebend aufgegeben und weiterhin trotz sehr hoher Steuern konsumiert werden. Aber dieses Widerstreben hat seine Grenzen, und die Erfahrung zeigt uns täglich, daß eine Erhöhung des nominellen Steuerbetrages häufig das Aufkommen verringert. Jemand, der auch weiterhin dieselbe Menge Wein trinken wird, obwohl sich der Preis jeder Flasche auf drei Schilling erhöht hat, wird doch den Weinverbrauch eher einstellen als vier Schilling bezahlen. Der andere mag sich noch damit abfinden, vier Schilling zu bezahlen, es aber ablehnen, fünf zu zahlen. Das gleiche kann man von anderen Steuern auf Luxusartikel sagen: Manche, die eine Steuer von 5 £ für das Vergnügen, das ihnen der Besitz eines Pferdes gewährt, bezahlen würden, werden 10 oder 20 £ nicht zahlen. Sie geben das Weintrinken oder den Besitz des Pferdes nicht auf, weil sie nicht mehr bezahlen können, sondern weil sie nicht mehr bezahlen wollen. Jedermann besitzt in seinem Kopfe einen Standard, nach dem er den Wert seiner Annehmlichkeiten bemißt, aber dieser Standard ist so verschieden wie der menschliche Charakter. Ein Land, dessen finanzielle Situation infolge einer schädlichen Politik der Anhäufung einer großen Staatsschuld und einer sich daraus ergebenden enormen Besteuerung sehr labil geworden ist, wird besonders den Unannehmlichkeiten, von denen diese Art der Steuererhebung begleitet wird, ausgesetzt sein. Nachdem die ganze Vielfalt der Luxusartikel mit einer Steuer bedacht worden ist, nachdem Pferde, Kutschen,

Wein, Diener und alle anderen Vergnügungen der Reichen zur Besteuerung herangezogen wurden, wird ein Minister schließlich dazu verleitet, zu mehr direkten Steuern Zuflucht zu nehmen, wie Einkommens- und Vermögenssteuern und dabei die goldene Regel Says verletzen, daß „das beste aller Finanzprojekte ist, wenig auszugeben und die beste aller Steuern jene ist, die ihrem Betrag nach die geringste ist“.

KAPITEL XVII

STEUERN AUF ANDERE WAREN ALS ROHPRODUKTE

Auf der Basis des gleichen Prinzips, demzufolge eine Getreidesteuer den Preis des Getreides steigen läßt, wird eine Steuer auf eine beliebige andere Ware deren Preis erhöhen. Falls die Ware nicht um einen der Steuer gleichen Betrag steigt, wird sie dem Produzenten nicht den von ihm früher bezogenen Profit abwerfen, und er wird sein Kapital einem anderen Gewerbezweig zuführen.

Die Besteuerung aller Waren, gleichgültig, ob lebenswichtige oder Luxusartikel, wird deren Preise um einen der Steuer zumindest gleichen Betrag erhöhen, sofern das Geld seinen Wert unverändert beibehält.[1] Eine Steuer

[1] Say bemerkt, „daß ein Fabrikant nicht imstande ist, den Konsumenten zur Zahlung der gesamten, auf seine Ware gelegten Steuer zu veranlassen, da deren höherer Preis ihre Konsumtion beschränken wird.“ Würde dies der Fall sein, würde die Konsumtion eingeschränkt, wird dann nicht das Angebot ebenso rasch zurückgehen? Warum soll der Fabrikant das Unternehmen weiterführen, wenn sein Profit unter dem allgemeinen Stand liegt. Say scheint hier auch den Grundsatz vergessen zu haben, den er an anderer Stelle vertritt, „daß die Produktionskosten den Preis bestimmen, unter den die Waren nicht für längere Zeit sinken können, da die Produktion sonst entweder eingestellt oder eingeschränkt wird“. (Bd. II., S. 26) „In diesem Falle trifft die Steuer also teils den Konsumenten,

auf die für den Arbeiter lebensnotwendigen Manufakturwaren zeitigt das gleiche Resultat auf den Lohn wie eine Steuer auf Getreide, das sich von anderen notwendigen Konsumgütern nur dadurch unterscheidet, daß es das erste und wichtigste einer Reihe ist. Diese Steuer bringt genau die gleichen Wirkungen auf Kapitalprofit und auswärtigen Handel hervor. Eine Steuer auf Luxusartikel hingegen erzeugt keine andere Wirkung als deren Preiserhöhung. Sie wird voll und ganz den Konsumenten treffen und weder die Löhne erhöhen noch den Profit reduzieren.

Steuern, die einem Lande zum Zwecke der Kriegsführung oder für die ordentlichen Staatsausgaben auferlegt werden und die größtenteils für den Unterhalt unproduktiver Arbeiter dienen, werden der produktiven Tätigkeit dieses Landes entzogen, und jede Einsparung, die bei derartigen Ausgaben erzielt werden kann, wird im allgemeinen dem Einkommen, wenn nicht sogar dem Kapital der Steuerzahler zugeschlagen. Falls für die Ausgaben einer einjährigen Kriegsführung zwanzig Millionen durch eine Anleihe aufgebracht werden, so werden diese zwanzig Millionen dem produktiven Kapital der Nation entzogen. Die Million, die durch Steuern jährlich zur Bezahlung der Zinsen der Anleihe aufgebracht wird, wird lediglich von denen, die sie bezahlen, an diejenigen, die sie empfangen, übertragen, vom Steuerzahler zum Staatsgläubiger. Die wirkliche Ausgabe besteht in den zwanzig Millionen und nicht in den Zinsen, die dafür zu bezahlen sind.[1] Ob die Zinsen bezahlt oder nicht bezahlt

der gezwungen wird, mehr für die versteuerte Ware zu geben, und teils den Produzenten, der nach Abzug der Steuer weniger bekommen wird. Dem öffentlichen Haushalt wird das, was der Käufer mehr bezahlt, und ebenso das Opfer, das der Produzent in Gestalt eines Teiles seines Profits zu bringen gezwungen ist, zugute kommen. Es ist die Kraft des Pulvers, die gleichzeitig auf die Kugel wirkt, die sie vorwärts stößt und auf das Geschütz, das einen Rückstoß erleidet." Bd. II, S. 333

[1] „Melon erklärt, daß Schulden eines Staates Schulden der rechten Hand an die linke sind, durch die der Körper nicht ge-

werden, macht das Land weder reicher noch ärmer. Die Regierung hätte die zwanzig Millionen sofort als Steuern anfordern können, und in diesem Falle wäre die Erhebung jährlicher Steuern im Betrage von einer Million nicht notwendig gewesen. Das hätte jedoch den Charakter der Transaktion nicht verändert. Anstatt jemanden zur Zahlung von 100 £ jährlich aufzufordern, hätte man ihn zu einer einmaligen Zahlung von 2000 £ gezwungen. Vielleicht hätte es ihm besser gepaßt, sich diese 2000 £ zu leihen und dem Borger jährlich 100 £ als Zinsen zu zahlen, als diese große Summe seinen eigenen Mitteln zu entziehen. In dem einen Falle handelt es sich um eine private Transaktion zwischen A und B, im anderen garantiert die Regierung dem B die Zahlung von Zinsen, für die A gleichfalls aufzukommen hat. Wenn die Transaktion privaten Charakter getragen hat, so wird keine öffentliche Urkunde darüber ausgefertigt, und es ist für den Staat eine relativ gleichgültige Sache, ob A den Vertrag gegenüber B getreu erfüllt oder widerrechtlich die jährlichen 100 £ in seinem Besitz behält. Der Staat

schwächt wird. Es ist richtig, daß das nationale Vermögen durch die Zahlung der Zinsen für noch nicht getilgte Anleihen nicht beeinträchtigt wird. Die Zinsen stellen einen Wert dar, der aus den Händen des Steuerzahlers auf den Staatsgläubiger übergeht, wobei ich zustimme, daß es von geringer Bedeutung für die Gesellschaft ist, ob ihn der Staatsgläubiger oder der Steuerzahler akkumuliert oder konsumiert. Was aber ist mit dem Kapital der Schuld geworden? Es existiert nicht mehr. Die Konsumtion, die auf die Anleihe folgte, hat ein Kapital vernichtet, das niemals mehr eine weitere Revenue abwerfen wird. Die Gesellschaft ist nicht um den Betrag der Zinsen gebracht worden, denn diese wechseln von einer Hand in die andere, sondern um die Revenue von einem zerstörten Kapital. Wäre dieses Kapital von demjenigen, der es dem Staat geborgt hat, angelegt worden, so würde es ihm ebenso ein Einkommen verschafft haben, aber dieses Einkommen würde aus tatsächlicher Produktion entstanden, nicht aber der Tasche eines Mitbürgers entzogen worden sein.“ Say, Bd. II, S. 357. Das ist sowohl gedacht als auch ausgedrückt im wahren Geist der Wissenschaft.

hat natürlich an der ordentlichen Erfüllung eines Vertrages ein allgemeines Interesse, aber vom Standpunkt des nationalen Wohlstandes ist er lediglich daran interessiert, ob A oder B diese 100 £ produktiver anlegt. Jedoch würde er weder das Recht noch die Möglichkeit besitzen, diese Frage zu entscheiden. Es ist möglich, daß A die 100 £ unprofitabel verschwendet, falls er sie zur eigenen Verwendung zurückbehält, und daß B, falls sie ihm gezahlt werden, sie zu seinem Kapital schlägt und produktiv verwendet. Und ebenso ist das Gegenteil möglich. B kann sie verschwenden und A sie produktiv verwenden. Vom Gesichtspunkt des Wohlstandes aus mag es ebenso oder sogar mehr wünschenswert sein, daß A sie bezahlt oder nicht bezahlt. Aber die Ansprüche der Gerechtigkeit und von Treu und Glauben, eines höheren Gutes, dürfen nicht gezwungen werden, gegenüber denen eines geringeren zurückzustehen, und demgemäß würden, falls der Staat zum Eingreifen aufgefordert wird, die Gerichtshöfe A zur Erfüllung seines Vertrages zwingen. Eine vom Staat garantierte Schuld unterscheidet sich in keiner Weise von der obigen Transaktion. Gerechtigkeit sowie Treu und Glauben erfordern, daß die Zahlung der Zinsen für die Staatsschuld fortgesetzt wird und daß man von denjenigen, die ihr Kapital für das allgemeine Wohl vorgeschossen haben, nicht unter dem Vorwand der Zweckmäßigkeit die Aufgabe ihrer berechtigten Forderungen verlangen soll.

Unabhängig von dieser Überlegung aber ist es keineswegs gewiß, daß durch das Opfer der politischen Unantastbarkeit das öffentliche Wohl [political utility] gewinnt. Es läßt sich keineswegs schlußfolgern, daß die von der Zahlung der Zinsen für die Staatsschuld entlastete Gruppe sie produktiver anlegt als die, denen sie fraglos gebühren. Durch die Aufhebung der Staatsschuld kann jemandes Einkommen von 1000 £ auf 1500 £ erhöht, aber das eines anderen von 1500 £ auf 1000 £ gesenkt werden. Das Einkommen dieser beiden Personen beträgt jetzt 2500 £ und wird danach nicht mehr betragen. Wenn es das Streben der Regierung ist, Steuern zu erheben, so wird in dem einen Fall genau soviel steuerbares Kapital und Einkommen vorhanden sein wie in dem anderen. Ein Land verelendet also nicht infolge der Zinszahlung für die Staatsschuld, noch kann ihm durch die Befreiung von dieser Zahlung geholfen werden. Nur durch Ersparnisse aus dem Einkommen und durch Einschränkung der Ausgaben kann das nationale Kapital vergrößert werden, und durch die Aufhebung der Staatsschuld wird weder das Einkommen erhöht, noch werden die Ausgaben verringert. Durch verschwenderische Ausgaben der Regierung und von Einzelpersonen sowie durch Anleihen verarmt das Land. Daher wird jede Maßnahme, die auf die Förderung der öffentlichen und privaten Sparsamkeit abzielt, die öffentliche Not lindern. Es ist aber ein Irrtum und eine Selbsttäuschung anzunehmen, daß eine tatsächliche nationale Schwierigkeit behoben werden kann, indem man sie von den Schultern einer Klasse der Gesellschaft, die sie rechtmäßig zu tragen hatte, auf die Schultern einer anderen Klasse überwälzt, die gemäß allen Grundsätzen der Gerechtigkeit nicht mehr als ihren Anteil tragen sollte.

Man darf aus dem, was ich ausführte, nicht schließen, daß ich das System des Borgens für das zur Bestreitung der außerordentlichen Staatsausgaben am besten Geeignete halte. Es ist ein System, das dazu geeignet ist, uns weniger sparsam und gegenüber unserer wirklichen Lage blind zu machen. Wenn die Kosten eines Krieges 40 Millionen jährlich betragen und der Anteil, den jemand zu dieser jährlichen Ausgabe zu leisten hat, 100 £ ausmacht, so wird er, sobald er zur Zahlung seines Anteils in einer Summe aufgefordert wurde, die 100 £ raschestens aus seinem Einkommen zu sparen trachten. Beim System der Anleihen wird er nur angehalten, die Zinsen jener 100 £, d. h. 5 £ jährlich zu bezahlen, und er erachtet es als ausreichend, bei seinen Ausgaben 5 £ einzusparen und wiegt sich in dem Glauben, er sei ebenso reich wie vorher. Wenn die gesamte Nation auf diese Weise denkt und handelt, spart sie lediglich die Zinsen von 40 Millionen, d. h. zwei Millionen und wird so nicht nur den gesamten Zins oder Profit verlieren, den produktiv angelegte 40 Millionen abwerfen würden, sondern auch 38 Millionen, die Differenz zwischen ihren Ersparnissen und Ausgaben. Falls jedermann seine eigene Anleihe aufnimmt — wie ich vorher bemerkte — und seinen vollen Anteil zu den Bedürfnissen des Staates beisteuert, so wird die Besteuerung aufhören, sobald der Krieg beendet ist, und wir werden sofort auf einen natürlichen Stand der Preise zurückkehren. A mag aus seinen privaten Mitteln an B Zinsen zu zahlen haben für Geld, das er sich während des Krieges von ihm lieh, um imstande zu sein, seinen Teil der Ausgaben zu tragen. Die Nation hat aber damit nichts zu tun.

Ein Land, das eine große Schuld angehäuft hat, befindet sich in einer sehr prekären Lage. Obwohl die Steuerlasten und der gestiegene Preis der Arbeit es gegenüber anderen Ländern nicht in Nachteil setzen mögen, und meiner Ansicht nach es nicht tun — abgesehen von dem unvermeidlichen der Bezahlung jener Steuern — wächst das Interesse jedes Steuerzahlers, seine Schultern von dieser Last zu befreien und die Bezahlung von sich auf einen anderen abzuwälzen. Schließlich wird die Versuchung, sich selbst und sein Kapital in ein anderes Land zu übersiedeln, wo er solchen Belastungen nicht ausgesetzt ist, unwiderstehlich und besiegt das natürliche Widerstreben, das jedermann gegenüber dem Verlassen des Ortes seiner Geburt und seiner Kindheitserinnerungen empfindet. Ein Land, das sich in die Schwierigkeiten dieses unnatürlichen Systems verstrickt hat, handelt klug, sich davon zu befreien, indem es jenen Teil seines Vermögens opfert, der zur Tilgung seiner Schuld notwendig sein mag. Was weise für eine Einzelperson ist, ist es auch für eine Nation. Jemand, der 10000 £ besitzt, die ihm ein Einkommen von 500 £ einbringen, von denen er 100 £ jährlich an Schuldzinsen zu zahlen hat, ist in Wirklichkeit nur 8000 £ wert und würde ebenso wohlhabend sein, ob er nun weiterhin 100 £ jährlich abführt oder sofort und nur einmalig 2000 £ bezahlt. Man fragt nun, wo der Käufer jenes Eigentums sein wird, das er verkaufen muß, um die 2000 £ zu erhalten? Die Antwort ist klar: der Staatsgläubiger, der diese 2000 £ bekommen soll, wird eine Anlage für sein Geld brauchen und bereit sein, es dem Grundeigentümer oder dem Fabrikanten entweder zu leihen oder von ihnen einen Teil des ihnen gehörenden Eigentums zu kaufen. Zu einer solchen Zahlung würden selbst die Geldkapitalisten weitgehend beisteuern. Dieses Verfahren ist schon oft empfohlen worden, ich fürchte jedoch, daß wir weder genügend Weisheit noch Kühnheit haben, um es anzuwenden. Jedoch muß man zugeben, daß unser unaufhörliches Bemühen in Friedenszeiten darauf gerichtet sein sollte, den Teil der Schuld, der während des Krieges aufgenommen wurde, zurückzuzahlen, und daß uns kein Versuch der Abschüttelung, kein Wunsch nach Flucht vor der augenblicklichen und hoffentlich nur zeitweiligen Not dazu verleiten sollte, in unserem Streben nach diesem großen Ziel nachzulassen.

Kein Tilgungsfonds kann der Verminderung der Schuld dienen, wenn er nicht aus dem Überschuß der öffentlichen Einnahmen über die öffentlichen Ausgaben gespeist wird. Es ist bedauerlich, daß der Tilgungsfond in unserem Lande ein solcher nur dem Namen nach ist, da es keinen Überschuß der Einnahmen über die Ausgaben gibt. Durch Sparsamkeit sollte man das aus ihm machen, was er angeblich ist, einen tatsächlich wirksamen Fonds zur Abtragung der Schuld. Wenn wir bei Ausbruch eines künftigen Krieges unsere Schuld nicht beträchtlich verringert haben, müssen entweder die gesamten Kosten dieses Krieges durch alljährlich erhobene Steuern gedeckt werden, oder wir müssen am Ende dieses Krieges — wenn nicht schon vorher — einen Staatsbankrott auf uns nehmen. Es handelt sich nicht darum, daß wir nicht irgendwelche größeren Erhöhungen der Schuld zu tragen vermögen, denn es wäre schwierig, die Fähigkeiten einer großen Nation zu begrenzen; sicherlich gibt es aber Grenzen für den Preis, den Einzelpersonen in der Form ewiger Besteuerung lediglich für den Vorzug zu zahlen bereit sind, in ihrem Heimatlande zu leben.[1]

Wenn eine Ware einen Monopolpreis hat, so steht sie auf dem höchsten Preis, zu dem die Konsumenten bereit sind, sie zu kaufen. Waren haben nur dann einen Monopolpreis, wenn ihre Menge sich auf keinem möglichen Wege vermehren läßt und wenn daher die Konkurrenz ausschließlich auf einer Seite, bei den Käufern, vorhanden ist. Der Monopolpreis kann in einem Zeitraum wesentlich niedriger oder höher als in einem anderen sein, da die Konkurrenz zwischen den Käufern von ihrem Vermögen, ihrem Geschmack und ihren Launen abhängig sein muß. Jene besonderen Weine, die in sehr begrenzten Mengen hergestellt werden, sowie jene Kunstwerke, die infolge ihrer Vortrefflichkeit oder Seltenheit einen Liebhaberwert erhalten haben, werden je nachdem, ob die Gesellschaft reich oder arm ist, ob sie einen Überfluß oder Man-

[1] „Kredit ist im allgemeinen gut, da er den Kapitalen gestattet, jene Hände zu verlassen, in denen sie nicht nützlich verwendet werden und in solche überzugehen, von denen sie produktiv gemacht werden. Er lenkt ein Kapital von einer nur für den Kapitalisten nützlichen Verwendung, wie z. B. einer Anlage in Staatspapieren, in tätige Hände, um es produktiv zu machen. Er erleichtert die Verwendung des gesamten Kapitals und läßt keines unbeschäftigt.“ Economie Politique, 4. Aufl., Bd. II, S. 463. Das muß ein Versehen Says sein. Das Kapital des Geldkapitalisten kann niemals produktiv gemacht werden, es ist in Wirklichkeit kein Kapital. Falls er seine Papiere verkauft und das dafür erhaltene Geld produktiv anlegt, so kann er das nur tun, indem er das Kapital des Käufers seiner Papiere aus einer produktiven Verwendung abzieht.

gel an solchen Erzeugnissen besitzt und ob sie sich in einem ungebildeten oder kultivierten Zustand befindet, gegen eine sehr verschiedene Quantität von Produkten gewöhnlicher Arbeit getauscht werden. Daher wird der Tauschwert einer Ware, die einen Monopolpreis hat, nirgendwo durch die Produktionskosten bestimmt.

Rohprodukte haben keinen Monopolpreis, da der Marktpreis von Gerste und Weizen in gleichem Maße wie der Marktpreis von Tuch und Leinen durch die Produktionskosten bestimmt wird. Der einzige Unterschied besteht darin, daß ein Teil des in der Landwirtschaft angelegten Kapitals den Getreidepreis bestimmt, jener Teil nämlich, der keine Rente abwirft, wohingegen bei der Produktion von Manufakturwaren jeder Teil des Kapitals mit gleichem Resultat verwendet wird; da kein Teil Rente abwirft, ist jeder Teil in gleichem Maße bestimmend für den Preis. Getreide und andere Rohprodukte können auch an Quantität durch die Verwendung von mehr Kapital auf dem Boden vermehrt werden und haben daher keinen Monopolpreis. Unter den Verkäufern herrscht ebenso Konkurrenz wie unter den Käufern. Dies ist nicht der Fall bei der Herstellung jener seltenen Weine und jener kostbaren Kunstgegenstände, von denen wir gesprochen haben. Ihre Menge kann nicht vermehrt werden, und ihr Preis ist lediglich begrenzt durch die Kaufkraft und das Verlangen der Käufer. Die Rente dieser Weinberge kann über jede einigermaßen bestimmbare Grenze hinaus gesteigert werden, weil kein anderer Boden derartigen Wein hervorbringen und daher nicht mit ihm konkurrieren kann.

Das Getreide und die Rohprodukte eines Landes können allerdings eine Zeitlang zu einem Monopolpreis verkauft werden. Auf die Dauer kann das aber nur geschehen, sobald kein Kapital mehr mit Profit auf dem Boden angelegt und dessen Produkt daher nicht gesteigert werden kann. Zu einer solchen Zeit wird jede bebaute Bodenfläche und jedes auf dem Boden angelegte Kapital eine Rente abwerfen, die allerdings entsprechend den Unterschieden im Ertrag differieren wird. Zu einer solchen Zeit wird auch eine dem Farmer vielleicht auferlegte Steuer die Rente und nicht den Konsumenten treffen. Er kann den Preis seines Getreides nicht erhöhen, da es der Voraussetzung entsprechend bereits den höchsten Preis hat, zu dem die Käufer bereit oder imstande sind, es zu kaufen. Er wird sich nicht mit einer niedrigeren Profitrate als der, welche die anderen Kapitalisten erzielen, begnügen, und daher wird die Alternative für ihn darin bestehen, eine Herabsetzung der Rente zu erreichen oder sein Gewerbe zu verlassen.

Buchanan meint, Getreide und Rohprodukte besäßen einen Monopolpreis, weil sie eine Rente abwerfen. Er nimmt an, daß alle Waren, die eine Rente abwerfen, einen Monopolpreis haben müssen und schließt daraus, daß alle Steuern auf Rohprodukte den Grundeigentümer und nicht den Konsumenten treffen. „Da der Preis des Getreides", sagt er, „das stets eine Rente abwirft, in keiner Weise durch die Ausgaben für seine Produktion beeinflußt wird, so müssen jene Ausgaben aus der Rente getragen werden, und daher ist das Resultat, sobald sie steigen oder fallen, nicht ein höherer oder niedrigerer Preis, sondern eine höhere oder niedrigere Rente. Unter diesem Gesichtspunkt sind alle Steuern auf landwirtschaftliches Dienstpersonal, Pferde oder landwirtschaftliche Gerätschaften in Wirklichkeit Grundsteuern. Die Last fällt auf den Farmer während der Dauer seines Pachtvertrages und auf den Grundeigentümer, sobald die Pacht erneuert werden muß. In gleicher Weise verringern alle jene Einrichtungen des Betriebes, die dem Farmer Ausgaben ersparen, wie Dresch- und Erntemaschinen, alles, was ihm den Zugang zum Markt erleichtert, wie gute Straßen, Kanäle und Brücken, den Marktpreis des Getreides nicht, obwohl sie seine ursprünglichen Kosten vermindern. Was immer durch jene

Verbesserungen eingespart wird, fällt daher dem Grundeigentümer als Teil seiner Rente zu."

Sobald wir Buchanan das Fundament zugestehen, auf dem seine Beweisführung aufgebaut ist, nämlich, daß der Getreidepreis stets eine Rente abwirft, ergeben sich offensichtlich alle die von ihm behaupteten Schlußfolgerungen ganz selbstverständlich. Steuern des Farmers werden dann nicht den Konsumenten, sondern die Rente treffen, und alle Verbesserungen des Betriebes werden die Rente erhöhen. Ich hoffe jedoch, genügend erläutert zu haben, daß, solange ein Land nicht in allen seinen Teilen bebaut ist, und das im höchstmöglichen Grade, es immer einen Teil des auf dem Boden angelegten Kapitals gibt, der keine Rente abwirft, und daß es dieser Teil des Kapitals ist, der den Getreidepreis bestimmt, und dessen Resultat wie in der Industrie zwischen Profit und Lohn aufgeteilt wird. Da der Preis des Getreides also, der keine Rente abwirft, durch seine Produktionskosten bestimmt wird, können diese Kosten nicht von der Rente getragen werden. Die Folge des Ansteigens dieser Kosten ist daher ein höherer Preis und nicht eine niedrigere Rente.[1]

Es ist bemerkenswert, daß sowohl Adam Smith wie Buchanan, die völlig darin übereinstimmen, daß Steuern auf Rohprodukte, eine Grundsteuer und Zehente sämtlich die Rente und nicht die Konsumenten der Rohprodukte treffen, nichtsdestoweniger einräumen, daß eine Malzsteuer den Bierkonsumenten und nicht die Rente des Grundeigentümers belastet. Adam Smith' Beweisführung ist eine so ausgezeichnete Darstellung

[1] „Die Industrie erhöht ihre Produktion entsprechend der Nachfrage und der Preis sinkt. *Aber das Produkt des Bodens kann nicht derart erhöht werden,* und ein hoher Preis ist immer noch erforderlich, um zu verhindern, daß die Konsumtion das Angebot übersteigt." Buchanan, Bd. IV, S. 40. Ist es möglich, daß Buchanan ernstlich behauptet, das Produkt des Bodens kann nicht erhöht werden, wenn die Nachfrage steigt?

meiner Ansicht über eine Malzsteuer und über jede andere Steuer auf Rohprodukte, daß ich nicht umhin kann, sie der Aufmerksamkeit des Lesers zu unterbreiten.

„Rente und Profit von mit Gerste bebautem Boden müssen immer fast gleich sein jenen von anderen ebenso fruchtbaren und ebenso gut bestellten Böden. Sind sie kleiner, so wird bald ein Teil des mit Gerste bebauten Bodens zu anderen Zwecken verwendet; sind sie größer, so wird bald mehr Boden für den Anbau von Gerste verwendet. Sobald der gewöhnliche Preis eines bestimmten Bodenproduktes das darstellt, was man als Monopolpreis bezeichnen kann, so wird eine darauf gelegte Steuer notwendigerweise Rente und Profit[1] des Bodens, der es hervorbringt, verringern. Eine Steuer auf die Produkte jener wertvollen Weinberge, deren Wein hinter der tatsächlichen Nachfrage so sehr zurückbleibt, daß sein Preis immer höher ist, als es dem natürlichen Verhältnis zu anderem, von gleich fruchtbarem und ebenso gut bestelltem Boden entspricht, würde notwendigerweise Rente und Profit[1] dieser Weinberge senken. Da der Preis des Weines bereits der höchste ist, der für die gewöhnlich auf den Markt gebrachte Menge erzielt werden kann, so kann er ohne Verringerung der Menge nicht erhöht werden, und die Menge kann wiederum nicht ohne noch größeren Verlust verringert werden, da der Boden nicht für ein anderes, gleich wertvolles Produkt verwendet werden kann. Das ganze Gewicht der Steuer wird daher die Rente und den Profit[1] treffen, eigentlich aber *die Rente* des Weinbergs." „Der gewöhnliche Preis der Gerste aber war niemals ein Monopolpreis. Rente und Profit von mit Gerste bestelltem Boden standen niemals

[1] Ich wünschte, das Wort „Profit" wäre ausgelassen worden. Dr. Smith muß annehmen, daß der Profit der Pächter dieser wertvollen Weinberge über der allgemeinen Profitrate liegt. Wenn das nicht der Fall wäre, so würden sie die Steuer nicht zahlen, sofern sie diese nicht entweder auf den Grundeigentümer oder den Konsumenten überwälzen können.

höher als es ihrem natürlichen Verhältnis zu anderem gleich fruchtbaren und ebenso gut bestellten Boden entspricht. Die verschiedenen auf Malz, Bier und Ale gelegten Steuern *haben niemals den Preis der Gerste gesenkt* und niemals Rente und Profit[1] von mit Gerste bestelltem Boden verringert. Der Malzpreis für den Brauer ist andauernd proportional zu den darauf gelegten Steuern gestiegen, und diese Steuern haben zusammen mit den verschiedenen Abgaben auf Bier und Ale fortlaufend den Preis oder, was dasselbe ist, die Qualität dieser Waren für den Konsumenten gesenkt. Die Bezahlung jener Steuern fiel letzten Endes immer auf den Konsumenten und nicht auf den Produzenten.“ Zu dieser Stelle bemerkt Buchanan: „Eine Abgabe auf Malz kann niemals den Preis der Gerste senken, da, sofern nicht durch die Verarbeitung der Gerste zu Malz soviel verdient werden kann wie bei ihrem Verkauf in unverarbeitetem Zustand, die erforderliche Menge nicht auf den Markt gebracht wird. Es ist daher klar, daß der Preis von Malz entsprechend der darauf gelegten Steuer steigen muß, da die Nachfrage sonst nicht befriedigt werden kann. Der Preis der Gerste ist jedoch ebensosehr ein Monopolpreis wie der des Zuckers. Beide werfen eine Rente ab, und beider Preis hat in gleicher Weise jede Beziehung zu den ursprünglichen Kosten verloren.“

Es scheint also die Meinung Buchanans zu sein, daß eine Steuer auf Malz dessen Preis erhöht, daß hingegen eine Steuer auf Gerste, aus der Malz gewonnen wird, den Preis der Gerste nicht steigen läßt, und daß deswegen, wenn Malz besteuert wird, die Steuer der Konsument trägt, wenn aber Gerste besteuert wird, trägt sie der Grundeigentümer, der eine kleinere Rente erhalten wird. Nach Buchanan hat also Gerste einen Monopolpreis, den höchsten Preis, den die Käufer dafür zu zahlen bereit sind. Aus Gerste hergestelltes Malz hat jedoch keinen

[1] Siehe Fußnote auf S. 244

Monopolpreis und kann daher entsprechend den vielleicht darauf gelegten Steuern erhöht werden. Diese Ansicht Buchanans über die Wirkungen einer Malzsteuer scheint mir in direktem Widerspruch zu seiner über eine ähnliche Steuer, eine Brotsteuer, geäußerten Ansicht zu stehen. „Eine Brotsteuer wird letzten Endes nicht durch eine Preiserhöhung, sondern durch eine Verringerung der Rente bezahlt werden.“[1] Wenn eine Malzsteuer den Bierpreis steigen läßt, so muß eine Brotsteuer den Brotpreis steigen lassen.

Die folgende Argumentation Says stützt sich auf dieselben Anschauungen, wie die Buchanans: „Die Menge des von einem Stück Land hervorgebrachten Weins oder Getreides wird fast gleich bleiben, gleichgültig, eine wie hohe Steuer es belastet. Die Steuer mag eine Hälfte oder sogar drei Viertel seines Nettoproduktes oder, wenn man will, seiner Rente mit Beschlag belegen, der Boden wird aber nichtsdestoweniger um der nicht von der Steuer beanspruchten Hälfte oder des Viertels willen bebaut werden. Die Rente, d. h. der Anteil des Grundeigentümers, würde lediglich etwas niedriger sein. Den Grund hierfür kann man verstehen, wenn man berücksichtigt, daß in dem angenommenen Fall die Menge der von dem Boden erhaltenen und zu Markt gebrachten Produkte nichtsdestoweniger die gleiche bleiben wird. Andererseits bestehen die Gründe, auf denen die Nachfrage nach den Produkten beruht, unverändert weiter.

Wenn nun die angebotene Menge von Produkten ebenso wie die verlangte Menge notwendigerweise gleich bleiben, ungeachtet der Einführung oder Erhöhung der Steuer, so wird der Preis dieser Produkte sich nicht ändern. Wenn sich der Preis nicht ändert, wird der Konsument auch nicht den kleinsten Teil dieser Steuern zahlen.

Will man behaupten, daß der Farmer, der Arbeit und Kapital bereitstellt, zusammen mit dem Grundeigen-

[1] Bd. III, S. 355

tümer die Last dieser Steuer tragen wird? Sicherlich nicht, denn die Tatsache der Steuer hat weder die Zahl der zu verpachtenden Farmen verringert noch die Anzahl der Farmer vermehrt. Da in diesem Falle Angebot und Nachfrage gleich bleiben, muß die Pacht für Farmen ebenfalls gleich bleiben. Das Beispiel des Salzfabrikanten, der die Konsumenten lediglich zwingen kann, einen Teil der Steuer zu bezahlen, und das des Grundeigentümers, der sich nicht im geringsten schadlos halten kann, erweisen den Irrtum jener, die im Gegensatz zu den Physiokraten behaupten, daß alle Steuern schließlich den Konsumenten treffen.“ (Bd. II, S. 338)

Wenn die Steuer „die Hälfte oder sogar drei Viertel des Nettoproduktes des Bodens beanspruchte“ und der Preis der Produkte nicht gestiegen war, wie konnten die Farmer, die jene Bodenqualität bewirtschaften, die einen viel höheren Anteil von Arbeit als fruchtbarerer Boden erfordert, um ein bestimmtes Ergebnis zu erzielen, und die eine sehr bescheidene Rente bezahlen, den üblichen Kapitalprofit beziehen? Wenn ihnen die gesamte Rente erlassen wird, so beziehen sie immer noch einen niedrigeren Profit als den in anderen Zweigen üblichen, und sie werden daher nicht fortfahren, ihren Boden zu bebauen, sofern sie nicht den Preis seiner Produkte erhöhen können. Trifft die Steuer die Farmer, so sind weniger Farmer bereit, Farmen zu pachten — trifft sie den Grundeigentümer, so werden viele Farmen überhaupt nicht verpachtet, da sie keine Rente einbringen. Aus welchen Mitteln bringen aber diejenigen, die Getreide erzeugen und keine Rente bezahlen, die Steuer auf? Es ist völlig klar, daß die Steuer den Konsumenten treffen muß. Wie könnte derartiger Boden, wie ihn Say in der folgenden Stelle beschreibt, eine Steuer in der Höhe einer Hälfte oder von drei Vierteln seines Produktes bezahlen?

„Wir finden so in Schottland schlechte Böden von ihren Eigentümern bewirtschaftet, die von niemand anderem bewirtschaftet werden könnten. Ebenso finden wir in den inneren Provinzen der Vereinigten Staaten ausgedehnte und fruchtbare Flächen, deren Revenue allein für den Unterhalt des Eigentümers nicht ausreichen würde. Dieser Boden wird nichtsdestoweniger bebaut, aber das muß durch den Eigentümer selbst geschehen, oder, anders ausgedrückt, er muß zu der Rente, die gering oder nicht vorhanden ist, den Profit seines Kapitals und seines Fleißes zuschlagen, um sich ein auskömmliches Leben zu sichern. Es ist wohlbekannt, daß auch bebauter Boden dem Grundeigentümer keine Rente abwirft, sofern kein Farmer bereit ist, dafür eine Rente zu bezahlen. Das ist ein Beweis dafür, daß solcher Boden nur den Profit für das Kapital und für den zur Bewirtschaftung notwendigen Fleiß abwirft." (Say, Bd. II, S. 127)

KAPITEL XVIII

ARMENSTEUERN

Wir haben gesehen, daß Steuern auf Rohprodukte und auf den Profit des Farmers den Konsumenten der Rohprodukte treffen, da die Steuer seinen Profit unter das allgemeine Niveau des Profits senkt und ihn veranlassen wird, sein Kapital in einen anderen Produktionszweig zu überführen, sofern er nicht die Möglichkeit hat, sich durch eine Preiserhöhung schadlos zu halten. Wir haben ebenfalls gesehen, daß er die Steuer nicht durch Absetzen von der Rente auf seinen Grundeigentümer wälzen kann, weil jener Farmer, der keine Rente zahlt, ebenso wie der Produzent auf besserem Boden der Steuer unterliegt, gleichgültig, ob sie auf Rohprodukte oder auf den Profit des Farmers gelegt wird. Ich habe gleichfalls zu zeigen versucht, daß sich eine Steuer, wenn sie allgemein ist und alle Profite, industrielle wie landwirtschaftliche, gleichmäßig belastet, weder auf den Preis der

Manufakturwaren noch auf den der Rohprodukte auswirkt, sondern unmittelbar wie auch letzten Endes von den Produzenten bezahlt wird. Es ist festgestellt worden, daß eine Steuer auf die Rente ausschließlich den Grundeigentümer trifft und in keiner Weise auf den Pächter abgewälzt werden kann.

Die Armensteuer ist eine Steuer, die etwas von dem Charakter aller dieser Steuern besitzt und je nach den Umständen den Konsumenten der Rohprodukte und der Manufakturwaren, den Kapitalprofit und die Grundrente trifft. Es ist eine Steuer, die mit besonderem Gewicht den Profit des Farmers belastet und daher als von Einfluß auf den Preis der Rohprodukte betrachtet werden kann. In dem Maße, in dem sie die industriellen und landwirtschaftlichen Profite gleichmäßig belastet, wird sie eine allgemeine Steuer auf den Kapitalprofit darstellen und keine Änderung des Preises von Rohprodukten und Manufakturwaren hervorrufen. Entsprechend der Unmöglichkeit für den Farmer, sich durch die Preiserhöhung der Rohprodukte für jenen Teil der Steuer zu entschädigen, der speziell ihn trifft, wird die Steuer eine Rentensteuer sein und vom Grundeigentümer bezahlt werden. Um also die Wirkung der Armensteuer zu irgendeiner bestimmten Zeit zu kennen, müssen wir feststellen, ob sie zu dieser Zeit den Profit des Farmers und des Fabrikanten gleichmäßig oder ungleichmäßig trifft und auch, ob die Umstände derartig sind, daß sie den Farmer in Stand setzen, die Preise der Rohprodukte zu erhöhen.

Es wird behauptet, daß die Armensteuern vom Farmer im Verhältnis zu seiner Rente erhoben werden. Dementsprechend sollte der Farmer, der nur eine geringe oder überhaupt keine Rente bezahlt, wenig oder keine Steuer entrichten. Wenn dies zuträfe, so würden Armensteuern, soweit sie von der agrarischen Klasse bezahlt werden, vollständig den Grundeigentümer treffen und könnten nicht auf den Konsumenten der Rohprodukte überwälzt werden. Ich glaube aber nicht, daß dies stimmt.

Die Armensteuer wird nicht entsprechend der vom Farmer an den Grundeigentümer tatsächlich abgeführten Rente erhoben. Sie wird nach dem jährlichen Pachtwert seines Bodens bemessen, sei es, daß dieser Pachtwert ihm durch das Kapital des Grundeigentümers oder durch das des Pächters verliehen worden ist.

Wenn zwei Farmer Boden zweier verschiedener Qualitäten im gleichen Kirchspiel pachten, und der eine 100 £ jährlich an Rente für 50 Morgen fruchtbarsten Bodens zahlt und der andere den gleichen Betrag von 100 £ für 1000 Morgen des am wenigsten fruchtbaren Bodens, so zahlen sie die gleiche Armensteuer, sofern keiner von ihnen eine Verbesserung des Bodens vornimmt. Wenn aber der Farmer des schlechten Bodens sich durch die Erwartung einer langen Pachtzeit verleiten läßt, mit hohen Kosten die produktiven Fähigkeiten seines Bodens durch Düngen, Dränage, Einhegen usw. zu verbessern, so wird er zur Armensteuer nicht entsprechend der tatsächlich dem Grundeigentümer bezahlten Rente, sondern entsprechend dem tatsächlichen jährlichen Pachtwert des Bodens beitragen. Die Steuer kann gleich der Rente sein oder sie übersteigen; davon unabhängig wird kein Teil dieser Steuer vom Grundeigentümer getragen. Sie wäre vom Pächter vorher einkalkuliert worden, und falls der Preis der Produkte nicht ausgereicht hätte, um ihn für seine gesamten Ausgaben zuzüglich der erhöhten Belastung durch die Armensteuer zu entschädigen, wären seine Verbesserungen nicht vorgenommen worden. Es ist offensichtlich, daß in diesem Falle die Steuer vom Konsumenten getragen wird, da, falls keine Armensteuer existiert hätte, die gleichen Verbesserungen vorgenommen worden wären, und die gewöhnliche und allgemeine Profitrate auf das angelegte Kapital bei einem niedrigeren Getreidepreis erzielt worden wäre.

Es würde in dieser Frage auch nicht den geringsten Unterschied machen, wenn der Grundeigentümer selbst die Verbesserungen vorgenommen und damit seine Rente von 100 £ auf 500 £ erhöht hätte. Die Steuer wird ebenso dem Konsumenten auferlegt. Denn, ob der Grundeigentümer einen großen Geldbetrag für seinen Boden aufwendet, hängt ab von der Rente, oder was man so nennt, die er als Entschädigung dafür erhält. Das wiederum hängt vom Preis des Getreides oder anderer Rohprodukte ab, davon, ob er genügend hoch steht, um nicht nur diese zusätzliche Rente, sondern auch die Steuer, welcher der Boden unterliegt, zu decken. Wenn gleichzeitig das gesamte industrielle Kapital im gleichen Verhältnis wie das von den Farmern oder den Grundeigentümern zur Verbesserung des Bodens aufgewendete Kapital zur Armensteuer beiträgt, dann handelt es sich nicht mehr um eine Sondersteuer auf den Profit des Kapitals des Farmers oder des Grundeigentümers, sondern um eine Steuer auf das Kapital aller Produzenten, und sie kann daher nicht mehr entweder auf den Konsumenten der Rohprodukte oder den Grundeigentümer abgewälzt werden. Der Profit des Farmers wird die Auswirkungen der Steuer nicht mehr als der des Fabrikanten spüren, und der erstere kann sie ebensowenig wie der letztere als Begründung für eine Preiserhöhung seiner Ware anführen. Nicht der absolute, sondern der relative Fall des Profits verhindert die Anlage von Kapital in einem bestimmten Zweig. Es ist der Unterschied im Profit, der Kapital von einer Anlage zur anderen wandern läßt.

Man muß indessen zugeben, daß beim derzeitigen Stand der Armensteuer ein erheblich größerer Betrag den Farmer als den Fabrikanten im Verhältnis zu ihren Profiten belastet. Der Farmer wird nach der von ihm tatsächlich erzielten Produktion, der Fabrikant nur nach dem Wert der Fabrikgebäude belastet, ohne Berücksichtigung des Wertes der von ihm verwendeten Maschinerie, der Arbeit und des Kapitals. Daraus ergibt sich, daß der Farmer imstande ist, den Preis seiner Produkte um diese gesamte Differenz zu erhöhen. Denn, da die Belastung durch die Steuer ungleichmäßig ist, und sie besonders seinen Profit trifft, so ist der Anreiz für ihn geringer, sein Kapital dem Boden zuzuwenden als es in einem anderen Zweig anzulegen, falls der Preis der Rohprodukte nicht steigt. Wenn hingegen die Steuer den Fabrikanten stärker als den Farmer trifft, so wird jener imstande sein, den Preis seiner Waren um den Differenzbetrag zu erhöhen, aus dem gleichen Grund, aus dem unter ähnlichen Umständen der Farmer den Preis der Rohprodukte erhöhen kann. In einer Gesellschaft, in der sich die Landwirtschaft ausdehnt, werden daher die Armensteuern, sofern sie besonders den Boden treffen, teils von denjenigen, die Kapital angelegt haben, in Form einer Verringerung des Kapitalprofits, und teils von den Konsumenten der Rohprodukte durch deren erhöhten Preis getragen. Bei einem solchen Zustand kann die Steuer sogar unter gewissen Umständen eher vorteilhaft als nachteilig für die Grundeigentümer sein. Denn wenn die von dem Farmer auf dem schlechtesten Boden bezahlte Steuer im Verhältnis zu der Menge der erzeugten Produkte höher ist als die von den Farmern auf fruchtbarerem Boden bezahlte, wird die Erhöhung des Getreidepreises, die sich auf das gesamte Getreide auswirkt, die letzteren für die Steuern mehr als entschädigen. Dieser Vorteil wird ihnen während der gesamten Dauer ihres Pachtvertrages bleiben, wird aber danach auf ihre Grundeigentümer übergehen. Das wird also die Wirkung von Armensteuern in einer sich aufwärts entwickelnden Gesellschaft sein; in einem stagnierenden oder sich rückentwickelnden Lande wird, wenn weitere Steuern zur Unterstützung der Armen erhoben werden, und sofern Kapital nicht aus dem Boden gezogen werden kann, der Teil, der die Landwirtschaft trifft, während der Dauer der laufenden Pachtverträge von den Farmern bezahlt. Mit dem Erlöschen dieser Pachtverträge wird er fast gänzlich die Grundeigentümer treffen.

Der Farmer, der während der Dauer der vergangenen Pacht sein Kapital für die Verbesserung des Bodens aufgewendet hat, wird, falls der Boden noch in seiner Hand ist, zu dieser neuen Steuer nach dem neuen Wert veranlagt, den der Boden durch die Verbesserungen erhalten hat, und er wird gezwungen sein, diesen Betrag während der Dauer seines Pachtvertrages zu bezahlen, obwohl sein Profit dadurch vielleicht unter die allgemeine Profitrate sinkt, denn das von ihm verausgabte Kapital ist möglicherweise so in den Boden eingegangen, daß es nicht herausgezogen werden kann. Allerdings, wenn er oder sein Grundeigentümer (sofern dieser es verausgabt hat) imstande sind, dieses Kapital herauszuziehen und dadurch den jährlichen Pachtwert des Bodens zu senken, wird die Steuer entsprechend zurückgehen, und da sich das Produkt gleichzeitig vermindert, steigt sein Preis. Er wird für die Steuer dadurch entschädigt, daß er sie dem Konsumenten aufschlägt, und kein Teil von ihr wird die Rente treffen. Das ist jedoch zumindest für einen Teil des Kapitals ausgeschlossen, und daher wird diesem Teil entsprechend die Steuer von den Farmern während der Dauer ihrer Pacht und von den Grundeigentümern nach deren Erlöschen getragen. Träfe diese zusätzliche Steuer die Fabrikanten mit besonderer Härte — was nicht der Fall ist —, so würde sie unter diesen Umständen dem Preise ihrer Waren zugeschlagen, da es keinen Grund gibt, warum ihr Profit unter die allgemeine Profitrate gesenkt werden sollte, wo ihr Kapital doch leicht in die Landwirtschaft übergeleitet werden kann.[1]

[1] In einem früheren Teil dieses Werkes habe ich auf den Unterschied hingewiesen, der zwischen der eigentlichen Rente und der Vergütung besteht, die dem Grundeigentümer unter dieser Bezeichnung für die Vorteile bezahlt wird, welche die Verausgabung seines Kapitals dem Pächter verschafft hat. Ich habe aber vielleicht nicht genügend den Unterschied betont, der sich aus der verschiedenen Art und Weise, in der dieses Kapital

KAPITEL XIX

ÜBER PLÖTZLICHE VERÄNDERUNGEN DER HANDELSWEGE

Ein großes Industrieland ist zeitweiligen Rückschlägen und Zufälligkeiten, die aus der Überführung von Kapital aus einer Anlage in eine andere entspringen, besonders ausgesetzt. Die Bedürfnisse nach den Produkten der Landwirtschaft sind gleichmäßig und unterliegen nicht den Einflüssen der Mode, des Vorurteils oder der Laune. Für die Erhaltung des Lebens sind Nahrungsmittel notwendig, und die Nachfrage nach Nahrungsmitteln muß allezeit und allerorts weiter bestehen. Anders ist es jedoch mit Manufakturwaren; die Nachfrage nach einer bestimmten Manufakturware ist nicht nur vom Bedürfnis, sondern auch vom Geschmack und der Laune der Käufer abhängig. Darüber hinaus kann eine neue Steuer den komparativen Vorteil, den ein Land vorher bei der Erzeugung einer bestimmten Ware

verwendet werden kann, ergibt. Da ein Teil dieses Kapitals, sobald es einmal für die Verbesserung einer Farm verauslagt wurde, unlöslich mit dem Boden verbunden ist und die Tendenz hat, dessen produktive Fähigkeiten zu erhöhen, entspricht die dem Grundeigentümer für seine Benutzung gezahlte Vergütung genau dem Charakter der Rente und ist allen Gesetzen der Rente unterworfen. Gleichgültig, ob die Verbesserung auf Kosten des Eigentümers oder des Pächters vorgenommen wurde, sie wird zunächst nicht erfolgen, wenn nicht eine große Wahrscheinlichkeit dafür vorhanden ist, daß der Gewinn daraus mindestens gleich dem Profit sein wird, der durch die Anlage eines anderen, gleich großen Kapitals erzielt werden kann. Sobald sie aber einmal vorgenommen ist, wird der erzielte Gewinn danach stets völlig den Charakter der Rente besitzen und allen Veränderungen der Rente ausgesetzt sein. Einige dieser Ausgaben gereichen dem Boden nur für begrenzte Zeit zum Vorteil und vermehren seine produktiven Fähigkeiten nicht auf die Dauer. Sofern sie für Gebäude und sonstige vergängliche Verbesserungen verwendet wurden, so erfordern sie ständige Erneuerung und bringen dem Eigentümer daher keine dauernde Erhöhung seiner tatsächlichen Rente ein.

besaß, zunichte machen. Oder aber Kriegsauswirkungen können Fracht und Versicherung für ihren Transport so steigen lassen, daß sie nicht mehr mit der heimischen Manufakturware jenes Landes, nach dem sie früher exportiert wurde, konkurrieren kann. In allen diesen Fällen werden diejenigen, die sich mit der Erzeugung solcher Waren befassen, beträchtliche Unannehmlichkeiten und zweifellos einige Verluste erleiden, die nicht nur zur Zeit der Veränderung, sondern während der gesamten Periode fühlbar sind, während der sie ihr Kapital und die für sie verfügbare Arbeit aus einem Zweig in einen anderen überführen.

Die Unannehmlichkeiten werden sich auch nicht nur in jenem Lande, in dem die Schwierigkeiten entstanden sind, bemerkbar machen, sondern auch in den Ländern, in die seine Waren bisher exportiert wurden. Kein Land vermag lange zu importieren, ohne zu exportieren oder lange zu exportieren, ohne auch zu importieren. Falls also irgendwelche Umstände eintreten, die ein Land dauernd an der Einfuhr der üblichen Menge ausländischer Waren hindern, so wird dies natürlich die Erzeugung einiger von jenen Waren, die gewöhnlich ausgeführt wurden, verringern, und obwohl sich der Gesamtwert der Erzeugnisse des Landes wahrscheinlich nur wenig verändern wird — da gleich viel Kapital verwendet wird —, so werden sie doch nicht ebenso reichlich vorhanden und wohlfeil sein, und beträchtliche Schwierigkeiten werden durch den Wechsel der Kapitalanlagen eintreten. Wenn wir infolge der Verwendung von 10000 £ für die Herstellung von Baumwollwaren für den Export jährlich 3000 Paar Seidenstrümpfe im Werte von 2000 £ eingeführt haben, durch die Unterbrechung des Außenhandels aber gezwungen werden, dieses Kapital aus der Baumwollmanufaktur herauszuziehen und es selbst für die Strumpferzeugung zu verwenden, so werden wir, vorausgesetzt, daß nicht ein Teil des Kapitals vernichtet wird, wiederum Strümpfe im Werte von

2000 £ erhalten. Jedoch anstatt 3000 Paar werden wir vielleicht nur 2500 haben. Während der Überführung des Kapitals von der Baumwoll- zur Strumpfindustrie können viele Unannehmlichkeiten eintreten, aber sie wird den Wert des Nationalvermögens nicht wesentlich beeinträchtigen, obwohl sie den Umfang unserer jährlichen Produktion vielleicht verringert.[1]

Der Beginn eines Krieges nach einem langen Frieden oder des Friedens nach einem langen Krieg ruft im allgemeinen im Handel erhebliche Schwierigkeiten hervor. Er verändert in hohem Maße die Art der Anlagen, denen die einzelnen Kapitale der Länder vorher zugeführt worden waren, und während der Periode, während der sie sich dort niederlassen, wo es die neuen Bedingungen am vorteilhaftesten gemacht haben, liegt viel fixes Kapital brach, geht vielleicht überhaupt verloren, und die Arbeiter sind ohne volle Beschäftigung. Die Dauer dieses Notstandes wird länger oder kürzer sein, je nach der Stärke der Abneigung, welche die meisten Menschen für das Aufgeben ihrer langgewohnten Kapitalanlage hegen. Sie wird auch oft verlängert durch Beschränkungen und Verbote, die ihre Entstehung der widersinnigen

[1] „Der Handel befähigt uns, eine Ware an ihrem Ursprungsort zu erlangen und sie nach einem anderen Konsumtionsort zu transportieren. Er befähigt uns daher, den Wert der Ware zu vermehren um die ganze Differenz zwischen ihrem Preise am ersten Ort und dem am zweiten." Say, Bd. II, S. 458. Richtig, wie aber wird ihr der zusätzliche Wert gegeben? Indem man erstens zu den Produktionskosten die Ausgaben für den Transport, zweitens den Profit auf die Kapitalvorschüsse hinzufügt, die der Kaufmann geleistet hat. Die Ware ist nur aus den gleichen Gründen wertvoller, aus denen jede andere Ware wertvoller werden kann, weil mehr Arbeit auf ihre Produktion und ihren Transport verwandt worden ist, bevor sie vom Konsumenten gekauft wird. Dies darf man nicht als einen der Vorteile des Handels bezeichnen. Bei eingehenderer Untersuchung des Problems wird man finden, daß alle die Vorteile des Handels sich darauf reduzieren, daß er uns die Möglichkeit bietet, zwar nicht wertvollere, aber nützlichere Gegenstände zu erwerben.

Eifersucht verdanken, die zwischen den verschiedenen Staaten der kommerziellen Welt herrscht.

Der Notstand, der aus einem Umschwung des Handels entsteht, wird oft fälschlich für einen solchen gehalten, der eine Verringerung des nationalen Kapitals und eine Abwärtsentwicklung der Gesellschaft begleitet, und es ist vielleicht auch schwierig, irgendwelche Merkmale zu bezeichnen, durch die beide genau unterschieden werden können.

Sobald jedoch ein solcher Notstand den Übergang von Krieg zu Frieden direkt begleitet, wird unser Wissen um die Existenz einer derartigen Ursache die Annahme rechtfertigen, daß die zum Unterhalt der Arbeit bestimmten Fonds eher von ihrem gewöhnlichen Weg abgelenkt als erheblich geschmälert worden sind und daß die Nation sich nach vorübergehenden Leiden wieder in Prosperität entwickeln wird. Man muß sich auch vergegenwärtigen, daß eine Abwärtsentwicklung stets ein unnatürlicher Zustand der Gesellschaft ist. Der Mensch wächst von der Jugend zur Reife heran, altert dann und stirbt; das ist jedoch nicht der Entwicklungsweg der Völker. Sobald sie den höchsten Stand der Entwicklung ihrer Kräfte erreicht haben, kann allerdings einem weiteren Fortschritt Einhalt geboten werden, aber ihre natürliche Tendenz besteht darin, weiterhin für lange Zeit ihren Reichtum und ihre Bevölkerung unvermindert aufrechtzuerhalten.

Eine größere Not wird durch einen Umschwung im Handel in reichen und mächtigen Ländern fühlbar werden, in denen viel Kapital in Maschinen investiert ist, als in armen Ländern, wo eine verhältnismäßig viel kleinere Summe von fixem Kapital und eine viel größere Summe zirkulierendes Kapital vorhanden ist und wo daher mehr Arbeit durch Menschenhände geleistet wird. Es ist weniger schwierig, zirkulierendes als fixes Kapital aus einer Anlage, an der es beteiligt war, herauszuziehen. Oft ist es unmöglich, die Maschinerie, die vielleicht für eine bestimmte Fabrikation aufgestellt wurde, für eine andere zu verwenden. Die Kleidung, die Nahrungsmittel und die Wohnung des Arbeiters in einer Beschäftigung können jedoch zum Unterhalt des Arbeiters in einer anderen verwendet werden, oder aber derselbe Arbeiter kann die gleiche Nahrung, Kleidung und Wohnung erhalten, während seine Beschäftigung wechselt. Das ist aber ein Übel, das eine reiche Nation in Kauf nehmen muß, und sich darüber zu beklagen, wäre nicht vernünftiger als das Jammern eines reichen Kaufmanns, daß sein Schiff den Gefahren des Meeres ausgesetzt ist, während die Hütte seines armen Nachbarn vor allen derartigen Gefahren bewahrt bleibt.

Sogar die Landwirtschaft bleibt von Wechselfällen dieser Art, obwohl in geringerem Maße, nicht verschont. Ein Krieg, der in einem kommerziellen Lande den Handel der Staaten unterbricht, verhindert häufig den Export des Getreides aus Ländern, wo es mit geringen Kosten erzeugt werden kann, nach anderen nicht so begünstigten. Unter diesen Umständen wird eine ungewöhnliche Menge Kapital in die Landwirtschaft gezogen, und das Land, das früher importierte, wird von ausländischer Unterstützung unabhängig. Bei Beendigung des Krieges werden die Hindernisse für die Einfuhr beseitigt, und eine für den heimischen Produzenten verderbliche Konkurrenz setzt ein, der er nicht, ohne einen beträchtlichen Teil seines Kapitals zu opfern, aus dem Wege gehen kann. Die beste Politik des Staates wäre, eine von Zeit zu Zeit in ihrer Höhe abnehmende Steuer auf die Einfuhr ausländischen Getreides für eine begrenzte Zahl von Jahren zu legen, um dem heimischen Produzenten Gelegenheit zu geben, sein Kapital allmählich aus dem Boden zurückzuziehen.[1] Bei einem solchen Vor-

[1] Im letzten Ergänzungsbande der Encyclopædia Britannica, im Artikel „Getreidegesetze und Handel" finden sich folgende ausgezeichnete Vorschläge und Feststellungen: „Wenn wir in Zukunft einmal daran denken sollten, unsere Maßnahmen

gehen wird das Land vielleicht nicht die günstigste Verteilung seines Kapitals erreichen, aber die ihm auferlegte zeitweilige Steuer wird für eine bestimmte Klasse vorteilhaft sein, deren Kapitalanlage bei der Einstellung der Importe höchst nützlich für die Beschaffung von Nahrungsmitteln war. Wenn solche Opfer in einer Notzeit durch das Risiko des Ruins am Ende der Schwierigkeit abgelöst werden, wird das Kapital eine solche Anlage meiden. Die Farmer werden außer dem üblichen Kapitalprofit noch eine Entschädigung für das von ihnen eingegangene Risiko eines plötzlichen Zustroms von Getreide erwarten. Der Preis für den Konsumenten wird dadurch zu den Zeiten, in denen er eine Belieferung am dringendsten braucht, nicht nur durch die höheren Kosten des Getreidebaus im Lande erhöht, sondern auch

zurückzunehmen, so sollte man einen allmählich sinkenden Zolltarif einführen, um Zeit für das Zurückziehen von Kapital von der Bewirtschaftung unserer schlechten Böden und seine Anlage in lohnenderen Zweigen zu gewinnen. Der Preis, bei dem ausländisches Getreide zollfrei eingelassen werden darf, sollte von 80 sh, der derzeitigen Grenze, um jährlich 4 oder 5 sh pro Quarter gesenkt werden, bis er 50 sh erreicht hat. Dann können die Häfen unbesorgt geöffnet und das System der Beschränkungen für immer aufgegeben werden. Wenn dieses frohe Ereignis eintrifft, wird es nicht mehr nötig sein, die Natur zu vergewaltigen. Das Kapital und der Unternehmungsgeist des Landes wird sich jenen Industriezweigen zuwenden, in denen uns unsere natürlichen Gegebenheiten, unsere nationalen Eigenschaften oder politischen Einrichtungen eine Überlegenheit gewähren. Das Getreide Polens und die Rohbaumwolle von Carolina werden gegen die Metallwaren Birminghams und die Musseline Glasgows getauscht werden. Der echte kommerzielle Geist, der das Wohlergehen der Völker dauernd sichert, ist gänzlich unvereinbar mit der trüben und seichten Politik der Monopole. Die Völker der Erde gleichen Provinzen desselben Königreiches – ein freier und ungehinderter Verkehr bringt sowohl allgemeinen als auch lokalen Vorteil." Der ganze Artikel verdient Aufmerksamkeit; er ist sehr lehrreich, vortrefflich geschrieben und zeigt, daß der Autor das Thema völlig beherrscht.

durch die Versicherung für das besondere Risiko, dem diese Kapitalanlage ausgesetzt ist und die er mit dem Preise bezahlen muß. Trotzdem es also dienlicher für den Reichtum des Landes ist, die Einfuhr billigen Getreides zu gestatten, welches Opfer an Kapital das auch immer erfordern möge, wird es vielleicht doch ratsam sein, sie für einige Jahre mit Zoll zu belegen.

Als wir die Frage der Rente untersuchten, fanden wir, daß mit jeder Erhöhung der Zufuhr von Getreide und dem sich daraus ergebenden Sinken seines Preises Kapital von den schlechteren Böden abgezogen wird und Boden besserer Qualität, der dann keine Rente abwirft, zum Maßstab wird, nach dem sich der natürliche Preis des Getreides bestimmt. Zu 4 £ pro Quarter kann Boden einer minderen Qualität, dem wir die Nummer 6 zuweisen können, bebaut werden; bei 3 £ 10 sh Nr. 5, bei 3 £ Nr. 4, usw. Wenn als Folge eines dauernden Überangebotes Getreide auf 3 £ 10 sh sinkt, wird die Verwendung des auf Nr. 6 angelegten Kapitals eingestellt, denn nur solange Getreide auf 4 £ stand, konnte es den allgemeinen Profit einbringen, wenn auch, ohne eine Rente abzuwerfen. Es wird daher abgezogen, um solche Waren herzustellen, mit denen man das gesamte auf Nr. 6 geerntete Getreide kaufen und importieren wird. In dieser Anlage ist es für seinen Eigentümer notwendigerweise produktiver, denn sonst wäre es aus der anderen nicht abgezogen worden. Denn wenn er nicht mehr Getreide dadurch erhalten kann, daß er es mit einer von ihm produzierten Ware kauft, als er von dem Boden erhalten hat, für den er keine Rente zahlte, so könnte dessen Preis nicht unter 4 £ liegen.

Es ist aber behauptet worden, daß Kapital nicht vom Boden abgezogen werden kann und daß es den Charakter von Ausgaben annimmt, die nicht wieder zurückgewonnen werden können, wie Düngung, Einhegung, Dränage usw., die notwendigerweise nicht vom Boden zu trennen sind. Dies trifft in gewissem Maße zu. Aber das Kapital, das aus Rindvieh, Schafen, Heu- und Getreidescheunen, Wagen usw. besteht, kann abgezogen werden. Es wird immer eine Frage der Kalkulation sein, ob alles dies weiter auf dem Boden verwendet werden soll, ungeachtet des niedrigen Getreidepreises, oder ob es verkauft und sein Wert anders angelegt werden soll.

Angenommen jedoch, die Tatsachen entsprechen der Behauptung, und kein Teil des Kapitals kann abgezogen werden.[1] Der Farmer wird weiter Getreide anbauen, und noch dazu dieselbe Menge, gleichgültig, zu welchem Preise sie verkäuflich ist, da er kein Interesse daran haben kann, weniger zu produzieren und da, falls er sein Kapital nicht derart verwendet, er daraus überhaupt keinen Gewinn zieht. Getreide kann nicht impor-

[1] Wieviel Kapital sich auch immer mit dem Boden untrennbar verbindet, es muß bei Erlöschen der Pacht notwendigerweise dem Grundeigentümer und nicht dem Pächter gehören. Welche Entschädigung der Grundeigentümer auch bei der Wiederverpachtung des Landes für dieses Kapital erhalten mag, sie wird als Rente erscheinen. Jedoch wird keine Rente bezahlt werden, wenn mit einem bestimmten Kapital mehr Getreide aus dem Ausland bezogen werden kann als von diesem Boden bei uns zu ernten möglich ist. Wenn die Situation der Gesellschaft die Einfuhr von Getreide erforderlich macht und 1000 Quarter durch Verwendung eines bestimmten Kapitals bezogen werden können, und jener Boden mit dem gleichen Kapitalaufwand 1100 Quarter hergeben wird, so werden 100 Quarter notwendigerweise auf die Rente entfallen. Falls aber 1200 aus dem Ausland bezogen werden können, dann wird dieser Boden nicht weiter bebaut werden, da er dann nicht einmal mehr die allgemeine Profitrate abwirft. Das ist aber kein Nachteil, wie groß auch das für den Boden ausgegebene Kapital gewesen sein mag. Dieses Kapital wird mit der Absicht angelegt, das Produkt zu erhöhen; das ist das Ziel und daran muß man sich erinnern. Welche Bedeutung kann es also für die Gesellschaft haben, ob die Hälfte ihres Kapitals an Wert verliert oder es sogar vernichtet wird, solange sie jährlich eine größere Menge Produkte erhält. Diejenigen, die in diesem Falle den Verlust von Kapital beklagen, sind für die Aufgabe des Ziels zugunsten der Mittel,

tiert werden, da er es eher für weniger als 3 £ 10 sh als überhaupt nicht verkaufen würde, und entsprechend der Annahme kann der Importeur es nicht unter diesem Preis verkaufen. Obwohl also die Farmer, die Böden dieser Qualität bebauen, zweifellos durch das Sinken des Tauschwertes der von ihnen produzierten Ware geschädigt werden — wie wird das Land in Mitleidenschaft gezogen? Wir besitzen von jeder erzeugten Ware genau die gleiche Menge, Rohprodukte und Getreide werden aber zu einem erheblich niedrigeren Preis verkauft. Das Kapital eines Landes besteht aus seinen Waren, und da diese in gleicher Menge wie früher vorhanden sind, geht die Reproduktion im selben Umfang vor sich. Dieser niedrige Getreidepreis wirft jedoch nur den üblichen Kapitalprofit für den Boden Nr. 5 ab, der dann keine Rente zahlt, während die Rente von allen besseren Böden fällt. Die Löhne werden ebenfalls sinken, und der Profit wird steigen.

Wie tief der Getreidepreis auch sinken mag, so wird doch keine Einfuhr erfolgen, wenn Kapital nicht vom Boden abgezogen werden kann und die Nachfrage nicht steigt, da die gleiche Menge im Inland produziert wird. Obwohl eine unterschiedliche Aufteilung des Produktes eintreten wird und einige Klassen bevorzugt und andere benachteiligt werden, ist die Gesamtproduktion genau dieselbe, und die Nation wird insgesamt weder reicher noch ärmer.

Ein Vorteil ergibt sich jedoch immer aus einem verhältnismäßig niedrigen Getreidepreis, daß nämlich die Aufteilung der jeweiligen Produktion höchstwahrscheinlich den Fonds zum Unterhalt der Arbeit vermehrt, insofern als mehr in Form von Profit der produktiven Klasse und weniger unter der Bezeichnung Rente den Grundeigentümern zufallen wird.

Das trifft sogar dann zu, wenn das Kapital nicht von dem Boden abgezogen werden kann und entweder dort verwendet werden muß oder überhaupt nicht zu beschäftigen ist. Wenn jedoch ein großer Teil des Kapitals herausgezogen werden kann, wie es offensichtlich der Fall ist, so wird es nur herausgezogen, sofern es dem Eigentümer dadurch mehr einbringt als durch seinen Verbleib dort, wo es war. Es wird nur abgezogen werden, wenn es anderswo produktiver sowohl für den Eigentümer als auch für die Gesellschaft angelegt werden kann. Er willigt in den Verlust des Teiles seines Kapitals, der nicht vom Boden getrennt werden kann, weil er mit dem Teil, den er entfernen kann, imstande ist, einen größeren Wert und eine größere Menge an Rohprodukten zu erhalten, als wenn er den anderen Teil des Kapitals nicht aufgibt. Sein Fall gleicht genau dem des Mannes, der mit großen Kosten Maschinen in seiner Fabrik aufgestellt hat, die danach so erheblich durch modernere Erfindungen verbessert werden, daß die von ihm produzierten Waren beträchtlich im Werte sinken. Es ist für ihn ausschließlich eine Frage der Kalkulation, ob er die alten Maschinen aufgibt und die vervollkommneten aufstellt *und dabei den gesamten Wert der alten verliert*, oder ob er fortfährt, sich ihrer verhältnismäßig geringen Fähigkeiten zu bedienen. Wer würde ihm unter diesen Umständen empfehlen, auf die Verwendung der besseren Maschinen zu verzichten, weil das den Wert der alten herabmindert oder vernichtet? Das ist jedoch das Argument jener, die wünschen, daß wir den Getreideimport verbieten, weil er jenen Teil des Kapitals, der für immer dem Boden verhaftet ist, entwertet oder vernichtet. Sie verstehen nicht, daß das Ziel jedes Handels darin besteht, die Produktion zu erhöhen, und daß man durch die Vergrößerung der Produktion das allgemeine Wohlbefinden erhöht, obwohl man einen teilweisen Verlust herbeiführen mag. Um konsequent zu sein, müßten sie versuchen, alle Verbesserungen in Landwirtschaft und Industrie, sowie alle Erfindungen von Maschinen zu unterbinden; denn obwohl diese zu einem allgemeinen Überfluß und damit zum allgemeinen

Wohlbefinden beitragen, so entwerten oder vernichten sie im Zeitpunkt ihrer Einführung unausweichlich den Wert eines Teiles des vorhandenen Kapitals der Farmer und Fabrikanten.[1]

Die Landwirtschaft ist gleich allen anderen Zweigen, besonders in einem kommerziellen Lande, einem Rückschlag ausgesetzt, welcher der Wirkung eines starken Stimulus mit umgekehrter Stoßrichtung folgt. So zieht, sobald Krieg die Getreideeinfuhr unterbricht, der sich daraus ergebende hohe Preis Kapital in die Landwirtschaft wegen des hohen Profits, den eine solche Anlage abwirft. Das wird wahrscheinlich bewirken, daß mehr Kapital angelegt wird und mehr Rohprodukte auf den Markt gebracht werden als die Bedürfnisse des Landes erfordern. In einem solchen Falle wird der Getreidepreis infolge eines Überangebotes sinken, und viel Schwierigkeiten in der Landwirtschaft werden dadurch verursacht werden, bis das durchschnittliche Angebot in Einklang mit der durchschnittlichen Nachfrage gebracht worden ist.

KAPITEL XX

DIE UNTERSCHIEDLICHEN EIGENSCHAFTEN VON WERT UND REICHTUM

„Jemand ist reich oder arm“, sagt Adam Smith, „je nach dem Grad, in dem er sich den Genuß der lebenswichtigen Artikel, der Annehmlichkeiten und Vergnügungen des Lebens leisten kann.“

Der Wert unterscheidet sich also grundsätzlich vom Reichtum, denn der Wert hängt nicht vom Über-

[1] Unter die besten Veröffentlichungen über die unweise Politik einer Einfuhrbeschränkung für Getreide kann man Major Torrens' Essay on the External Corn Trade einreihen. Seine Beweisführung scheint mir unwiderlegt und unwiderleglich zu sein.

fluß, sondern von der Schwierigkeit oder Leichtigkeit der Produktion ab. Die Arbeit von einer Million Menschen in den Manufakturen wird stets den gleichen Wert, aber nicht immer den gleichen Reichtum produzieren. Durch die Erfindung von Maschinen, durch Erhöhung der Geschicklichkeit, durch bessere Arbeitsteilung oder durch Entdeckung neuer Märkte, wo vorteilhaftere Tauschakte vollzogen werden können, kann eine Million Menschen bei einem bestimmten Entwicklungsstand der Gesellschaft die doppelte oder dreifache Menge an Reichtum, an „lebenswichtigen Artikeln, Annehmlichkeiten und Vergnügungen“ im Vergleich mit einem anderen produzieren. Sie werden aber deswegen dem Werte nichts hinzufügen; denn jede Sache steigt oder fällt im Werte je nach der Leichtigkeit oder Schwierigkeit ihrer Produktion oder, mit anderen Worten, je nach dem für ihre Produktion aufgewendeten Quantum Arbeit. Angenommen, die Arbeit einer gewissen Zahl von Menschen produziert mit einem bestimmten Kapital 1000 Paar Strümpfe und durch Verbesserungen der Maschinerie kann dieselbe Zahl von Menschen 2000 Paar produzieren oder aber weiter 1000 Paar und zusätzlich 500 Hüte herstellen, so wird der Wert der 2000 Paar Strümpfe oder der 1000 Paar Strümpfe und der 500 Hüte weder größer noch geringer als jener der 1000 Paar Strümpfe vor Einführung der Maschinerie sein, denn sie sind das Produkt der gleichen Quantität Arbeit. Der Wert der allgemeinen Warenmasse wird aber nichtsdestoweniger kleiner sein; denn obwohl der Wert der als Ergebnis der Verbesserung produzierten größeren Menge genau der gleiche sein wird wie der der geringeren Menge, die ohne Verbesserung produziert worden wäre, so wird doch auch eine Wirkung auf jene noch nicht konsumierten Waren hervorgebracht, die vor der Verbesserung produziert worden sind. Der Wert dieser Waren wird verringert, insofern sie nämlich Stück für Stück auf das Niveau der mit allen Vorteilen der Verbesserung produzierten Waren sinken, und die Gesellschaft wird trotz der vergrößerten Warenmenge, trotz ihres vermehrten Reichtums und ihrer vermehrten Mittel zum Genuß eine geringere Summe an Wert besitzen. Durch die beständige Erhöhung der Leichtigkeit der Produktion wird der Wert verschiedener bereits früher produzierter Waren fortgesetzt vermindert, obwohl wir auf diesem Wege nicht nur den nationalen Reichtum, sondern auch die Kraft zu zukünftiger Produktion erhöhen. Viele der Fehler der politischen Ökonomie sind aus einem Irrtum über diesen Gegenstand entstanden, aus der Annahme, daß eine Vermehrung des Reichtums und eine Vermehrung des Wertes gleichbedeutend sind und aus unbegründeten Vorstellungen darüber, was das Standardmaß des Wertes bildet. Der eine hält Geld für den Maßstab des Wertes, und eine Nation wird ihm zufolge reicher oder ärmer, je nachdem sie ihre Waren aller Art für mehr oder weniger Geld eintauschen kann. Andere bezeichnen Geld als ein sehr bequemes Medium für Tauschzwecke, aber nicht als ein geeignetes Maß, durch das man den Wert anderer Dinge ausdrücken kann; das wirkliche Maß des Wertes ist für sie Getreide[1], und ein Land ist reich oder arm, je nachdem seine Waren sich gegen mehr oder weniger Getreide tauschen.[2] Es gibt wiederum andere,

[1] Adam Smith sagt, „daß der Unterschied zwischen dem realen und dem nominellen Preis von Waren und Arbeit nicht nur eine Angelegenheit der Theorie, sondern manchmal von großer Bedeutung in der Praxis ist". Ich stimme ihm zu; aber der wirkliche Preis der Arbeit und der Waren läßt sich ebensowenig durch ihren Preis in Waren, Adam Smith' reales Maß, wie durch ihren Preis in Gold und Silber, sein nominelles Maß, bestimmen. Der Arbeiter erhält nur dann einen wirklich hohen Preis für seine Arbeit, wenn sein Lohn das Produkt einer großen Menge Arbeit kauft.

[2] Im Band I, S. 108 schlußfolgert Say, daß Silber jetzt den gleichen Wert hat, wie unter der Regierung Ludwigs XIV., „weil die gleiche Menge Silber die gleiche Menge Getreide kauft".

die ein Land für reich oder arm halten, je nach der Menge Arbeit, die es kaufen kann. Warum sollten aber Gold, Getreide oder Arbeit eher als Kohle oder Eisen, als Tuch, Seife, Kerzen oder die anderen notwendigen Artikel des Arbeiters das Standardmaß des Wertes sein? Kurz gesagt, warum sollte irgendeine Ware oder alle Waren zusammen der Maßstab sein, wenn dieser Maßstab selbst Wertschwankungen unterliegt? Getreide kann ebenso wie Gold wegen der Schwierigkeit oder Leichtigkeit der Produktion um 10, 20 oder 30 Prozent im Verhältnis zu anderen Gegenständen schwanken; warum sollen wir immer sagen, daß jene anderen Gegenstände, aber nicht das Getreide, sich verändert haben? Nur jene Ware ist allein unveränderlich, die jederzeit das gleiche Opfer an Mühe und Arbeit für ihre Produktion verlangt. Wir kennen keine solche Ware, aber wir können hypothetisch argumentieren und so darüber sprechen, als ob wir sie hätten, und wir können unsere Kenntnisse der Wissenschaft dadurch verbessern, daß wir deutlich die absolute Unanwendbarkeit aller der Maßstäbe zeigen, die wir bisher benützt haben. Angenommen aber, einer von ihnen wäre ein richtiger Maßstab des Wertes, so wäre er doch kein Maßstab des Reichtums, denn Reichtum ist nicht vom Wert abhängig. Jemand ist reich oder arm, je nach der Fülle von notwendigen und Luxusartikeln, über die er verfügen kann, und ob deren Tauschwert in Geld, in Getreide, in Arbeit hoch oder gering ist, so werden sie doch in gleicher Weise zum Genuß ihres Besitzers beitragen. Durch Verwirrung der Begriffe von Tauschwert und Wohlstand bzw. Reichtum kam man zur Behauptung, man könne den Reichtum vermehren durch Verminderung der Menge der Waren, d. h. der zum Leben notwendigen, nützlichen oder angenehmen Dinge. Falls der Wert das Maß des Reichtums wäre, könnte man das nicht bestreiten, denn durch Knappheit steigt der Wert der Waren; wenn jedoch Adam Smith recht hat, wenn Reichtum aus notwendigen und Luxusartikeln besteht,. dann kann er durch Verringerung der Quantität nicht vermehrt werden.

Es trifft zu, daß der Besitzer einer knappen Ware reicher ist, wenn er mit ihrer Hilfe über mehr notwendige Konsumartikel und Annehmlichkeiten des menschlichen Lebens verfügen kann. In dem Maße jedoch, in dem der allgemeine Fonds, dem jedermanns Reichtümer entnommen werden, durch all das, was ein Einzelner ihm entzieht, mengenmäßig verkleinert wird, müssen die Anteile anderer notwendigerweise im Verhältnis geringer werden, da dieser Begünstigte imstande ist, sich eine größere Quantität anzueignen.

Wasser möge knapp werden, sagt Lord Lauderdale, und ausschließlich im Besitze eines Einzelnen sein, dann wird sich sein Reichtum vermehren, da Wasser nun einen Wert besitzt, und wenn Reichtum [wealth] die Summe der einzelnen Reichtümer [riches] ist, so erhöht sich dadurch auch der Reichtum. Unzweifelhaft erhöht sich der Reichtum dieses Einzelnen; insofern jedoch der Farmer einen Teil seines Getreides und der Schuhmacher einen Teil seiner Schuhe verkaufen und jedermann einen Teil seines Besitzes opfern muß, einzig und allein, um sich mit Wasser zu versorgen, das sie vordem umsonst erhielten, werden alle um die gesamte Warenmenge, die sie für diesen Zweck verwenden müssen, ärmer sein, und dem Eigentümer des Wassers fließt ein Vorteil genau in der Höhe ihres Verlustes zu. Die Gesellschaft erfreut sich derselben Menge Wassers und der gleichen Menge Waren, sie sind jedoch anders verteilt. Das bedeutet aber, eher ein Monopol als eine Knappheit an Wasser zu unterstellen. Wenn es knapp wäre, so würde der Reichtum des Landes und der Einzelnen tatsächlich verringert, insoweit sie nämlich eines Teiles ihrer Annehmlichkeiten verlustig gingen. Der Farmer würde nicht nur weniger Getreide für den Austausch gegen andere, ihm notwendig oder wünschenswert erscheinende Waren besitzen, sondern er würde ebenso wie jeder andere im

Genuß einer der am meisten notwendigen Annehmlichkeiten beschränkt. Es würde nicht nur eine verschiedene Verteilung, sondern ein tatsächlicher Verlust an Reichtum eintreten.

Man kann also sagen, daß zwei Länder, die eine genau gleiche Menge aller Notwendigkeiten und Annehmlichkeiten des Lebens besitzen, gleich reich sind, aber der Wert ihrer Reichtümer hängt ab von der verhältnismäßigen Schwierigkeit oder Leichtigkeit, mit der sie produziert werden. Denn wenn eine vervollkommnete Maschine uns ermöglicht, zwei Paar Strümpfe anstelle eines Paares ohne zusätzliche Arbeit zu produzieren, so wird davon im Austausch für ein Yard Tuch die doppelte Menge hingegeben. Wird eine ähnliche Verbesserung bei der Tucherzeugung vorgenommen, so werden sich Strümpfe und Tuch im gleichen Verhältnis wie früher tauschen, beide werden aber an Wert verloren haben, denn im Austausch gegen Hüte, Gold oder andere Waren muß im allgemeinen das Doppelte ihrer früheren Menge hingegeben werden. Wird die Verbesserung auf die Produktion von Gold und jeder anderen Ware ausgedehnt, so werden alle ihre früheren Relationen wieder hergestellt. Die doppelte Menge an Waren wird jährlich im Lande produziert und damit der Reichtum des Landes verdoppelt werden, aber dieser Reichtum wird nicht an Wert zugenommen haben.

Obwohl Adam Smith die richtige Definition des Reichtums gegeben hat, was ich mehr als einmal erwähnt habe, erklärt er ihn später anders und sagt, „daß jemand reich oder arm sein muß, je nach dem Quantum Arbeit, das er zu kaufen vermag“. Nun, diese Definition unterscheidet sich wesentlich von der anderen und ist bestimmt unrichtig. Angenommen, die Bergwerke werden ergiebiger, so daß Gold und Silber infolge der größeren Leichtigkeit ihrer Prodution an Wert verlieren, oder Samt wird mit so viel weniger Arbeit als vordem erzeugt, daß er auf die Hälfte seines früheren Wertes fällt, so wird der Reichtum all derer, die diese Waren kaufen, erhöht. Der eine wird vielleicht die Menge seines Silbergeschirrs vergrößern, der andere die doppelte Menge Samt kaufen, aber mit diesem zusätzlichen Geschirr und Samt können sie nicht mehr Arbeit als vorher beschäftigen; da der Tauschwert von Samt und Silbergeschirr gesunken ist, müssen sie sich von verhältnismäßig mehr dieser besonderen Gattung des Reichtums trennen, um einen Tag Arbeit zu kaufen. Reichtum kann also nicht an dem Quantum Arbeit, das er zu kaufen vermag, gemessen werden.

Aus dem bisher Gesagten wird man ersehen, daß der Reichtum eines Landes auf zweierlei Art vermehrt werden kann. Er kann dadurch erhöht werden, daß ein größerer Teil der Revenue für den Unterhalt produktiver Arbeit verwendet wird, was nicht nur die Menge, sondern auch den Wert der Warenmasse vermehren wird. Oder aber er kann ohne Beschäftigung eines zusätzlichen Quantums Arbeit dadurch vergrößert werden, daß die gleiche Menge produktiver verwendet wird, was die Fülle, jedoch nicht den Wert der Waren erhöhen wird.

Im ersten Falle wird ein Land nicht nur reich werden, sondern der Wert seines Reichtums wird sich erhöhen. Es wird durch Sparsamkeit reich werden, dadurch, daß es seine Ausgaben für Luxus- und Genußartikel einschränkt und diese Einsparungen für die Reproduktion verwendet.

Im zweiten Fall werden weder mit Notwendigkeit verminderte Ausgaben für Luxus- und Genußartikel noch ein erhöhtes Quantum beschäftigter produktiver Arbeit vorhanden sein, sondern mit derselben Arbeit wird mehr produziert; der Reichtum wird steigen, jedoch nicht der Wert. Von diesen zwei Arten der Erhöhung des Reichtums muß der letzteren der Vorzug gegeben werden, da sie das gleiche Ergebnis ohne den Entzug oder die Verringerung von Annehmlichkeiten hervorbringt, welche die erste Art unausbleiblich begleiten werden. Kapital ist jener Teil des Reichtums eines Landes, der im Hinblick auf zukünftige Produktion verwendet wird und der auf dieselbe Weise wie der Reichtum vermehrt werden kann. Ein zusätzliches Kapital wird für die Erzeugung zukünftigen Reichtums gleich wirksam sein, ob es nun aus Verbesserungen der Technik und Maschinerie oder aus der Verwendung von mehr Revenue für die Reproduktion herrührt; denn der Reichtum hängt immer von der Menge der produzierten Güter ab, ohne Rücksicht auf die Leichtigkeit, mit der die für die Produktion verwendeten Instrumente vielleicht beschafft worden sind. Eine bestimmte Menge Kleidung und Nahrungsmittel wird dieselbe Zahl von Leuten erhalten und beschäftigen und wird daher dieselbe Menge Arbeit verlangen, ob sie nun durch die Arbeit von 100 oder 200 Leuten produziert worden sind. Sie wird aber doppelt soviel wert sein, wenn 200 Leute bei ihrer Produktion beschäftigt waren.

Ungeachtet der Verbesserungen, die Say in der vierten und letzten Auflage seines Werkes Traité d'Economie Politique vorgenommen hat, scheint er mir in seiner Definition von Reichtum und Wert besonders unglücklich gewesen zu sein. Er betrachtet die beiden Begriffe als synonym und meint, jemand sei in dem Maße reich, in dem er den Wert seines Besitzes vermehrt und imstande ist, über einen Überfluß an Gütern zu verfügen. „Der Wert der Einkommen hat sich dann vermehrt", bemerkt er, „wenn sie, gleichgültig wodurch, jemand eine größere Produktenmenge verschaffen können." Wenn sich die Schwierigkeit, Tuch zu produzieren, auf das Doppelte vergrößert, und sich Tuch daher, verglichen mit früher, gegen die doppelte Menge Waren austauscht, so besitzt es nach Say den doppelten Wert, womit ich völlig übereinstimme. Wenn jedoch bei der Produktion der Waren eine besondere Erleichterung eintritt, aber keine erhöhte Schwierigkeit bei der Produktion von Tuch, und wenn sich Tuch daher wie vorher gegen die doppelte Menge Waren austauscht, so würde Say weiterhin behaupten, daß Tuch seinen Wert verdoppelt hat, wohingegen er nach meiner Ansicht sagen müßte, daß Tuch seinen früheren Wert beibehalten hat und jene Waren auf die Hälfte ihres früheren Wertes gesunken sind. Muß Say sich nicht selbst widersprechen, wenn er sagt, daß durch eine Produktionserleichterung mit denselben Mitteln zwei Sack Getreide erzeugt werden können, mit denen früher ein Sack erzeugt wurde und daher jeder Sack auf die Hälfte seines früheren Wertes sinken wird, andererseits aber behauptet, daß der Tuchmacher, der sein Tuch für zwei Sack Getreide eintauscht, den doppelten Wert gegenüber früher erhält, als er im Austausch für sein Tuch nur einen Sack erhalten konnte? Wenn zwei Sack denselben Wert wie vordem einer haben, so erhält er offensichtlich denselben Wert und nicht mehr. Er bekommt allerdings die doppelte Menge an Reichtum, die doppelte Quantität Nutzen, die doppelte Menge dessen, was Adam Smith Gebrauchswert nennt, aber nicht die doppelte Quantität Wert, und Say kann daher nicht recht haben, wenn er Wert, Reichtum und Nützlichkeit als synonym betrachtet. Es gibt allerdings viele Teile von Says Werk, auf die ich zur Unterstützung der von mir vertretenen Anschauung über den entscheidenden Unterschied zwischen Wert und Reichtum ruhig verweisen kann, obwohl man zugeben muß, daß es auch verschiedene andere Stellen gibt, in denen eine gegenteilige Ansicht vertreten wird. Ich kann diese Stellen miteinander nicht in Einklang bringen, und ich hebe sie dadurch hervor, daß ich sie einander gegenüberstelle, so daß Say, falls er mir die Ehre antut, diese Bemerkungen in zukünftigen Auflagen seines Werkes zu berücksichtigen, solche Erklärungen seiner Ansichten geben kann, welche die Schwierigkeit beseitigen, die sowohl von mir als auch von vielen anderen bei den Bemühungen sie aufzuklären, empfunden wird.

1. Beim Austausch zweier Produkte tauschen wir in Wirklichkeit nur die produktiven Dienste aus, die dazu gedient haben, sie zu schaffen. S. 504

2. Es gibt keine wirkliche Teuerung, außer der, die aus den Produktionskosten entspringt. Ein wirklich teurer Gegenstand ist jener, dessen Produktion viel kostet. S. 497

3. Der Wert aller produktiven Dienste, die bei der Schaffung eines Produktes konsumiert werden müssen, bilden die Produktionskosten jenes Produktes. S. 505

4. Es ist die Nützlichkeit, welche die Nachfrage nach einem Gut bestimmt, es sind aber die Produktionskosten, die den Umfang seiner Nachfrage begrenzen. Sobald seine Nützlichkeit seinen Wert nicht auf das Niveau der Produktionskosten hebt, ist der Gegenstand nicht das wert, was er kostet; das ist ein Beweis dafür, daß die produktiven Dienste für die Hervorbringung eines Gutes von höherem Wert verwendet werden können. Die Besitzer produktiver Fonds, das heißt jene, die Verfügungsgewalt über Arbeit, Kapital oder Boden haben, beschäftigen sich unablässig mit dem Vergleich der Produktionskosten, und des Wertes der produzierten Gegenstände oder, was dasselbe ist, mit dem Vergleich des Wertes verschiedener Güter untereinander, denn die Produktionskosten sind nichts anderes als der Wert der produktiven Dienste, der bei der Durchführung einer Produktion verbraucht wird, und der Wert eines produktiven Dienstes ist nichts anderes als der Wert des Gutes, welches das Ergebnis ist. Der Wert eines Gutes, der Wert eines produktiven Dienstes und der Wert der Produktionskosten sind also alle ähnliche Werte, solange alles seinem natürlichen Lauf überlassen bleibt.

5. Der Wert der Einkommen ist also erhöht, wenn sie jemand (gleichgültig durch welche Mittel) eine größere Menge von Produkten zu verschaffen vermögen.

6. Der Preis ist das Wertmaß der Dinge, und ihr Wert ist das Maß ihrer Nützlichkeit. Bd. 2, S. 4

7. Frei durchgeführte Tauschakte zeigen den Wert, den die Menschen den ausgetauschten Dingen zu der Zeit, an dem Ort und bei dem Stand der Gesellschaft, in dem wir uns befinden, beilegen. S. 466

8. Produzieren heißt dadurch Wert schaffen, daß man einem Ding Nützlichkeit verleiht oder sie erhöht und damit eine Nachfrage dafür schafft, welche die erste Ursache seines Wertes ist. Bd. 2, S. 487

9. Geschaffene Nützlichkeit bildet ein Produkt. Der sich ergebende Tauschwert ist nur das Maß dieser Nützlichkeit, das Maß der stattgefundenen Produktion. S. 490

10. Die Nützlichkeit, welche die Bewohner eines bestimmten Landes in einem Produkt finden, kann nicht anders geschätzt werden als durch den Preis, den sie dafür bezahlen. S. 502

11. Dieser Preis ist das Maß der Nützlichkeit, die es nach dem Urteil der Menschen besitzt und der Befriedigung, die sie durch seine Konsumtion erhalten, denn sie würden nicht den Konsum dieser Nützlichkeit vorziehen, wenn sie für den Preis, den sie kostet, eine Nützlichkeit erwerben könnten, die ihnen größere Befriedigung gewährt. S. 506

12. Die Menge aller anderen Güter, die jemand für das Gut, das er zu veräußern wünscht, unmittelbar erhalten kann, ist ein zu allen Zeiten unbestreitbarer Wert. Bd. 2, S. 4

Wenn es keine wirkliche Teuerung außer der, die aus den Produktionskosten entspringt, gibt (s. Punkt 2), wie kann von einer Ware behauptet werden, daß sie im Wert steigt (s. Punkt 5), wenn ihre Produktionskosten nicht gestiegen sind, und das nur deswegen, weil sie sich für mehr von einer billigen Ware tauschen wird, für mehr von einer Ware, deren Produktionskosten gesunken sind? Wenn ich 2000mal mehr Tuch für ein Pfund Gold als für ein Pfund Eisen gebe, beweist das, daß ich Gold 2000mal mehr Nützlichkeit als Eisen zumesse? Sicherlich nicht; es beweist nur, wie Say zugibt (s. Punkt 4), daß die Produktionskosten des Goldes 2000mal höher sind als die Produktionskosten von Eisen. Wenn die Produktionskosten der beiden Metalle die gleichen wären, so würde ich für beide den gleichen Preis zahlen; wenn aber die Nützlichkeit das Maß des Wertes wäre, so wäre es wahrscheinlich, daß ich für Eisen mehr zahlen würde. Es ist die Konkurrenz der Produzenten, „die sich unablässig mit dem Vergleich der Produktionskosten und des Wertes der produzierten Gegenstände beschäftigen" (s. Punkt 4), die den Wert der verschiedenen Waren bestimmt. Wenn ich für einen Laib Brot einen Schilling und für eine Guinee 21 Schilling gebe, so ist das kein Beweis, daß dies in meiner Schätzung das verhältnismäßige Maß ihrer Nützlichkeit ist.

Say vertritt in Punkt 4 mit kaum einer Veränderung die Auffassung, die ich über den Wert habe. Er schließt in seine produktiven Dienste die Dienste, die von Boden, Kapital und Arbeit geleistet werden, ein. Ich schließe bloß Kapital und Arbeit ein und schließe den Boden völlig aus. Unsere Meinungsverschiedenheit entspringt der unterschiedlichen Auffassung, die wir über die Rente haben. Ich betrachte sie immer als Ergebnis eines teilweisen Monopols, das niemals wirklich den Preis bestimmt, sondern eher dessen Wirkung ist. Würden die Grundeigentümer auf alle Rente verzichten, so meine ich, daß die auf dem Boden produzierten Waren nicht wohlfeiler würden, weil es immer einen Teil der gleichen auf dem Boden produzierten Waren gibt, für den keine Rente gezahlt wird oder werden kann, weil das überschüssige Produkt nur für die Zahlung des Kapitalprofits ausreicht.

Obwohl niemand mehr als ich geneigt ist, den Vorteil hoch einzuschätzen, der für alle Klassen von Konsumenten aus der tatsächlichen Fülle und Wohlfeilheit der Waren entspringt, so kann ich, um nun abzuschließen, nicht mit Say darin übereinstimmen, daß der Wert einer Ware nach der Menge anderer Waren, gegen die sie sich austauscht, zu messen ist. Ich bin der Meinung eines sehr hervorragenden Autors, von Destutt de Tracy, der erklärt, daß „irgendeine Sache zu messen, bedeutet, sie mit einer bestimmten Menge jener Sachen zu vergleichen, die wir als Vergleichsmaßstab, als Einheit, betrachten. Zu messen, also eine Länge, ein Gewicht, einen Wert zu bestimmen, heißt herauszufinden, wievielmal sie Meter, Gramm, Franken enthalten, mit einem Wort, Einheiten derselben Gattung". Ein Franken ist kein Wertmaß für irgend etwas, außer für eine Quantität des Metalls, aus dem Franken hergestellt werden, sofern nicht Franken und die zu messende Sache auf ein anderes Maß, das beiden gemeinsam ist, bezogen werden können. Ich glaube, daß sie das können, da sie beide Resultat von Arbeit sind, und daß daher Arbeit ein gemeinsames Maß ist, durch das ihr wirklicher als auch ihr relativer Wert bestimmt werden kann. Das scheint auch, zu meiner Freude, die Meinung Destutt de Tracys zu sein.[1] Er meint: „Da es sicher ist, daß unsere körperlichen und geistigen Fähigkeiten allein unser ursprünglicher Reich-

[1] Elements d'Ideologie, Bd. IV, S. 99. De Tracy hat in diesem Werk eine nützliche und vortreffliche Abhandlung über die allgemeinen Grundsätze der Politischen Ökonomie geliefert, und es tut mir leid, hinzufügen zu müssen, daß er mit seiner Autorität die Definition stützt, die Say für die Worte „Wert", „Reichtum" und „Nützlichkeit" gibt.

tum sind, ist der Gebrauch dieser Fähigkeiten, eine gewisse Art Arbeit, unser einziger ursprünglicher Schatz. Es ist immer dieser Gebrauch, welcher alle jene Dinge schafft, die wir Reichtum nennen, jene sowohl, die unumgänglich notwendig sind als auch jene, die lediglich sehr angenehm sind. Zudem ist es gewiß, daß alle jene Dinge nur die Arbeit darstellen, die sie geschaffen hat, und wenn sie einen Wert haben oder sogar zwei unterschiedliche Werte, so können sie dies doch nur haben aus dem der Arbeit, der sie entspringen."

Bei der Besprechung der Vorzüge und Mängel des großen Werkes von Adam Smith legt Say ihm als einen Irrtum zur Last, daß „er allein der menschlichen Arbeit die Fähigkeit, Werte zu schaffen, zuschreibt. Eine genauere Untersuchung zeigt uns, daß Wert aus der Arbeit entsteht, oder besser, aus dem menschlichen Fleiß im Zusammenwirken mit jenen Faktoren, welche die Natur liefert, und dem Kapital. Seine Unkenntnis dieses Grundsatzes hinderte ihn daran, die wahre Theorie vom Einfluß der Maschinerie bei der Produktion von Reichtum aufzustellen."

Say spricht im Gegensatz zur Auffassung von Adam Smith im vierten Kapitel von dem Wert, der den Waren durch natürliche Faktoren, wie Sonne, Luft, Luftdruck usw. verliehen wird, die manchmal die menschliche Arbeit ersetzen und manchmal mit ihr bei der Produktion zusammenwirken.[1] Aber diese natürlichen Faktoren,

[1] „Der erste Mensch, der Metalle durch Feuer schmelzen lernte, ist nicht der Schöpfer des Wertes, den dieser Prozeß dem geschmolzenen Metall hinzufügt. Dieser Wert ist das Ergebnis der physischen Wirkung des Feuers, die mit dem Fleiß und dem Kapital jener, die sich dieser Kenntnis bedienten, zusammenwirkte." „Aus diesem Irrtum hat Smith den falschen Schluß gezogen, daß der Wert aller Produkte die jetzige oder vergangene menschliche Arbeit darstellt *oder, anders ausgedrückt, daß Reichtümer nichts anderes als angehäufte Arbeit sind, woraus sich der zweite ebenfalls falsche Schluß ergibt, daß Arbeit das einzige Maß des Reichtums oder des Wertes der Pro-*

obwohl sie beträchtlich zum *Gebrauchswert* beitragen, fügen niemals einer Ware Tauschwert zu, wovon Say spricht. Sobald wir mittels Maschinen oder durch Kenntnisse der Naturwissenschaften die Naturkräfte zur Verrichtung von Arbeit zwingen, die früher von Menschen geleistet wurde, wird der Tauschwert dieser Arbeit entsprechend sinken. Wenn zehn Leute eine Getreidemühle drehen und man entdeckt, daß mit Hilfe von Wind oder Wasser die Arbeit dieser zehn Leute eingespart werden kann, so wird das Mehl, das zum Teil Produkt der von der Mühle geleisteten Arbeit ist, unmittelbar entsprechend dem eingesparten Quantum Arbeit im Werte sinken, und die Gesellschaft wird um die Waren reicher sein, welche die Arbeit dieser zehn Leute zu produzieren imstande ist, da ja die für ihren Unterhalt bestimmten Mittel in keiner Weise geschmälert wurden. Say übersieht beständig den entscheidenden Unterschied, der zwischen Gebrauchswert und Tauschwert besteht.

Say beschuldigt Dr. Smith, den Wert übersehen zu haben, der den Waren durch natürliche Faktoren und Maschinerie hinzugefügt wird, weil er den Wert aller Dinge als aus der menschlichen Arbeit entspringend betrachtet. Mir scheint es jedoch nicht, daß diese Beschuldigung gerechtfertigt ist, da Adam Smith nirgends die Dienste, die Naturkräfte und Maschinerie uns leisten, unterschätzt, aber er unterscheidet sehr richtig die Natur des Wertes, den sie den Waren zusetzen. Sie

dukte sei.“ (Kap. IV, S. 31) Die Folgerungen, mit denen Say schließt, sind seine eigenen und nicht die Dr. Smith'. Sie sind richtig, wenn man keinen Unterschied zwischen Wert und Reichtum macht, und an dieser Stelle macht Say keinen. Obwohl aber Adam Smith, der Reichtum als die Fülle von notwendigen Artikeln, Annehmlichkeiten und Genüssen des menschlichen Lebens definierte, eingeräumt hätte, daß Maschinen und natürliche Faktoren sehr beträchtlich zum Reichtum eines Landes beitragen können, würde er nicht zugegeben haben, daß sie dem Wert dieses Reichtums etwas hinzufügen.

sind uns dienstbar durch die Vermehrung der Menge der Produkte, dadurch, daß sie die Menschen reicher machen, daß sie den Gebrauchswert vermehren; aber da sie ihre Arbeit kostenlos tun, da nichts für den Gebrauch der Luft, der Wärme und des Wassers bezahlt wird, setzt ihr uns geleisteter Beistand dem Tauschwert nichts zu.

KAPITEL XXI

WIRKUNGEN DER AKKUMULATION AUF PROFIT UND ZINS

Aus den über den Kapitalprofit gegebenen Erläuterungen geht hervor, daß keine Kapitalakkumulation den Profit auf die Dauer senken wird, sofern nicht eine dauernde Ursache für eine Erhöhung des Lohnes vorhanden ist. Wenn die für den Unterhalt der Arbeit bestimmten Fonds verdoppelt, verdrei- oder vervierfacht werden, so gibt es auf lange Sicht keinerlei Schwierigkeit, die erforderliche Zahl von Arbeitern zu beschaffen, um sie mit Hilfe dieser Fonds zu beschäftigen. Jedoch infolge steigender Schwierigkeit, eine fortwährende Vermehrung der Nahrungsmittel des Landes vorzunehmen, werden Fonds von gleichem Wert wahrscheinlich nicht dieselbe Menge Arbeit unterhalten. Wenn sich die notwendigen Konsumartikel des Arbeiters dauernd mit gleicher Leichtigkeit vermehren ließen, so könnte eine dauernde Veränderung der Profit- oder Lohnrate nicht eintreten, gleichgültig, in welchem Ausmaß Kapital akkumuliert wird. Aber Adam Smith schreibt das Sinken des Profits ausschließlich der Kapitalakkumulation und der sich daraus ergebenden Konkurrenz zu, ohne jemals die steigende Schwierigkeit der Beschaffung von Nahrungsmitteln für die zusätzliche Zahl von Arbeitern zu berücksichtigen, die das Zusatzkapital beschäftigen wird. „Die Erhöhung des Kapitals“, sagt er, „welche die

Löhne steigen läßt, tendiert zu einer Senkung des Profits. Wenn das Kapital vieler reicher Kaufleute demselben Zweig zugeleitet wird, so erzeugt ihre wechselseitige Konkurrenz natürlich eine Tendenz zur Senkung des Profits, und sobald eine solche Vermehrung des Kapitals in all den verschiedenen Zweigen einer Gesellschaft eintritt, muß dieselbe Konkurrenz die gleiche Wirkung in allen erzielen.“ Adam Smith spricht hier von einer Erhöhung der Löhne, jedoch von einer zeitweiligen Erhöhung, die aus vergrößerten Fonds, ehe eine Vermehrung der Bevölkerung eingetreten ist, herrührt. Er scheint nicht zu bemerken, daß gleichzeitig mit einer Vermehrung des Kapitals sich auch die von dem Kapital zu leistende Arbeit in gleichem Maße vermehrt. Say hat indessen in durchaus zufriedenstellender Weise gezeigt, daß es keine Kapitalsumme gibt, die nicht in einem Lande verwendet werden kann, da die Nachfrage nur durch die Produktion beschränkt wird. Niemand produziert, außer mit der Absicht zu konsumieren oder zu verkaufen, und er verkauft niemals, außer um eine andere Ware zu kaufen, die ihm entweder nützlich sein kann oder zur künftigen Produktion beizutragen vermag. Durch Produzieren wird er also notwendigerweise entweder Konsument seiner eigenen Ware oder Käufer und Konsument der Waren jemandes anderen. Man kann nicht annehmen, daß er für längere Zeit über die Waren falsch unterrichtet sein wird, die er mit größtem Vorteil produzieren kann, um das ins Auge gefaßte Ziel zu erreichen, nämlich den Besitz anderer Waren. Es ist daher nicht wahrscheinlich, daß er dauernd eine Ware produzieren wird, für die es keine Nachfrage gibt.[1]

[1] Adam Smith spricht davon, daß Holland uns ein Beispiel für den Fall des Profits durch Kapitalakkumulation und der daraus folgenden Übersättigung jedes Gewerbezweiges liefert. „Die dortige Regierung borgt zu 2 Prozent und kreditwürdige Privatpersonen zu 3 Prozent.“ Man sollte sich aber daran erinnern,

Es kann also nicht sein, daß in einem Land eine Summe Kapital akkumuliert worden ist, die nicht produktiv angelegt werden kann, solange nicht die Löhne infolge der Erhöhung der notwendigen Konsumartikel so hoch steigen und daher so wenig für den Kapitalprofit übrig bleibt, daß der Anreiz zur Akkumulation aufhört.[1] Solange der Kapitalprofit hoch ist, wird ein Anreiz zur Akkumulation bestehen. Solange jemand noch irgendein unbefriedigtes Bedürfnis empfindet, wird er ein Verlangen nach mehr Waren haben, und dies wird eine effektive Nachfrage darstellen, sofern er irgendeinen neuen Wert im Austausch für sie zu bieten hat. Wenn man jemand zehntausend Pfund gibt, der 100000 Pfund jährlich besitzt, so wird er sie nicht in einer Lade verschließen, sondern würde entweder seine Ausgaben um 10000 £ erhöhen oder sie selbst produktiv anlegen oder aber sie einem anderen zu diesem Zweck leihen. In jedem dieser Fälle wird sich die Nachfrage erhöhen, wenngleich nach verschiedenen Dingen. Wenn er seine Ausgaben erhöht, so wird sich seine effektive Nachfrage wahrscheinlich auf Gebäude, Möbel oder eine ähnliche Annehmlichkeit richten. Wenn er seine 10000 £ produktiv anlegt, so wird sich seine effektive Nachfrage auf Lebensmittel, Kleidung und Rohmaterial richten, die

daß Holland gezwungen war, fast das gesamte Getreide, das es konsumiert, zu importieren und daß es durch die Belegung der notwendigen Konsumartikel des Arbeiters mit hohen Steuern die Arbeitslöhne auch darüber hinaus gesteigert hat. Diese Tatsachen erklären die niedrige Profit- und Zinsrate in Holland ausreichend.

[1] Steht das Folgende völlig im Einklang mit Say's Prinzip? „In je größerem Maße verfügbare Kapitalien im Verhältnis zum Umfang ihrer Anlagemöglichkeit überschüssig sind, desto mehr wird die Zinsrate für Kapitalausleihungen sinken.“ Band II, S. 108. Wenn Kapital beliebigen Umfangs in einem Land angelegt werden kann, wie kann man sagen, daß es im Vergleich mit den dafür vorhandenen Anlagemöglichkeiten überschüssig sei.

neue Arbeiter beschäftigen können; doch würde es immer noch Nachfrage darstellen.[1]

Produkte werden immer von Produkten oder von Diensten gekauft. Geld ist lediglich der Vermittler, durch den der Tausch bewerkstelligt wird. Es kann zuviel von einer bestimmten Ware produziert werden, von der dann ein solches Überangebot auf dem Markt vorhanden sein mag, daß das aufgewendete Kapital nicht zurückerstattet wird. Das kann jedoch nicht in bezug auf alle Waren der Fall sein. Die Nachfrage nach Getreide ist beschränkt durch die Münder, die es essen sollen, die

[1] Adam Smith sagt, daß „sobald die Produkte eines bestimmten Produktionszweiges das übersteigen, was die Nachfrage des Landes verlangt, so muß der Überschuß nach dem Ausland geschickt und gegen etwas eingetauscht werden, wofür es im Inland eine Nachfrage gibt. *Ohne eine solche Ausfuhr muß ein Teil der produktiven Arbeit des Landes eingestellt werden, und der Wert seines Jahresproduktes muß sinken.* Boden und Arbeit Großbritanniens produzieren im allgemeinen mehr Getreide, Woll- und Eisenwaren, als die Nachfrage des heimischen Marktes erfordert. Der überschüssige Teil davon muß daher nach dem Ausland geschickt und gegen etwas eingetauscht werden, wofür eine Nachfrage im Inland existiert. Nur vermittels einer solchen Ausfuhr kann dieser Überschuß einen Wert erhalten, der ausreicht, um uns für die Arbeit und Kosten ihrer Produktion zu entschädigen.“ Kap. X, Buch I. Man wird durch diese oben angeführte Stelle verleitet anzunehmen, daß Adam Smith glaubt, wir stehen unter irgendeinem Zwang, einen Überschuß an Getreide, Woll- und Eisenwaren zu erzeugen und daß das Kapital, welches sie produzierte, nicht anders angelegt werden kann. Es ist aber immer eine Sache des Beliebens, wie ein Kapital angelegt werden soll, und es kann daher niemals für einen längeren Zeitraum ein Überschuß an irgendeiner Ware existieren. Wenn es ihn gäbe, so würde sie unter ihren natürlichen Preis sinken und Kapital würde in eine andere profitablere Anlage überführt. Kein Autor hat erschöpfender und vortrefflicher als Dr. Smith die Tendenz des Kapitals gezeigt, Anlagen zu verlassen, in denen der Preis der produzierten Waren nicht die gesamten Auslagen ihrer Produktion und des Transports zum Markt, einschließlich des gewöhnlichen Profits deckt. (Siehe Buch I, Kap. X)

nach Schuhen und Röcken durch die Personen, die sie tragen sollen. Obwohl aber eine Gemeinschaft oder ein Teil einer Gemeinschaft so viel Getreide, Hüte und Schuhe haben kann, wie sie zu konsumieren imstande und willens ist, kann man nicht dasselbe von jeder anderen Ware sagen, die auf natürlichem oder künstlichem Wege produziert wird. Einige würden mehr Wein konsumieren, wenn sie die Möglichkeit hätten, sich ihn zu beschaffen. Andere, die genug Wein haben, werden wünschen, sich mehr Möbel anzuschaffen oder deren Qualität zu verbessern. Wieder andere hingegen möchten ihr Grundstück verschönern oder ihre Häuser vergrößern. Der Wunsch, alles oder einiges davon zu tun, findet sich in jedermanns Herzen. Nichts als die Mittel dazu sind notwendig, und nichts anderes kann die Mittel aufbringen als eine Erhöhung der Produktion. Wenn ich Nahrungsmittel und notwendige Konsumartikel zu meiner Verfügung habe, so werde ich nicht lange in Verlegenheit nach Arbeitern sein, die mich in Besitz einiger der Dinge bringen werden, die mir am nützlichsten oder begehrenswertesten erscheinen.

Ob diese erhöhte Produktion und die daraus entstehende Nachfrage den Profit senken werden oder nicht, hängt ausschließlich von der Erhöhung der Löhne ab, und die Erhöhung der Löhne, ausgenommen für kurze Zeit, von der Leichtigkeit der Produktion der Nahrungsmittel und notwendigen Konsumartikel des Arbeiters. Ich sage, ausgenommen für kurze Zeit, weil keine Behauptung besser begründet ist als die, daß das Angebot an Arbeitern schließlich immer den Mitteln für ihren Unterhalt entsprechen wird.

Es gibt nur einen Fall, und auch dieser wird nur zeitweilig auftreten, in dem die Akkumulation von Kapital bei niedrigem Nahrungsmittelpreis von einem Fall des Profits begleitet sein kann, und zwar dann, wenn die zum Unterhalt der Arbeit bestimmten Fonds sich sehr viel rascher als die Bevölkerung vermehren; dann werden die

Löhne hoch und die Profite niedrig sein. Wenn jedermann dem Gebrauch von Luxusartikeln entsagt und nur nach Kapitalakkumulation strebt, kann ein Quantum notwendiger Artikel produziert werden, für das es unmittelbar keine Konsumtion gibt. Für solcherart in ihrer Zahl beschränkte Waren kann zweifellos ein allgemeines Überangebot bestehen, und es kann infolgedessen sein, daß weder eine Nachfrage für ein zusätzliches Quantum solcher Waren noch Profit bei der Anlage von mehr Kapital vorhanden sind. Sobald man aufhört zu konsumieren, wird man aufhören zu produzieren. Dieses Zugeständnis verletzt den allgemeinen Grundsatz nicht. In einem solchen Lande wie z. B. England ist schwerlich anzunehmen, daß eine Neigung vorhanden sein könnte, Kapital und Arbeit des Landes gänzlich der Produktion von lebenswichtigen Artikeln zuzuführen.

Wenn Kaufleute ihr Kapital im auswärtigen Handel oder im Zwischenhandel anlegen, so geschieht dies immer aus freien Stücken und niemals aus Zwang. Es geschieht, weil in diesen Zweigen ihr Profit um einiges größer als im Binnenhandel sein wird.

Adam Smith hat richtig festgestellt, „daß das Verlangen nach Nahrungsmitteln bei jedem Menschen durch das beschränkte Fassungsvermögen des menschlichen Magens begrenzt ist, das Verlangen nach Annehmlichkeiten und Verschönerung der Gebäude, nach Kleidung, Equipagen und Wohnmöbeln aber ohne Ende und bestimmte Grenze zu sein scheint". Die Natur hat also notwendigerweise die Höhe des Kapitals begrenzt, das zu irgendeiner Zeit mit Profit in der Landwirtschaft angelegt werden kann, sie hat aber der Höhe des Kapitals, das bei der Beschaffung „der Annehmlichkeiten und Verschönerungen" des Lebens angelegt werden kann, keine Grenzen gezogen. Die Beschaffung dieser Genüsse in größter Reichhaltigkeit ist das erstrebte Ziel, und nur weil der auswärtige Handel oder der Zwischenhandel es besser erreicht, befaßt man sich damit eher als mit der Herstellung der verlangten Manufakturwaren oder eines Ersatzes für sie im Inland. Wenn uns jedoch besondere Umstände an der Anlage von Kapital im auswärtigen Handel oder im Zwischenhandel hindern, so werden wir es im Inland anlegen, wenngleich mit geringerem Vorteil. Solange keine Grenze für das Verlangen nach „Annehmlichkeiten, Verschönerung der Gebäude, Kleidung, Equipagen und Wohnmöbeln" besteht, kann es keine Schranke für das Kapital geben, das in ihrer Produktion angelegt werden kann, ausgenommen jene, welche unsere Fähigkeit begrenzt, die Arbeiter, die sie produzieren sollen, zu erhalten.

Adam Smith spricht jedoch vom Zwischenhandel, als ob er nicht aus freien Stücken, sondern aus Notwendigkeit betrieben würde, als ob das darin tätige Kapital unbeschäftigt bliebe, wenn es nicht so angelegt würde, als ob zuviel Kapital im Binnenhandel vorhanden sein könnte, falls es nicht auf eine bestimmte Höhe beschränkt bleibt. Er sagt: „Sobald das Kapital irgendeines Landes in einem solchen Maße erhöht wird, *daß es nicht in vollem Umfang zur Belieferung der Konsumtion und zum Unterhalt der produktiven Arbeit dieses bestimmten Landes verwendet werden kann*, so wendet sich der überschießende Teil von selbst natürlicherweise dem Zwischenhandel zu und wird dazu verwendet, dieselben Dienste anderen Ländern zu erweisen.

Ungefähr sechsundneunzigtausend Oxhoft Tabak werden jährlich mit einem Teil des überschüssigen Produktes des britischen Fleißes gekauft. Die Nachfrage Großbritanniens erfordert aber vielleicht nicht mehr als vierzehntausend. Wenn daher die verbleibenden zweiundachtzigtausend nicht nach dem Ausland geschickt und *für etwas, das im Inland mehr gefragt ist, eingetauscht werden können*, so wird ihr Import unverzüglich eingestellt *und damit die produktive Arbeit aller jener Einwohner Großbritanniens, die gegenwärtig mit der Herstel-*

lung der Waren beschäftigt sind, mit denen diese zweiundachtzigtausend Oxhoft jährlich gekauft werden." Ließe sich aber dieser Teil der produktiven Arbeit Großbritanniens nicht für die Herstellung einer anderen Gattung von Waren verwenden, mit denen etwas, das im Inland stärker gefragt ist, gekauft wird? Und falls das nicht ginge, könnten wir diese produktive Arbeit, wenngleich mit weniger Vorteil, nicht verwenden, um diese Waren, zumindest aber einen Ersatz für sie, im Inland zu erzeugen? Wenn wir Samt wünschen, könnten wir nicht versuchen, Samt herzustellen, und falls wir keinen Erfolg hätten, könnten wir nicht mehr Tuch oder etwas anderes, das für uns begehrenswert ist, erzeugen?

Wir erzeugen Waren und kaufen mit ihnen andere im Ausland, weil wir eine größere Menge erhalten als wir im Inland herstellen können. Wenn man uns diesen Handel wegnimmt, werden wir sofort wiederum für uns selbst fabrizieren. Die Meinung von Adam Smith jedoch weicht von allen seinen allgemeinen Lehren über dieses Thema ab. „Wenn ein anderes Land uns mit einer Ware billiger beliefern kann als wir selbst sie herstellen können, so ist es günstiger, sie von ihm mit Hilfe eines Teiles der Produktion unseres eigenen Gewerbefleißes zu kaufen, den wir auf eine Art anwenden, bei der wir einen Vorteil besitzen. *Die allgemeine gewerbliche Tätigkeit des Landes, die immer im Verhältnis zum angewendeten Kapital steht*, wird dadurch nicht eingeschränkt, sondern es bleibt ihr nur überlassen, den Weg zu finden, auf dem sie mit dem größten Vorteil betrieben werden kann."

Wiederum: „Diejenigen, die über mehr Nahrungsmittel verfügen als sie selbst konsumieren können, sind stets bereit, den Überschuß oder, was dasselbe ist, dessen Preis gegen Annehmlichkeiten anderer Art einzutauschen. Was nach Befriedigung der begrenzten Bedürfnisse verbleibt, wird zur Befriedigung jener Wünsche verwendet, die nicht zufriedengestellt werden können und die absolut grenzenlos zu sein scheinen. Um Nahrungsmittel zu erhalten, bemühen sich die Armen, jene Launen der Reichen zu befriedigen, und, um sie noch sicherer zu bekommen, überbieten sie sich gegenseitig in der Billigkeit und Qualität ihrer Arbeit. Die Zahl der Arbeiter steigt mit der größeren Menge an Nahrungsmitteln oder mit der zunehmenden Verbesserung und Bebauung des Bodens, und da die Art ihrer Tätigkeit die feinste Arbeitsteilung zuläßt, erhöht sich die Menge, die sie aufarbeiten können, in einem weit größeren Maße als ihre Zahl. Daraus entspringt eine Nachfrage nach jeder Art von Material, das durch den menschlichen Erfindergeist nützlich oder zur Verschönerung verwendet werden kann, für Gebäude, Kleidung, Equipagen oder Wohnmöbel und nach den im Erdinnern befindlichen Versteinerungen und Mineralen, nach Edelmetallen und Edelsteinen."

Aus diesen Eingeständnissen ergibt sich, daß es keine Grenze der Nachfrage gibt und keine Schranke für die Verwendung von Kapital, solange es einen Profit abwirft, und daß es keinen anderen hinreichenden Grund für einen Fall des Profits als eine Erhöhung der Löhne gibt, gleichgültig, wie reichlich auch immer Kapital vorhanden sein mag. Man kann weiter hinzufügen, daß die allein wirksame und dauernde Ursache für die Erhöhung der Löhne in der wachsenden Schwierigkeit besteht, Nahrungsmittel und lebenswichtige Konsumartikel für die steigende Zahl der Arbeiter zu beschaffen.

Adam Smith hat richtig bemerkt, daß die Bestimmung der Rate des Kapitalprofits äußerst schwierig ist. „Der Profit schwankt so sehr, daß es sogar schwierig wäre, für einen bestimmten Zweig — und natürlich noch viel mehr für die Gesamtheit der Wirtschaftszweige — seine Durchschnittsrate festzustellen. Mit einiger Genauigkeit festzustellen, wie hoch sie früher oder in weit zurückliegenden Zeiträumen war, ist völlig unmöglich." Da es jedoch offensichtlich ist, daß viel für den Gebrauch von Geld gezahlt wird, wenn man damit viel gewinnen kann, vermutet er, daß „der marktübliche Zinsfuß uns dazu verhelfen kann, uns eine Vorstellung von der Profitrate zu bilden, und daß die Geschichte der Entwicklung des Zinses uns die Geschichte der Entwicklung des Profits liefert.“ Falls der marktübliche Zinsfuß für einen längeren Zeitraum genau bekannt wäre, so hätten wir zweifellos ein einigermaßen verläßliches Kriterium, mit dessen Hilfe wir die Entwicklung des Profits abschätzen könnten.

In allen Ländern hat der Staat jedoch aus falschen politischen Vorstellungen durch die Auferlegung schwerer und ruinöser Strafen für alle die, die mehr annehmen als den gesetzlich festgelegten Zinsfuß, eingegriffen, um einen gerechten und freien marktüblichen Zinsfuß zu verhindern. Wahrscheinlich werden in allen Ländern diese Gesetze umgangen, aber die Akten vermitteln uns wenig Kenntnis darüber und beschäftigen sich mehr mit dem gesetzlichen und festgelegten Zinsfuß als mit dem marktgängigen Zinsfuß. Während des jetzigen Krieges wiesen die Schatz- und Marinewechsel häufig einen so hohen Diskont auf, daß sie den Käufern 7 oder 8 Prozent oder einen noch höheren Zins für ihr Geld einbrachten.* Anleihen sind von der Regierung zu einem 6 Prozent übersteigenden Zins aufgelegt worden, und Einzelpersonen wurden durch indirekte Mittel häufig gezwungen, mehr als 10 Prozent als Geldzins zu bezahlen; aber während des gleichen Zeitraumes war der gesetzliche Zinsfuß gleichmäßig 5 Prozent. Man kann daher dem festgelegten und gesetzlichen Zinsfuß wenig Zuverlässigkeit für die Information zuerkennen, sobald

* Die britische Regierung setzte seit 1795 zur Kriegsfinanzierung Wechsel in Umlauf, die auf den Generalzahlmeister oder den Marineschatzmeister ausgestellt waren und von der Bank von England eingelöst wurden. Infolge der Kreditknappheit während des Krieges wurden diese Wechsel (wie übrigens auch andere Papiere) nur zu relativ hohen Sätzen diskontiert.

wir sehen, daß er so erheblich vom marktüblichen abweichen kann. Adam Smith teilt uns mit, daß der gesetzliche Zinsfuß vom 37. Regierungsjahr Heinrichs VIII. bis zum 21. Regierungsjahr Jakobs I. ständig 10 Prozent betrug. Bald nach der Restauration wurde er auf 6 Prozent und im 12. Regierungsjahr der Königin Anna auf 5 Prozent herabgesetzt.* Er nimmt an, daß der gesetzliche Zinsfuß dem marktgängigen Zinsfuß folgte und ihm nicht vorauseilte. Vor dem Krieg in Amerika borgte die Regierung zu 3 Prozent, und kreditwürdige Leute in der Hauptstadt und in vielen anderen Teilen des Königreiches borgten zu $3^1/_2$, 4 und $4^1/_2$ Prozent.

Obwohl der Zinsfuß in letzter Instanz und dauernd durch die Profitrate bestimmt wird, unterliegt er zeitweiligen Veränderungen durch andere Ursachen. Mit jeder Schwankung von Menge und Wert des Geldes verändern sich natürlich die Warenpreise. Sie verändern sich ebenfalls, wie wir bereits gezeigt haben, durch die Veränderung im Verhältnis von Angebot und Nachfrage, wenngleich weder eine größere Leichtigkeit noch Schwierigkeit der Produktion eingetreten ist. Sobald die Marktpreise der Waren infolge reichlichen Angebots oder zurückgegangener Nachfrage oder durch eine Erhöhung des Geldwertes fallen, sammelt ein Fabrikant natürlich eine ungewöhnliche Menge fertiger Waren an, da er nicht bereit ist, sie zu sehr niedrigen Preisen zu verkaufen. Um seine üblichen Zahlungen zu leisten, für die er vom Verkauf seiner Waren abhängig war, bemüht er sich jetzt, Kredit aufzunehmen und ist oft gezwungen, einen höheren Zinsfuß zu bezahlen. Das ist jedoch nur von zeitweiliger Dauer; denn entweder waren die Erwartungen des Fabrikanten wohl begründet und der Marktpreis seiner Waren steigt oder er entdeckt, daß ein dauernder Rückgang der Nachfrage eingetreten ist, und er wider-

* Im 37. Regierungsjahr Heinrich VIII. — 1545
Im 21. „ Jacob I. — 1623
Im 12. „ der Königin Anna — 1713

setzt sich dem Lauf der Dinge nicht länger. Die Preise fallen und Geld und Zins erhalten wieder ihren wirklichen Wert. Wenn sich durch die Entdeckung einer neuen Mine, durch Mißbräuche im Bankwesen oder durch irgendeine andere Ursache die Geldmenge stark erhöht, so wird die Wirkung letztlich in einer der erhöhten Geldmenge entsprechenden Erhöhung der Warenpreise bestehen. Jedoch gibt es wahrscheinlich immer einen zeitlichen Zwischenraum, während dessen eine gewisse Wirkung auf den Zinsfuß ausgeübt wird.

Der Preis der Staatspapiere [funded property] ist für die Beurteilung des Zinsfußes kein zuverlässiges Kriterium. In Kriegszeiten ist der Markt für Wertpapiere durch die fortgesetzten Regierungsanleihen so belastet, daß deren Preis keine Zeit hat, sich auf einem angemessenen Niveau zu stabilisieren, ehe eine neue Fundierung vorgenommen wird, oder aber er wird durch die Berücksichtigung zukünftiger politischer Ereignisse beeinflußt. Hingegen wird in Friedenszeiten der Kurs der Staatspapiere durch die Operationen des Tilgungsfonds sowie durch das Widerstreben erhöht, das eine bestimmte Klasse von Menschen dagegen empfindet, ihre Mittel einer anderen Anlage zuzuwenden als der, an die sie gewöhnt war, die sie für sicher hält und in der ihre Zinsen mit äußerster Pünktlichkeit bezahlt werden, und daher wird der Zinsfuß dieser Papiere unter die allgemeine Marktrate gesenkt. Man kann auch feststellen, daß die Regierung für verschiedene Staatsschuldverschreibungen sehr unterschiedliche Zinssätze zahlt. Während 100 £ Kapital in fünfprozentigen Staatspapieren für 95 £ verkauft werden, wird ein Schatzwechsel von 100 £ manchmal zu 100 £ 5 sh verkauft, für den jährlich an Zins nicht mehr als 4 £ 11 sh 3 d bezahlt werden. Das eine dieser Staatspapiere bringt einem Käufer zu den angeführten Preisen einen Zins von mehr als $5^1/_4$ Prozent, das andere nur wenig mehr als $4^1/_4$ Prozent. Eine gewisse Menge dieser Schatzwechsel wird von den Bankiers als eine sichere und marktfähige Anlage benötigt. Werden sie über diese Nachfrage hinaus sehr vermehrt, so würden sie wahrscheinlich ebenso stark entwertet wie das fünfprozentige Staatspapier. Ein Papier, das jährlich 3 Prozent abwirft, wird stets zu einem verhältnismäßig höheren Preis verkauft als ein fünfprozentiges, denn die Kapitalschuld beider kann nur zu pari oder 100 £ Geld gegen 100 £ Staatspapiere getilgt werden. Der marktübliche Zinsfuß sinkt vielleicht auf 4 Prozent, und die Regierung bezahlt dann den Inhaber des fünfprozentigen Papieres zu pari, sofern er nicht bereit ist, 4 Prozent oder einen niedrigeren Zins als 5 Prozent zu akzeptieren. Sie würde von einer solchen Abfindung des Inhabers des 3prozentigen Papieres so lange keinen Vorteil haben, bis der marktübliche Zinsfuß unter 3 Prozent jährlich gesunken ist. Um die Zinsen der Staatsschuld zu bezahlen, werden der Zirkulation viermal jährlich große Summen für einige Tage entzogen. Da diese Nachfrage nach Geld nur vorübergehend auftritt, beeinflußt sie selten die Preise; sie wird im allgemeinen durch die Zahlung eines hohen Zinsfußes mehr als ausgeglichen.[1]

[1] „Alle Arten von öffentlichen Anleihen", bemerkt Say, „haben die unangenehme Begleiterscheinung, daß sie Kapital oder Teile von Kapital aus produktiven Anlagen abziehen, um sie der Konsumtion zuzuführen. Wenn sie in einem Land erhoben werden, *dessen Regierung nicht viel Vertrauen einflößt*, besitzen sie darüber hinaus die unangenehme Wirkung, den Kapitalzins zu erhöhen. Wer wird der Landwirtschaft, dem Gewerbe und dem Handel zu 5 Prozent jährlich leihen, wenn sich ein Borger findet, der bereit ist, einen Zins von 7 oder 8 Prozent zu zahlen? Diese Art Einkommen, die man Profit aus Wertpapieren nennt, würde also auf Kosten des Konsumenten steigen. Die Konsumtion würde durch das Steigen der Preise der Produkte eingeschränkt, und die anderen produktiven Dienste würden weniger gefragt und weniger gut bezahlt werden. Die gesamte Nation, mit Ausnahme der Kapitalisten, würde der Leidtragende eines solchen Zustandes sein." Auf die Frage: „Wer wird der Landwirtschaft, dem Gewerbe und den Kaufleuten zu 5 Prozent jährlich leihen, wenn ein anderer

KAPITEL XXII

EXPORTPRÄMIEN UND EINFUHRVERBOTE

Eine Prämie auf den Export von Getreide hat die Tendenz, dessen Preis für den ausländischen Konsumenten zu senken, sie übt aber keine dauernde Wirkung auf seinen Preis auf dem Binnenmarkt aus.

Angenommen, daß der Preis von Getreide in England, um den gewöhnlichen und allgemeinen Kapitalprofit abzuwerfen, 4 £ pro Quarter beträgt; es kann also nicht nach dem Ausland, wo es für 3 £ 15 sh verkauft wird, exportiert werden. Falls aber für die Ausfuhr eine Prämie von 10 sh pro Quarter gewährt wird, so kann es auf dem Auslandsmarkt für 3 £ 10 sh verkauft werden, und der Getreideproduzent erhält denselben Profit, ob er es nun für 3 £ 10 sh auf dem ausländischen oder für 4 £ auf dem Binnenmarkt verkauft.

Eine Prämie, die den Preis des britischen Getreides in einem fremden Land unter die dortigen Produktionskosten senkt, wird also selbstverständlich die Nachfrage nach britischem Getreide erhöhen und die Nachfrage nach seinem eigenen verringern. Diese Erhöhung der Nachfrage nach britischem Getreide muß seinen Preis am Binnenmarkt zeitweilig in die Höhe treiben und während dieser Zeit auch einen so starken Fall auf dem Auslandsmarkt verhindern, wie ihn die Prämie in der Tendenz hervorruft. Aber die Ursachen, die solcher Art auf den Marktpreis von Getreide in England einwirken,

Borger, der geringen Kredit besitzt, 7 oder 8 Prozent gibt?" antworte ich, daß jeder kluge und vernünftige Mensch es tun wird. Wenn der Zinsfuß dort 7 oder 8 Prozent beträgt, wo der Verleiher ein außerordentliches Risiko eingeht, so ist das kein Grund, daß er gleich hoch an jenen Stellen sein sollte, wo er vor solchen Risiken sicher ist. Say räumt ein, daß der Zinsfuß von der Profitrate abhängt. Es folgt daraus jedoch nicht, daß die Profitrate vom Zinsfuß abhängt. Das eine ist Ursache, das andere Wirkung, und es ist ausgeschlossen, daß irgendwelche Umstände sie die Plätze wechseln lassen.

bringen keinerlei Wirkung auf seinen natürlichen Preis oder seine tatsächlichen Produktionskosten hervor. Die Produktion von Getreide wird weder mehr Arbeit noch mehr Kapital erfordern, und falls daher der Kapitalprofit des Farmers vorher nur so viel betrug wie der Kapitalprofit anderer Unternehmer, so wird er nach der Preiserhöhung erheblich darüber liegen. Die Prämie wird sich dadurch, daß sie den Kapitalprofit des Farmers erhöht, als ein Ansporn für die Landwirtschaft auswirken, und Kapital wird so lange aus den Manufakturen abgezogen, um es auf dem Boden anzulegen, bis die vergrößerte Nachfrage auf dem Auslandsmarkt befriedigt ist, worauf der Marktpreis von Getreide auf dem Binnenmarkt wieder auf seinen natürlichen und notwendigen Preis sinken und der Profit wieder auf seinem gewöhnlichen und üblichen Niveau stehen wird. Das sich auf dem Auslandsmarkt auswirkende erhöhte Angebot an Getreide wird auch seinen Preis in dem Land senken, nach dem es exportiert wird und dadurch den Profit des Exporteurs auf den niedrigsten Stand bringen, bei welchem er noch Handel treiben kann.

Die Wirkung einer Prämie auf die Ausfuhr von Getreide besteht also schließlich nicht darin, auf dem Binnenmarkt den Preis zu erhöhen oder zu senken, sondern den Preis von Getreide für den ausländischen Konsumenten zu ermäßigen, und zwar um den Gesamtbetrag der Prämie, wenn der Getreidepreis nicht vorher auf dem Auslandsmarkt niedriger als auf dem Binnenmarkt war, und in geringerem Ausmaß, wenn der Preis auf dem Binnenmarkt über dem des Auslandsmarktes lag.

Im fünften Band der 'Edinburgh Review' hat ein Autor über das Thema einer Exportprämie für Getreide völlig klar deren Wirkungen auf die ausländische und inländische Nachfrage aufgezeigt. Er hat auch richtig festgestellt, daß sie nicht verfehlen wird, der Landwirtschaft des exportierenden Landes einen Auftrieb zu geben. Er scheint jedoch dem allgemeinen Irrtum erlegen zu sein, der Dr. Smith und, wie ich glaube, die meisten anderen dieses Thema behandelnden Autoren irregeführt hat. Er nimmt an, daß, weil der Getreidepreis in letzter Instanz die Löhne bestimmt, er deswegen den Preis aller anderen Waren regelt. Er sagt, daß die Prämie „durch die Erhöhung des Profits in der Landwirtschaft als Ermunterung für die Agrikultur wirkt. Durch die Erhöhung des Getreidepreises für die inländischen Konsumenten wird sie zeitweilig deren Kaufkraft für diesen lebenswichtigen Artikel verringern und so ihren tatsächlichen Wohlstand beschneiden. Es ist aber offensichtlich, daß diese letztere Wirkung nur zeitweilig eintritt. Die Löhne der arbeitenden Konsumenten sind vorher durch die Konkurrenz angeglichen worden, und das gleiche Prinzip wird sie wiederum auf denselben Stand bringen, indem der Geldpreis der Arbeit *und dadurch der anderer Waren bis auf den Geldpreis des Getreides* erhöht wird. Die Exportprämie wird daher schließlich den Geldpreis des Getreides auf dem Binnenmarkt steigen lassen. Das geschieht aber nicht direkt, sondern vermittels einer erhöhten Nachfrage auf dem Auslandsmarkt und der darauffolgenden Erhöhung des realen Inlandpreises. *Diese Erhöhung des Geldpreises wird, nachdem sie einmal auf andere Waren übertragen wurde, natürlich eine dauernde werden.*"

Falls es mir jedoch gelungen ist zu zeigen, daß nicht der Anstieg des Geldlohnes der Arbeit die Warenpreise steigen läßt, sondern daß ein solcher Anstieg immer den Profit trifft, so folgt daraus, daß die Warenpreise nicht als Ergebnis einer Prämie steigen werden.

Eine durch erhöhte ausländische Nachfrage ausgelöste zeitweilige Erhöhung des Getreidepreises wird aber keine Wirkung auf den Geldpreis der Arbeit hervorbringen. Das Steigen des Getreides wird durch eine Konkurrenz um jenes Angebot, das vorher ausschließlich dem Binnenmarkt zufloß, verursacht. Durch die Erhöhung des Profits wird zusätzliches Kapital in der Landwirtschaft angelegt und das erhöhte Angebot erreicht. Bis es aber erreicht wird, ist der hohe Preis unbedingt notwendig, um die Konsumtion dem Angebot anzupassen, dem eine Erhöhung der Löhne entgegenwirken würde. Das Steigen des Getreides ist das Ergebnis seiner Knappheit und das Mittel, durch das die Nachfrage des inländischen Käufers beschränkt wird. Erhöht man die Löhne, so verschäft sich die Konkurrenz und ein weiterer Preisanstieg des Getreides wird notwendig. Bei dieser Erörterung der Wirkungen einer Prämie wurde angenommen, daß sich nichts ereignet, was den natürlichen Preis des Getreides steigen läßt, durch den sein Marktpreis in letzter Instanz bestimmt wird; denn es ist nicht unterstellt worden, daß irgendwelche zusätzliche Arbeit auf dem Boden erforderlich ist, um eine bestimmte Produktion sicherzustellen, und das allein kann seinen natürlichen Preis in die Höhe treiben. Beträgt der natürliche Preis von Tuch 20 sh pro Yard, so kann eine bedeutende Steigerung der ausländischen Nachfrage den Preis auf 25 sh oder mehr steigen lassen, aber der dann von dem Tuchmacher erzielte Profit wird bewirken, daß Kapital angezogen wird, und obwohl sich die Nachfrage verdoppelt, verdrei- oder vervierfacht hat, wird die notwendige Angebotsmenge schließlich erreicht, und Tuch wird auf seinen natürlichen Preis von 20 sh zurückgehen. Ebenso verhält es sich mit dem Angebot von Getreide; obwohl wir vielleicht 200000, 300000 oder 800000 Quarter jährlich exportieren, wird es schließlich zu seinem natürlichen Preis produziert, der sich niemals verändert, es sei denn, ein verändertes Quantum Arbeit wird bei seiner Produktion erforderlich.

In keinem Teil von dem mit Recht gefeierten Werk Adam Smith' begegnen seine Schlußfolgerungen vielleicht mehr Ablehnung als in dem Kapitel über Prämien. An einer Stelle spricht er von Getreide als von einer

Ware, deren Produktion infolge einer Ausfuhrprämie nicht gesteigert werden kann. Er unterstellt durchweg, daß sie nur auf die tatsächlich produzierte Menge einwirkt und keinen Anreiz zu weiterer Produktion darstellt. „In guten Jahren", sagt er, „hält sie notwendigerweise den Getreidepreis auf dem Binnenmarkt dadurch, daß sie einen besonders großen Export bewirkt, über seinem natürlichen Stand. In Jahren der Knappheit muß trotz des häufigen Wegfalls der Exportprämie doch die in guten Jahren durch sie bewirkte hohe Ausfuhr oftmals mehr oder weniger verhindern, daß der Überfluß des einen Jahres den Mangel des anderen ausgleicht. Sowohl in den guten als auch in den Mangeljahren tendiert die Prämie notwendigerweise dazu, den Getreidepreis auf dem Binnenmarkt etwas höher steigen zu lassen als es sonst der Fall wäre."[1] Adam Smith

[1] An anderer Stelle sagt er, daß „wie sehr sich auch der ausländische Markt durch die Prämie ausdehnen kann, so muß dies doch in jedem einzelnen Jahr ganz auf Kosten des Binnenmarktes vor sich gehen, da jedes mit Hilfe der Prämie ausgeführte Bushel Getreide, das ohne Prämie nicht ausgeführt worden wäre, auf dem Binnenmarkt geblieben wäre und die Konsumtion erhöht sowie den Preis dieser Ware gesenkt hätte. Man kann feststellen, daß die Getreideprämie gleich jeder anderen Exportprämie der Bevölkerung zwei verschiedene Steuern auferlegt: erstens die Steuer, die sie entrichten muß, um die Prämie auszuzahlen, und zweitens die Steuer, die sich aus dem höheren Preis der Ware auf dem Binnenmarkt ergibt und die bei dieser besonderen Ware, da die gesamte Bevölkerung Käufer von Getreide ist, von der gesamten Bevölkerung bezahlt werden muß. Bei dieser speziellen Ware ist daher diese zweite Steuer die bei weitem drückendere von beiden." „Für jede fünf Schilling, die sie zur Bezahlung der ersten Steuer beiträgt, muß sie daher sechs Pfund und vier Schilling zur Bezahlung der zweiten beisteuern." „Die außergewöhnliche Ausfuhr von Getreide, die durch die Prämie ausgelöst wird, verkleinert nicht nur in jedem einzelnen Jahr den Binnenmarkt in eben dem Maße, in dem sie den Markt und die Konsumtion im Ausland erweitert. Ihre schließliche Tendenz ist, durch Einschränkung der Bevölkerung und der Gewerbe-

scheint sich voll bewußt gewesen zu sein, daß die Richtigkeit dieser Beweisführung vollkommen davon abhängt, ob die Erhöhung „des Geldpreises von Getreide dadurch, daß sie diese Ware für den Farmer profitabler macht, nicht notwendigerweise ihre Produktion stimuliert.“

„Ich antworte“, sagte er, „daß dies der Fall sein kann, wenn die Wirkung der Prämie darin besteht, den wirklichen Preis des Getreides zu erhöhen oder dem Farmer zu ermöglichen, mit derselben Menge eine größere Zahl von Arbeitern in gleicher Weise zu unterhalten — ob nun großzügig, bescheiden oder dürftig — wie andere Arbeiter in seiner Nachbarschaft gewöhnlich unterhalten werden.“

Würde nichts als Getreide vom Arbeiter konsumiert und wäre der von ihm empfangene Anteil der niedrigste, den sein Unterhalt erfordert, so gäbe es einigen Grund für die Annahme, daß die dem Arbeiter bezahlte Menge unter keinen Umständen verringert werden kann. Aber der Geldlohn der Arbeit steigt manchmal überhaupt nicht, und er steigt niemals proportional zur Erhöhung des Geldpreises des Getreides, da Getreide zwar einen wichtigen, aber nur einen Teil der Konsumtion des Arbeiters bildet. Wenn er die Hälfte seines Lohnes für Getreide und die andere Hälfte für Seife, Kerzen, Brennmaterial, Tee, Zucker, Kleidung usw. ausgibt, d. h. für Waren, für die keine Erhöhung angenommen wird, so ist es offensichtlich, daß er mit ein und einhalb Bushel Weizen zu 16 sh pro Bushel ebenso gut bezahlt wird, wie mit zwei Bushel, als der Preis 8 sh pro Bushel betrug, oder mit 24 sh in Geld gegen früher mit 16 sh. Sein Lohn steigt nur um 50 Prozent, obwohl Getreide um 100 Prozent stieg, und es ist daher genügend An-

tätigkeit des Landes die allmähliche Ausdehnung des Binnenmarktes zu hemmen und zu beschränken und dadurch auf lange Sicht den gesamten Markt für Getreide und dessen Konsumtion eher einzuschränken als zu erweitern.“

reiz vorhanden, Kapital auf den Boden zu lenken, falls der Profit in anderen Zweigen der gleiche wie früher bleibt. Aber eine solche Lohnerhöhung wird auch die Fabrikanten verleiten, ihr Kapital aus den Manufakturen abzuziehen und es auf dem Boden anzulegen. Denn während der Farmer den Preis seiner Ware um 100 Prozent und seine Löhne nur um 50 Prozent erhöht, ist der Fabrikant gezwungen, die Löhne ebenfalls um 50 Prozent zu erhöhen, aber er bekommt keinerlei Entschädigung für diese erhöhte Produktionsbelastung durch eine Erhöhung seiner Manufakturware. Kapital fließt daher so lange von den Manufakturen in die Landwirtschaft, bis das Angebot den Preis von Getreide wiederum auf 8 sh pro Bushel und die Löhne auf 16 sh pro Woche senkt, womit der Fabrikant den gleichen Profit wie der Farmer erhält, und der Fluß des Kapitals nach jeder der beiden Richtungen aufhört. Das ist in der Tat stets die Art, in der der Getreideanbau sich ausdehnt und der gestiegene Bedarf des Marktes beliefert wird. Die für den Unterhalt der Arbeit bestimmten Mittel vergrößern sich und die Löhne werden erhöht. Der Arbeiter wird durch seine günstige Situation verleitet zu heiraten, die Bevölkerung vermehrt sich, und die Nachfrage nach Getreide läßt dessen Preis im Verhältnis zu anderen Dingen steigen, mehr Kapital wird mit Profit in der Landwirtschaft angelegt und fließt weiter so lange dahin, bis das Angebot der Nachfrage gleich ist, worauf der Preis wiederum sinkt und landwirtschaftliche und gewerbliche Profite wieder auf den gleichen Stand gebracht werden.

Ob aber die Löhne nach der Erhöhung des Getreidepreises stationär bleiben, sich mäßig oder erheblich erhöhen, ist für diese Frage bedeutungslos, denn Löhne werden sowohl vom Fabrikanten als auch vom Farmer bezahlt, die in dieser Hinsicht gleichermaßen durch eine Erhöhung des Getreidepreises betroffen werden. Sie werden aber ungleich in ihren Profiten betroffen, insofern als der Farmer seine Ware zu einem erhöhten Preis verkauft, während der Fabrikant die seine zum gleichen Preis wie früher verkauft. Es ist aber die Verschiedenheit des Profits, die stets den Anreiz für die Überführung von Kapital von einer Anlage zur anderen bildet, und deswegen wird mehr Getreide produziert und werden weniger Manufakturwaren hergestellt. Manufakturwaren steigen nicht, weil weniger erzeugt werden, denn es würde eine Zufuhr derselben im Austausch für ausgeführtes Getreide stattfinden.

Wenn eine Prämie den Preis des Getreides steigen läßt, so im Verhältnis zum Preis anderer Waren oder überhaupt nicht. Wenn ja, so ist es nicht möglich, den höheren Profit des Farmers und die Verlockung für die Abwanderung von Kapital in Abrede zu stellen, bis sein Preis wieder durch ein ausreichendes Angebot gesenkt wird. Wenn es sich im Vergleich mit anderen Waren nicht erhöht, worin besteht der Schaden für den inländischen Konsumenten, abgesehen von der Unannehmlichkeit, die Steuer zu bezahlen? Falls der Fabrikant einen höheren Preis für sein Getreide zahlt, so wird er dafür durch den höheren Preis entschädigt, zu dem er seine Ware verkauft, mit der sein Getreide letztlich gekauft wird.

Der Irrtum Adam Smith' entspringt genau derselben Quelle wie der des Autors in der 'Edinburgh Review', denn beide glauben, „daß der Geldpreis des Getreides den aller anderen im Inland hergestellten Waren bestimmt."[1] „Er bestimmt", sagt Adam Smith, „den Geldpreis der Arbeit, der stets so beschaffen sein muß, daß er dem Arbeiter ermöglicht, eine Menge Getreide zu kaufen, die ausreicht, ihn und seine Familie zu unterhalten, in großzügiger, bescheidener oder dürftiger Weise, so wie der sich entwickelnde, stagnierende oder rückläufige Zustand der Gesellschaft seine Arbeitgeber zwingt, ihn zu erhalten. Dadurch, daß er den Geldpreis

[1] Die gleiche Meinung vertritt Say, Bd. II, S. 335.

all der anderen Bestandteile des Rohprodukts vom Boden bestimmt, bestimmt er den Geldpreis des Materials für fast alle Manufakturwaren. Dadurch, daß er den Geldpreis der Arbeit bestimmt, bestimmt er den von Fabrikation und Gewerbetätigkeit, und dadurch, daß er beide bestimmt, bestimmt er den der gesamten Manufakturerzeugung. *Der Geldpreis der Arbeit und von allem, was das Produkt entweder von Boden oder von Arbeit ist, muß notwendigerweise proportional dem Geldpreis des Getreides steigen oder sinken.*"

Ich habe vorhin diese Meinung Adam Smith' zu widerlegen versucht. Da er das Steigen der Warenpreise als eine notwendige Folge des Steigens des Getreidepreises betrachtet, argumentiert er so, als ob es keinen anderen Fonds gäbe, aus dem die erhöhte Belastung bezahlt werden könnte. Er hat die Betrachtung des Profits völlig außer acht gelassen, dessen Verringerung jenen Fonds ohne Erhöhung der Warenpreise bildet. Wenn diese Meinung Dr. Smith' wirklich begründet wäre, so würden die Profite tatsächlich niemals sinken, gleichgültig, welche Kapitalakkumulation vor sich geht. Wenn der Farmer den Preis seines Getreides erhöhen kann, sobald die Löhne steigen, und wenn der Hut- und Schuhmacher und jeder andere Fabrikant auch die Preise ihrer Waren entsprechend der Erhöhung steigern können, so werden diese, obwohl sie, in Geld ausgedrückt, alle gestiegen sein mögen, weiterhin wechselseitig denselben relativen Wert besitzen. Jeder dieser Zweige kann über dieselbe Menge von Waren der anderen wie früher verfügen, was der einzige Umstand von Bedeutung für sie sein kann, da es Waren sind, die den Reichtum bilden, und nicht Geld. Die gesamte Erhöhung des Preises der Rohprodukte und Waren wird für niemand anderen schädlich sein als für diejenigen, deren Eigentum aus Gold und Silber besteht oder deren Jahreseinkommen durch Abgabe dieser Metalle bezahlt wird, sei es in Form von Geld oder von Barren.

Angenommen, die Verwendung von Geld wird gänzlich eingestellt und der gesamte Handel in Form des Tausches durchgeführt. Kann unter solchen Umständen Getreide im Tauschwert gegenüber anderen Dingen steigen? Falls es das kann, dann stimmt es nicht, daß der Wert des Getreides den Wert aller anderen Waren bestimmt, denn, um das zu tun, darf es seinen relativen Wert ihnen gegenüber nicht verändern. Wenn es das nicht kann, dann muß man daran festhalten, daß sich Getreide stets gegen die gleiche Menge aller übrigen Waren austauschen wird, ob es nun auf gutem oder schlechtem Boden, mit viel oder wenig Arbeit, mit oder ohne Hilfe von Maschinen produziert wurde.

Ich kann jedoch nicht umhin, festzustellen, daß Adam Smith, obwohl seine allgemeinen Lehren dem entsprechen, was ich eben angeführt habe, doch in einem Teil seines Werkes eine richtige Darstellung von der Natur des Wertes gegeben zu haben scheint. „Das Verhältnis zwischen dem Wert von Gold und Silber und dem von Waren beliebiger anderer Art *hängt in allen Fällen ab*“, sagt er, „*von dem Verhältnis zwischen dem Quantum Arbeit, das erforderlich ist, um eine bestimmte Menge Gold und Silber auf den Markt zu bringen, und jenem, das notwendig ist, um eine bestimmte Menge einer Ware von beliebiger anderer Art dorthin zu bringen.*“ Erkennt er hier nicht völlig an, daß, wenn irgendeine Erhöhung des Quantums Arbeit eintritt, das erforderlich ist, um eine Art Waren auf den Markt zu bringen, während keine solche Erhöhung bei einer anderen Art eintritt, die erste Art an relativem Wert gewinnen wird? Wenn nicht mehr Arbeit als früher nötig ist, um entweder Tuch oder Gold auf den Markt zu bringen, so werden sie ihren relativen Wert nicht ändern, wenn aber mehr Arbeit nötig ist, um Getreide und Schuhe auf den Markt zu bringen, werden dann Getreide und Schuhe nicht relativ im Wert gegenüber Tuch und aus Gold hergestelltem Geld steigen?

Adam Smith nimmt weiterhin an, daß die Wirkung einer Prämie in einer teilweisen Herabsetzung des Geldwertes besteht. „Diese Herabsetzung des Silberwertes", meint er, „die das Resultat der Ergiebigkeit der Minen ist, und die sich gleichmäßig oder beinahe gleichmäßig im überwiegenden Teil der kommerziellen Welt auswirkt, ist für irgendein einzelnes Land eine Angelegenheit von sehr geringer Bedeutung. Der nachfolgende Anstieg aller Geldpreise macht diejenigen, die sie bezahlt bekommen, in Wirklichkeit zwar nicht reicher, aber auch nicht wirklich ärmer. Ein Silbergedeck wird tatsächlich billiger, und alles übrige behält genau denselben wirklichen Wert wie vordem." Diese Feststellung ist absolut richtig.

„Aber wenn jene Herabsetzung des Silberwertes – die entweder das Resultat einer besonderen Situation oder der politischen Einrichtungen eines bestimmten Landes ist – nur in diesem Lande eintritt, so ist das eine Angelegenheit mit schwerwiegenden Folgen, die, weit entfernt davon, dahin zu tendieren, irgend jemand reicher zu machen, die Tendenz hat, jedermann tatsächlich ärmer zu machen. Die Erhöhung der Geldpreise aller Waren, die in diesem Falle jenem Lande eigentümlich ist, tendiert dazu, mehr oder weniger jede Art der in ihm betriebenen gewerblichen Tätigkeit zu entmutigen und andere Nationen in den Stand zu versetzen, sie nicht nur auf dem ausländischen, sondern sogar auf dem Binnenmarkt zu unterbieten, da fast alle Arten von Waren für eine geringere Quantität Silber geliefert werden als die eigenen Arbeiter es tun könnnen."

Ich habe an anderer Stelle zu zeigen versucht, daß eine teilweise Herabsetzung des Geldwertes, die sowohl die landwirtschaftlichen Produkte als auch die Manufakturwaren in Mitleidenschaft zieht, unmöglich von Dauer sein kann. In diesem Sinne zu behaupten, daß Geld teilweise abgewertet ist, heißt zu erklären, daß alle Waren einen hohen Preis haben. Sofern jedoch

Gold und Silber nach Belieben auf dem billigsten Markt kaufen können, werden sie gegen die wohlfeilen Waren anderer Länder exportiert, und die Verringerung ihrer Menge wird ihren Wert im Inland erhöhen. Die Waren werden ihren üblichen Stand wiedererreichen, und diejenigen, die für die ausländischen Märkte geeignet sind, werden wie vordem exportiert werden.

Eine Exportprämie kann man also, wie ich glaube, nicht aus diesem Grunde ablehnen.

Wenn also eine Prämie den Preis des Getreides im Vergleich mit allen anderen Dingen erhöht, wird das dem Farmer zugute kommen, und mehr Boden wird bebaut werden. Wenn aber die Prämie den Wert des Getreides im Vergleich mit anderen Dingen nicht steigert, dann wird sie von keinem anderen Nachteil begleitet sein als dem, die Prämie zu bezahlen — einem Nachteil, den ich weder verschweigen noch unterschätzen will.

Dr. Smith behauptet, daß „durch die Einführung hoher Zölle auf die Einfuhr und von Prämien auf die Ausfuhr von Getreide die Landaristokratie die Handlungsweise der Fabrikanten nachgeahmt zu haben scheint." Beide haben sich mit den gleichen Mitteln bemüht, den Wert ihrer Produkte zu erhöhen. „Sie beachteten möglicherweise nicht den großen und bedeutungsvollen Unterschied, den die Natur zwischen Getreide und fast jeder anderen Art von Waren geschaffen hat. Sobald durch eines der erwähnten Mittel unsere Fabrikanten die Möglichkeit erhalten, ihre Waren für einen etwas besseren Preis zu verkaufen als sie ansonsten dafür bekommen können, erhöht sich nicht nur der nominelle, sondern auch der tatsächliche Preis dieser Waren. Nicht nur der nominelle, sondern der tatsächliche Profit, der wirkliche Reichtum und die Revenue dieser Fabrikanten steigt — man ermutigt faktisch diese Gewerbe. Sobald aber durch die gleichen Maßnahmen der nominelle oder der Geldpreis des

Getreides erhöht wird, steigt nicht sein wirklicher Wert, der tatsächliche Reichtum der Farmer oder der Landaristokratie wird nicht größer, man ermutigt nicht den Getreideanbau. Die Natur der Dinge hat Getreide einen tatsächlichen Wert aufgeprägt, der nicht einfach durch eine Veränderung seines Geldpreises geändert werden kann. Dieser Wert ist in der ganzen Welt im allgemeinen gleich dem Quantum Arbeit, das er unterhalten kann."

Ich habe bereits zu zeigen versucht, daß der Marktpreis von Getreide bei einer durch die Wirkungen einer Prämie hervorgerufenen erhöhten Nachfrage seinen natürlichen Preis so lange übersteigen wird, bis das notwendige zusätzliche Angebot zustande kommt, und daß er dann wieder auf seinen natürlichen Preis zurückgehen wird. Aber der natürliche Preis von Getreide wird nicht in gleicher Weise wie der natürliche Preis von Waren bestimmt, weil bei irgendeiner großen zusätzlichen Nachfrage nach Getreide Boden schlechterer Qualität in Anbau genommen werden muß, auf dem mehr Arbeit für die Produktion einer bestimmten Quantität erforderlich ist, und der natürliche Preis von Getreide steigen wird. Deshalb wird durch eine ständige Prämie auf die Getreideausfuhr eine Tendenz zu einem dauernden Anstieg des Getreidepreises erzeugt, was, wie ich an anderer Stelle gezeigt habe, niemals verfehlt, die Rente zu erhöhen.[1] Die Landaristokratie hat also nicht nur ein zeitweiliges, sondern ein ständiges Interesse an Einfuhrverboten für Getreide und Prämien für seine Ausfuhr. Hingegen haben Fabrikanten kein dauerndes Interesse an der Einführung hoher Einfuhrzölle und Exportprämien für Waren; ihr Interesse ist ein absolut zeitweiliges.

Eine Prämie auf den Export von Manufakturwaren wird zweifellos, wie Dr. Smith behauptet, zeitweilig den Marktpreis dieser Waren steigen lassen, nicht aber ihren

[1] Siehe das Kapitel „Über die Rente".

natürlichen Preis erhöhen. Die Arbeit von 200 Leuten wird die doppelte Menge der Waren produzieren, die vorher 100 produzieren konnten, und folglich werden sie, sobald die notwendige Menge Kapital für die Herstellung der erforderlichen Menge an Manufakturwaren aufgewendet wurde, wieder auf ihren natürlichen Preis sinken, und jeder Vorteil eines hohen Marktpreises verschwindet. Daher erfreuen sich die Fabrikanten nur während des Zeitraumes nach dem Anstieg des Marktpreises der Waren hoher Profite, bis das zusätzliche Angebot vorhanden ist; denn sobald die Preise zurückgegangen sind, sinken ihre Profite auf das allgemeine Niveau.

Anstatt daher mit Adam Smith darin übereinzustimmen, daß die Landaristokratie kein so großes Interesse an Einfuhrverboten für Getreide hat, wie es der Fabrikant an einem Einfuhrverbot für Manufakturwaren besitzt, behaupte ich, daß die ersteren ein viel stärkeres Interesse daran haben; denn ihr Vorteil ist ein dauernder, während der des Fabrikanten nur zeitweilig ist. Dr. Smith bemerkt, daß die Natur einen großen und bedeutsamen Unterschied zwischen Getreide und anderen Waren geschaffen hat, aber die richtige Schlußfolgerung daraus ist derjenigen, die er daraus zieht, gerade entgegengesetzt. Denn auf Grund dieses Unterschiedes entsteht gerade die Rente und hat die Landaristokratie ein Interesse an dem Steigen des natürlichen Preises von Getreide. Anstatt das Interesse des Fabrikanten mit dem des grundbesitzenden Aristokraten zu vergleichen, sollte Dr. Smith es mit dem Interesse des Farmers verglichen haben, das sehr verschieden von dem seines Grundeigentümers ist. Fabrikanten haben kein Interesse an der Erhöhung des natürlichen Preises ihrer Waren, noch haben die Farmer irgendwelches Interesse am Steigen des Preises von Getreide oder anderer Rohprodukte, obwohl beide Klassen ihren Vorteil haben, solange der Marktpreis ihrer Produkte deren natürlichen Preis übersteigt. Im Gegensatz dazu haben die Grundeigentümer das eindeutigste Interesse an der Erhöhung des natürlichen Preises von Getreide, da die Vergrößerung der Rente die unausweichliche Folge der Schwierigkeit bei der Produktion von Rohprodukten ist, ohne die ihr natürlicher Preis nicht steigen kann. Da nun Exportprämien und Einfuhrverbote für Getreide die Nachfrage erhöhen und uns zur Bebauung schlechten Bodens treiben, verursachen sie notwendigerweise erhöhte Schwierigkeiten der Produktion.

Das einzige Resultat hoher Importzölle oder einer Exportprämie auf Manufakturwaren oder Getreide besteht darin, einen Teil des Kapitals auf eine Anlage hinzulenken, die es natürlicherweise nicht suchen würde. Das verursacht eine ungünstige Verteilung der allgemeinen Fonds der Gesellschaft — es besticht einen Fabrikanten, eine verhältnismäßig wenig profitable Unternehmung zu beginnen oder weiterzuführen. Es ist die schlimmste Art der Besteuerung, denn sie gibt dem anderen Lande nicht alles das, was es dem eigenen nimmt, wobei die Verlustbilanz durch die ungünstige Verteilung des Gesamtkapitals zustande kommt. Wenn so der Preis von Getreide in England 4 £ und in Frankreich 3 £ 15 sh beträgt, wird eine Prämie von 10 sh ihn in Frankreich schließlich auf 3 £ 10 sh senken und ihn auf der gleichen Höhe von 4 £ in England halten. Für jeden ausgeführten Quarter zahlt England eine Steuer von 10 sh. Bei jedem nach Frankreich eingeführten Quarter gewinnt Frankreich nur 5 sh, so daß der Wert von 5 sh der Welt vollkommen verloren geht infolge einer Verteilung ihrer Fonds, die eine verminderte Produktion wahrscheinlich nicht von Getreide, sondern irgendeines anderen notwendigen oder angenehmen Gegenstandes hervorruft.

Buchanan scheint die Irrtümlichkelt von Dr. Smith' Beweisführung bezüglich der Prämien bemerkt zu haben. Er bemerkt über die zuletzt von mir zitierte Stelle sehr treffend: „Bei der Behauptung, daß die Natur dem Getreide einen tatsächlichen Wert aufgeprägt hat, der durch eine bloße Veränderung seines Geldpreises nicht geändert werden kann, verwechselt Dr. Smith seinen Gebrauchswert mit seinem Tauschwert. Ein Bushel Weizen wird in einer Zeit der Knappheit nicht mehr Leute ernähren als in einer Zeit der Fülle. Aber ein Bushel Weizen wird sich für eine größere Menge von Luxuswaren und Annehmlichkeiten austauschen, wenn es knapp ist, als wenn es reichlich vorhanden ist, und die Grundeigentümer, die über einen Überschuß an Nahrungsmitteln verfügen können, werden daher in Zeiten der Knappheit reicher sein. Sie werden ihren Überschuß gegen einen höheren Wert an anderen Genüssen tauschen können, als wenn Getreide in größerer Menge vorhanden ist. Es ist daher vergeblich zu argumentieren, daß, wenn die Prämie einen erzwungenen Export von Getreide herbeiführt, sie nicht auch eine tatsächliche Preiserhöhung verursachen wird.“ Die Gesamtheit von Buchanans Beweisführung über diesen Teil des Problems der Prämien erscheint mir völlig klar und zufriedenstellend.

Jedoch hat Buchanan, wie ich glaube, ebensowenig wie Dr. Smith oder der Autor in der 'Edinburgh Review' richtige Ansichten über den Einfluß einer Erhöhung des Preises der Arbeit auf Manufakturwaren. Infolge seiner eigentümlichen Anschauungen, die ich an anderer Stelle angeführt habe, nimmt er an, daß der Preis der Arbeit keine Beziehung zum Preis des Getreides hat und daß daher der tatsächliche Wert von Getreide steigen kann und wird, ohne den Preis der Arbeit zu beeinflussen. Wenn aber die Arbeit beeinflußt wird, so behauptet er gemeinsam mit Adam Smith und dem Autor in der 'Edinburgh Review', daß der Preis von Manufakturwaren auch ansteigen wird. Ich vermag dann nicht einzusehen, wie er ein solches Ansteigen des Getreides von einem Sinken des Geldwertes unterscheiden will oder wie er zu einer anderen Schlußfolgerung als der von

Dr. Smith kommen kann. In einer Fußnote zu Seite 276, Band I des 'Wealth of Nations' bemerkt Buchanan, „der Preis von Getreide bestimmt aber nicht den Geldpreis aller anderen Bestandteile des Rohproduktes vom Boden. Er bestimmt weder den Preis der Metalle noch den verschiedener nützlicher Stoffe, wie Kohle, Holz, Steine usw.; *und da er nicht den Preis der Arbeit bestimmt, bestimmt er auch nicht den Preis von Manufakturwaren*, so daß die Prämie zweifellos ein wirklicher Vorteil für den Farmer ist, insofern sie den Preis von Getreide ansteigen läßt. Man kann daher nicht aus diesem Grund die Politik der Exportprämien angreifen. Ihre Ermutigung für die Landwirtschaft durch Erhöhung des Getreidepreises muß man zugeben, und die Frage ist dann die, ob die Landwirtschaft solcher Art gefördert werden soll.“ Sie ist also, nach Buchanan, ein wirklicher Vorteil für den Farmer, weil sie den Preis der Arbeit nicht erhöht. Wenn sie dies jedoch täte, würde sie den Preis aller anderen Dinge proportional steigern und würde dann keinen besonderen Auftrieb für die Landwirtschaft auslösen.

Man muß jedoch zugeben, daß eine Prämie für die Ausfuhr irgendeiner Ware die Tendenz besitzt, den Wert des Geldes geringfügig zu senken. Was immer die Ausfuhr erleichtert, tendiert dazu, Geld in einem Lande anzuhäufen, und andererseits tendiert alles, was die Ausfuhr hemmt, dazu, es zu vermindern. Die allgemeine Wirkung der Besteuerung hat durch die Erhöhung der Preise der besteuerten Waren die Tendenz, die Ausfuhr zu verringern und daher den Zustrom von Geld zu hemmen, während eine Prämie aus dem gleichen Grunde den Zustrom von Geld fördert. Das ist in den allgemeinen Ausführungenn über die Besteuerung ausführlicher erklärt worden.

Die schädlichen Wirkungen des Merkantilsystems sind von Dr. Smith vollständig aufgedeckt worden. Der ganze Zweck dieses Systems bestand darin, den Preis der Waren auf dem Binnenmarkt durch das Verbot ausländischer Konkurrenz zu heben. Dieses System war aber für die landwirtschaftlichen Klassen nicht schädlicher als für irgendeinen anderen Teil der Gesellschaft. Dadurch, daß es Kapital in Kanäle zwingt, in die es sonst nicht geflossen wäre, verminderte es den Gesamtumfang der produzierten Waren. Obwohl der Preis dauernd höher stand, wurde er nicht durch Knappheit, sondern durch Schwierigkeit der Produktion aufrechterhalten und obwohl die Verkäufer solcher Waren sie daher für einen höheren Preis verkauften, verkauften sie diese nicht mit höherem Profit, nachdem die notwendige Kapitalmenge zu ihrer Produktion verwendet wurde.[1]

Selbst die Fabrikanten hätten als Konsumenten einen erhöhten Preis für solche Waren zu bezahlen, und man kann deshalb richtigerweise nicht sagen, daß „die durch beides (Zunftgesetze und hohe Zölle auf die Einfuhr ausländischer Waren) verursachte Preissteige-

[1] Say nimmt an, daß der Vorteil für die Fabrikanten im Inland mehr als zeitweilig ist. „Eine Regierung, welche die Einfuhr bestimmter ausländischer Waren vollständig verbietet, errichtet ein Monopol *zugunsten jener*, die im Inland diese Waren produzieren, *gegen die*, welche sie konsumieren. Anders ausgedrückt, diejenigen im Inland, welche sie produzieren und das ausschließliche Vorrecht dazu haben, sie zu verkaufen, können ihren Preis über den natürlichen Preis erhöhen, und die inländischen Konsumenten, denen es nicht möglich ist, sie anderswo zu bekommen, sind gezwungen, sie zu einem höheren Preis zu kaufen.“ Bd. 1, S. 201
Wie aber können sie dauernd den Marktpreis ihrer Waren über dem natürlichen Preis halten, wenn es jedem ihrer Mitbürger freisteht, diese Produktion aufzunehmen? Sie sind gesichert gegen die ausländische, nicht aber gegen die inländische Konkurrenz. Das wirkliche Übel, das für das Land aus solchen Monopolen entsteht, wenn man sie mit einem solchen Namen belegen kann, liegt nicht in der Erhöhung des Marktpreises solcher Waren, sondern in der Erhöhung ihres tatsächlichen und natürlichen Preises. Durch die Erhöhung der Produktionskosten wird ein Teil der Arbeit des Landes weniger produktiv verwendet.

rung überall schließlich von den Grundeigentümern, Farmern und Arbeitern bezahlt wird."

Es ist um so notwendiger, diese Bemerkung zu machen, als gegenwärtig die Autorität von Adam Smith von aristokratischen Grundeigentümern zitiert wird, um die Einfuhr ausländischen Getreides mit ähnlichen hohen Zöllen zu belegen. Weil die Produktionskosten und damit die Preise verschiedener Manufakturwaren für den Konsumenten durch einen Irrtum der Gesetzgebung erhöht worden sind, ist das Land unter Berufung auf die Gerechtigkeit aufgefordert worden, sich ruhig neuen Forderungen zu beugen. Weil wir alle einen höheren Preis für unser Leinen, Musselin und die Baumwollwaren zahlen, wird es als gerecht erachtet, daß wir auch für unser Getreide einen höheren Preis entrichten. Weil wir uns im Rahmen der allgemeinen Verteilung der Arbeit in der Welt die Erlangung der größtmöglichen Menge von Produkten mit Hilfe unseres Anteils an dieser Arbeit in Form von Manufakturwaren verscherzt haben, sollen wir uns darüber hinaus durch die Verringerung der produktiven Fähigkeiten der Gesamtarbeit bei der Versorgung von Rohprodukten bestrafen. Es wäre viel klüger, die Fehler anzuerkennen, zu denen uns eine falsche Politik verleitet hat, und sofort eine schrittweise Rückkehr zu den vernünftigen Grundsätzen eines allgemein freien Handels einzuleiten.[1]

[1] „Die Handelsfreiheit ist ausschließlich erwünscht, um ein Land wie Großbritannien, das reichlich mit all den verschiedenartigen Industrieprodukten und mit den Bedürfnissen jeder Gesellschaft entsprechenden Handelsware versehen ist, gegen die Möglichkeit eines Mangels zu sichern. Die Völker der Erde sind nicht verurteilt zu würfeln, um festzustellen, welches von ihnen eine Hungersnot über sich ergehen lassen soll. Es gibt immer reichlich Nahrungsmittel auf der Welt. Wir müssen nur unsere Verbote und Beschränkungen beseitigen und aufhören, entgegen der gütigen Weisheit der Vorsehung zu handeln, um uns eines dauernden Überflusses zu erfreuen." Artikel „Getreidegesetze und Handel", Ergänzungsband der Encyclopædia Britannica.

„Ich hatte bereits Gelegenheit zu bemerken", sagt Say, „als ich über das sprach, was unrichtigerweise Handelsbilanz genannt wird, daß, wenn es einem Kaufmann besser paßt, Edelmetalle als irgendwelche anderen Waren nach einem anderen Lande zu exportieren, es auch dem Interesse des Staates entspricht, wenn er sie exportiert, denn der Staat gewinnt oder verliert nur vermittels seiner Bürger. Was den Außenhandel betrifft, so ist das, was dem Einzelnen zum Vorteil gereicht, auch für den Staat am vorteilhaftesten. Deshalb erreicht man mit der Aufrichtung von Hindernissen für den Export von Edelmetallen, den Privatpersonen durchzuführen geneigt sein würden, nichts anderes, als daß sie gezwungen werden, als Ersatz dafür eine andere Ware zu nehmen, die für sie und den Staat weniger profitabel ist. Man muß jedoch bemerken, daß ich nur sage, *was den Außenhandel betrifft*, denn die von den Kaufleuten in Geschäften mit ihren Landsleuten erzielten Profite sind, ebenso wie die im Handel mit für andere verschlossenen Kolonien erreichten, nicht völlig Gewinne für den Staat. Im Handel zwischen Privatleuten des gleichen Landes gibt es keinen anderen Gewinn als den Wert eines produzierten Nutzens; *que la valeur d'une utilité produite.*"[1] (Band 1, S. 401.) Ich verstehe die hier getroffene Unterscheidung zwi-

[1] Stehen die folgenden Stellen nicht im Widerspruch zu der oben zitierten? „Abgesehen davon, daß der Binnenhandel, obwohl er weniger beachtet wird (weil er in einer Vielzahl von Händen liegt), am bedeutendsten ist, ist er auch der profitabelste. Die in diesem Handel ausgetauschten Produkte sind notwendigerweise Produkte desselben Landes." Bd. 1, S. 84
„Die englische Regierung hat nicht beachtet, daß die profitabelsten Verkäufe diejenigen sind, die ein Land an sich selbst vornimmt, weil sie nicht stattfinden können, ohne daß die Nation zwei Werte produziert; den Wert, der verkauft wird, und den Wert, mit dem der Ankauf getätigt wird." Bd. 1, S. 221. Ich werde im 26. Kapitel die Richtigkeit dieser Ansicht untersuchen.

schen Profit im Binnen- und im Außenhandel nicht. Der Zweck jedes Handels ist die Vermehrung der Produkte. Wenn es beim Kauf eines Schlauches Wein in meiner Macht steht, Goldbarren zu exportieren, die mit dem Wert eines Produktes von 100 Tagen gekauft wurden, aber die Regierung mich durch ein Ausfuhrverbot für Goldbarren zwingt, meinen Wein mit einer Ware zu erwerben, die mit dem Wert eines Produktes von 105 Arbeitstagen gekauft wurde, so geht das Produkt von fünf Arbeitstagen mir und durch mich dem Staat verloren. Wenn aber diese Umsätze zwischen Personen in verschiedenen Teilen desselben Landes vor sich gehen, erwächst daraus der gleiche Vorteil für den Einzelnen und durch ihn für das Land, falls er unbehindert die Auswahl der Waren, mit denen er seine Ankäufe durchgeführt hat, treffen kann, und der gleiche Nachteil, falls er durch die Regierung gezwungen wird, mit der ungünstigsten Ware einzukaufen. Kann ein Fabrikant mit dem gleichen Kapital mehr Eisen erzeugen, wo Kohlen reichlich vorhanden sind, als er es dort kann, wo Kohle knapp ist, so wird das Land durch die Differenz einen Vorteil haben. Gibt es aber nirgendwo reichlich Kohle und er importiert Eisen und kann jene zusätzliche Menge durch die Herstellung einer Ware mit gleichem Kapital und Arbeit bekommen, so wird er in gleicher Weise seinem Lande durch die zusätzliche Menge Eisen nützen. Ich habe mich im 7. Kapitel dieser Arbeit bemüht zu zeigen, daß aller Handel, ob auswärtiger oder inländischer, durch die Vermehrung der Menge und nicht durch Erhöhung des Wertes der Produkte vorteilhaft ist. Wir werden keinen größeren Wert besitzen, ob wir nun den allervorteilhaftesten Binnen- und Außenhandel betreiben oder ob wir infolge von Hindernissen durch Verbotsgesetze gezwungen sind, uns mit dem am wenigsten vorteilhaften abzufinden. Die Profitrate und der produzierte Wert werden die gleichen sein. Der Vorteil löst sich immer in jenen auf, den Say auf den Binnenhandel zu beschränken scheint; in beiden Fällen gibt es keinen anderen Gewinn als den des Wertes einer *utilité produite*.

KAPITEL XXIII

ÜBER PRODUKTIONSPRÄMIEN

Vielleicht ist es lehrreich, die Auswirkungen einer Prämie auf die *Produktion* von Rohprodukten und anderen Waren unter dem Gesichtspunkt zu untersuchen, die Anwendung der Prinzipien zu beobachten, die ich in bezug auf den Kapitalprofit, die Verteilung des jährlichen Produkts des Bodens und der Arbeit und den relativen Preisen von Manufakturwaren und Rohprodukten aufzustellen bemüht war. Wir wollen zunächst annehmen, daß eine Steuer auf alle Waren gelegt wird, um einen Fonds aufzubringen, der von der Regierung für die Gewährung einer Prämie auf die *Produktion* von Getreide verwendet wird. Da kein Teil dieser Steuer von der Regierung verausgabt wird und alles, was von einer Klasse der Bevölkerung erhoben wurde, einer anderen zugewendet wird, würde durch eine solche Steuer und Prämie die Nation als Gesamtheit weder reicher noch ärmer. Man wird bereitwilligst einräumen, daß die Warensteuer, durch die der Fonds geschaffen wurde, den Preis der besteuerten Waren steigen läßt. Alle die Konsumenten jener Waren werden daher zu einem solchen Fonds beitragen. Anders ausgedrückt, da ihr natürlicher oder notwendiger Preis gestiegen ist, wird auch ihr Marktpreis steigen. Aus dem gleichen Grunde jedoch, aus dem der natürliche Preis dieser Waren gestiegen ist, wird der natürliche Preis von Getreide sinken. Bevor eine Prämie auf die Produktion bezahlt wurde, erhielten die Farmer einen genügend hohen Preis, um ihnen ihre Rente und ihre Ausgaben zurückzuerstatten und die allgemeine Profitrate abzuwerfen. Nach Einführung der Prämie werden sie mehr als diese Rate erhalten, es sei denn, der Getreidepreis fiele um einen der Prämie zumindest gleichen Betrag. Die Wirkung der Steuer und der Prämie besteht also darin, den Preis der Waren in gleichem Ausmaß wie die auf sie gelegte Steuer zu erhöhen und den Getreidepreis um einen der ausgezahlten Prämie gleichen Betrag zu senken. Man wird auch bemerken, daß keine dauernde Veränderung in der Verteilung von Kapital zwischen Landwirtschaft und Industrie vorgenommen werden kann, da weder eine Änderung des Kapitalumfangs noch der Bevölkerung eingetreten ist und genau dieselbe Nachfrage nach Brot und Manufakturwaren besteht. Der Profit des Farmers liegt nach dem Sinken des Getreidepreises nicht über dem allgemeinen Niveau, und auch der Profit des Fabrikanten ist nach dem Anstieg der Manufakturwaren nicht geringer. Die Prämie wird also weder die Anlage von mehr Kapital auf dem Boden für die Getreideproduktion noch von weniger in der Produktion von Manufakturwaren bewirken. Wie aber wird das Interesse des Grundeigentümers berührt? Auf Grund der gleichen Prinzipien, nach denen eine Steuer auf Rohprodukte die Getreiderente des Bodens senken und die Geldrente unverändert lassen wird, erhöht eine Prämie auf die Produktion, die das direkte Gegenteil einer Steuer ist, die Getreiderente und läßt die Geldrente unverändert.[1] Mit der gleichen Geldrente wird der Grundeigentümer einen höheren Preis für seine Manufakturwaren und einen geringeren für sein Getreide zu zahlen haben; er wird dadurch wahrscheinlich weder reicher noch ärmer sein.

Ob nun eine solche Maßnahme eine Auswirkung auf den Arbeitslohn haben wird, hängt davon ab, ob der Arbeiter beim Kauf von Manufakturwaren soviel zur Steuer beiträgt, wie er durch den niedrigen Preis der

[1] Siehe S. 145.

Nahrungsmittel infolge der Auswirkung der Prämie erhält. Sind diese beiden Größen gleich, werden die Löhne unverändert bleiben. Wenn aber die besteuerten Waren nicht die vom Arbeiter konsumierten sind, wird sein Lohn fallen und sein Arbeitgeber wird um die Differenz begünstigt. Das ist aber für seinen Arbeitgeber kein wirklicher Vorteil. Er wird sich allerdings in einer Erhöhung seiner Profitrate auswirken, wie es jede Lohnsenkung tun muß. Aber in dem Maße, in dem der Arbeiter weniger zu dem Fonds beiträgt, aus dem die Prämie gezahlt wurde, und die, erinnern wir uns, erhoben werden müssen, muß sein Arbeitgeber mehr zahlen. Mit anderen Worten, er wird durch seine Ausgaben so viel Steuer beitragen, wie er als Ergebnis der Prämie und der höheren Profitrate zusammengenommen erhalten wird. Er erhält eine höhere Profitrate, um ihn nicht nur für die Zahlung seines eigenen Anteils an der Steuer, sondern auch des seines Arbeiters zu entschädigen. Die Vergütung, die er für den Anteil seines Arbeiters erhält, erscheint als verkürzter Lohn oder, was das gleiche ist, als erhöhter Profit. Die Vergütung für seinen eigenen Anteil erscheint als Verminderung des Preises des von ihm konsumierten Getreides, die durch die Prämie eintritt.

Es wird richtig sein, hier eine Bemerkung einzuschieben über die verschiedenen auf den Profit ausgeübten Wirkungen infolge einer Veränderung des Getatsächlichen Arbeits- oder natürlichen Wertes des Getreides und einer Veränderung in seinem relativen Wert durch Besteuerung und Prämien. Wenn Getreide durch eine Änderung seines Arbeitspreises im Preise sinkt, wird nicht nur die Rate des Kapitalprofits geändert, sondern die Lage des Kapitalisten wird sich verbessern. Mit einem höheren Profit wird er nicht mehr für die Dinge zu zahlen haben, für die dieser Profit ausgegeben wird, was nicht eintritt, wie wir gerade sahen, sofern der Rückgang durch eine Prämie künstlich hervorgerufen wurde. Bei dem tatsächlichen Fall des Getreidewertes, der sich daraus ergibt, daß zur Produktion eines der wichtigsten menschlichen Konsumtionsmittel weniger Arbeit erforderlich ist, wird die Arbeit produktiver gestaltet. Mit dem gleichen Kapital wird die gleiche Arbeit beschäftigt, und das Resultat ist eine Vermehrung der Produktion. Nicht nur die Profitrate wird dann erhöht, sondern die Lage desjenigen, der sie bekommt, wird sich verbessern. Jeder Kapitalist wird nicht allein eine höhere Geldrevenue haben, wenn er das gleiche Geldkapital beschäftigt, sondern dieses Geld wird ihm, sobald es ausgegeben wird, eine größere Menge Waren verschaffen; seine Annehmlichkeiten werden größer sein. Im Falle einer Prämie hat er, um den Vorteil auszugleichen, den er aus dem Sinken einer Ware zieht, den Nachteil, für eine andere einen mehr als entsprechend hohen Preis zu zahlen. Er erhält eine höhere Profitrate, um ihm die Zahlung dieses höheren Preises zu ermöglichen, so daß seine tatsächliche Lage sich in keiner Weise verbessert, obwohl sie sich nicht verschlechtert. Obwohl er eine höhere Profitrate erhält, hat er nicht mehr Verfügungsgewalt über das Produkt des Bodens und der Arbeit des Landes. Sofern die Senkung des Getreidewertes durch natürliche Ursachen herbeigeführt wird, wirkt ihr das Steigen anderer Waren nicht entgegen. Im Gegenteil: sie sinken durch den Fall des Rohmaterials, aus dem sie hergestellt werden. Wenn aber das Sinken des Getreides durch künstliche Mittel herbeigeführt wird, tritt durch ein tatsächliches Steigen des Wertes irgendeiner anderen Ware immer eine Gegenwirkung ein, so daß, falls Getreide billiger gekauft wird, andere Waren teurer gekauft werden.

Das ist also ein weiterer Beweis dafür, daß eine Steuer auf lebenswichtige Konsumartikel keinen besonderen Nachteil dadurch nach sich zieht, daß sie die Löhne erhöht und die Profitrate senkt. Die Profite werden allerdings gesenkt, jedoch nur in Höhe des Anteils des

Arbeiters an der Steuer, der auf jeden Fall entweder von seinem Arbeitgeber oder von dem Konsumenten der Arbeitsprodukte des Arbeiters getragen werden muß. Ob man 50 £ jährlich von der Revenue des Arbeitgebers abzieht oder 50 £ auf die Preise der von ihm konsumierten Waren aufschlägt, kann für ihn oder die Gesellschaft keine anderen Folgen haben als die, die sich gleichmäßig für alle anderen Klassen einstellen. Werden sie auf die Preise der Ware aufgeschlagen, so kann ein Geizhals durch Unterlassung des Konsums der Steuer entgehen; werden sie indirekt von jedermanns Revenue abgezogen, so kann er der Zahlung seines angemessenen Teils der öffentlichen Lasten nicht entgehen.

Eine Prämie auf die Produktion von Getreide übt also keine echte Wirkung auf das Jahresprodukt des Bodens und der Arbeit des Landes aus, obwohl sie Getreide relativ billig und Manufakturwaren relativ teuer machen wird. Angenommen aber, eine entgegengesetzte Maßnahme wird eingeführt und eine Steuer auf Getreide wird erhoben, um einen Fonds für eine Prämie auf die Produktion von Manufakturwaren zu bilden.

In diesem Fall ist es klar, daß Getreide teuer und Manufakturwaren billig sein werden. Die Arbeit wird weiter den gleichen Preis haben, sofern der Arbeiter in gleichem Maße durch die Wohlfeilheit der Manufakturwaren begünstigt wird, wie er durch die Teuerung von Getreide geschädigt wird. Wenn das nicht der Fall ist, steigen die Löhne und sinkt der Profit, während die Geldrente weiterhin die gleiche wie früher bleibt. Der Profit sinkt, da, wie gerade erklärt wurde, das die Form ist, in der des Arbeiters Anteil an der Steuer vom Arbeitgeber bezahlt wird. Durch die Lohnerhöhung wird der Arbeiter für die Steuer, die er durch den höheren Getreidepreis bezahlt, entschädigt. Dadurch, daß er keinen Teil seines Lohnes für Manufakturwaren ausgibt, erhält er keinen Anteil von der Prämie. Die Prämien erhalten vollständig die Arbeitgeber, und die Steuer wird teilweise von den

Arbeitnehmern bezahlt. Eine Vergütung für diese ihnen auferlegte größere Belastung wird den Arbeitern in Form der Löhne gewährt, und die Profitrate wird damit gesenkt. Auch in diesem Falle handelt es sich um eine komplizierte Maßnahme, die keinerlei Resultat von nationaler Bedeutung ergibt.

Bei der Untersuchung dieser Frage ist die Betrachtung der Wirkung einer solchen Maßnahme auf den auswärtigen Handel bewußt unterlassen worden. Es ist vielmehr der Fall eines abgeschlossenen Landes, das keine Handelsbeziehungen mit anderen Ländern unterhält, unterstellt worden. Wir haben gesehen, daß es keinen Anreiz für die Übertragung von Kapital aus einem Zweig in einen anderen gibt, da die Nachfrage gleich bleibt, in welcher Richtung sich auch die Prämie auswirkt. Das aber wird nicht mehr der Fall sein, wenn auswärtiger Handel existiert und dieser Handel frei ist. Durch die Änderung des relativen Wertes von Waren und Getreide, durch die Erzeugung einer so mächtigen Einwirkung auf ihre natürlichen Preise üben wir auf die Ausfuhr jener Waren, deren natürliche Preise gesenkt werden, einen starken Anreiz aus. Einen gleichen Anreiz geben wir der Einfuhr jener Waren, deren natürliche Preis erhöht werden, so daß eine solche finanzielle Maßnahme die natürliche Verteilung der Produktion vollständig zu ändern vermag, allerdings zum Vorteil der fremden Länder, aber zum Verderben desjenigen, in dem eine derart widersinnige Politik betrieben wurde.

KAPITEL XXIV

ADAM SMITH' LEHRE ÜBER DIE GRUNDRENTE

„Nur jene Teile des Produkts des Bodens", sagt Adam Smith, „können üblicherweise auf den Markt gebracht werden, deren gewöhnlicher Preis ausreicht, das

Kapital, das aufgewendet werden muß, um sie bis dahin zu bringen, zu ersetzen und den gewöhnlichen Profit abzuwerfen. Beträgt der gewöhnliche Preis mehr als das, so geht der überschießende Teil selbstverständlich in die Grundrente ein. *Falls er nicht mehr beträgt, so kann die Ware, wenngleich sie auf den Markt gebracht werden kann, dem Grundbesitzer keine Rente abwerfen.* Ob der Preis höher oder nicht höher ist, hängt von der Nachfrage ab.“

Diese Stelle verleitet natürlich den Leser zu dem Schluß, daß ihr Autor den Charakter der Rente nicht mißverstanden haben kann und daß er erkannt haben muß, daß die Qualität des Bodens, die auf Grund der Bedürfnisse der Gesellschaft in Anbau genommen werden muß, vom *„gewöhnlichen Preis ihrer Produkte“ abhängt, ob er „ausreicht, das Kapital, das für seine Bebauung aufgewendet werden muß, zu ersetzen und den gewöhnlichen Profit abzuwerfen.“*

Er hat sich jedoch die Auffassung zu eigen gemacht, daß „es einige Teile des Bodenprodukts gibt, für welche die Nachfrage stets eine solche sein muß, daß sie einen höheren Preis ergibt als den, der ausreicht, um sie auf den Markt zu bringen“, und er betrachtet die Nahrungsmittel als einen dieser Teile.

Er erklärt, daß „Boden fast in jeder Lage eine größere Menge Nahrungsmittel hervorbringt als die, welche ausreicht, alle die Arbeit zu unterhalten, die erforderlich ist, um sie auf den Markt zu bringen, und zwar in der großzügigsten Weise, in der diese Arbeit jemals unterhalten wird. Auch der Überschuß ist immer mehr als ausreichend, um das Kapital, das jene Arbeit beschäftigte, zu ersetzen und Profit abzuwerfen. Etwas bleibt daher immer für eine Rente des Grundeigentümers übrig.“

Aber welchen Beweis bringt er dafür? Keinen anderen als die Behauptung, daß „die ödesten Moore in Norwegen und Schottland eine Art Futter für Vieh hergeben, dessen Milch und Vermehrung stets mehr als ausreicht, nicht nur für den Unterhalt aller für seine Pflege notwendigen Arbeit und um dem Farmer oder dem Eigentümer der Herde oder Koppel den gewöhnlichen Profit zu bringen, sondern auch um eine kleine Rente für den Grundeigentümer abzuwerfen." Man mag mir erlauben, darüber Zweifel zu hegen. Ich glaube, daß bis jetzt in jedem Lande, vom zurückgebliebensten bis zum zivilisiertesten, Boden solcher Qualität vorhanden ist, der kein Produkt liefern kann, dessen Wert mehr als ausreichend ist, um das dafür aufgewendete Kapital zu ersetzen und den für dieses Land gewöhnlichen und üblichen Profit abzuwerfen. Wir wissen alle, daß dies in Amerika der Fall ist, und doch behauptet keiner, daß die Prinzipien, welche die Rente bestimmen, dort verschieden von denen in Europa sind. Wenn es aber stimmen würde, daß England in der Bodenkultur so weit fortgeschritten ist, daß gegenwärtig kein Boden übriggeblieben ist, der keine Rente abwirft, so würde es ebenso stimmen, daß früher solcher Boden vorhanden gewesen sein muß. Es ist für diese Frage ohne Bedeutung, ob es ihn gibt oder nicht, denn es ist gleichgültig, falls es in Großbritannien irgendwelches Kapital gibt, das auf Boden angelegt ist, der nur den Kapitalersatz und den gewöhnlichen Profit abwirft, ob dieses Kapital auf altem oder neuem Boden angelegt ist. Wenn ein Farmer einen Vertrag über eine Bodenpacht auf sieben oder vierzehn Jahre abschließt, so mag er beabsichtigen, dabei ein Kapital von 10000 £ aufzuwenden, da er weiß, daß er bei dem gegenwärtigen Preis von Getreide und Rohprodukten denjenigen Teil seines Kapitals, zu dessen Ausgabe er gezwungen ist, ersetzen, seine Rente bezahlen und die allgemeine Profitrate erzielen kann. Er wird nicht 11000 £ aufwenden, es sei denn, die letzten 1000 £ können so produktiv verwendet werden, daß sie ihm den üblichen Kapitalprofit einbringen. Bei seiner Überlegung, ob er sie verwenden soll oder nicht, zieht er nur in Betracht, ob der Preis der Rohprodukte ausreicht, um seine Ausgaben und den Profit zu ersetzen, da er weiß, daß er keine zusätzliche Rente zu zahlen haben wird. Sogar bei Ablauf seiner Pachtfrist wird seine Rente nicht erhöht werden, weil er, falls sein Grundeigentümer wegen der Verwendung der zusätzlichen 1000 £ Kapital Rente fordert, dieses Kapital abziehen wird, da er durch ihre Verwendung entsprechend der Annahme nur den gewöhnlichen und üblichen Profit erzielt, den er auch bei einer anderen Verwendung des Kapitals erhalten kann. Er kann sich daher nicht darauf einlassen, Rente dafür zu zahlen, es sei denn der Preis der Rohprodukte steigt weiter, oder, was dasselbe ist, die übliche und allgemeine Profitrate fällt.

Wenn der umfassende Verstand Adam Smith' auf diese Tatsache gelenkt worden wäre, so hätte er nicht behauptet, daß die Rente einen der Bestandteile des Preises der Rohprodukte bildet, denn der Preis wird überall von dem mit diesem letzten Teil des Kapitals gewonnenen Ertrag bestimmt, wofür keinerlei Rente bezahlt wird. Hätte er diesen Grundsatz beachtet, so hätte er keinen Unterschied zwischen dem Gesetz gemacht, das die Bergwerksrente, und dem, das die Grundrente bestimmt.

„Ob beispielsweise ein Kohlenbergwerk", sagt er, „eine Rente abwirft, hängt zum Teil von seiner Ergiebigkeit, zum Teil von seiner Lage ab. Ein Bergwerk irgendwelcher Art kann entweder ergiebig oder unergiebig genannt werden, je nachdem, ob die Mineralmenge, die durch ein bestimmtes Quantum Arbeit gewonnen werden kann, größer oder geringer als jene ist, die mit einem gleichen Quantum aus der Mehrzahl der Bergwerke gleicher Art gewonnen werden kann. Einige günstig gelegene Kohlenbergwerke können wegen ihrer Unergiebigkeit nicht betrieben werden. Das Produkt deckt die Kosten nicht. Sie werfen weder Profit noch Rente ab. Es gibt einige, deren Produkt kaum ausreicht, um die Arbeit zu bezahlen und das in ihrem Betrieb angelegte Kapital, einschließlich dessen gewöhnlichen Profits, zu ersetzen. Sie bringen dem Werksunternehmer einigen Profit, aber dem Grundeigentümer keine Rente. Sie können von niemand außer dem Grundeigentümer mit Vorteil betrieben werden, der, wenn er selbst Werksunternehmer ist, den gewöhnlichen Profit für das Kapital erhält, das er darin angelegt hat. Viele Kohlenbergwerke in Schottland werden in dieser Weise betrieben und können anders nicht betrieben werden. Der Grundeigentümer wird niemand anderem erlauben, sie zu betreiben, ohne eine Rente abzuführen, und niemand kann sich darauf einlassen, eine solche zu bezahlen."

„Andere genügend ergiebige Kohlenbergwerke des gleichen Landes können wegen ihrer Lage nicht betrieben werden. Eine Menge des Minerals, die ausreicht, um die Betriebskosten zu decken, kann mit dem gewöhnlichen oder mit weniger als dem gewöhnlichen Quantum Arbeit gefördert werden, doch kann diese Menge in einem dünnbevölkerten Binnenlande und ohne gute Straßen oder Wasserwege nicht verkauft werden." Das gesamte Prinzip der Rente ist hier bewundernswert und scharfsinnig erklärt, jedoch ist jedes Wort ebenso für den Boden wie für Bergwerke anwendbar. Dennoch behauptet er, daß „es bei Liegenschaften auf der Erdoberfläche anders ist. Das Verhältnis sowohl ihres Produktes als auch ihrer Rente entspricht ihrer absoluten und nicht ihrer relativen Ergiebigkeit." Angenommen aber, es gibt keinen Boden, der keine Rente abwirft, dann wird die Höhe der Rente auf dem schlechtesten Boden sich nach dem Überschuß des Produktenwertes über den Aufwand an Kapital und den üblichen Kapitalprofit richten. Das gleiche Prinzip würde die Rente des Bodens von etwas besserer Qualität oder günstigerer Lage bestimmen, und die Rente dieses Bodens wird daher infolge der größeren Vorteile, die er besitzt, höher sein als die Rente des ihm gegenüber minderwertigen. Das gleiche kann man von der dritten Qualität sagen, und so weiter, bis zur allerbesten.

Ist es also nicht ebenso sicher, daß es die relative Ergiebigkeit des Bodens ist, die den Teil des Produktes bestimmt, der als Grundrente abgeführt wird, wie es sicher ist, daß die relative Ergiebigkeit der Bergwerke den Teil ihres Produkts bestimmt, der als Bergwerksrente entrichtet wird?

Nachdem Adam Smith erklärt hat, daß es einige Bergwerke gibt, die nur von ihren Eigentümern betrieben werden können, da sie nur so viel abwerfen, daß die Betriebskosten einschließlich des üblichen Profits für das angelegte Kapital gedeckt werden, erwartet man, daß er einräumt, daß es diese besonderen Bergwerke sind, die den Preis der Produkte aller Bergwerke bestimmen. Wenn die alten Bergwerke nicht ausreichen, um die erforderlichen Kohlenmengen zu liefern, wird der Kohlenpreis steigen und wird so lange fortfahren zu steigen, bis der Eigentümer eines neuen und minderwertigen Bergwerks entdeckt, daß er durch den Betrieb seines Bergwerks den üblichen Kapitalprofit beziehen kann. Wenn sein Bergwerk leidlich ergiebig ist, wird die Steigerung nicht groß sein, damit diese Verwendung seines Kapitals seinem Interesse entspricht. Ist sie aber nicht einigermaßen ergiebig, so ist offensichtlich, daß der Preis so lange steigen muß, bis er ihm die Mittel liefert, um seine Ausgaben zu decken und den gewöhnlichen Kapitalprofit zu erzielen. Es ergibt sich also, daß es immer die am wenigsten ergiebige Grube ist, die den Kohlenpreis bestimmt. Adam Smith ist jedoch anderer Meinung. Er erklärt, daß „das ergiebigste Bergwerk auch den Kohlenpreis aller anderen Gruben seiner Nachbarschaft bestimmt. Sowohl der Eigentümer als auch der Werksunternehmer finden, daß durch einiges Unterbieten ihrer Nachbarn der eine eine höhere Rente und der andere einen höheren Profit erhalten kann. Ihre Nachbarn sehen sich bald gezwungen, zum selben Preis zu verkaufen, obwohl sie sich das nicht so recht leisten können und obwohl das immer ihre Rente und ihren Profit vermindert und manchmal aufzehrt. Einige Werke werden gänzlich aufgegeben, andere können keine Rente aufbringen und daher nur vom Eigentümer betrieben werden". Falls die Nachfrage nach Kohle zurückgehen oder durch neue Methoden die Menge vergrößert werden sollte, wird der Preis sinken und einige Gruben werden aufgegeben. Auf alle Fälle aber muß der Preis ausreichen, um die Ausgaben und den Profit jener Grube zu decken, die unbelastet von einer Rente betrieben wird. Daher ist es die am wenigsten ergiebige Grube, die den Preis bestimmt. Tatsächlich erklärt dies an anderer Stelle Adam Smith selbst, denn er sagt: „Der niedrigste Preis, für den Kohle auf längere Zeit verkauft werden kann, ist, wie bei allen anderen Waren, der Preis, der gerade ausreicht, das Kapital einschließlich des gewöhnlichen Profits zu ersetzen, das aufgewendet werden muß, um sie auf den Markt zu bringen. Bei einer Kohlengrube, für die der Eigentümer keine Rente erhalten kann und die er entweder selbst betreiben oder überhaupt stillliegen lassen muß, muß der Kohlenpreis im allgemeinen ungefähr diesem Preis entsprechen."

Aber der gleiche Umstand, nämlich das reichliche Angebot und die daraus herrührende Wohlfeilheit der Kohle, aus welcher Ursache er auch entspringen mag, der die Aufgabe der Gruben, bei denen es keine oder nur eine sehr geringe Rente gibt, notwendig macht, wird, falls dasselbe reichliche Angebot und die daraus herrührende Wohlfeilheit bei Rohprodukten vorhanden ist, es erforderlich machen, die Bebauung solchen Bodens einzustellen, für den entweder keine oder eine sehr geringe Rente bezahlt wird. Wenn z. B. Kartoffeln das allgemeine und gewöhnliche Nahrungsmittel der Bevölkerung werden sollten, wie es der Reis in einigen Ländern ist, so wird wahrscheinlich ein Viertel oder die Hälfte des gegenwärtig bebauten Bodens sofort aufgegeben werden, da, falls, wie Adam Smith sagt, „ein Morgen Kartoffeln sechstausend Pfund guter Nahrungsmittel ergibt, die dreifache Menge, die von einem Morgen Weizen gewonnen wird“, für beträchtliche Zeit keine solche Vermehrung der Bevölkerung eintreten kann, daß die Quantität konsumiert wird, die auf dem früher mit Weizen bebauten Boden nunmehr gewonnen wird. Viel Boden wird daher verlassen werden und die Rente wird sinken, und erst dann, wenn sich die Bevölkerung verdoppelt oder verdreifacht hat, kann die gleiche Bodenfläche bebaut und eine ebenso hohe Rente wie vorher bezahlt werden.

Auch wird dem Grundeigentümer kein größerer Teil des Bruttoproduktes gezahlt, ob es nun aus Kartoffeln besteht, die dreihundert Menschen ernähren, oder aus Weizen, der nur hundert ernährt. Denn, obwohl sich die Produktionskosten ganz erheblich verringern, wenn der Lohn des Arbeiters sich hauptsächlich nach dem Kartoffelpreis und nicht nach dem Weizenpreis richtet, und obwohl daher der nach Bezahlung der Arbeiter übrig bleibende Teil des gesamten Bruttoproduktes erheblich größer ist, wird dennoch von diesem zusätzlichen Anteil nichts der Rente, sondern alles unweigerlich dem Profit zugeschlagen, da der Profit immer steigt, wenn der Lohn sinkt, und sinkt, wenn der Lohn steigt. Ob Weizen oder Kartoffeln angebaut werden, die Rente bestimmt sich nach demselben Grundsatz, sie wird stets gleich der Differenz zwischen der mit gleichen Kapitalen entweder auf demselben Boden oder auf Boden verschiedener Qualität gewonnenen Produktenmenge sein. Solange daher Böden gleicher Qualität bebaut werden und keine Veränderung ihrer relativen Fruchtbarkeit und Vorzüge eintritt, wird die Rente immer im selben Verhältnis zum Bruttoertrag stehen.

Adam Smith behauptet jedoch, daß der dem Grundeigentümer zufallende Teil durch verringerte Produktionskosten größer wird und daß er daher von einem reichlichen Produkt sowohl einen größeren Anteil als auch eine größere Menge erhalten wird als von einem dürftigen. „Ein Reisfeld", sagt er, „produziert eine viel größere Menge Nahrungsmittel als das fruchtbarste Getreidefeld. Zwei Ernten jährlich, zwischen dreißig und sechzig Bushel jede, sollen das gewöhnliche Produkt eines Morgens sein. Obwohl sein Anbau daher mehr Arbeit erfordert, verbleibt doch ein viel größerer Überschuß nach dem Unterhalt aller dieser Arbeit. Daher wird in diesen Reisländern, wo der Reis die gewöhnliche und bevorzugte pflanzliche Nahrung der Bevölkerung ist und wo die Produzenten ihren Unterhalt hauptsächlich damit bestreiten, *ein größerer Teil dieses erhöhten Überschusses dem Grundeigentümer gehören als in Getreideländern.*"

Buchanan bemerkt gleichfalls, daß „es völlig klar ist, daß, falls irgendein anderes Produkt, welches der Boden reichlicher als Getreide spendet, das gewöhnliche Nahrungsmittel der Bevölkerung wird, die Rente des Grundeigentümers proportional zur größeren Fülle steigen wird".

Wenn Kartoffeln das gewöhnliche Nahrungsmittel des Volkes werden, so wird es einen langen Zeitraum geben, in dem die Grundeigentümer unter einer beträchtlichen Verminderung der Rente leiden. Sie werden wahrscheinlich nicht annähernd soviel an Unterhaltsmitteln des Menschen erhalten, wie jetzt, wohingegen diese Unterhaltsmittel auf ein Drittel ihres gegenwärtigen Wertes sinken werden. Aber alle Manufakturwaren, für die ein Teil der Rente des Grundeigentümers ausgegeben wird, werden keinen anderen Rückgang erleiden als jenen, der sich aus dem Rückgang des Rohmaterials ergibt, aus dem sie hergestellt werden, und der ausschließlich der größeren Fruchtbarkeit des Bodens entspringt, der dann zu ihrer Produktion verwendet werden kann.

Sobald infolge der Bevölkerungsentwicklung Boden gleicher Qualität wie früher bebaut wird, erhält der Grundeigentümer nicht nur den gleichen Anteil vom Produkt wie vordem, sondern dieser Anteil würde auch den gleichen Wert wie früher besitzen. Die Rente wird also die gleiche wie früher sein; der Profit wird jedoch viel höher sein, weil der Preis der Nahrungsmittel und daher die Löhne viel niedriger sind. Hohe Profite sind günstig für die Kapitalakkumulation. Die Nachfrage nach Arbeit steigt weiter, und die Grundeigentümer besitzen durch die steigende Nachfrage nach Boden einen dauernden Vorteil.

Genau die gleichen Böden können allerdings viel intensiver bewirtschaftet werden, sofern eine solche reichliche Menge Nahrungsmittel sich auf ihnen produzieren läßt, und sie lassen daher mit der Entwicklung der Gesellschaft weit höhere Renten zu und werden eine viel größere Bevölkerung als früher erhalten. Es kann nicht ausbleiben, daß dies den Grundeigentümern sehr zugute kommt, und das ist mit dem Grundsatz vereinbar, den, wie ich glaube, diese Untersuchung aufzustellen nicht verfehlen wird, daß nämlich alle außerordentlichen Profite ihrer Natur nach von begrenzter Dauer sind, da das gesamte zusätzliche Produkt des Bodens, nach Abzug eines so bescheidenen Profits, wie er zur Förderung der Akkumulation ausreicht, schließlich dem Grundeigentümer verbleibt.

Bei einem so niedrigen Preis der Arbeit, wie ihn ein solch reichliches Produkt bewirken wird, werden die bereits in Bebauung befindlichen Böden nicht nur eine viel größere Menge von Produkten hergeben, sondern auch die Anlage eines großen zusätzlichen Kapitals und die Gewinnung eines größeren Wertes erlauben, und gleichzeitig können Böden einer sehr minderwertigen Qualität mit hohem Profit zum großen Vorteil sowohl der Grundeigentümer als auch der gesamten Konsumentenklasse bebaut werden. Die Maschine, die den wichtigsten Konsumartikel produziert, wird verbessert werden und sich entsprechend der Beanspruchung ihrer Dienste gut bezahlt machen. Aller Vorteile werden sich zunächst die Arbeiter, Kapitalisten und Konsumenten erfreuen; sie werden aber mit der Zunahme der Bevölkerung schrittweise auf die Grundeigentümer übertragen.

Unabhängig von diesen Verbesserungen, an denen die Gesellschaft ein unmittelbares und die Grundeigentümer ein entferntes Interesse haben, ist das Interesse des Grundeigentümers immer dem des Konsumenten und des Fabrikanten entgegengesetzt. Getreide kann ständig einen hohen Preis haben, nur weil zusätzliche Arbeit zu seiner Produktion erforderlich ist, weil seine Produktionskosten gestiegen sind. Die gleiche Ursache läßt unausweichlich die Rente steigen, und es entspricht daher dem Interesse des Grundeigentümers, daß die mit der Getreideproduktion verbundenen Kosten steigen. Das entspricht jedoch nicht dem Interesse des Konsumenten. Für ihn ist es erwünscht, daß Getreide gegenüber Geld und Manufakturwaren verhältnismäßig niedrig steht, denn Getreide wird stets mit Manufakturwaren oder Geld gekauft. Noch liegt es im Interesse des Fabrikanten, daß Getreide einen hohen Preis hat, denn der hohe Preis des Getreides wird hohe Löhne nach sich ziehen, den Preis seiner Ware aber nicht erhöhen. Es muß also nicht nur ein größeres Quantum seiner Ware oder, was dasselbe ist, der Wert eines größeren Quantums seiner Ware, im Austausch für das von ihm selbst konsumierte Getreide gegeben werden, sondern es muß mehr oder der Wert eines größeren Quantums als Lohn an seine Arbeiter gegeben werden, wofür er keine Entschädigung erhält. Alle Klassen mit Ausnahme der Grundeigentümer werden daher durch die Erhöhung des Getreidepreises geschädigt. Die Geschäfte zwischen dem Grundeigentümer und dem Publikum gleichen nicht Handelsgeschäften, von denen man sagen kann, daß der Verkäufer und der Käufer gleicherweise gewinnen, sondern der Verlust ist völlig auf einer Seite und der Gewinn völlig auf der anderen. Falls Getreide durch Einfuhr billiger beschafft werden kann, so ist der durch Verzicht auf die Einfuhr auf einer Seite entstehende Verlust viel größer als der Gewinn auf der anderen.

Adam Smith macht niemals einen Unterschied zwischen einem niedrigen Geldwert und einem hohen Wert des Getreides und schließt deswegen, daß das Interesse des Grundeigentümers nicht zu dem des übrigen Teiles der Gesellschaft im Gegensatz steht. Im ersteren Falle steht Geld verhältnismäßig niedrig gegenüber allen Manufakturwaren, im zweiten steht Getreide verhältnismäßig hoch gegenüber allen. Im ersten Fall behalten Getreide und Manufakturwaren weiterhin ihren relativen Wert, im zweiten steht Getreide sowohl gegenüber Manufakturwaren als auch gegenüber Geld verhältnismäßig höher.

Die nachfolgende Bemerkung Adam Smith' ist für einen niedrigen Geldwert anwendbar, aber völlig unanwendbar für einen hohen Getreidewert. „Wenn die Einfuhr (von Getreide) allezeit frei wäre, würden unsere Farmer und der Landadel wahrscheinlich ein um das andere Jahr für ihr Getreide weniger Geld als gegenwärtig erhalten, wo der Import die meiste Zeit tatsächlich verboten ist. Aber das Geld, das sie erhielten, würde einen höheren Wert besitzen, *mehr Waren jeder anderen Art kaufen* und mehr Arbeit beschäftigen. Ihr wirklicher Reichtum, ihre wirkliche Revenue würden daher die gleichen wie gegenwärtig sein, obwohl sie sich in einer kleineren Menge Silber ausdrücken mögen, und es würde ihnen weder unmöglich gemacht, noch würden sie abgehalten, ebensoviel Getreide als gegenwärtig anzubauen. Im Gegenteil: Da die Erhöhung des wirklichen Silberwertes infolge der Senkung des Geldpreises von Getreide um einiges den Geldpreis aller anderen Waren senkt, gewährt sie dem Gewerbe des Landes, in dem sich das abspielt, einen gewissen Vorteil auf allen ausländischen Märkten und tendiert dadurch dazu, dieses Gewerbe zu fördern und zu vergrößern. Der Umfang des Binnenmarktes für Getreide muß aber im Einklang stehen mit dem allgemeinen Gewerbe des Landes, in dem es wächst, oder mit der Zahl derer, die etwas anderes produzieren, das gegen Getreide ausgetauscht werden kann. Da aber in jedem Lande der Binnenmarkt der nächste und bequemste ist, ist er auch der größte und bedeutendste für Getreide. Jene Steigerung des wirklichen Silberwertes, die das Ergebnis der Senkung des durchschnittlichen Geldpreises von Getreide ist, hat daher die Tendenz, den größten und bedeutendsten Markt für Getreide auszuweiten und dadurch dessen Anbau zu fördern, anstatt ihn zu hemmen."

Ein hoher oder niedriger Geldpreis des Getreides, der sich aus dem reichlichen Vorhandensein und der Wohlfeilheit von Gold und Silber ergibt, hat für den Grundeigentümer keinerlei Bedeutung, da jede Art von Produkten gleicherweise betroffen wird, gerade so, wie Adam Smith es darstellt. Aber der Grundeigentümer wird durch einen relativ hohen Getreidepreis jederzeit außerordentlich begünstigt, da dieser ihm erstens eine größere Menge Getreide als Rente verschafft, und er zweitens für jedes gleiche Maß Getreide die Verfügungsgewalt nicht nur über eine größere Menge Geld besitzt, sondern auch über eine größere Menge von jeder Ware, die mit Geld gekauft werden kann.

KAPITEL XXV

ÜBER DEN KOLONIALHANDEL

Adam Smith hat in seinen Ausführungen über den Kolonialhandel höchst zufriedenstellend die Vorteile eines freien Handels gezeigt und die Ungerechtigkeit, welche die Kolonien dadurch zu erdulden haben, daß sie von ihren Mutterländern gehindert werden, ihre Produkte auf dem teuersten Markt zu verkaufen und ihre Manufakturwaren und Vorräte auf dem billigsten einzukaufen. Er hat gezeigt, daß die beste Verteilung der Arbeit in der Welt zustande kommen wird und die größte Fülle von notwendigen Artikeln und Genüssen des menschlichen Lebens dadurch gesichert wird, daß jedem Land erlaubt wird, die Produkte seines Fleißes auszutauschen, wann und wo es ihm beliebt.

Er hat auch zu zeigen versucht, daß diese Freiheit des Handels, die zweifellos dem Interesse der Gesamtheit entspricht, auch das jedes einzelnen Landes fördert und daß die in den Ländern Europas gegenüber ihren Kolonien eingeschlagene engherzige Politik für die Mutterländer selbst nicht weniger schädlich ist als für die Kolonien, deren Interessen geopfert werden.

„Das Monopol des Kolonialhandels"*, erklärt er, „wirkt, gleich allen den anderen kleinlichen und boshaften Maßnahmen des Merkantilsystems, drückend auf die Wirtschaft aller anderen Länder, hauptsächlich aber auf die der Kolonien, ohne im geringsten die des Landes, zu dessen Gunsten es errichtet wurde, zu erweitern, sondern, im Gegenteil, es beschränkt sie."

Dieser Teil seines Problems wird nicht in so klarer und überzeugender Weise behandelt wie jener, in dem er die Ungerechtigkeit dieses Systems gegenüber der Kolonie zeigt.

Ich glaube, man kann bezweifeln, ob manchmal ein Mutterland nicht Vorteile aus den Beschränkungen zieht, die es seinen Kolonialbesitzungen auferlegt. Wer kann z. B. bezweifeln, daß, falls England eine Kolonie Frankreichs wäre, letzteres durch eine hohe, von England bezahlte Prämie auf die Ausfuhr von Getreide, Tuch oder

* Das hier von Adam Smith erwähnte Monopol des Kolonialhandels findet seinen reinsten Ausdruck in gesetzlichen Bestimmungen, nach denen der auswärtige Handel der Kolonien ausschließlich über das Mutterland geleitet werden mußte. Das so errichtete Handelsmonopol brachte der Bourgeoisie des Mutterlandes hohe Extraprofite ein, verhinderte andererseits aber die ökonomische Entwicklung der Kolonien und verstärkte deren Unabhängigkeitsbestrebungen. Diese Praxis wurde nicht nur von England, sondern auch von anderen Kolonialmächten angewendet.

irgendwelche andere Waren Vorteile hätte? Bei der Untersuchung der Frage der Prämien, unter der Annahme, daß Getreide in England auf 4 £ pro Quarter steht, haben wir gesehen, daß Getreide bei einer Prämie von 10 sh pro Quarter auf den Export aus England in Frankreich auf 3 £ 10 sh zurückgehen wird. Wenn nun Getreide früher in Frankreich auf 3 £ 15 sh gestanden hat, so gewinnen die französischen Konsumenten 5 sh pro Quarter bei allem importierten Getreide. Falls der natürliche Preis von Getreide in Frankreich vorher 4 £ betrug, so gewinnen sie die gesamte Prämie von 10 sh pro Quarter. Frankreich zieht so aus dem von England erlittenen Verlust einen Vorteil; es gewinnt nicht nur einen Teil dessen, was England verlor, sondern das Ganze.

Man kann jedoch einwenden, daß eine Ausfuhrprämie eine Maßnahme der Innenpolitik ist und durch das Mutterland nicht leicht auferlegt werden kann.

Wenn es den Interessen von Jamaika und Holland entspräche, den Austausch der von ihnen produzierten Waren ohne Vermittlung Englands vorzunehmen, so ist es absolut sicher, daß die Interessen Hollands und Jamaikas, falls man sie daran hindert, geschädigt werden. Wenn aber Jamaika gezwungen wird, seine Waren nach England zu senden und sie dort gegen holländische Waren auszutauschen, so wird englisches Kapital oder eine englische Agentur in einen Handel eingeschaltet, an dem sie unter anderen Umständen nicht beteiligt sind. Sie werden durch eine Prämie, die nicht England, sondern Holland und Jamaika bezahlen, dazu verleitet.

Daß der durch eine ungünstige Verteilung der Arbeit zwischen zwei Ländern entstehende Verlust für eines von beiden vorteilhaft sein kann, während das andere mehr als den tatsächlich aus einer solchen Verteilung herrührenden Verlust erleidet, ist vom Adam Smith selbst erklärt worden. Falls das stimmt, wird unverzüglich der Beweis erbracht, daß eine Maßnahme, welche für eine Kolonie sehr schädlich sein mag, doch für das Mutterland zum Teil vorteilhaft sein kann.

Bei der Erörterung der Handelsverträge sagt er: „Wenn eine Nation sich durch Vertrag verpflichtet, entweder die Einfuhr bestimmter Waren eines Landes zu erlauben, die es aus allen anderen Ländern untersagt, oder die Waren eines Landes von den Zöllen, die denen aller anderer Länder auferlegt werden, zu befreien, so wird das in seinem Handel derart begünstigte Land, zumindest aber seine Kaufleute und Fabrikanten, notwendigerweise aus dem Vertrag großen Vorteil ziehen. Diese Kaufleute und Fabrikanten erfreuen sich einer Art Monopol in dem Land, das ihnen gegenüber so entgegenkommend ist. Dieses Land wird zu einem sowohl ausgedehnteren als auch vorteilhafteren Markt für ihre Waren; ausgedehnter, weil er dadurch, daß die Waren anderer Nationen ausgeschlossen oder mit hohen Zöllen belegt sind, eine größere Menge von ihnen aufnimmt; vorteilhafter, weil die Kaufleute des begünstigten Landes, die sich dort einer Art Monopol erfreuen, ihre Waren oftmals für einen besseren Preis verkaufen werden, als wenn sie der freien Konkurrenz aller anderen Nationen ausgesetzt sind."

Lassen wir die beiden Nationen, zwischen denen der Handelsvertrag abgeschlossen ist, das Mutterland und seine Kolonie sein, und es wird offensichtlich, daß Adam Smith zugibt, daß ein Mutterland aus der Unterdrückung seiner Kolonie Vorteile ziehen kann. Man kann jedoch wiederum einwenden, daß, solange das Monopol auf dem ausländischen Markt nicht in den Händen einer geschlossenen Gesellschaft liegt, von ausländischen Käufern für Waren nicht mehr bezahlt wird als von inländischen. Der Preis, den beide zahlen, wird sich nicht wesentlich von dem natürlichen Preis in dem Lande, in dem sie produziert werden, unterscheiden. England wird z. B. unter normalen Umständen immer imstande sein, französische Waren zum natürlichen Preis zu kaufen, den sie in Frankreich haben, und Frankreich wird den gleichen Vorzug genießen, englische Waren zu ihrem natürlichen Preis in England zu kaufen. Zu diesen Preisen würden die Waren aber ohne Vertrag gekauft. Welchen Vor- oder Nachteil hat der Vertrag dann für jeden Partner?

Der Nachteil des Vertrags für das importierende Land ist folgender: Er verpflichtet es, eine Ware z. B. von England zum natürlichen Preis dieser Ware in England zu kaufen, obwohl es sie vielleicht zu dem viel niedrigeren natürlichen Preis irgendeines anderen Landes kaufen kann. Er verursacht also eine ungünstige Verteilung des allgemeinen Kapitals, die hauptsächlich jenes Land trifft, das durch seinen Vertrag verpflichtet ist, auf dem am wenigsten produktiven Markt zu kaufen. Er gewährt jedoch dem Verkäufer keinen Vorteil auf der Basis eines vermeintlichen Monopols, denn die Konkurrenz seiner eigenen Landsleute hält ihn davon ab, seine Waren über ihrem natürlichen Preis zu verkaufen, zu dem er sie verkaufen wird, ob er sie nun nach Frankreich, Spanien oder den Westindischen Inseln exportiert oder ob er sie zum Verbrauch im Inland verkauft.

Worin besteht dann der Vorteil der in dem Vertrag getroffenen Vereinbarung? Er besteht darin: Diese speziellen Waren hätten in England nicht für den Export erzeugt werden können, wenn es nicht das ausschließliche Privileg der Belieferung dieses bestimmten Marktes besäße, denn die Konkurrenz jenes Landes, in dem der natürliche Preis niedriger ist, würde ihm jede Aussicht, diese Waren zu verkaufen, genommen haben. Das wäre jedoch von geringer Bedeutung, solange England völlig sicher ist, daß es im gleichen Umfang irgendwelche anderen, von ihm erzeugten Waren entweder auf dem französischen Markt oder mit gleichem Vorteil auf einem anderen absetzen kann. Zum Beispiel ist das Ziel, das England im Auge hat, der Kauf französischen Weins im Werte von 5000 £, und es wünscht dann, irgendwo Waren zu verkaufen, wofür es 5000 £ zu diesem Zweck bekommen kann. Falls Frankreich ihm ein Monopol auf dem Tuchmarkt gewährt, wird es bereitwillig dafür Tuch exportieren. Wenn aber der Handel frei ist, so wird vielleicht die Konkurrenz anderer Länder verhindern, daß der natürliche Preis von Tuch in England genügend niedrig ist, um es ihm möglich zu machen, 5000 £ durch den Verkauf von Tuch zu erhalten und den gewöhnlichen Profit durch eine solche Anlage seines Kapitals zu beziehen. Die Industrie Englands muß sich also dann einer anderen Ware zuwenden. Aber es gibt vielleicht keines seiner Produkte, das es bei dem bestehenden Geldwert zum natürlichen Preis anderer Länder zu verkaufen imstande ist. Was ist die Folge? Die Weintrinker in England sind immer noch bereit, für ihren Wein 5000 £ zu geben, und daher werden 5000 £ in Geld nach Frankreich für diesen Zweck ausgeführt. Durch diesen Export von Geld wird dessen Wert in England erhöht und in anderen Ländern gesenkt, und damit wird der *natürliche Preis* aller durch die britische Industrie produzierten Waren ebenfalls vermindert. Die Erhöhung des Geldwertes ist das gleiche wie das Sinken der Warenpreise. Um 5000 £ zu bekommen, werden jetzt britische Waren ausgeführt, denn sie können nun mit ihrem niedrigeren natürlichen Preis mit den Waren anderer Länder konkurrieren. Es werden jedoch mehr Waren zu niedrigeren Preisen verkauft, um die erforderlichen 5000 £ zu erhalten, die aber, wenn man sie hat, nicht dieselbe Menge Wein herbeischaffen werden. Denn, während die Verringerung des Geldes in England den natürlichen Preis der Waren dort gesenkt hat, hat die Vermehrung des Geldes in Frankreich den natürlichen Preis von Waren und Wein in Frankreich steigen lassen. Solange der Handel vollkommen frei ist, wird also weniger Wein nach England im Austausch für seine Waren eingeführt werden, als wenn England durch Handelsverträge besonders begünstigt wird. Die Profit*rate* wird sich aber nicht geändert haben. Geld wird seinen relativen Wert in den beiden Ländern verändert haben, und der von Frankreich gewonnene Vorteil wird der Bezug einer größeren Menge englischer Waren im Austausch für eine bestimmte Menge französischer sein, während der Verlust, den England erleidet, im Bezug einer kleineren Menge französischer Waren im Austausch für eine bestimmte Menge englischer bestehen wird.

Ob der auswärtige Handel also gehemmt, gefördert oder unbehelligt gelassen wird, er wird stets weiter betrieben werden, wie groß auch die komparative Schwierigkeit der Produktion in verschiedenen Ländern sein mag. Er kann nur beeinflußt werden durch eine Änderung des natürlichen Preises, nicht des natürlichen Wertes, zu dem Waren in jenen Ländern produziert werden können, und das wird erreicht durch eine Veränderung der Verteilung der Edelmetalle. Diese Erklärung bestätigt die von mir an anderer Stelle vertretene Ansicht, daß es keine Steuer, Prämie oder kein Verbot für die Ein- oder Ausfuhr von Waren gibt, die nicht eine andere Verteilung der Edelmetalle herbeiführen und daher überall sowohl den natürlichen als auch den Marktpreis der Waren ändern.

Es ist also offensichtlich, daß der Handel mit einer Kolonie so gestaltet werden kann, daß er gleichzeitig weniger vorteilhaft für die Kolonie und sehr vorteilhaft für das Mutterland im Vergleich mit einem vollkommen freien Handel ist. So, wie es von Nachteil für einen einzelnen Konsumenten ist, bei seinen Einkäufen auf einen bestimmten Laden beschränkt zu sein, ebenso ist es für eine Nation von Konsumenten nachteilig, gezwungen zu sein, von einem bestimmten Land zu kaufen. Falls der Laden oder das Land die benötigten Waren am billigsten liefert, so werden sie sicher sein, sie auch ohne solch ein ausschließliches Privileg zu verkaufen. Falls sie nicht billiger verkaufen, so erfordert es das allgemeine Interesse, daß sie nicht ermutigt werden, ein Gewerbe fortzuführen, das sie nicht mit gleichem Vorteil wie andere betreiben können. Der Laden oder das Verkäuferland können bei der Umstellung der Tätigkeit verlieren, aber der allgemeine Vorteil wird durch nichts so sichergestellt als durch die produktivste Verteilung des allgemeinen Kapitals, d. h. durch universellen Freihandel.

Eine Erhöhung der Produktionskosten einer Ware wird, falls es ein Artikel von primärer Notwendigkeit ist, nicht unbedingt seine Konsumtion einschränken. Obwohl die allgemeine Konsumtionsfähigkeit der Käufer durch die Erhöhung irgendeiner Ware verringert wird, so können sie doch die Konsumtion einer beliebigen anderen Ware, deren Produktionskosten nicht gestiegen sind, aufgeben. In diesem Fall wird die angebotene und die nachgefragte Menge die gleiche wie früher sein. Lediglich die Produktionskosten werden gestiegen sein, und daher wird und muß der Preis steigen, um den Profit des Produzenten der gestiegenen Ware auf das gleiche Niveau wie den Profit in anderen Zweigen zu bringen.

Say erkennt an, daß die Produktionskosten die Grundlage des Preises sind, und dennoch behauptet er in verschiedenen Teilen seines Buches, daß der Preis durch das Verhältnis zwischen Nachfrage und Angebot bestimmt wird. Der wirkliche und letzte Regulator des relativen Wertes zweier beliebiger Waren sind ihre Produktionskosten, nicht aber die jeweiligen produzierten Mengen, noch die Konkurrenz der Käufer.

Nach Adam Smith hat der Kolonialhandel dadurch, daß in ihm nur britisches Kapital angelegt werden kann, die Profitrate aller anderen Zweige steigen lassen. Da nach seiner Meinung hohe Profite ebenso wie hohe Löhne die Preise der Waren erhöhen, glaubt er, daß das Monopol des Handels mit den Kolonien dem Mutterlande schädlich gewesen sei, da es seine Fähigkeit, Manufakturwaren ebenso billig wie andere Länder zu verkaufen, vermindert hat. Er sagt, daß „der Kolonialhandel infolge des Monopols nicht so sehr einen Zuwachs des Handels, den Großbritannien früher besaß, verursacht hat, als vielmehr eine völlige Änderung seiner Richtung. Zweitens hat dieses Monopol mit Notwendigkeit dazu beigetragen, die Profitrate in allen den verschiedenen Zweigen des britischen Handels hoch zu halten, höher, als sie natürlicherweise gewesen wäre, sofern allen Nationen ein freier Handel mit den britischen Kolonien gestattet gewesen wäre". „Was immer aber in irgendeinem Lande die gewöhnliche Profitrate höher treibt, als sie sonst gewesen wäre, unterwirft dieses Land sowohl einem absoluten als auch einem relativen Nachteil in jedem Zweig des Handels, in dem es kein Monopol hat. Es erlegt ihm einen absoluten Nachteil auf, weil seine Kaufleute in solchen Zweigen des Handels diesen höheren Profit nicht erzielen können, ohne sowohl die von ihnen aus dem Ausland in das eigene Land importierten Waren als auch die von ihnen in das Ausland exportierten Waren des eigenen Landes teurer als sonst verkaufen. Ihr eigenes Land muß sowohl teurer kaufen als auch teurer verkaufen, es muß sowohl weniger kaufen als auch weniger verkaufen, es muß sowohl weniger genießen als auch weniger produzieren, als es unter anderen Umständen tun würde."

„Unsere Kaufleute beklagen sich häufig über die hohen britischen Arbeitslöhne als Ursache dafür, daß ihre Manufakturwaren auf ausländischen Märkten unterboten werden, sie schweigen aber über den hohen Kapitalprofit. Sie beklagen sich über den außerordentlichen Gewinn anderer, sagen aber nichts über ihren eigenen. Die hohen britischen Kapitalprofite können in vielen Fällen ebensoviel und manchmal vielleicht mehr zur Erhöhung des Preises britischer Manufakturwaren beitragen als die hohen britischen Arbeitslöhne."

Ich gebe zu, daß das Monopol des Kolonialhandels die Richtung des Kapitals ändern wird und oft sogar in nachteiliger Weise. Aus dem, was ich bereits über die Frage des Profits gesagt habe, kann man ersehen, daß nach meiner Meinung irgendein Wechsel von einem auswärtigen Handel zu einem anderen oder vom Binnen- zum Außenhandel die Profitrate nicht ändern kann. Der erlittene Schaden wird der von mir eben dargestellte sein: es wird eine ungünstigere Verteilung des allgemeinen Kapitals und der Industrie eintreten, und es wird daher weniger produziert werden. Der natürliche Preis der Waren wird steigen und der Konsument wird deswegen eine geringere Menge Waren erhalten, obwohl er imstande ist, den gleichen Geldwert einzukaufen. Man wird auch erkennen, daß dies nicht die geringste Veränderung der Preise verursachen wird, selbst wenn es eine Erhöhung des Profits bewirkt, da die Preise weder durch die Löhne noch durch die Profite bestimmt werden.

Und stimmt Adam Smith dieser Auffassung nicht zu, wenn er sagt, daß „die Warenpreise oder der Wert von Gold und Silber, verglichen mit anderen Waren, von dem Verhältnis zwischen dem Quantum Arbeit abhängt, das notwendig ist, eine bestimmte Menge Gold und Silber auf den Markt zu bringen, und jenem, das erforderlich ist, um eine bestimmte Menge irgendeiner anderen Art Ware dorthin zu schaffen"? Diese Menge wird nicht verändert, ob der Profit hoch oder niedrig oder der Lohn niedrig oder hoch ist. Wie können dann die Preise durch hohe Profite erhöht werden?

KAPITEL XXVI

ÜBER BRUTTO- UND NETTO-REVENUE

Adam Smith übertreibt ständig die Vorteile, die ein Land viel eher von einem hohen Brutto- als von einem hohen Nettoeinkommen hat. Er sagt: „Ein je größerer Teil des Kapitals eines Landes in der Landwirtschaft verwendet wird, desto größer wird die Menge produktiver Arbeit sein, die es innerhalb des Landes in Bewegung setzt, und um so größer wird auch der Wert sein, den seine Verwendung dem jährlichen Produkt von Boden und Arbeit der Gesellschaft zusetzt. Nach der Landwirtschaft setzt das in der Manufaktur verwendete Kapital die größte Menge produktiver Arbeit in Bewegung und dem jährlichen Produkt den größten Wert zu. Das im Exporthandel verwendete hat von diesen drei die geringste Wirkung."[1]

Unterstellen wir für einen Augenblick, dies stimme. Worin besteht der Vorteil, der sich für ein Land aus der Beschäftigung einer großen Menge produktiver Arbeit ergibt, wenn, gleichgültig, ob es eine solche oder eine kleinere Menge beschäftigt, seine Nettorente und sein Profit zusammen dasselbe bleiben. Das gesamte Produkt des Bodens und der Arbeit jedes Landes zerfällt in drei Teile. Davon entfällt einer auf die Löhne, der andere auf den Profit und der dritte auf die Rente. Nur von den letzteren beiden Teilen können Abzüge für Steuern oder Ersparnisse gemacht werden, während der erste, sofern er mäßig ist, immer die notwendigen Produktionsausgaben bildet.[2] Für eine Einzelperson mit einem Kapital von 20000 £, deren Profit 2000 £ jährlich beträgt, wäre es völlig gleichgültig, ob ihr Kapital hundert oder tausend Arbeiter beschäftigt,

[1] Say ist gleicher Meinung wie Adam Smith: „Die für das Land im allgemeinen produktivste Anlage von Kapital nach der auf dem Boden ist jene in der Manufaktur und dem Binnenhandel, da sie eine Industrie in Tätigkeit setzt, deren Profit im Lande gewonnen wird, wohingegen jenes Kapital, das im Außenhandel angelegt ist, die Industrie und den Boden aller Länder unterschiedlos produktiv machen.
Die für die Nation am wenigsten günstige Anlage von Kapital ist die in der Übertragung der Produkte eines fremden Landes in ein anderes." Say, Bd. II, S. 120

[2] Dies ist vielleicht etwas zu stark betont, da im allgemeinen dem Arbeiter unter der Bezeichnung Lohn etwas mehr zugewiesen wird als die absolut notwendigen Produktionsausgaben. In diesem Falle erhält der Arbeiter einen Teil des Nettoproduktes des Landes, den er entweder sparen oder ausgeben kann oder der ihn in Stand setzt, zur Landesverteidigung beizutragen.

ob die produzierten Waren sich zu 10000 £ oder 20000 £ verkaufen, immer vorausgesetzt, daß ihre Profite in allen Fällen nicht unter 2000 £ fallen. Ist das reale Interesse einer Nation nicht ähnlich? Vorausgesetzt, daß ihre reale Nettorevenue, ihre Rente und ihr Profit dieselben bleiben, so ist es ohne Bedeutung, ob die Nation aus zehn oder zwölf Millionen Einwohnern besteht. Ihre Fähigkeit, Flotten, Armeen und alle Arten unproduktiver Arbeit zu unterhalten, muß im Einklang mit ihrer Netto- und nicht mit ihrer Bruttorevenue stehen. Wenn fünf Millionen Menschen soviel Nahrung und Kleidung produzieren können, wie für zehn Millionen notwendig sind, so bilden Nahrung und Kleidung für fünf Millionen die Netto-Revenue. Wird es dem Lande irgendwie zum Vorteil gereichen, wenn sieben Millionen Menschen für die Produktion dieser Netto-Revenue erforderlich sind, d. h. daß sieben Millionen beschäftigt werden, um für zwölf Millionen Kleidung und Nahrung zu produzieren? Die Nahrung und Kleidung für fünf Millionen wird immer noch die Netto-Revenue darstellen. Die Beschäftigung einer größeren Anzahl Menschen ermöglicht uns weder, unsere Armee und Flotte um einen Mann zu vermehren, noch eine Guinea mehr Steuern abzuführen.

Adam Smith begründet den Vorzug, den er jener Anlage von Kapital zuschreibt, welche die größte Menge wirtschaftlicher Aktivität in Bewegung setzt, nicht mit irgendeinem eingebildeten Vorteil, der aus einer großen Bevölkerung entspringt, oder mit dem Glück, dessen sich eine größere Zahl Menschen erfreuen kann, sondern ausdrücklich mit ihrer Fähigkeit, die Macht des Landes[1] zu vergrößern, denn er erklärt, daß „der Reichtum und,

[1] Say hat mich völlig mißverstanden, wenn er annimmt, daß ich das Glück so vieler Menschen für bedeutungslos halte. Ich glaube, der Text zeigt genügend, daß ich meine Bemerkungen auf die spezielle Begründung beschränke, auf die sich Adam Smith stützt.

insofern Macht von Reichtum abhängt, die Macht jedes Landes sich immer nach dem Wert seines Jahresproduktes richtet, dem Fonds, aus dem alle Steuern in letzter Instanz gezahlt werden müssen". Es ist aber offensichtlich, daß sich die Fähigkeit, Steuern zu zahlen, nach der Netto- und nicht nach der Bruttorevenue richtet.

Bei der Arbeitsteilung zwischen allen Ländern wird natürlich das Kapital ärmerer Länder in solchen Zweigen angelegt werden, in denen im Inland ein großes Quantum Arbeit unterhalten wird, da in solchen Ländern Nahrungsmittel und notwendige Konsumartikel für eine sich vergrößernde Bevölkerungszahl sehr leicht beschafft werden können. In reichen Ländern hingegen, in denen Nahrungsmittel teuer sind, wird das Kapital, sofern der Handel frei ist, in jene Produktionszweige fließen, in denen das geringste Quantum Arbeit im Inland unterhalten werden muß, wie z. B. in den Zwischenhandel, den Überseehandel und die Zweige, die teure Maschinen benötigen, — in jene Zweige, in denen Profit sich nach dem Kapital und nicht nach der Menge aufgewendeter Arbeit richtet.[1]

Obwohl ich einräume, daß auf Grund der Natur der Rente ein in der Landwirtschaft angelegtes bestimmtes Kapital auf jedem, außer dem zuletzt bebauten Boden eine größere Menge Arbeit in Bewegung setzt als ein

[1] „Es ist ein Glück, daß die natürliche Entwicklung der Dinge Kapital nicht in jene Zweige zieht, in denen die höchsten Profite erzielt werden, sondern dahin, wo sich seine Tätigkeit für die Gesellschaft am vorteilhaftesten auswirkt." Bd. II, S. 122
Say hat uns nicht mitgeteilt, welche Zweige das sind, die für den Staat nicht die gewinnbringendsten sind, während sie für den Einzelnen die profitabelsten sind. Wenn Länder mit beschränktem Kapital, die aber einen Überfluß an fruchtbarem Boden besitzen, sich nicht frühzeitig am auswärtigen Handel beteiligen, so liegt der Grund darin, daß es für den Einzelnen und daher auch für den Staat wenig profitabel ist.

gleiches in Manufaktur und Handel angelegtes, so kann ich doch nicht zugeben, daß ein Unterschied existiert zwischen der Menge Arbeit, die von einem im Binnenhandel angelegten Kapital beschäftigt wird, und der von einem gleichen im Außenhandel angelegten Kapital beschäftigten.

„Das Kapital, das schottische Manufakturwaren nach London sendet und englisches Getreide und Manufakturwaren nach Edinburgh zurückbringt“, sagt Adam Smith, „ersetzt notwendigerweise durch jede derartige Operation zwei britische Kapitale, die beide in der Landwirtschaft oder den Gewerben Großbritanniens verwendet wurden.

Das für den Ankauf ausländischer Waren zum Zwecke des Verbrauchs im Inland aufgewendete Kapital, sofern dieser Ankauf mit den Produkten heimischen Fleißes durchgeführt wird, ersetzt ebenfalls mit jeder solchen Operation zwei verschiedene Kapitale, aber nur eines ist zur Unterstützung der heimischen Wirtschaft eingesetzt. Das Kapital, das britische Waren nach Portugal versendet und portugiesische Waren nach Großbritannien zurückbringt, ersetzt bei jeder solchen Operation ein britisches Kapital, während das andere ein portugiesisches ist. Obwohl die Umschläge daher im auswärtigen Handel mit Konsumartikeln ebenso rasch erfolgen wie im Binnenhandel, wird das darin angelegte Kapital der Wirtschaft oder der produktiven Arbeit des Landes nur die Hälfte des Ansporns geben.“

Dieses Argument scheint mir falsch zu sein. Denn obgleich zwei Kapitale, ein portugiesisches und ein englisches, nach der Annahme von Dr. Smith verwendet werden, so wird doch im auswärtigen Handel ein Kapital angelegt sein, das doppelt so groß ist wie jenes, das im Binnenhandel verwendet würde. Angenommen, Schottland verwendet ein Kapital von tausend Pfund in der Produktion von Leinen, das es gegen das Produkt eines ebensolchen Kapitals tauscht, das in der Seidenfabrikation in England angelegt ist, so werden zweitausend Pfund und die entsprechende Menge Arbeit von den beiden Ländern beschäftigt werden. Angenommen nun, daß England entdeckt, es kann für die früher von ihm nach Schottland ausgeführten Seidenwaren mehr Leinen aus Deutschland einführen, und daß Schottland entdeckt, daß es von Frankreich mehr Seidenwaren als Gegenleistung für sein Leinen erhalten kann, als es vorher von England erhielt, werden dann nicht England und Schottland sofort den Handel miteinander einstellen, und wird der Binnenhandel mit Konsumgütern sich nicht in einen Außenhandel mit Konsumartikeln verwandeln? Aber obwohl zwei weitere Kapitale, aus Deutschland und aus Frankreich, in diesen Handel einbezogen werden, wird nicht derselbe Betrag an schottischem und englischem Kapital weiterhin verwendet werden, und wird dieser Betrag nicht die gleiche Menge wirtschaftlicher Aktivität in Bewegung setzen wie vorher, wo er im Binnenhandel angelegt war?

KAPITEL XXVII

ÜBER WÄHRUNG UND BANKEN

So viel ist bereits über Währung [currency] geschrieben worden, daß unter jenen, die ihre Aufmerksamkeit solchen Themen schenken, nur noch die in Vorurteilen Befangenen ihre wahren Grundsätze nicht kennen. Ich werde daher nur einen kurzen Überblick über einige der allgemeinen Gesetze geben, die ihre Menge und ihren Wert bestimmen.

Wie alle anderen Waren haben Gold und Silber nur Wert entsprechend der Menge Arbeit, die für ihre Produktion und um sie auf den Markt zu bringen erforderlich ist. Gold ist nicht deswegen etwa fünfzehnmal teuerer als Silber, weil eine größere Nachfrage danach existiert oder weil das Angebot an Silber fünfzehnmal größer als das von Gold ist, sondern allein deswegen, weil für die Produktion einer bestimmten Menge davon die fünfzehnfache Menge Arbeit notwendig ist.

Die Quantität Geld, die in einem Land verwendet werden kann, hängt von seinem Wert ab. Wenn ausschließlich Gold für die Warenzirkulation verwendet wird, so wäre nur der fünfzehnte Teil davon nötig, als wenn Silber für den gleichen Zweck allein benutzt würde.

Das in der Zirkulation befindliche Geld kann nie so reichlich vorhanden sein, um überzuströmen, denn wenn man seinen Wert herabsetzt, wird man in demselben Verhältnis seine Menge vermehren, und mit der Vermehrung seines Wertes wird man seine Menge vermindern.

Solange der Staat Münzen prägt und keinen Schlagschatz erhebt, wird Geld den gleichen Wert wie irgendein anderes Stück desselben Metalls von gleichem Gewicht und gleichem Feingehalt haben. Wenn aber der Staat für die Prägung einen Schlagschatz erhebt, wird das geprägte Geldstück im allgemeinen einen um den gesamten erhobenen Schlagschatz größeren Wert als das ungeprägte Metallstück haben, weil, um es herzustellen, eine größere Menge Arbeit notwendig ist oder, was das gleiche ist, der Wert des Produktes einer größeren Menge Arbeit.

Solange ausschließlich der Staat prägt, gibt es keine Grenze für diesen Schlagschatz, denn er kann zu jeder vorstellbaren Höhe gesteigert werden, wenn man die Menge der Münzen beschränkt.

Auf der Grundlage dieses Prinzips zirkuliert Papiergeld: Die gesamten Kosten für Papiergeld können als Schlagschatz angesehen werden. Obwohl es keinen inneren Wert besitzt, so ist infolge der Begrenzung seiner Menge sein Tauschwert doch ebenso groß wie der gleiche Nennwert [denomination] in Münzen oder in Barren dieses Münzmetalls. Ebenfalls gemäß dem gleichen Prinzip, nämlich der Beschränkung ihrer Menge, wird eine entwertete Münze zu dem Werte zirkulieren, den sie hätte, wenn sie gesetzlich vorgeschriebenes Gewicht und Feingehalt besäße, nicht aber zu dem Werte der Metallmenge, die sie tatsächlich enthält. Wir finden daher, daß in der Geschichte des britischen Münzwesens das Hartgeld [currency] niemals in dem Maße entwertet wurde, wie es verschlechtert wurde, und der Grund dafür besteht darin, daß es niemals entsprechend dem Verhältnis zu seinem verminderten inneren Wert vermehrt wurde.[1]

Es gibt bei der Ausgabe von Papiergeld nichts Wichtigeres als sich der Wirkungen, die sich aus dem Grundsatz der Quantitätsbegrenzung ergeben, bewußt zu sein. In fünfzig Jahren wird man kaum glauben, daß Bankdirektoren und Minister zu unserer Zeit sowohl im Parlament als auch vor parlamentarischen Ausschüssen allen Ernstes behaupteten, daß die Notenemissionen der Bank von England, die nicht durch irgendein Recht der Inhaber dieser Noten in Schranken gehalten werden, im Austausch dafür entweder Metallgeld oder Barren zu verlangen, keine Wirkung auf die Preise der Waren, der Barren oder Auslandswechsel hatten, noch haben konnten.

Der Staat hat nach der Errichtung von Banken nicht mehr das ausschließliche Recht der Prägung oder der Ausgabe von Geld. Der Geldumlauf kann ebenso wirksam durch Papier wie durch Münzen vergrößert werden, so daß, falls ein Staat sein Geld verschlechtert und dessen Menge begrenzt, er dessen Wert nicht aufrechterhalten kann, da die Banken ein gleiches Recht besitzen, den Gesamtumfang der Zirkulation auszudehnen.

[1] Alles, was ich über Goldmünzen sage, ist in gleicher Weise auf Silbermünzen anwendbar, jedoch ist es nicht notwendig, bei jeder Gelegenheit beide zu erwähnen.

Aus diesen Grundsätzen kann man ersehen, daß die Einlösbarkeit von Papiergeld in Metall nicht notwendig ist, damit sein Wert gesichert wird. Es ist nur notwendig, daß seine Menge entsprechend dem Wert des zum Standard erklärten Metalls reguliert wird. Ist Gold von bestimmtem Gewicht und bestimmtem Feingehalt der Standard, so kann das Papiergeld mit jeder Wertverminderung des Goldes oder, was seiner Wirkung nach dasselbe ist, mit jeder Erhöhung der Warenpreise vermehrt werden.

„Durch die Ausgabe einer allzu großen Menge Papiergeld", sagt Dr. Smith, „dessen Überschuß ständig zurückfloß, um gegen Gold und Silber eingetauscht zu werden, war die Bank von England durch viele Jahre gezwungen, Gold in Höhe von achthunderttausend bis zu einer Million Pfund jährlich oder durchschnittlich achthundertfünfzigtausend Pfund im Jahr auszuprägen. Die Bank war häufig gezwungen, infolge des abgenutzten und entwerteten Zustandes, in den die Goldmünzen einige Jahre früher geraten waren, für diese große Münzprägung Barren zu dem hohen Preise von vier Pfund pro Unze zu kaufen, das sie bald darauf als Münze zu 3 £ 17 sh 10½ d pro Unze ausgab, wobei sie zwischen zweieinhalb und drei Prozent bei der Prägung einer so außerordentlich großen Summe verlor. Obwohl die Bank daher keinen Schlagschatz abführte und obgleich eigentlich die Regierung die Prägekosten trug, verhütete diese Großzügigkeit der Regierung nicht völlig Ausgaben der Bank."

Entsprechend dem oben aufgestellten Prinzip scheint es mir vollkommen klar, daß durch die Einbehaltung des so eingereichten Papiergeldes der Wert des gesamten Geldes, der entwerteten sowohl als auch der neuen Goldmünzen, erhöht worden wäre, worauf alle Anforderungen an die Bank aufgehört hätten.

Buchanan ist jedoch nicht dieser Meinung, denn er erklärt, „daß die großen Ausgaben, denen die Bank von

England damals ausgesetzt war, nicht, wie Dr. Smith zu glauben scheint, durch eine unvorsichtige Ausgabe von Papiergeld, sondern durch den verschlechterten Zustand des Hartgeldes und den sich daraus ergebenden hohen Preis der Barren verursacht wurden. Da, wie bemerkt, der Bank kein anderer Weg zur Beschaffung von Guineas offen stand als der, Barren zur Prägung in die Münze zu senden, war sie stets gezwungen, frisch geprägte Guineas im Austausch für ihre zurückgegebenen Noten auszugeben. Sobald das Hartgeld allgemein Untergewicht besaß, und der Preis der Barren entsprechend hoch stand, wurde es lohnend, diese vollgewichtigen Guineas von der Bank im Austausch für ihr Papiergeld zu beziehen, sie in Barren zu verwandeln und sie mit Profit für Noten der Bank von England zu verkaufen, die dann wiederum an die Bank gegen eine neue Lieferung von Guineas abgeführt wurden, welche man wiederum einschmolz und verkaufte. Die Bank muß einem solchen Abfluß von Metallgeld stets ausgesetzt sein, solange das Geld Untergewicht besitzt, da sich ein sowohl leichter als auch sicherer Profit aus dem dauernden Umtausch von Papier- in Metallgeld ergibt. Man muß jedoch hinzufügen, welchen Unannehmlichkeiten und Ausgaben die Bank damals durch den Abfluß ihres Metallgeldes auch ausgesetzt war, es ist niemals als notwendig erachtet worden, die Einlösungspflicht ihrer Noten zu suspendieren".

Buchanan glaubt offensichtlich, daß das gesamte Geld notwendigerweise auf das Niveau des Wertes der entwerteten Stücke gesenkt werden muß. Sicherlich kann jedoch durch eine Reduktion der Quantität des Geldes der Wert des verbleibenden auf den Wert der besten Stücke gehoben werden.

Dr. Smith scheint seinen eigenen Grundsatz in seiner Argumentation über das koloniale Geld vergessen zu haben. Anstatt die Entwertung dieses Papiergeldes seinem allzu großen Überfluß zuzuschreiben, fragt er, ob, absolute Sicherheit über die Zukunft der Kolonie unterstellt, hundert Pfund, zahlbar in fünfzehn Jahren von jetzt, gleich viel wert sind wie sofort zahlbare hundert Pfund. Ich beantworte dies mit ja, sofern kein allzu großer Überfluß vorhanden ist.

Die Erfahrung zeigt jedoch, daß weder ein Staat noch eine Bank jemals die uneingeschränkte Macht zur Ausgabe von Papiergeld hatten, ohne diese Macht zu mißbrauchen. Daher sollte die Ausgabe von Papiergeld in allen Staaten irgendeiner Beschränkung oder Kontrolle unterliegen. Nichts scheint für diesen Zweck so geeignet zu sein wie die Verpflichtung für die Emittenten von Papiergeld, ihre Noten entweder in Goldmünzen oder -barren einzulösen.

(„Um die Öffentlichkeit[1] gegen jegliche anderen Veränderungen im Wert des Geldes zu sichern als diejenigen, denen der Standard selbst unterliegt, und um gleichzeitig die Zirkulation mit einem am wenigsten kostspieligen Medium zu bewerkstelligen, muß man den vollkommensten Zustand erreichen, in den eine Währung überhaupt gebracht werden kann. Wir würden alle diese Vorteile besitzen, indem wir die Bank von England zur Lieferung von ungemünztem Gold und Silber zu dem von der Münzstätte festgesetzten Feingehalt und Preise im Austausch gegen ihre Noten verpflichten, anstatt zur Ausgabe von Guineas. Dadurch sinkt Papiergeld niemals unter den Wert von Barren, ohne daß eine Verringerung seiner Quantität folgt. Um das Steigen des Papiergeldes über den Wert von Barren zu verhindern, sollte die Bank auch verpflichtet sein, ihr Papiergeld im Austausch gegen Standardgold zum Preise von 3 £ 17 sh pro Unze abzugeben. Um der Bank nicht allzuviel Ungelegenheiten zu bereiten, sollte die im Austausch für Papiergeld zum

[1] Dieser und die folgenden Absätze bis zur Klammer auf S. 354 ist einer Broschüre mit dem Titel Proposals for an Economical and Secure Currency entnommen, die der Autor 1816 veröffentlichte.

Preise der Münzstätte von 3 £ 17 sh $10^1/_2$ d oder die an die Bank zu 3 £ 17 sh zu verkaufende Menge niemals geringer als zwanzig Unzen sein. Anders ausgedrückt, die Bank sollte verpflichtet sein, jede ihr angebotene Menge Gold, nicht unter zwanzig Unzen, zu 3 £ 17 sh[1] pro Unze zu kaufen und jede verlangte Menge zu 3 £ 17 sh $10^1/_2$ d abzugeben. Solange die Bank die Macht hat, die Menge ihres Papiergeldes zu regulieren, kann ihr aus einer solchen Bestimmung unmöglich ein Nachteil erwachsen.

Die vollkommenste Freiheit sollte gleichzeitig für die Aus- und Einfuhr jeder Sorte von Barren gewährt werden. Diese Umsätze von Barren würden an Zahl sehr gering sein, wenn sich die Bank mit ihren Anleihen und Emissionen von Papiergeld nach einem von mir so oft erwähnten Kriterium richtet, nämlich nach dem Preis von Standardgold, ohne Rücksicht auf die zirkulierende absolute Papiergeldmenge.

Das Ziel, das ich im Auge habe, ist in hohem Maße erreichbar, wenn die Bank verpflichtet wird, ungemünzte Barren zum Preis und Feingehalt der Münzstätte im Austausch für ihre Noten abzugeben, auch wenn sie nicht dem Zwange unterliegt, jede Menge Barren zu kaufen, die ihr zu festzusetzenden Preisen angeboten werden, besonders wenn die Münze auch weiterhin der Öffentlichkeit für die Ausprägung von Geld zur Verfügung steht. Denn diese Regelung wird nur vorgeschlagen, um zu verhüten, daß der Geldwert vom Wert der Barren um mehr als um die geringe Differenz zwischen

[1] Der hier angeführte Preis von 3 £ 17 sh ist natürlich ein willkürlicher Preis. Es gibt vielleicht gute Gründe, um ihn entweder etwas darüber oder darunter festzusetzen. Wenn ich 3 £ 17 sh nenne, so möchte ich nur das Prinzip erläutern. Der Preis sollte so festgesetzt werden, daß es dem Interesse des Verkäufers von Gold mehr entspricht, es der Bank zu verkaufen, als es zur Ausprägung zur Münze zu bringen.
Dieselbe Bemerkung bezieht sich auch auf die angeführte Menge von zwanzig Unzen. Es mag gute Gründe geben, sie auf zehn oder dreißig festzusetzen.

den An- und den Verkaufspreisen der Bank abweicht, was eine Annäherung an jene Stabilität seines Wertes sein wird, die anerkanntermaßen so wünschenswert ist.

Wenn die Bank die Menge ihres Papiergeldes, einer Laune folgend, einschränkt, so erhöht sie dessen Wert, und Gold könnte scheinbar unter die Grenzen sinken, innerhalb deren die Bank nach meinem Vorschlag kaufen soll. In diesem Falle könnte Gold zur Münze gebracht werden, und das von dort zurückfließende Geld, das der Zirkulation hinzugefügt würde, bewirkt ein Sinken seines Wertes und bringt es wieder mit dem gesetzlichen Standard in Übereinstimmung. Das wird jedoch weder so sicher, noch so ökonomisch, noch so rasch wie mit den von mir vorgeschlagenen Mitteln geschehen, gegen welche die Bank keine Einwände vorbringen kann, da es eher ihr Interesse ist, die Zirkulation mit Papiergeld zu versorgen, als andere zu zwingen, sie mit Münzen zu versorgen.

Bei einem solchen System und mit einem so regulierten Geldumlauf ist die Bank niemals irgendwelchen Überraschungen ausgesetzt, ausgenommen jene außergewöhnlichen Gelegenheiten, in denen eine allgemeine Panik das Land erfaßt und in denen jeder wünscht, die Edelmetalle zu besitzen, als das bequemste Mittel der Realisierung oder der Verheimlichung seines Vermögens. Die Banken sind gegen solche Paniken *bei keinem System* gesichert; sie sind ihnen ihrer ureigensten Natur nach unterworfen, da niemals in einer Bank oder in einem Lande so viel Metallgeld oder Barren vorhanden sein können, wie die Geldleute [moneyed individuals] eines solchen Landes zu verlangen berechtigt sind. Würde jedermann sein Guthaben von seinem Bankier am gleichen Tage abheben, so würde ein Vielfaches der jetzt zirkulierenden Banknoten für die Befriedigung einer solchen Nachfrage nicht ausreichen. Eine derartige Panik war die Ursache für die Krise von 1797, nicht aber, wie angenommen wurde, die hohen Vorschüsse, welche die Bank damals der Regierung gewährt hatte.* Weder die Bank noch die Regierung waren damals zu tadeln. Es war die Ansteckung mit den grundlosen Befürchtungen des ängstlichen Teiles der Gesellschaft, welche den run auf die Bank von England auslöste, und dieser würde ebenso stattgefunden haben, wenn die Bank der Regierung keine Vorschüsse gewährt und das Doppelte ihres gegenwärtigen Kapitals besessen hätte. Hätte die Bank weiter in bar bezahlt, so hätte sich die Panik wahrscheinlich gelegt, ehe ihr Münzvorrat erschöpft gewesen wäre.

Bei der bekannten Ansicht der Direktoren der Bank von England über die Grundregeln für die Emission von Papiergeld, kann man sagen, daß sie ihre Macht ohne schwerwiegendere Unüberlegtheiten ausgeübt haben. Es ist offensichtlich, daß sie ihr eigenes Prinzip mit größter Vorsicht befolgt haben. Beim gegenwärtigen Stand der Gesetzgebung haben sie die Befugnis, ohne irgendeine Kontrolle die Zirkulation in dem von ihnen als richtig erachteten Ausmaß zu erhöhen oder zu reduzieren, eine Befugnis, die man weder dem Staat selbst noch irgendeinem Gremium innerhalb seiner Grenzen einräumen sollte, da es keine Sicherheit für die Stabilität des Wertes des Geldes geben kann, sobald dessen Vermehrung oder Verringerung ausschließlich vom Willen der Emittierenden abhängt. Daß die Bank die Macht hat, die Zirkulation bis auf ihre äußerste Grenze zu beschränken, wird selbst von denjenigen nicht bestritten werden, die mit der Ansicht der Direktoren übereinstimmen, daß sie nicht die Macht haben, unbeschränkt

* Bei der Krise von 1797 handelt es sich noch nicht um eine der für den Kapitalismus typischen zyklischen Wirtschaftkrisen, deren Ursachen in den unlösbaren inneren Widersprüchen des Kapitalismus liegen. Sie wurde durch politische Ereignisse ausgelöst, die zu Stockungen in der Zirkulations- und Produktionssphäre führten. Die erste zyklische Krise erlebte England erst nach Ricardos Tod, im Jahre 1825.

ihren Umfang auszuweiten. Obwohl ich völlig sicher bin, daß es sowohl den Interessen als auch dem Bedürfnis der Bank zuwiderläuft, von dieser Macht zum Nachteil der Öffentlichkeit Gebrauch zu machen, so kann ich doch die Leichtfertigkeit nur bedauern, mit welcher der Staat die Bank mit einem so furchtbaren Vorrecht ausgerüstet hat, wenn ich mir die schlimmen Folgen vorstelle, die sich aus einer plötzlichen und großen Verringerung der Zirkulation ebenso wie aus einer erheblichen Vergrößerung ergeben.

Die Unannehmlichkeit, der Provinzbanken vor der Beschränkung der Barzahlungen ausgesetzt waren, muß manchmal recht groß gewesen sein. In allen Zeiten der Unruhe oder erwarteter Unruhe müssen sie unter dem Zwang gestanden haben, sich mit Guineas zu versorgen, um für jeden vielleicht eintretenden Notfall gerüstet zu sein. Bei solchen Anlässen wurden Guineas von der Bank von England im Austausch gegen größere Noten bezogen und von einem Vertrauensmann der Provinzbank auf deren Kosten und Gefahr überbracht. Nachdem sie die Dienste, zu denen sie bestimmt waren, geleistet hatten, nahmen sie ihren Weg wieder nach London und wurden aller Wahrscheinlichkeit nach wieder bei der Bank von England deponiert, vorausgesetzt, daß sie nicht einen solchen Gewichtsverlust erlitten hatten, daß sie unter dem gesetzlichen Münzfuß blieben.

Wenn der nunmehr vorgeschlagene Plan der Einlösung von Banknoten in Barren angenommen wird, ist es entweder erforderlich, das gleiche Privileg auf die Provinzbanken auszudehnen oder Noten der Bank von England zum gesetzlichen Zahlungsmittel zu erklären. Im letzteren Falle würde keine Änderung der gesetzlichen Vorschriften für Provinzbanken eintreten, da sie genauso wie jetzt genötigt wären, auf Verlangen ihre Noten in solche der Bank von England einzulösen.

Die Ersparnis, die dadurch eintreten würde, daß die Guineas nicht dem Gewichtsverlust, den sie durch Reibung bei ihren wiederholten Reisen unterworfen sind, ausgesetzt werden und ebenso durch Wegfall der Transportkosten, wäre beträchtlich. Der bei weitem größte Vorteil aber würde sich daraus ergeben, daß die Versorgung der Zirkulation in der Provinz und auch in London, soweit es kleinere Zahlungen betrifft, dauernd durch das sehr billige Zirkulationsmittel, Papiergeld, anstatt durch das sehr wertvolle Gold erfolgt. Dadurch ermöglicht man es dem Land, sich den gesamten Profit, der durch die produktive Anlage eines Kapitals in dieser Höhe erzielt werden kann, zunutze zu machen. Wir sind sicherlich nicht berechtigt, einen so klaren Vorteil zurückzuweisen, sofern nicht auf einen besonderen Nachteil verwiesen werden kann, der sich wahrscheinlich aus der Verwendung des billigeren Zirkulationsmittels ergeben würde.“)

Eine Währung ist auf ihrem vollendetsten Stand, sobald sie nur noch aus Papiergeld besteht, aber aus Papiergeld von gleichem Wert wie das Gold, das es zu repräsentieren vorgibt. Der Gebrauch von Papier anstatt von Gold ersetzt das teuerste durch das billigste Zirkulationsmittel und ermöglicht dem Land, ohne Verlust für irgend jemand, alles Gold, das vordem für diesen Zweck benutzt wurde, gegen Rohmaterial, Werkzeuge und Nahrungsmittel einzutauschen, durch deren Verwendung sowohl sein Reichtum als auch seine Annehmlichkeiten vermehrt werden.

Von einem nationalen Standpunkt aus betrachtet, ist es bedeutungslos, ob die Ausgabestelle dieses gut geregelten Papiergeldes die Regierung oder eine Bank ist. Insgesamt genommen wird gleich viel Reichtum hervorgebracht, ob es nun von dieser oder jener ausgegeben wird. Was die Interessen des Einzelnen anbetrifft, ist das aber anders. In einem Lande, in dem der marktübliche Zinsfuß 7 Prozent ist und wo der Staat für eine bestimmte Ausgabe jährlich 70000 £ braucht, ist es für die Bewohner dieses Landes eine Frage von Bedeutung, ob sie besteuert werden müssen, um diese 70000 £ jährlich zu bezahlen, oder ob dieser Betrag ohne Steuern aufgebracht werden kann. Angenommen, eine Summe von einer Million wird zur Ausrüstung einer Expedition gebraucht. Wenn der Staat eine Million Papiergeld ausgibt und eine Million Münzen aus dem Verkehr zieht, so wird die Expedition ohne jedwede Belastung der Bevölkerung ausgerüstet. Wenn aber eine Bank eine Million Papiergeld ausgibt, sie der Regierung zu 7 Prozent leiht und dadurch eine Million Münzen aus dem Verkehr zieht, so wird das Land mit einer laufenden Steuer von jährlich 70000 £ belastet. Die Bevölkerung zahlt die Steuer, die Bank erhält sie, und die Gesellschaft ist in beiden Fällen so reich wie früher. Die Expedition ist in Wirklichkeit durch die Verbesserung unseres Systems ausgerüstet worden, dadurch, daß Kapital im Werte von einer Million in Gestalt von Waren produktiv gemacht wurde, anstatt es in Gestalt von Münzen weiterhin unproduktiv zu lassen. Der Vorteil wird jedoch stets bei denjenigen liegen, die das Papiergeld ausgeben, und da der Staat das Volk repräsentiert, so hätte das Volk die Steuer gespart, wenn er die Million ausgegeben hätte und nicht die Bank.

Ich habe bereits bemerkt, daß es von keiner Bedeutung für den Reichtum des Landes insgesamt ist, durch wen Papiergeld ausgegeben wird, vorausgesetzt, daß es vollkommen sicher ist, daß das Recht der Ausgabe von Papiergeld nicht mißbraucht wird. Ich habe nunmehr gezeigt, daß die Öffentlichkeit ein unmittelbares Interesse daran hat, daß die Ausgabe durch den Staat und nicht durch eine Gesellschaft von Kaufleuten oder Bankiers vorgenommen wird. Die Gefahr besteht jedoch, daß dieses Recht wahrscheinlich eher mißbraucht wird, wenn es in den Händen der Regierung liegt, als wenn eine Bankgesellschaft es besitzt. Eine Gesellschaft, wird gesagt, steht stärker unter gesetzlicher Kontrolle und, obwohl sie ein Interesse haben mag, ihre Emissionen über die Grenzen des Vernünftigen hinaus auszudehnen, so wird sie daran gehindert und beschränkt durch das Recht der Privatpersonen, Barren oder Metallgeld zu fordern. Es wird behauptet, daß das gleiche Hindernis nicht lange respektiert würde, wenn die Regierung im Besitz des Privilegs der Geldemission wäre, daß sie nur allzu bereit wäre, mehr die derzeitige Bequemlichkeit als die künftige Sicherheit zu berücksichtigen, und daß sie daher, unter dem Vorwand von Zweckmäßigkeitsgründen, zu sehr geneigt sein könnte, die Hindernisse, durch die der Umfang ihrer Emissionen kontrolliert wird, zu beseitigen.

Unter einem Regime der Willkür würde ein solcher Einwand großes Gewicht besitzen. In einem freien Lande aber mit einer aufgeklärten Gesetzgebung kann das Recht der Ausgabe von Papiergeld — unter Wahrung der notwendigen Sicherungsmaßnahmen, nämlich der Einlösbarkeit nach Belieben des Inhabers — ruhig in die Hand von für diesen speziellen Zweck ernannten Beauftragten gelegt werden, die man völlig unabhängig von der Kontrolle der Minister machen kann.

Der Tilgungsfonds wird von nur dem Parlament verantwortlichen Beauftragten verwaltet, und die Anlage des ihrer Obhut anvertrauten Geldes vollzieht sich mit größter Genauigkeit. Welchen Grund gibt es, daran zu zweifeln, daß die Emissionen von Papiergeld mit gleicher Gewissenhaftigkeit geregelt würden, wenn sie unter einer ähnlichen Verwaltung vor sich gingen?

Man mag sagen, daß der Vorteil, der dem Staat und daher der Öffentlichkeit durch die Ausgabe von Papiergeld erwächst, zwar genügend offensichtlich ist, da ein Teil der Staatsschuld, für die Zinsen von der Bevölkerung gezahlt werden, in eine zinslose Schuld verwandelt wird, daß aber Nachteile für den Handel entstehen würden, da die Kaufleute verhindert werden, Geld zu borgen und ihre Wechsel diskontieren zu lassen, ein Verfahren, durch das Banknoten zum Teil ausgegeben werden.

Das bedeutet jedoch anzunehmen, daß kein Geld mehr geborgt werden kann, wenn es die Bank von England nicht leiht, und daß die marktübliche Rate von Zins und Profit vom Umfang der Geldemissionen und von dem Weg, auf dem es emittiert wird, abhängt. Ebenso aber, wie ein Land keinen Mangel an Tuch, Wein oder einer beliebigen anderen Ware hat, wenn es die Mittel zu deren Bezahlung besitzt, ebensowenig gäbe es eine Knappheit an verleihbarem Geld, wenn die Borger gute Sicherheit bieten und bereit sind, den marktüblichen Zinsfuß dafür zu bezahlen.

Ich habe mich in einem anderen Teil dieses Werkes bemüht zu zeigen, daß der wirkliche Wert einer Ware nicht durch zufällige Vorteile, deren sich einige ihrer Produzenten vielleicht erfreuen, bestimmt wird, sondern durch die tatsächlichen Schwierigkeiten des am wenigsten begünstigten Produzenten. So verhält es sich auch mit dem Geldzins. Er wird nicht durch die Rate bestimmt, zu der die Bank ausleiht, ob diese 5, 4 oder 3 Prozent beträgt, sondern durch die Profitrate, die durch die Anlage von Kapital erzielt werden kann und die völlig unabhängig von der Quantität oder dem Wert des Geldes ist. Ob eine Bank eine, zehn oder hundert Millionen verleiht, wird den marktüblichen Zinsfuß nicht auf lange Sicht verändern, sondern lediglich den Wert des auf solche Art ausgegebenen Geldes. Um ein und dasselbe Geschäft zu betreiben, kann in einem Falle zehn- oder zwanzigmal mehr Geld nötig sein als in dem anderen. Die Darlehensgesuche an die Bank hängen also ab von dem Vergleich zwischen der Profitrate, die durch Anlage des Geldes erzielt werden kann, und dem Zinsfuß, zu dem die Bank zu leihen bereit ist. Berechnet sie weniger als den marktüblichen Zinsfuß, so gibt es keinen Geldbetrag, den sie nicht verleihen könnte, und wenn sie mehr als diesen Zinsfuß verlangt, so würden sich nur Prasser und Verschwender einfinden, um bei ihr zu borgen. Wir sehen demgemäß, daß die Diskontabteilung von Antragstellern für Darlehen belagert ist, sobald der marktübliche Zinsfuß die Rate von 5 Prozent übersteigt, zu der die Bank von England ständig verleiht, und daß hingegen die Angestellten dieser Abteilung ohne Beschäftigung sind, wenn die Marktrate auch nur zeitweilig niedriger als auf 5 Prozent steht.

Der Grund dafür, daß die Bank von England angeblich während der vergangenen zwanzig Jahre dem Handel dadurch sehr viel Hilfe gegeben hat, daß sie den Kaufleuten mit Geld aushalf, liegt also darin, daß sie während dieses gesamten Zeitraumes Geld unter dem marktüblichen Zinsfuß verliehen hat, d. h. unter jenem Zinsfuß, zu dem die Kaufleute anderswo hätten borgen können. Ich bekenne jedoch, daß mir dies eher ein Vorwurf für diese Institution als ein Argument zu ihren Gunsten zu sein scheint.

Was würden wir von einer Institution sagen, die regelmäßig die Hälfte der Tuchmacher mit Wolle unter dem Marktpreis beliefert? Welchen Nutzen hätte die Gesellschaft davon? Es würde unseren Handel nicht erweitern, weil die Wolle gleicherweise gekauft worden wäre, wenn man den Marktpreis dafür verlangt hätte. Es würde den Tuchpreis für den Konsumenten nicht senken, denn der Preis, wie ich früher ausführte, wird durch die Produktionskosten derjenigen bestimmt, welche die am wenigsten Begünstigten sind. Das einzige Ergebnis bestünde also darin, den Profit eines Teiles der Tuchmacher über die allgemeine und gewöhnliche Profitrate hinaus anschwellen zu lassen. Die Institution würde ihres angemessenen Profits beraubt, und ein anderer Teil der Gesellschaft würde in gleichem Ausmaß begünstigt. Genau das ist nun die Wirkung unserer Bankinstitute. Ein Zinsfuß wird gesetzlich unter dem, zu welchem man am Markt borgen kann, festgesetzt, und die Bank von England muß entweder zu diesem Zinsfuß oder überhaupt nicht leihen. Aus der Natur ihres Unternehmens ergibt sich, daß sie bedeutende Mittel besitzt, über die nur auf diese Art verfügt werden kann, und ein Teil der Geschäftsleute des Landes wird ungerechtfertigt und ohne Gewinn für das Land begünstigt, indem man es ihnen ermöglicht, sich mit einem Betriebsmittel [instrument of trade] zu niedrigeren Kosten zu versorgen als jene, die allein vom Marktpreis abhängig sind.

Der gesamte Umfang der Wirtschaft, welchen die Gesellschaft insgesamt entwickeln kann, hängt von der Größe ihres Kapitals ab, d. h. von ihrem Rohmaterial, der Maschinerie, den Nahrungsmitteln, Schiffen usw., die zur Produktion verwendet werden. Diese können nach der Einführung eines geregelten Papiergeldes durch Bankoperationen weder vermehrt noch vermindert werden. Falls also der Staat das Papiergeld des Landes ausgibt, ändert sich nichts am Umfang des wirtschaftlichen Lebens, obwohl er niemals einen Wechsel diskontieren oder einen Schilling dem Publikum leihen wird, denn wir besitzen die gleiche Menge von Material, Maschinerie, Nahrungsmitteln und Schiffen. Es ist auch wahrscheinlich, daß die gleiche Summe Geld verliehen wird, allerdings nicht stets zu 5 Prozent, dem gesetzlich festgelegten Zinsfuß, sofern dieser unter dem marktüblichen Zinsfuß liegt, sondern zu 6, 7 oder 8 Prozent, der das Ergebnis der fairen Konkurrenz zwischen Verleihern und Borgern auf dem Markt ist.

Adam Smith spricht von den Vorteilen, welche die Kaufleute aus der Überlegenheit der schottischen gegenüber der englischen Methode ziehen, die der Wirtschaft durch Bargeldkonten zu Hilfe kommt. Diese Bargeldkonten sind von den schottischen Bankiers ihren Kunden eingeräumte Kredite, die zusätzlich zu den für sie diskontierten Wechseln gewährt werden. Da aber der Bankier in gleichem Maße, in dem er Geld vorstreckt und es auf diesem Wege in die Zirkulation wirft, daran gehindert wird, es auf dem anderen auszugeben, ist es schwierig einzusehen, worin der Vorteil besteht. Nimmt die gesamte Zirkulation nur eine Million Papiergeld auf, so wird man nur eine Million zirkulieren lassen, und es kann weder für den Bankier noch für den Kaufmann von tatsächlicher Bedeutung sein, ob der gesamte Betrag durch den Diskont von Wechseln oder ob ein Teil so und der Rest mit Hilfe dieser Bargeldkonten ausgegeben wird.

Es ist vielleicht notwendig, einige Worte über das Problem der innerhalb des Geldumlaufs verwendeten beiden Metalle, Gold und Silber, zu verlieren, besonders deswegen, weil diese Frage die klaren einfachen Prinzipien des Geldumlaufs in den Köpfen vieler Leute zu verwirren scheint. „Gold wurde in England", sagte Dr. Smith, „für lange Zeit, nachdem es in Geld gemünzt wurde, nicht als gesetzliches Zahlungsmittel betrachtet. Das Wertverhältnis zwischen Gold- und Silbergeld war nicht durch irgendein Gesetz oder eine Verordnung festgelegt, sondern wurde der Fixierung durch den Markt überlassen. Wenn ein Schuldner Zahlung in Gold anbot, so konnte der Gläubiger eine derartige Zahlung entweder überhaupt zurückweisen oder sie zu einer zwischen ihm und dem Schuldner vereinbarten Bewertung des Goldes annehmen."

Bei diesem Stand der Dinge ist es offensichtlich, daß eine Guinea manchmal als 22 sh oder mehr und manchmal als 18 sh oder weniger in Zahlung genommen wird, was völlig von den Schwankungen des relativen Marktwertes von Gold und Silber abhängt. Auch werden alle Schwankungen des Goldwertes und ebenso des Silberwertes an Goldmünzen gemessen, so daß es scheint, als ob Silber unverändert bleibt und nur Gold dem Steigen oder Fallen ausgesetzt ist. Obwohl also eine Guinea anstatt als 18 sh als 22 sh in Zahlung genommen wird, braucht Gold seinen Wert nicht geändert zu haben. Die Änderung kann ausschließlich auf Silber beschränkt sein, und 22 sh brauchen daher keinen größeren Wert als früher 18 sh zu besitzen. Andererseits kann die Änderung gänzlich am Gold liegen, eine Guinea, die 18 sh wert war, kann ihren Wert auf 22 sh erhöht haben.

Nehmen wir nun an, daß dieses Silbergeld durch Beschneiden verschlechtert und auch seine Menge vermehrt wird, so kann eine Guinea als 30 sh in Zahlung genommen werden, da das Silber in 30 sh eines derartig verschlechterten Geldes vielleicht nicht mehr Wert besitzt als das Gold in einer Guinea. Silbergeld wird steigen, wenn sein Münzwert wieder hergestellt wird, aber dies erweckt den Anschein, als ob Gold fällt, denn eine Guinea wird wahrscheinlich nicht mehr als 21 solcher guter Schillinge wert sein.

Wenn nun auch Gold zum gesetzlichen Zahlungsmittel erklärt wird und jeder Schuldner eine Schuld nach Belieben entweder durch die Zahlung von 420 Schilling oder von zwanzig Guineas für jede von ihm geschuldeten 21 £ begleichen kann, so wird er mit dem einen oder dem anderen zahlen, je nachdem, wie er sich am billigsten seiner Schuld entledigen kann. Wenn er sich mit fünf Quartern Weizen so viel Goldbarren verschaffen kann, wie von der Münzstätte in zwanzig Guineas ausgemünzt werden, und er für denselben Weizen so viel Silberbarren erhält, wie sie die Münzstätte in 430 Schilling ausprägt, so wird er die Zahlung in Silber vorziehen, da er bei einer solchen Bezahlung seiner Schuld der Gewinner von zehn Schilling ist. Könnte er aber hingegen mit seinem Weizen so viel Gold erhalten als für die Ausprägung von zwanzig und einer halben Guinea erforderlich ist und nur soviel Silber, um 420 Schilling zu prägen, so wird er natürlich vorziehen, seine Schuld in Gold zu bezahlen. Wenn die Menge Gold, die er sich verschaffen kann, nur in zwanzig Guineas und die Menge Silber in 420 Schilling ausgemünzt werden kann, ist es ihm völlig gleichgültig, in welchem Geld, ob in Silber oder Gold, er seine Schuld bezahlt. Es ist dies also nicht eine Sache des Zufalls. Nicht deswegen, weil Gold besser zur Durchführung der Zirkulation in einem reichen Lande geeignet ist, wird es jemals bei der Bezahlung von Schulden vorgezogen, sondern einfach deswegen, weil es im Interesse des Schuldners liegt, sie so zu bezahlen.

Während eines langen Zeitraumes vor 1797 — dem Jahr der Beschränkung der Zahlungen der Bank von England in Münzen — war Gold im Vergleich zu Silber so billig, daß es die Bank von England und alle anderen Schuldner vorzogen, Gold und nicht Silber auf dem Markt zu kaufen, um es zur Ausprägung in die Münze zu bringen, da sie mit diesem geprägten Metall ihre Schulden billiger begleichen konnten. Das Silbergeld war während eines großen Teiles dieser Zeit außerordentlich verschlechtert, jedoch befand es sich in einem Zustand der Knappheit und sank daher niemals in seinem Annahmewert, entsprechend dem von mir früher auseinandergesetzten Prinzip. Ungeachtet seiner Verschlechterung lag es doch im Interesse des Schuldners, in Goldmünzen zu bezahlen. Falls allerdings die Menge dieser schlechten Silbermünzen sehr groß gewesen wäre oder falls die Münze solche schlechten Stücke ausgegeben hätte, so hätte es vielleicht doch im Interesse des Schuldners gelegen, in diesem schlechtem Geld zu zahlen. Aber seine Menge war beschränkt und es behielt seinen Wert, daher war Gold praktisch der wirkliche Währungsstandard.

Daß dies so war, wird nirgends bestritten. Es wurde aber behauptet, daß es dazu durch das Gesetz gekommen sei, das bestimmt, Silber solle kein gesetzliches Zahlungsmittel für Schulden über 25 £ sein, außer wenn es nach Gewicht, entsprechend dem Münzfuß, bewertet wird.

Aber dieses Gesetz hielt keinen Schuldner von der Bezahlung seiner Schuld, gleichgültig wie groß, in frisch aus der Münze bezogenem Silbergeld ab. Daß der Schuldner nicht in diesem Metall bezahlte, war weder Zufall noch Zwang, sondern war das Resultat seiner Wahl; es paßte ihm nicht, Silber zur Münze zu bringen, aber es paßte ihm, Gold dorthin zu schaffen. Wäre die Menge des in der Zirkulation befindlichen schlechten Silbergeldes sehr groß und es auch gesetzliches Zahlungsmittel gewesen, so ist es wahrscheinlich, daß eine Guinea wiederum dreißig Schilling wert gewesen wäre; aber dann wäre der verschlechterte Schilling im Wert gefallen und nicht die Guinea gestiegen.

Es ergibt sich also, daß wir einem fortwährenden Wechsel des hauptsächlichsten Wertmaßes ausgesetzt waren, solange jedes der beiden Metalle gleicherweise gesetzliches Zahlungsmittel für Schulden beliebiger Höhe war. Manchmal war es Gold, manchmal Silber, vollständig in Abhängigkeit von den Änderungen des relativen Wertes der beiden Metalle. In solchen Zeiten wurde jenes Metall, das nicht als Standard fungierte, eingeschmolzen und aus der Zirkulation gezogen, da sein Wert in Barren größer als in Münzen war. Dies ist eine Unbequemlichkeit gewesen, deren Behebung höchst erwünscht war. Der Fortschritt zum Besseren vollzieht sich jedoch so langsam, daß, obwohl er unwiderleglich von Locke bewiesen und seitdem von allen Autoren, die sich mit dem Thema Geld beschäftigten, bemerkt wurde, ein besseres System erst während der Parlamentssession von 1816 angenommen wurde, als gesetzlich bestimmt wurde, daß Gold nur für Beträge über vierzig Schilling gesetzliches Zahlungsmittel ist.

Es scheint, als ob Dr. Smith sich nicht ganz der Wirkung der Verwendung zweier Metalle als Umlaufsmittel und als gesetzliches Zahlungsmittel für Schulden in jeder Höhe bewußt war, denn er sagt, daß „in Wirklichkeit während der Geltungsdauer irgendeines geregelten Verhältnisses zwischen den jeweiligen Werten der verschiedenen Münzmetalle der Wert des wertvollsten Metalls den Wert aller Münzen bestimmt.“ Weil Gold zu seiner Zeit das Zahlungsmittel war, das die Schuldner für die Bezahlung ihrer Schulden vorzogen, glaubte er, es besäße irgendeine ihm innewohnende Eigenschaft, durch die es damals den Wert von Silbermünzen bestimmte und ihn stets bestimmen wird.

Bei der Reform der Goldmünzen 1774 tauschte man eine neue Guinea, frisch aus der Münze, gegen nur einundzwanzig schlechte Schillinge. Aber unter der Regierung König Wilhelms, als die Silbermünzen in genau dem gleichen Zustand waren, wurde eine gleichfalls neue und frisch aus der Münze bezogene Guinea gegen dreißig Schilling eingewechselt. Dazu bemerkt Buchanan: „Hier liegt also eine einzigartige Erscheinung vor, über die die üblichen Geldtheorien keine Aufklärung geben: die Guinea wird einmal gegen dreißig Schilling, ihrem eigentlichen Wert in verschlechtertem Silbergeld, und später nur gegen einundzwanzig dieser schlechten Schillinge gewechselt. Es ist klar, daß zwischen diesen beiden Zeitperioden eine große Veränderung im Zustand des Geldumlaufs vor sich gegangen sein muß, für die Dr. Smith' Hypothese keine Erklärung liefert."

Es scheint mir, daß die Schwierigkeit sehr einfach gelöst werden kann, indem man diesen verschiedenen Stand des Wertes der Guinea in den beiden erwähnten Zeitperioden auf die in der Zirkulation befindlichen unterschiedlichen *Quantitäten* Silbergeld zurückführt. Unter der Regierung König Wilhelms war Gold nicht gesetzliches Zahlungsmittel, es lief nur zu einem konventionellen Werte um. Alle größeren Zahlungen wurden wahrscheinlich in Silber geleistet, um so mehr, als man von Papiergeld und Bankoperationen wenig verstand. Die Menge dieses verschlechterten Silbergeldes überstieg die Menge, die in der Zirkulation verblieben wäre, falls nichts als vollwertiges Geld im Verkehr gewesen wäre, und daher war es nicht nur verschlechtert, sondern auch entwertet. In der folgenden Periode aber, als Gold gesetzliches Zahlungsmittel war und Banknoten ebenfalls zur Zahlungsleistung verwendet wurden, überstieg die Menge an schlechtem Silbergeld nicht die Menge an neugeprägten Silbermünzen, die zirkuliert hätten, falls es kein verschlechtertes Silbergeld gegeben hätte, und obwohl das Geld untergewichtig war, war es deswegen nicht entwertet. Buchanans Erklärung lautet etwas anders; er nimmt an, daß nicht das subsidiäre, sondern das hauptsächliche Währungsgeld der Entwertung ausgesetzt ist. Unter der Regierung König Wilhelms war Silber das entscheidende Währungsgeld und deswegen der Entwertung ausgesetzt. 1774 war es ein subsidiäres Währungsgeld und behielt daher seinen Wert. Eine Entwertung hängt jedoch nicht davon ab, ob eine Münzsorte hauptsächliches oder subsidiäres Währungsgeld ist, sie hängt voll und ganz davon ab, ob davon zuviel vorhanden ist.[1]

[1] Kürzlich wurde im Parlament von Lord Lauderdale behauptet, daß die Bank von England auf Grund der bestehenden Münzvorschriften ihre Noten nicht in Münzen einlösen kann, da der relative Wert der beiden Metalle sich so verhält, daß es im Interesse aller Schuldner liegt, ihre Schulden in Silber und nicht in Goldmünzen zu bezahlen, während das Gesetz alle Gläubiger der Bank berechtigt, im Austausch für Noten dieser Bank Gold zu verlangen. Dieses Gold, glaubt seine Lordschaft, kann mit Profit exportiert werden, und wenn das geschieht, behauptet er, ist die Bank gezwungen, um einen Vorrat zu halten, ständig Gold mit einem Aufschlag zu kaufen und zu pari zu verkaufen. Wenn jeder andere Schuldner in Silber zahlen könnte, hätte Lord Lauderdale recht. Aber er kann es nicht, sofern seine Schuld 40 sh übersteigt. Dies wird also den in der Zirkulation befindlichen Betrag von Silbermünzen beschränken (falls die Regierung sich nicht das Recht vorbehalten hat, die Ausprägung dieses Metalls einzustellen, wann immer sie das als zweckmäßig erachtet), denn falls allzuviel Silber ausgemünzt wird, verliert es an relativem Wert gegenüber Gold, und kein Mensch wird es als Zahlung für eine höhere Schuld als 40 sh annehmen, es sei denn, es wird eine Entschädigung für seinen geringeren Wert gewährt. Um eine Schuld von 100 £ zu bezahlen, sind hundert Sovereigns oder Banknoten im Betrage von 100 £ erforderlich, aber es sind vielleicht 105 £ in Silbermünzen notwendig, falls sich allzuviel Silbermünzen in der Zirkulation befinden. Es gibt also zwei Hindernisse gegen eine zu große Menge an Silbermünzen: erstens, das direkte

Gegen einen mäßigen Schlagschatz für die Geldprägung kann man nicht viel einwenden, besonders bei jenem Kurantgeld, das bei der Leistung von kleineren Zahlungen benützt wird. Der Wert des Geldes erhöht sich im allgemeinen um den vollen Betrag des Schlagschatzes, und er stellt daher eine Steuer dar, die in keiner Weise jene trifft, die sie bezahlen, solange keine überschüssige Geldmenge vorhanden ist. Es muß jedoch bemerkt werden, daß in einem Lande, in dem Papiergeld eingeführt wurde, sowohl die Noten als auch die Münzen um den vollen Betrag des Schlagschatzes für jene Münze entwertet sein können, die das ausschließliche gesetzliche Zahlungsmittel ist, ehe die Sicherung, die die Zirkulation von Papiergeld beschränkt, wirksam wird; das tritt auch dann ein, wenn die Ausgabestellen dieses Papiergeldes verpflichtet sind, es auf Verlangen des Inhabers in Münzen einzulösen. Wenn z. B. der Schlagschatz für Goldmünzen 5 Prozent beträgt, können die Umlaufmittel durch eine übermäßige Ausgabe von Banknoten tatsächlich um 5 Prozent entwertet werden, ehe es dem Interesse des Inhabers entspricht, Münzen zu verlangen, um sie zu Barren einzuschmelzen. Dieser Entwertung wären wir niemals ausgesetzt, wenn entweder kein Schlagschatz für Goldmünzen erhoben wird, oder, falls ein Schlagschatz zulässig ist, wenn die Inhaber von Banknoten Barren und nicht Münzen im Austausch dafür zum Preis der Münzstätte von 3 £ 17 sh $10^1/_2$ d verlangen können. Vorausgesetzt, daß also die Bank von England nicht verpflichtet ist, ihre Noten in Barren oder Münzen nach Belieben des Inhabers einzulösen, so ist vielleicht das kürzlich erlassene Gesetz, das einen

Hindernis, welches die Regierung zu beliebiger Zeit benutzen kann, um zu verhindern, daß mehr geprägt werden, und zweitens kann sein Interesse niemanden dazu verleiten, Silber zur Münze zu bringen, wenn er dies könnte, da es nach seiner Prägung nicht zu seinem Münz-, sondern nur zu seinem Marktwert in Zahlung genommen wird.

Schlagschatz von 6 Prozent oder vier Pence pro Unze bei Silbermünzen gestattet, das aber bestimmt, daß Gold ohne jedwede Gebühr von der Münze ausgeprägt werden soll, das geeignetste, da es jeder überflüssigen Veränderung der Währung höchst wirksam begegnet.

KAPITEL XXVIII

ÜBER DEN KOMPARATIVEN WERT VON GOLD, GETREIDE UND ARBEIT IN REICHEN UND ARMEN LÄNDERN

„Gleich allen anderen Waren streben Gold und Silber", sagt Adam Smith, „naturgemäß nach dem Markt, wo für sie der beste Preis bezahlt wird, und der beste Preis für alles wird gewöhnlich in dem Lande bezahlt, das es sich am ehesten leisten kann. Man muß sich daran erinnern, daß Arbeit letztlich der Preis ist, mit dem alles bezahlt wird, und in Ländern, in denen die Arbeit gleich gut entlohnt wird, verhält sich der Geldpreis der Arbeit proportional zu dem der Unterhaltungsmittel des Arbeiters. Aber Gold und Silber werden sich natürlich in einem reichen Land gegen eine größere Menge Unterhaltsmittel austauschen als in einem armen — in einem Lande, das Überfluß an Unterhaltsmitteln hat, gegen eine größere Menge als in einem, das nur mäßig damit versehen ist."

Getreide ist aber eine Ware, ebenso wie Gold, Silber und andere Dinge. Wenn also alle Waren in einem reichen Lande einen hohen Tauschwert besitzen, so darf Getreide keine Ausnahme bilden. Wir können daher richtigerweise sagen, daß sich Getreide für eine beträchtliche Geldmenge austauscht, weil es teuer ist, und daß Geld sich ebenfalls für eine beträchtliche Getreidemenge austauscht, weil es auch teuer ist, womit behauptet wird, daß Getreide gleichzeitig teuer und billig ist. Keine Behauptung läßt sich in der Politischen

Ökonomie besser beweisen als die, daß ein reiches Land im gleichen Maße wie ein armes durch die zunehmende Schwierigkeit der Nahrungsmittelbeschaffung an der Vermehrung seiner Bevölkerung gehindert wird. Diese Schwierigkeit muß notwendigerweise den relativen Preis der Nahrungsmittel steigern und zu deren Import ermuntern. Wie kann aber dann Geld, oder Gold und Silber, sich gegen mehr Getreide in reichen als in armen Ländern tauschen? Nur in reichen Ländern, wo Getreide teuer ist, verleiten die Grundbesitzer die Gesetzgebung dazu, die Einfuhr von Getreide zu verbieten. Wer hat jemals von einem Gesetz gehört, das die Einfuhr von Rohprodukten nach Amerika oder Polen verhindern soll? Die Natur hat durch die verhältnismäßige Leichtigkeit ihrer Produktion in jenen Ländern ihre Einfuhr wirksam verhindert.

Wie kann es dann stimmen, daß „ausgenommen Getreide und jene anderen Nutzpflanzen, die sämtlich durch menschlichen Fleiß gezogen werden, alle anderen Arten von Rohprodukten, wie Vieh, Geflügel, Wild jeder Art, die nützlichen Gesteine und Mineralien der Erde, naturgemäß mit dem Fortschritt der Gesellschaft teuerer werden." Warum sollen Getreide und Nutzpflanzen allein eine Ausnahme bilden? Der sich durch sein ganzes Werk ziehende Irrtum Dr. Smith' liegt in der Annahme, daß der Wert des Getreides konstant ist, daß, obwohl der Wert aller anderen Dinge steigen kann, der des Getreides niemals dazu imstande ist. Nach ihm hat Getreide stets den gleichen Wert, da es immer die gleiche Anzahl von Menschen ernähren wird. Gleicherweise könnte man sagen, daß Tuch stets den gleichen Wert hat, weil man immer dieselbe Zahl von Röcken daraus machen kann. Was kann Wert mit der Fähigkeit, zu ernähren und zu kleiden, zu schaffen haben?

Getreide hat wie jede andere Ware in jedem Land seinen natürlichen Preis, d. h. jenen Preis, der zu seiner

Produktion notwendig ist und ohne den es nicht angebaut werden könnte. Es ist dieser Preis, der seinen Marktpreis bestimmt und der über die Zweckmäßigkeit seines Exports nach fremden Ländern entscheidet. Wäre die Einfuhr von Getreide nach England verboten, so wird sein natürlicher Preis in England vielleicht auf 6 £ pro Quarter steigen, während es in Frankreich nur auf der Hälfte dieses Preises steht. Würde man nun das Einfuhrverbot aufheben, so würde Getreide auf dem englischen Markt nicht auf einen Preis zwischen 6 und 3 £ fallen, sondern endgültig und dauernd auf den natürlichen Preis in Frankreich, den Preis, zu dem es auf den englischen Markt geliefert werden kann und der den üblichen und gewöhnlichen Kapitalprofit in Frankreich abwirft. Es würde auf diesem Preis verharren, ob England hunderttausend oder eine Million Quarter konsumiert. Falls die Nachfrage Englands die letztgenannte Menge erreicht, so ist es wahrscheinlich, daß infolge der sich für Frankreich ergebenden Notwendigkeit, auf Boden geringerer Qualität zurückzugreifen, um diese große Lieferung aufzubringen, der natürliche Preis in Frankreich steigen wird, und das wird natürlich auch den Getreidepreis in England beeinflussen. Alles, was ich behaupte, ist, daß es der natürliche Preis der Waren in dem exportierenden Lande ist, der letztlich die Preise bestimmt, zu denen sie verkauft werden sollen, sofern sie nicht einem Monopol im Einfuhrland unterliegen.

Aber Dr. Smith, der die Lehre, daß der natürliche Preis der Waren in letzter Instanz ihren Marktpreis bestimmt, so ausgezeichnet vertrat, hat einen Fall unterstellt, von dem er glaubt, daß der Marktpreis weder durch den natürlichen Preis des exportierenden noch durch den des importierenden Landes bestimmt wird. „Man verringere den wirklichen Wohlstand Hollands oder des Gebiets von Genua“, sagt er, „während deren Einwohnerzahl die gleiche bleibt; man beschränke ihre

Fähigkeit, sich aus fernen Ländern zu versorgen, und der Getreidepreis wird, anstatt mit jener Verminderung der Quantität ihres Silbers zu sinken, die diesen Niedergang entweder als dessen Ursache oder Wirkung notwendig begleiten muß, zum Preis einer Hungersnot ansteigen."

Mir scheint, daß das genaue Gegenteil eintreten wird. Die allgemein gesunkene Kaufkraft der Holländer und Genuesen kann den Preis des Getreides zeitweise in dem Land, das es exportiert hat, unter seinen natürlichen Preis senken, ebenso wie in den Ländern, in die es eingeführt wurde. Es ist jedoch völlig ausgeschlossen, daß es dadurch jemals über diesen Preis steigen kann. Nur durch Vermehrung des Wohlstandes der Holländer oder der Genuesen kann man die Nachfrage steigern und den Preis des Getreides über seinen früheren erhöhen, und auch das wird nur für eine sehr beschränkte Zeit eintreten, sofern nicht neue Schwierigkeiten bei der Zufuhr entstehen.

Dr. Smith bemerkt weiterhin zu dieser Frage: „Sobald wir an notwendigen Artikeln Mangel haben, müssen wir alle überflüssigen Dinge beiseiteschieben, deren Wert, so wie er in Zeiten von Wohlstand und Prosperität steigt, in Zeiten der Armut und Not sinkt." Dies stimmt zweifellos, aber er fährt fort: „Es ist anders mit lebenswichtigen Artikeln. Ihr wirklicher Preis, die Menge Arbeit, die sie zu kaufen oder über die sie zu verfügen vermögen, steigt in Zeiten von Armut und Not und sinkt in Zeiten des Wohlstandes und der Prosperität, die immer Zeiten großen Überflusses sind, denn sonst könnten sie nicht Zeiten von Wohlstand und Prosperität sein. Getreide ist eine lebenswichtige, Silber ist eine überflüssige Sache."

Hier werden zwei Behauptungen aufgestellt, die keinerlei Beziehung untereinander haben. Die eine, daß unter den angenommenen Umständen Getreide über mehr Arbeit verfügen wird, was nicht bestritten wird;

die andere, daß Getreide zu einem höheren Geldpreis verkauft, daß es gegen mehr Silber getauscht wird. Ich behaupte, daß dies falsch ist. Es könnte stimmen, wenn Getreide gleichzeitig knapp wäre, weil die normale Lieferung nicht erfolgt ist. Es ist aber in diesem Falle reichlich vorhanden, denn es wird nicht behauptet, daß eine kleinere Menge als üblich eingeführt oder mehr benötigt wurde. Um Getreide zu kaufen, brauchen die Holländer oder Genuesen Geld und um dieses Geld zu bekommen, sind sie gezwungen, ihre überflüssigen Dinge zu verkaufen. Der Marktwert und -preis dieser überflüssigen Dinge sinkt und es scheint, als ob Geld im Vergleich mit ihnen steigt. Das wird jedoch weder dahin tendieren, die Nachfrage nach Getreide zu steigern, noch den Wert des Geldes zu senken — die einzigen beiden Ursachen, die den Getreidepreis steigen lassen können. Geld mag infolge von Kreditknappheit und von anderen Ursachen sehr gefragt und daher im Vergleich mit Getreide teuer sein, aber man kann nicht auf Grund eines richtigen Prinzips die Behauptung aufstellen, daß unter solchen Bedingungen Geld billig ist und daß daher der Getreidepreis steigt.

Wenn wir von dem hohen oder niedrigen Wert von Gold, Silber oder irgendeiner anderen Ware in verschiedenen Ländern sprechen, sollten wir stets das Medium erwähnen, in dem wir sie messen, da man sonst keine Vorstellung mit der Behauptung verbindet. Wenn man also sagt, daß Gold in England teurer als in Spanien ist und wenn keine Ware genannt wird — welchen Eindruck vermittelt diese Behauptung? Falls Getreide, Oliven, Öl, Wein und Wolle in Spanien einen niedrigeren Preis als in England haben, dann ist, in diesen Waren ausgedrückt, Gold in Spanien teurer. Falls wiederum Eisenwaren, Zucker, Tuch usw. in England einen niedrigeren Preis als in Spanien haben, dann ist, gemessen in diesen Waren, Gold in England teurer. Auf diese Weise scheint Gold in Spanien teurer oder billiger zu sein, je nachdem welches Medium sich der Beschauer auswählt, um seinen Wert darin zu messen. Adam Smith, der Getreide und Arbeit zum allgemeinen Wertmaß gestempelt hat, würde selbstverständlich den komparativen Wert des Goldes durch die Quantität dieser beiden Dinge, für die es sich tauscht, messen, und wenn er über den komparativen Wert von Gold in zwei Ländern spricht, so verstehe ich ihn daher so, daß er dessen in Getreide und Arbeit geschätzten Wert meint.

Wir haben aber gesehen, daß Gold, ausgedrückt in Getreide, von sehr verschiedenem Wert in zwei Ländern sein kann. Ich habe mich zu zeigen bemüht, daß er in reichen Ländern niedrig und hoch in armen Ländern sein wird. Adam Smith ist anderer Meinung, er glaubt, daß der Wert von Gold, ausgedrückt in Getreide, in reichen Ländern am größten ist. Ohne jedoch weiter zu untersuchen, welche dieser Auffassungen richtig ist, reicht jede von beiden aus, um zu zeigen, daß Gold nicht notwendigerweise niedriger in jenen Ländern, die Bergwerke besitzen, stehen wird, obwohl das eine von Adam Smith vertretene Auffassung ist. Angenommen, England besitzt Bergwerke und Adam Smith' Meinung ist richtig, daß Gold in reichen Ländern den höchsten Wert besitzt. Obwohl Gold natürlich aus England nach allen anderen Ländern im Austausch für deren *Waren* fließen wird, so folgt daraus nicht, daß Gold, verglichen mit Getreide und Arbeit, in England notwendig niedriger steht als in jenen Ländern. An anderer Stelle spricht Adam Smith aber davon, daß die Edelmetalle notwendigerweise in Spanien und Portugal niedriger als in anderen Teilen Europas stehen, da diese Länder zufällig die beinahe alleinigen Besitzer der Bergwerke sind, die Edelmetalle produzieren. „Polen, in dem das feudale System sich weiterhin erhält, ist derzeit ein ebenso bettelarmes Land wie vor der Entdeckung Amerikas. *Aber der Geldpreis des Getreides ist gestiegen; DER WIRKLICHE WERT DER EDELMETALLE IST* in Polen ebenso

GEFALLEN wie in anderen Teilen Europas. Ihre Menge muß daher dort, wie auch anderswo gestiegen sein, *und zwar fast im gleichen Verhältnis zum jährlichen Produkt des Bodens und der Arbeit.* Diese Vermehrung der Menge jener Metalle scheint aber nicht das jährliche Produkt vergrößert und weder die Industrie und Landwirtschaft des Landes noch die Lage seiner Bewohner verbessert zu haben. Spanien und Portugal, jene Länder, welche die Bergwerke besitzen, sind nach Polen vielleicht die beiden bettelärmsten Länder in Europa. Jedoch *muß* der Wert der Edelmetalle *in Spanien und Portugal niedriger* als in irgendeinem anderen Teile Europas *sein,* weil deren Export nicht nur mit Fracht und Versicherung, sondern auch mit den Ausgaben für Schmuggel belastet ist, da ihre Ausfuhr entweder verboten oder mit einer Abgabe belegt ist. *Die Menge an Edelmetallen muß daher im Verhältnis zum jährlichen Produkt des Bodens und der Arbeit* in diesen Ländern *größer* als in irgendeinem anderen Teil Europas *sein.* Diese Länder sind dennoch ärmer als der überwiegende Teil Europas. Obwohl das Feudalsystem in Spanien und Portugal abgeschafft wurde, ist ihm kein wesentlich besseres gefolgt."

Dr. Smith' Argument scheint mir dieses zu sein: Gold, in Getreide gemessen, ist in Spanien billiger als in anderen Ländern, und der Beweis dafür ist nicht, daß Getreide aus anderen Ländern nach Spanien für Gold geliefert wird, sondern daß Tuch, Zucker und Eisenwaren aus diesen Ländern im Austausch für jenes Metall gegeben werden.

KAPITEL XXIX

STEUERN, DIE VOM PRODUZENTEN BEZAHLT WERDEN

Say übertreibt stark die Nachteile, die sich einstellen, wenn auf eine Manufakturware eine Steuer eher in einer frühen Stufe der Produktion als in einer späteren gelegt wird. Die Fabrikanten, bemerkt er, durch deren Hände die Ware nacheinander geht, müssen größere Geldmittel aufwenden, da sie die Steuer vorschießen müssen, was für einen Fabrikanten mit sehr beschränktem Kapital und Kredit oft mit großen Schwierigkeiten verbunden ist. Gegen diese Feststellung kann man nichts einwenden.

Ein anderer von ihm betonter Nachteil besteht darin, daß infolge des Vorschießens der Steuer der Konsument auch mit dem Profit für den Vorschuß belastet werden muß und daß diese zusätzliche Steuer eine solche ist, aus der das Schatzamt keinen Vorteil zieht.

In diesem letzten Einwand kann ich Say nicht zustimmen. Angenommen, der Staat braucht *sofort* 1000 £ und erhebt sie von einem Fabrikanten, der für zwölf Monate nicht imstande sein wird, damit den Konsumenten seiner fertigen Ware zu belasten. Infolge einer solchen Verzögerung muß er für seine Ware einen Preiszuschlag berechnen, und zwar nicht nur für den Steuerbetrag von 1000 £, sondern wahrscheinlich von 1100 £, wobei 100 £ den Zins für die vorgeschossenen 1000 £ darstellen. Aber als Entgelt für diese vom Konsumenten zusätzlich bezahlten 100 £ hat dieser einen tatsächlichen Vorteil, insofern, als die von der Regierung geforderte sofortige Zahlung der Steuer, die er schließlich bezahlen muß, um ein Jahr verschoben wurde. Es hat sich ihm infolgedessen eine Gelegenheit geboten, dem Fabrikanten, der sie brauchte, 1000 £ zu 10 Prozent oder zu einem anderen vereinbarten Zinsfuß zu leihen. Nach Ablauf eines Jahres zahlbare elfhundert Pfund haben, wenn der Zins für Geld 10 Prozent beträgt, keinen größeren Wert als sofort zahlbare 1000 £. Falls die Regierung die Erhebung der Steuer um ein Jahr hinausschiebt, bis die Herstellung der Ware beendet ist, so wird sie vielleicht gezwungen sein, einen verzinslichen Schatzwechsel auszugeben und wird an Zins ebensoviel zahlen, wie der

Konsument am Preis spart, allerdings abgesehen von dem Teil des Preises, den der Fabrikant infolge der Steuer seinem eigenen tatsächlichen Gewinn zuschlagen kann. Wenn die Regierung als Zins für den Schatzwechsel 5 Prozent bezahlt, so werden dadurch, daß dieser nicht ausgegeben wird, 50 £ an Steuern erspart. Wenn der Fabrikant das zusätzliche Kapital zu 5 Prozent borgt und den Konsumenten mit 10 Prozent belastet, wird er ebenfalls auf seinen Vorschuß über seinen gewöhnlichen Profit hinaus gewonnen haben, so daß der Fabrikant und die Regierung zusammen genau die Summe, die der Konsument bezahlt, gewinnen oder ersparen.

Simonde, der in seinem ausgezeichneten Werk ‚De la Richesse Commerciale' derselben Linie der Beweisführung wie Say folgt, hat berechnet, daß sich eine Steuer von 4000 Franken, die ursprünglich von einem Fabrikanten bezahlt wurde, dessen Profit sich auf die bescheidene Rate von 10 Prozent belief, für den Konsumenten auf den Betrag von 6734 Franken erhöhen wird, falls die produzierte Ware durch die Hände von nur fünf verschiedenen Personen läuft. Diese Berechnung geht von der Annahme aus, daß derjenige, der als erster die Steuer vorschießt, vom nächsten Fabrikanten 4400 Franken erhält und dieser wiederum vom nächsten 4840 Franken, so daß bei jedem Schritt 10 Prozent ihrem Wert zugeschlagen werden. Das bedeutet anzunehmen, daß der Wert der Steuer sich mit Zinseszins erhöht, nicht zum Zinsfuß von 10 Prozent jährlich, sondern zu einem absoluten Satz von 10 Prozent bei jedem Schritt seiner Fortbewegung. Diese Ansicht von de Simonde wäre richtig, wenn zwischen dem ersten Vorschuß der Steuer und dem Verkauf der besteuerten Ware an den Konsumenten fünf Jahre verstreichen. Wenn aber nur ein Jahr verstreicht, so würde eine Entschädigung von 400 Franken, anstatt 2734, allen, die zu dem Vorschuß der Steuer beigetragen haben, einen

Profit zum Satz von 10 Prozent jährlich verschaffen, ob nun die Ware durch die Hände von fünf oder von fünfzig Fabrikanten gegangen ist.

KAPITEL XXX

ÜBER DEN EINFLUSS VON NACHFRAGE UND ANGEBOT AUF DIE PREISE

Es sind die Produktionskosten, die letztlich die Preise der Waren bestimmen müssen und nicht, wie oft behauptet worden ist, das Verhältnis zwischen Angebot und Nachfrage. Das Verhältnis zwischen Angebot und Nachfrage kann allerdings zeitweise den Marktpreis einer Ware beeinflussen, bis sie in größerer oder geringerer Menge geliefert wird, je nachdem, ob die Nachfrage gestiegen oder zurückgegangen ist. Das wird aber nur eine Wirkung von zeitweiliger Dauer sein.

Man verringere die Produktionskosten von Hüten, und ihr Preis wird schließlich auf ihren neuen natürlichen Preis zurückgehen, obwohl sich die Nachfrage verdoppelt, verdrei- oder vervierfacht haben mag. Man verringere die Unterhaltskosten der Arbeiter, indem man den natürlichen Preis der Nahrungsmittel und der Kleidung, die das Leben erhalten, senkt, und die Löhne werden schließlich sinken, trotzdem die Nachfrage nach Arbeitern sehr erheblich gestiegen sein mag.

Die Auffassung, daß der Preis der Waren ausschließlich von dem Verhältnis des Angebots zur Nachfrage oder der Nachfrage zum Angebot abhängt, ist in der Politischen Ökonomie fast zu einem Axiom geworden und ist die Quelle vieler Irrtümer in dieser Wissenschaft gewesen. Es ist diese Ansicht, die Buchanan zu der Behauptung veranlaßt hat, daß die Löhne nicht durch das Steigen oder Fallen des Lebensmittelpreises beeinflußt werden, sondern ausschließlich durch das Angebot und die Nachfrage nach Arbeit, und daß eine Steuer auf den

Arbeitslohn die Löhne nicht steigen lassen wird, da sie das Verhältnis zwischen der Nachfrage nach Arbeitern und dem Angebot nicht verändert.

Man kann nicht sagen, daß die Nachfrage nach einer Ware steigt, wenn nicht eine zusätzliche Menge davon gekauft oder konsumiert wird, und doch kann unter solchen Umständen ihr Geldwert steigen. So wird, wenn der Geldwert fällt, der Preis jeder Ware steigen, denn jeder der Konkurrenten wird bereit sein, mehr Geld als früher für ihren Ankauf auszugeben. Obgleich ihr Preis aber um 10 oder 20 Prozent steigt, ist es meines Erachtens nicht zulässig zu sagen, daß die Preisänderung durch die erhöhte Nachfrage dafür verursacht wurde, falls nicht mehr als vorher gekauft wird. Ihr natürlicher Preis, ihre Produktionskosten in Geld, sind in Wirklichkeit durch den veränderten Geldwert geändert worden, und auch ohne irgendeine Steigerung der Nachfrage wird sich der Preis der Ware dem neuen Wert anpassen.

„Wir haben gesehen", sagt Say, „daß die Produktionskosten den niedrigsten Preis bestimmen, auf den Dinge sinken können: den Preis, unter dem sie nicht für längere Zeit bleiben können, weil dann die Produktion entweder gänzlich eingestellt oder eingeschränkt wird." Band II, S. 26.

Er meint später, daß, da die Nachfrage nach Gold in noch stärkerem Maße als das Angebot seit der Entdeckung der Bergwerke gestiegen ist, „sein Preis in Waren, anstatt im Verhältnis von zehn zu eins zu fallen, nur im Verhältnis von vier zu eins fiel". Das bedeutet, anstatt in dem Ausmaß, in dem sein natürlicher Preis fiel, zu sinken, fiel es in dem Verhältnis, in dem das Angebot die Nachfrage überstieg.[1] „*Der Wert jeder Ware*

[1] „Wenn bei der tatsächlich vorhandenen Menge von Gold und Silber diese Metalle nur zur Anfertigung von Geräten und Schmucksachen dienten, wären sie überreichlich vorhanden und würden viel billiger als jetzt sein. Anders ausgedrückt, wir müßten bei ihrem Austausch gegen eine andere Waren-

steigt immer direkt proportional zur Nachfrage und umgekehrt proportional zum Angebot."

Die gleiche Ansicht wird vom Earl of Lauderdale vertreten. „Wenn wir, was die Änderungen des Wertes anbetrifft, denen jede Sache von Wert ausgesetzt ist, für einen Augenblick annehmen können, daß ein beliebiger Stoff inneren und feststehenden Wert besitzt, so daß eine angenommene Menge davon dauernd unter allen Umständen den gleichen Wert darstellt, dann wird der Grad des Wertes aller Sachen, der durch einen solchen unveränderlichen Standard gemessen wird, entsprechend dem Verhältnis *zwischen ihrer Menge* und der Nachfrage nach ihnen schwanken und jede Ware wird naturgemäß einer Änderung ihres Wertes aus vier verschiedenen Ursachen unterliegen:

1. Sie wird einer Werterhöhung infolge einer Verminderung ihrer Menge unterworfen sein.
2. Einer Wertverminderung durch eine Vermehrung ihrer Menge.
3. Sie kann eine Erhöhung ihres Wertes durch erhöhte Nachfrage erfahren.
4. Ihr Wert kann sinken durch einen Rückgang der Nachfrage.

Da es jedoch klar erscheint, daß keine Ware einen feststehenden und immanenten Wert besitzen kann, so daß sie als Wertmaß anderer Waren geeignet ist, wird die Menschheit dazu verleitet, das als ein praktisches Wertmaß zu wählen, welches am wenigsten irgendeiner dieser vier Quellen der Veränderung ausgesetzt zu sein scheint, *welche die alleinigen Ursachen einer Änderung des Wertes sind.*

gattung eine verhältnismäßig größere Quantität davon hingeben. Da aber eine große Menge von diesen Metallen als Geld verwendet wird und da dieser Teil zu keinem anderen Zweck gebraucht wird, so bleibt weniger zur Verwendung für Geräte und Schmuck übrig. Diese Knappheit erhöht nun ihren Wert." Say, Bd. I, S. 316. Siehe auch Fußnote zu S. 78.

Wenn wir daher in der Umgangssprache den *Wert* irgendeiner Ware ausdrücken, so kann er in einem bestimmten Zeitraum von dem, was er in einem anderen ist, infolge acht verschiedener Umstände abweichen:

1. Infolge der oben erwähnten vier Umstände, bezogen auf die Ware, deren Wert auszudrücken wir beabsichtigen.
2. Infolge derselben vier Umstände, bezogen auf die Ware, die wir als Wertmaß gewählt haben."[1]

Dies trifft für alle monopolisierten Waren zu und tatsächlich auch für den Marktpreis aller anderen Waren für beschränkte Zeit. Wenn sich die Nachfrage nach Hüten verdoppelt, wird der Preis sofort steigen, aber diese Erhöhung ist nur zeitweilig, sofern sich nicht die Produktionskosten für Hüte oder deren natürlicher Preis erhöht haben. Sollte der natürliche Preis des Brotes infolge einer großen Entdeckung der Agrarwissenschaften um 50 Prozent fallen, so wird die Nachfrage nicht erheblich steigen, denn niemand wird mehr verlangen als seinem Bedürfnis genügt, und da die Nachfrage nicht steigt, wird es auch das Angebot nicht tun; denn eine Ware wird nicht lediglich angeboten, weil sie produziert werden kann, sondern weil eine Nachfrage dafür existiert. Hier haben wir also einen Fall, in dem sich Angebot und Nachfrage kaum geändert haben, oder, falls sie gestiegen sind, dann im gleichen Ausmaß; und doch wird der Brotpreis um 50 Prozent gesunken sein, und das noch außerdem zu einer Zeit, zu der der Geldwert unverändert geblieben ist.

Von einer Gesellschaft oder einem Einzelnen monopolisierte Waren schwanken entsprechend dem von Lord Lauderdale dargelegten Gesetz: sie sinken entsprechend dem Verhältnis, in dem die Verkäufer ihre Mengen vermehren und steigen proportional zu dem Bestreben der Käufer, sie zu kaufen. Ihr Preis hat keine not-

[1] An Inquiry into the Nature and Origin of Public Wealth, S. 13.

wendige Beziehung zu ihrem natürlichen Wert. Die Preise der Waren hingegen, die der Konkurrenz ausgesetzt sind und deren Menge in irgendwelchem mäßigen Umfang vermehrt werden kann, werden letztlich nicht vom Stand von Angebot und Nachfrage, sondern von ihren höheren oder geringeren Produktionskosten abhängen.

KAPITEL XXXI

ÜBER MASCHINERIE

In dem vorliegenden Kapitel werde ich eine Untersuchung über den Einfluß der Maschinerie auf die Interessen der verschiedenen Gesellschaftsklassen anstellen, ein Thema von großer Bedeutung, das anscheinend niemals auf eine Weise, die zu irgendwelchen sicheren und befriedigenden Ergebnissen führte, erforscht wurde. Ich bin um so mehr verpflichtet, meine Meinung zu dieser Frage darzulegen, da diese durch weitere Überlegungen einen beträchtlichen Wandel erfahren hat. Obwohl mir nicht bewußt ist, daß ich jemals etwas über Maschinerie veröffentlicht habe, was ich zurückziehen müßte, so habe ich doch auf andere Weise Auffassungen unterstützt, die ich nunmehr für irrig halte. Ich fühle mich deshalb innerlich verpflichtet, meine derzeitigen Ansichten zusammen mit deren Begründung zur Prüfung vorzulegen.

Seitdem ich meine Aufmerksamkeit erstmalig Fragen der Politischen Ökonomie zugewandt habe, war ich stets der Auffassung, daß eine Anwendung von Maschinerie in einem beliebigen Produktionszweig, soweit sie arbeitssparend wirkt, das allgemeine Wohl fördert und nur von jenen Nachteilen begleitet wird, die sich in den meisten Fällen bei der Überführung von Kapital und Arbeit von einem Zweig zum anderen einstellen. Es schien mir, daß die Grundeigentümer, vorausgesetzt sie erhalten dieselbe Geldrente, durch die Herabsetzung der Preise einiger der Waren begünstigt werden, für die diese Renten ausgegeben werden, und eine solche Herabsetzung des Preises kann infolge der Verwendung von Maschinerie nicht ausbleiben. Ich meinte, daß der Kapitalist schließlich auf genau die gleiche Weise begünstigt wird. Derjenige allerdings, der die Maschine entdeckte oder sie zuerst nützlich verwendete, wird sich eines zusätzlichen Vorteils dadurch erfreuen, daß er eine Zeitlang hohe Profite erzielt. In dem Maße aber, in dem die Maschine in den allgemeinen Gebrauch eingeht, wird der Preis der produzierten Ware infolge der Konkurrenz auf ihre Produktionskosten sinken. Der Kapitalist wird dann denselben Profit in Geld wie früher erhalten und nur als Konsument an dem allgemeinen Vorteil teilhaben, indem er imstande ist, mit derselben Geldrevenue über eine zusätzliche Menge von Annehmlichkeiten und Genüssen zu verfügen. Ich dachte, daß sich auch für die Klasse der Arbeiter gleicherweise durch die Verwendung von Maschinen Vorteile ergeben, da sie die Möglichkeit haben, mehr Waren mit den gleichen Geldlöhnen zu kaufen, und ich glaubte, daß keine Kürzung der Löhne eintreten wird, weil der Kapitalist die Fähigkeit besitzt, ebenso nach Arbeitern nachzufragen und dasselbe Quantum Arbeit zu beschäftigen wie früher, obwohl er unter dem Zwang stehen kann, es für die Produktion einer neuen oder jedenfalls verschiedenen Ware zu verwenden. Wenn sich durch verbesserte Maschinerie die Zahl der Strümpfe bei Verwendung des gleichen Quantums Arbeit vervierfacht und die Nachfrage nach Strümpfen sich nur verdoppelt, so werden einige Arbeiter notwendigerweise aus der Strumpfwirkerei entlassen. Da aber das Kapital, das sie beschäftigt hat, weiter existiert und es im Interesse seiner Besitzer lag, es produktiv anzulegen, so schien mir, daß es für die Produktion irgendeiner anderen, für die Gesellschaft nützlichen Ware verwendet wird, für welche die Nachfrage nicht ausbleiben kann. Denn ich war und bin tief beeindruckt von der Richtigkeit der Bemerkung von Adam Smith, daß „das

Verlangen nach Nahrung bei jedermann sehr begrenzt ist durch die beschränkte Aufnahmefähigkeit des menschlichen Magens, aber das Verlangen nach Annehmlichkeiten, nach Verschönerung der Gebäude, nach Kleidung, Equipagen und Wohnmöbeln scheint keine Schranken oder sicheren Grenzen zu haben." Da mir also schien, daß die gleiche Nachfrage nach Arbeit wie früher vorhanden ist und daß die Löhne nicht niedriger sein würden, so meinte ich, die Arbeiterklasse würde gleich den anderen Klassen an dem Vorteil teilhaben, der sich aus der allgemeinen Wohlfeilheit von Waren ergibt, die aus der Verwendung von Maschinen entspringt.

Das waren meine Auffassungen und sie bleiben unverändert, soweit sie den Grundeigentümer und den Kapitalisten betreffen. Ich bin jedoch überzeugt, daß die Ersetzung der menschlichen Arbeit durch Maschinen oft den Interessen der Klasse der Arbeiter sehr schadet.

Mein Fehler entstand aus der Annahme, daß immer dann, wenn sich das Nettoeinkommen der Gesellschaft vergrößert, sich auch ihr Bruttoeinkommen erhöht. Ich habe nunmehr genügend Grund, um überzeugt zu sein, daß jener Fonds wachsen kann, aus dem Grundeigentümer und Kapitalisten ihre Revenue beziehen, während der andere, von dem die arbeitende Klasse hauptsächlich abhängig ist, sich verkleinern kann. Falls ich recht habe, ergibt sich daraus, daß die gleiche Ursache, die die Nettorevenue des Landes anwachsen läßt, gleichzeitig einen Überfluß an Bevölkerung erzeugt und die Lage des Arbeiters verschlechtern kann.

Nehmen wir an, ein Kapitalist verwendet ein Kapital im Werte von 20000 £ und betreibt damit das Unternehmen eines Farmers und eines Fabrikanten lebenswichtiger Artikel zu gleicher Zeit. Wir wollen weiter annehmen, daß 7000 £ seines Kapitals als fixes Kapital angelegt sind, d. h. in Gebäuden, Gerätschaften usw. und daß die restlichen 13000 £ als zirkulierendes Kapital zum

Unterhalt der Arbeit verwendet werden. Nehmen wir ferner an, daß sich der Profit auf 10 Prozent beläuft und daß demgemäß das Kapital des Kapitalisten jedes Jahr auf den ursprünglichen Stand seiner Leistungsfähigkeit gebracht wird und einen Profit von 2000 £ abwirft.

Der Kapitalist beginnt jedes Jahr seine Tätigkeit mit einem Vorrat von Nahrungsmitteln und notwendigen Konsumartikeln im Werte von 13000 £, die er vollständig im Laufe des Jahres seinen eigenen Arbeitern für diesen Geldbetrag verkauft, und während dieses Zeitraumes zahlt er ihnen die gleiche Geldsumme als Lohn. Am Ende des Jahres haben sie seinem Besitz wieder Nahrungsmittel und notwendige Artikel im Wert von 15000 £ zugeführt, von denen er 2000 £ selbst konsumiert oder darüber verfügt, wie es seinem Vergnügen und seiner Laune am besten entspricht. Soweit es diese Produkte betrifft, beläuft sich das Bruttoprodukt auf 15000 £ und das Nettoprodukt auf 2000 £. Angenommen nun, der Kapitalist beschäftige im folgenden Jahr die Hälfte seiner Leute mit der Konstruktion einer Maschine und die andere Hälfte wie gewöhnlich mit der Produktion von Nahrungsmitteln und lebenswichtigen Konsumartikeln. Während dieses Jahres bezahlt er wie gewöhnlich die Summe von 13000 £ als Lohn und verkauft in gleicher Höhe Nahrungsmittel und notwendige Konsumartikel an seine Arbeiter. Was würde aber im folgenden Jahr eintreten?

Während die Maschine angefertigt wurde, ist nur die Hälfte der üblichen Menge Nahrungsmittel und lebenswichtigen Artikel gewonnen worden, und sie werden auch nur die Hälfte des Wertes der früher produzierten Menge besitzen. Die Maschine wird 7500 £ und die Nahrungsmittel und lebenswichtige Artikel 7500 £ wert sein, und das Kapital des Kapitalisten wird daher ebensogroß wie vorher sein, da er neben diesen beiden Werten sein fixes Kapital in Höhe von 7000 £, was zusammen 20000 £ Kapital ergibt, und 2000 £ Profit besitzt. Nach dem Abzug der letztgenannten Summe für seine eigenen Ausgaben hat er ein zirkulierendes Kapital nicht größer als 5500 £, mit dem er seine künftige Tätigkeit durchführen muß. Seine Mittel für die Beschäftigung von Arbeitern sind deshalb entsprechend von 13000 £ auf 5500 £ zurückgegangen und infolgedessen wird alle die Arbeit überflüssig, die früher mit Hilfe von 7500 £ beschäftigt worden ist.

Die reduzierte Quantität Arbeit, die der Kapitalist beschäftigen kann, muß allerdings mit Hilfe der Maschine, nach Abzügen für deren Reparaturen, einen Wert von 7500 £ produzieren, sie muß das zirkulierende Kapital zusammen mit einem Profit von 2000 £ auf das Gesamtkapital ersetzen. Wenn das aber geschieht, wenn sich das Nettoeinkommen nicht verringert, welche Bedeutung hat es für den Kapitalisten, ob das Bruttoeinkommen einen Wert von 3000, 10000 oder 15000 £ hat?

Obwohl in diesem Falle das Nettoprodukt an Wert nicht geringer sein wird und obgleich seine Fähigkeit, Waren zu kaufen, sehr viel größer sein kann, wird das Bruttoprodukt im Wert von 15000 £ auf 7500 £ gesunken sein. Da die Fähigkeit, eine Bevölkerung zu unterhalten und Arbeit zu beschäftigen stets vom Bruttoprodukt und nicht vom Nettoprodukt einer Nation abhängt, so wird notwendigerweise eine Verringerung der Nachfrage nach Arbeit eintreten, Bevölkerung wird überzählig und die Lage der arbeitenden Klassen elend und armselig sein.

Da aber die Möglichkeit des Sparens bei der Revenue, um das Kapital zu vermehren, von der Fähigkeit der Nettorevenue abhängen muß, die Bedürfnisse des Kapitalisten zu befriedigen, so kann es nicht ausbleiben, daß er durch die Herabsetzung des Preises der Waren infolge der Einführung von Maschinen bei gleichen Bedürfnissen größere Sparmöglichkeiten besitzt, bessere Bedingungen, Revenue in Kapital zu verwandeln. Mit jeder Kapitalerhöhung wird er aber mehr Arbeiter beschäftigen und ein Teil der Leute, die zunächst ihre Arbeit verloren haben, werden später wieder beschäftigt werden. Und falls die durch die Verwendung der Maschine erhöhte Produktion so groß wird, daß sie als Nettoprodukt eine ebenso große Menge von Nahrungsmitteln und notwendigen Konsumgütern herstellt, wie sie vorher als Bruttoprodukt vorhanden war, so ist dieselbe Fähigkeit zur Beschäftigung der gesamten Bevölkerung vorhanden, und es gibt daher nicht unbedingt eine überschüssige Bevölkerung.

Damit möchte ich nur beweisen, daß die Erfindung und die Verwendung von Maschinen von einer Verringerung des Bruttoprodukts begleitet sein kann und daß, sobald dies der Fall ist, sie für die arbeitende Klasse schädlich sein wird, weil einige aus ihren Reihen ihre Beschäftigung verlieren werden und Bevölkerung im Vergleich zu den für ihre Beschäftigung bestimmten Fonds überzählig wird.

Der von mir angenommene Fall ist der einfachste, den ich wählen konnte. Es bedeutet aber keinen Unterschied im Ergebnis, wenn wir unterstellen, daß die Maschinerie im Industriezweig eines beliebigen Fabrikanten verwendet wird, z. B. in dem eines Tuchmachers oder eines Baumwollfabrikanten. Falls es sich um das Unternehmen eines Tuchmachers handelt, so wird nach Einführung der Maschine weniger Tuch produziert, denn ein Teil jener Menge, die zur Bezahlung einer großen Arbeiterzahl verwendet wurde, wird von deren Arbeitgeber nicht benötigt werden. Infolge der Verwendung der Maschine wird es für ihn erforderlich sein, nur einen dem konsumierten Wert gleichen zu reproduzieren, einschließlich des Profits auf das Gesamtkapital. Das können 7500 £ ebenso effektiv wie 15000 £ früher tun, so daß der Fall sich von dem vorigen Beispiel in keiner Weise unterscheidet. Man mag jedoch einwenden, daß die Nachfrage nach Tuch ebenso groß wie vordem sein wird, und man mag fragen, woher das entsprechende Angebot kommt.

Aber von wem würde dieses Tuch verlangt? Von den Farmern und den anderen Produzenten von notwendigen Artikeln, die ihr Kapital in der Produktion dieser Artikel angelegt haben, um Tuch zu bekommen. Sie haben dem Tuchmacher Getreide und Konsumgüter für Tuch geliefert, und dieser überließ sie seinen Arbeitern für das Tuch, das ihre Arbeit ihm verschaffte.

Dieser Handel hört nun auf. Der Tuchmacher wird die Nahrungsmittel und die Kleidung nicht haben wollen, da er weniger Leute zu beschäftigen braucht und über weniger Tuch verfügt. Die Farmer und die anderen, die lebensnotwendige Waren nur als Mittel zum Zweck produzierten, können durch eine derartige Verwendung ihres Kapitals Tuch nicht mehr erhalten. Sie werden daher entweder selbst ihr Kapital in der Produktion von Tuch anlegen oder es anderen leihen, damit die tatsächlich gewünschte Ware geliefert werden kann und damit die Produktion jener, für die niemand die Mittel zur Bezahlung hat oder für die keine Nachfrage vorhanden ist, eingestellt wird. Das führt uns also zum gleichen Ergebnis; die Nachfrage nach Arbeit wird zurückgehen, und die für den Unterhalt der Arbeit notwendigen Waren werden nicht in gleicher Menge produziert.

Wenn diese Ansichten richtig sind, so folgt daraus:

1. Daß die Erfindung und nutzbringende Verwendung von Maschinen stets zu einer Vergrößerung des Nettoprodukts des Landes führt, obwohl sie, abgesehen von einem unbedeutenden zeitlichen Zwischenraum, den Wert dieses Nettoprodukts nicht erhöhen braucht und wird.

2. Daß eine Vergrößerung des Nettoprodukts eines Landes mit einem Rückgang des Bruttoprodukts vereinbar ist, und daß die Beweggründe für die Verwendung von Maschinen stets genügend stark sind, um deren Verwendung zu sichern, wenn sie das Nettoprodukt erhöhen, obwohl sie sowohl den Umfang der Brutto-

produktion als auch dessen Wert verringern können und häufig dies sogar müssen.

3. Daß die bei der arbeitenden Klasse herrschende Meinung, daß die Verwendung von Maschinen häufig ihren Interessen zuwiderläuft, sich nicht auf Vorurteil und Irrtum stützt, sondern mit den richtigen Prinzipien der Politischen Ökonomie vereinbar ist.

4. Falls die infolge der Verwendung von Maschinen verbesserten Produktionsmittel das Nettoprodukt eines Landes in einem so großen Maße vermehren sollten, daß das Bruttoprodukt nicht geringer wird (ich habe stets die Menge der Waren, nicht den Wert im Auge), wird sich die Lage aller Klassen verbessern. Der Grundeigentümer und der Kapitalist werden nicht durch eine Erhöhung der Rente und des Profits begünstigt, sondern durch die Vorteile, die sich aus der Verausgabung der gleichen Rente und desselben Profits für im Wert beträchtlich gesunkene Waren ergeben, während die Lage der arbeitenden Klassen auch wesentlich verbessert wird; erstens nämlich durch die gesteigerte Nachfrage nach Hauspersonal, zweitens durch den Anreiz zu Ersparnissen von der Revenue, den ein so reichliches Nettoprodukt hervorruft und drittens durch den niedrigen Preis aller Konsumartikel, für die ihr Lohn verwendet wird.

Unabhängig von der Überlegung über die Erfindung und Verwendung von Maschinen, der wir unsere Aufmerksamkeit gerade zugewendet haben, hat die arbeitende Klasse kein geringes Interesse an der Art, in welcher das Nettoeinkommen des Landes ausgegeben wird, obwohl es auf jeden Fall zum Nutzen und Vergnügen jener, die gerechterweise dazu berechtigt sind, ausgegeben werden sollte.

Wenn ein Grundeigentümer oder ein Kapitalist seine Revenue nach Art eines mittelalterlichen Barons ausgibt, nämlich für den Unterhalt einer großen Zahl von Gefolgsleuten oder Hauspersonal, wird er Verwendung für viel mehr Arbeit schaffen, als wenn er sie für wertvolle Kleidung oder eine bessere Einrichtung, für Kutschen, Pferde oder den Kauf irgendwelcher anderen Luxuswaren verausgabt.

In beiden Fällen ist die Netto-Revenue ebenso wie die Brutto-Revenue die gleiche, jedoch wird die erstere in verschiedene Waren umgesetzt. Wenn meine Revenue 10000 £ beträgt, so wird die fast gleiche Menge produktiver Arbeit verwendet, ob ich sie nun in wertvolle Kleidung und teure Möbel usw. oder in eine Menge Nahrungsmittel und Kleidung von gleichem Wert umsetze. Wenn ich aber meine Revenue in Waren der ersten Art umsetzte, so wird *danach* keine Arbeit mehr beschäftigt, — ich würde mich meiner Kleider und meiner Möbel erfreuen und damit ist die Angelegenheit beendet. Wenn ich aber meine Revenue in Nahrungsmittel und Kleider umsetze und es ist mein Wunsch, Dienstpersonal zu beschäftigen, so werden alle jene, die ich so mit meiner Revenue von 10000 £ oder mit den von mir gekauften Nahrungsmitteln und Kleidungsstücken beschäftigen kann, der früheren Nachfrage nach Arbeit hinzugefügt, und diese Vermehrung tritt lediglich ein, weil ich diese Art der Verausgabung meiner Revenue gewählt habe. Da die Arbeiter also an der Nachfrage nach Arbeit interessiert sind, müssen sie offensichtlich wünschen, daß soviel wie möglich von der Revenue von den Ausgaben für Luxuswaren abgezogen wird, um für den Unterhalt von Dienstpersonal verwendet zu werden.

In gleicher Weise beschäftigt ein im Krieg befindliches Land, das unter dem Zwang des Unterhalts großer Flotten und Armeen steht, eine ganze Menge mehr Leute als nach Beendigung des Krieges beschäftigt sein werden, wenn die jährlichen Ausgaben, die er mit sich bringt, aufhören.

Wenn ich nicht während des Krieges zu einer Steuer von 500 £ herangezogen werde, die für Leute im Matrosen- und Soldatenberuf verwendet wird, gebe ich wahrscheinlich diesen Teil meines Einkommens für Möbel, Kleidung, Bücher usw. aus. Ob sie nun auf diese oder jene Weise ausgegeben werden, dasselbe Quantum Arbeit wird in der Produktion beschäftigt, denn die Nahrung und Kleidung des Soldaten und des Seemanns erfordern denselben Aufwand an Arbeit für ihre Produktion wie die luxuriöseren Waren. Aber im Falle eines Krieges wird die zusätzliche Nachfrage nach Leuten wie Soldaten und Seeleuten vorhanden sein, und infolgedessen ist ein Krieg, der aus der Revenue und nicht aus dem Kapital des Landes finanziert wird, der Bevölkerungsvermehrung günstig.

Sobald nun dieser Teil meiner Revenue nach Beendigung des Krieges mir wieder zufällt und wie vordem für den Ankauf von Wein, Möbeln und anderen Luxuswaren verwendet wird, wird die Bevölkerung, die er vorher unterhielt und die durch den Krieg entstand, überzählig werden. Durch die Einwirkung dieses Bevölkerungsteils auf die übrige Bevölkerung und ihre gegenseitige Konkurrenz um Beschäftigung wird der Wert des Lohnes sinken und sich die Lage der arbeitenden Klassen sehr erheblich verschlechtern.

Es gibt einen anderen, bemerkenswerten Fall einer Möglichkeit der Erhöhung des Umfangs der Netto- und sogar der Bruttorevenue eines Landes bei Verringerung der Nachfrage nach Arbeit, der dann eintritt, wenn die Arbeit des Menschen durch die von Pferden ersetzt wird. Wenn ich hundert Leute auf meiner Farm beschäftige, und ich stelle fest, daß die für fünfzig dieser Leute verwendeten Nahrungsmittel für die Haltung von Pferden aufgewendet werden können, die mir einen höheren Ertrag an Rohprodukten liefern, nachdem ich den Zins für das Kapital, das der Kauf der Pferde beanspruchen wird, in Rechnung gestellt habe, so wird es für mich von Vorteil sein, die Menschen durch die Pferde zu ersetzen, und ich werde das dementsprechend tun. Doch das liegt nicht im Interesse der Arbeiter, und sofern das von mir bezogene Einkommen sich nicht derart erhöht, daß es mich instand setzt, die Leute ebenso wie die Pferde zu beschäftigen, so ist es offensichtlich, daß Bevölkerung überzählig wird und die Lage des Arbeiters sich allgemein verschlechtert. Es ist offensichtlich, daß er keinesfalls in der Landwirtschaft beschäftigt werden kann. Wenn aber das Bodenprodukt durch die Ersetzung von Menschen durch Pferde größer wird, so kann er in der Manufaktur oder als Hausdiener verwendet werden.

Die von mir getroffenen Feststellungen werden hoffentlich nicht zu der Schlußfolgerung führen, daß die Einführung von Maschinen nicht gefördert werden soll. Um das Prinzip zu erläutern, habe ich unterstellt, daß Verbesserungen der Maschinerie *plötzlich* erfunden und in großem Umfang benutzt werden. Die Wahrheit ist jedoch, daß diese Erfindungen allmählich erfolgen und sich eher so auswirken, daß sie die Verwendung des gesparten und akkumulierten Kapitals bestimmen, als daß sie Kapital aus seinen gegenwärtigen Anlagen abziehen.

Mit jeder Vermehrung von Kapital und Bevölkerung werden die Nahrungsmittel auf Grund der erhöhten Produktionsschwierigkeiten allgemein steigen. Die Folge eines Steigens der Nahrungsmittel wird eine Erhöhung der Löhne sein, und jede Lohnerhöhung wird eine Tendenz haben, das gesparte Kapital in höherem Maße als früher zur Verwendung von Maschinen zu drängen. Maschinerie und Arbeit sind in ständiger Konkurrenz, und die erstere kann häufig solange nicht verwendet werden, solange die Arbeit nicht steigt.

In Amerika und in vielen anderen Ländern, in denen menschliche Nahrung leicht beschafft werden kann, existiert keine auch nur annähernd so starke Versuchung,

Maschinen zu verwenden wie in England, wo Nahrungsmittel teuer sind und ihre Produktion viel Arbeit kostet. Die gleiche Ursache, welche die Arbeit erhöht, steigert nicht den Wert von Maschinen, und daher wird mit jeder Vermehrung des Kapitals ein größerer Teil davon in Maschinen angelegt. Die Nachfrage nach Arbeit wird sich weiter erhöhen bei einer Vermehrung des Kapitals, jedoch nicht proportional zu dessen Vermehrung; das Verhältnis wird notwendigerweise kleiner werden.[1]

Ich habe vorhin auch festgestellt, daß die Erhöhung des Nettoeinkommens, gemessen in Waren, die immer als

[1] „Die Nachfrage nach Arbeit hängt von der Vermehrung des zirkulierenden und nicht des fixen Kapitals ab. Wenn es stimmte, daß das Verhältnis zwischen diesen beiden Arten des Kapitals zu allen Zeiten und in allen Ländern dasselbe ist, dann folgt allerdings daraus, daß die Anzahl der beschäftigten Arbeiter sich nach dem Reichtum des Staates richtet. Aber eine solche Behauptung hat nicht den Anschein von Wahrscheinlichkeit. In dem Maße, wie die Naturwissenschaften gepflegt werden und die Zivilisation sich ausbreitet, wächst das fixe Kapital im Verhältnis zum zirkulierenden immer mehr und mehr an. Die Summe des bei der Produktion eines Stückes britischen Musselins verwendeten fixen Kapitals ist wenigstens hundertmal, wahrscheinlich aber tausendmal größer als jene, die bei der Produktion eines ähnlichen Stückes indischen Musselins verwendet wird, und der Anteil des verwendeten zirkulierenden Kapitals ist hundert- oder tausendmal geringer. Es ist leicht zu verstehen, daß unter gewissen Umständen, die Gesamtheit der jährlichen Ersparnisse eines fleißigen Volkes dem fixen Kapital zugeschlagen werden kann, und in diesem Falle werden sie sich nicht in einer erhöhten Nachfrage nach Arbeit auswirken." Barton, On the Condition of the Labouring Classes of Society, S. 16.
Es ist nicht leicht zu verstehen, glaube ich, daß unter irgendwelchen Umständen einer Vermehrung des Kapitals nicht eine erhöhte Nachfrage nach Arbeit folgt. Das äußerste, was man behaupten kann, ist, daß die Nachfrage verhältnismäßig abnehmen wird. Barton hat in seiner oben erwähnten Veröffentlichung eine richtige Ansicht über einige der Auswirkungen eines steigenden Umfangs des fixen Kapitals auf die Lage der arbeitenden Klassen entwickelt. Sein Aufsatz enthält viel wertvolles Material.

Folge verbesserter Maschinerie eintritt, zu neuen Ersparnissen und zur Akkumulation führen wird. Man muß sich erinnern, daß dies jährliche Ersparnisse sind, die bald einen bedeutend größeren Fonds als die Brutto-Revenue bilden müssen, welche ursprünglich durch die Erfindung der Maschine verloren ging. Dann wird die Nachfrage nach Arbeit ebenso groß wie vordem sein, und die Lage der Bevölkerung wird noch weiter durch die höheren Ersparnisse verbessert werden, die ihr durch die höhere Netto-Revenue ermöglicht werden.

Der Verwendung von Maschinen kann man in einem Staate niemals ohne Gefahr begegnen, da das Kapital ins Ausland gebracht wird, wenn ihm nicht gestattet wird, die höchste Netto-Revenue zu erzielen, die der Gebrauch von Maschinen im Inland bringt. Das muß zu einem viel stärkeren Rückschlag in der Nachfrage nach Arbeit führen, als die verbreitetste Anwendung von Maschinen, da das Kapital eine Nachfrage nach einer gewissen Menge Arbeit erzeugen muß, solange es im Inland angelegt ist. Maschinen können nicht ohne Hilfe des Menschen arbeiten, sie können nur mit Hilfe ihrer Arbeit hergestellt werden. Durch die Anlage eines Teils des Kapitals in verbesserter Maschinerie wird sich eine Verminderung der sich aufwärts entwickelnden Nachfrage nach Arbeit ergeben; durch seinen Export in das Ausland wird die Nachfrage völlig vernichtet.

Die Preise der Waren werden zudem von ihren Produktionskosten bestimmt. Die Produktionskosten der Waren werden durch die Verwendung verbesserter Maschinerie gesenkt, und es ist infolgedessen möglich, sie auf ausländischen Märkten zu einem niedrigeren Preis zu verkaufen. Wenn man jedoch die Verwendung von Maschinen ablehnt, während alle anderen Länder sie fördern, ist man gezwungen, das eigene Geld im Austausch gegen ausländische Waren solange zu exportieren, bis man die natürlichen Preise der eigenen Waren auf die Preise anderer Länder heruntergedrückt hat.

Bei der Durchführung des Austausches mit diesen Ländern gibt man vielleicht eine Ware, die hier zwei Tage Arbeit kostet für eine solche, die im Ausland einen Tag kostet, und dieser unvorteilhafte Tausch ist die Folge des eigenen Handelns, denn die exportierte Ware, die zwei Tage Arbeit kostet, hätte nur einen gekostet, wenn die Verwendung von Maschinen nicht abgelehnt worden wäre, deren Dienste sich die Nachbarn, die klüger waren, zunutze gemacht haben.

KAPITEL XXXII

MALTHUS' ANSICHTEN ÜBER DIE RENTE

Obwohl der Charakter der Rente auf früheren Seiten dieses Werkes mit einiger Ausführlichkeit behandelt wurde, fühle ich mich doch verpflichtet, auf einige Auffassungen über diesen Gegenstand hinzuweisen, die mir irrig erscheinen, und die um so bedeutsamer sind, als man sie in den Werken eines Mannes finden kann, dem einige Zweige der ökonomischen Wissenschaft von allen Zeitgenossen den meisten Dank schulden. Ich bin glücklich über die sich bietende Gelegenheit, an dieser Stelle meine Bewunderung für Malthus' Essay on Population auszudrücken. Die Angriffe der Kritiker dieses großen Werkes haben nur dazu gedient, seine Stärke zu beweisen, und ich bin davon überzeugt, daß sein wohlverdienter Ruf sich mit der Entwicklung jener Wissenschaft verbreiten wird, für die es eine so hervorragende Zierde ist. Malthus hat auch die Prinzipien der Rente zufriedenstellend dargelegt und gezeigt, daß sie proportional zu den relativen Vorteilen entweder der Fruchtbarkeit oder der Lage der verschiedenen bebauten Böden steigt oder fällt. Er hat damit viel Licht auf viele schwierige Fragen geworfen, die mit dem Problem der Rente zusammenhängen und die vorher entweder unbekannt waren oder sehr unvollkommen begriffen wurden. Dennoch scheint es mir, daß er einigen Irrtümern erlegen ist, auf die hinzuweisen wegen seiner Autorität dringend erforderlich ist, während die ihn kennzeichnende Lauterkeit dies weniger unangenehm macht. Einer dieser Irrtümer besteht in der Annahme, daß die Rente eindeutigen Gewinn und eine Neubildung von Reichtum darstellt.

Ich stimme nicht mit allen Ansichten Buchanans über die Rente überein. Jedoch die in der folgenden Stelle ausgedrückten, die Malthus aus Buchanans Werk zitiert hat, finden meine volle Zustimmung, und ich kann daher Malthus' Kommentar dazu nicht beipflichten.

„Unter diesem Gesichtspunkt kann sie (die Rente) keinen allgemeinen Zuwachs des Kapitals der Gesellschaft darstellen, da der in Frage stehende reine Überschuß nichts anderes ist, als eine von einer Klasse auf die andere übertragene Revenue. Es ist klar, daß aus der bloßen Tatsache, daß sie derart die Hände wechselt, kein Fonds entstehen kann, aus dem Steuern gezahlt werden. Die Revenue, die für die Produkte des Bodens bezahlt wird, existiert bereits in den Händen derer, die diese Produkte kaufen. Falls der Preis der Unterhaltsmittel niedriger ist, wird sie immer noch in ihren Händen bleiben, in denen sie ebenso der Besteuerung zur Verfügung steht, als wenn sie mit Hilfe eines höheren Preises auf die Grundeigentümer übergegangen wäre."

Nach verschiedenen Bemerkungen über den Unterschied zwischen Rohprodukten und Manufakturwaren fragt Malthus: „Ist es also möglich, gleich Sismondi, Rente als bloßes Erzeugnis der Arbeit anzusehen, das einen rein nominellen Wert besitzt, und lediglich Ergebnis jener Preiserhöhung ist, die ein Verkäufer infolge eines besonderen Privilegs erzielt, oder aber, gleich Buchanan, sie nicht als Zuwachs am nationalen Reichtum zu betrachten, sondern lediglich als eine Übertragung von Wert, die nur für die Grundeigentümer vorteilhaft und entsprechend *nachteilig* für die Konsumenten ist?"[1]

Ich habe meine Ansicht über dieses Problem bereits bei der Erörterung der Rente dargelegt, und ich muß jetzt nur noch hinzufügen, daß die Rente eine Schöpfung von Wert, so wie ich dieses Wort auffasse, nicht aber eine Schöpfung von Reichtum ist. Wenn der Preis des Getreides infolge der Schwierigkeit bei der Produktion irgendeines Teiles davon von 4 auf 5 £ pro Quarter steigt, so wird eine Million Quarter 5000000 £ anstatt 4000000 £ wert sein. Da dieses Getreide nicht nur gegen mehr Geld, sondern gegen mehr von jeder anderen Ware getauscht wird, so werden die Besitzer eine größere Summe Wert haben. Da deswegen kein anderer weniger Wert haben wird, so wird die Gesellschaft insgesamt einen größeren Wert ihr eigen nennen, und die Rente ist in diesem Sinne eine Schöpfung von Wert. Aber dieser Wert ist insofern nominell, als er dem Reichtum, d. h. den notwendigen Konsumartikeln, Annehmlichkeiten und Genüssen der Gesellschaft nichts hinzufügt. Wir werden genau dieselbe Menge und nicht mehr an Waren und dieselbe Million Quarter Getreide wie früher haben. Aber das Ergebnis dessen, daß es nunmehr mit 5 £ pro Quarter anstatt mit 4 £ bewertet wird, ist die Übertragung eines Teiles des Wertes des Getreides und der Waren von ihren früheren Besitzern auf die Grundeigentümer. Die Rente ist also eine Schöpfung von Wert, nicht aber eine Schöpfung von Reichtum. Sie fügt den Ressourcen eines Landes nichts hinzu, sie ermöglicht nicht den Unterhalt von Flotten und Armeen; denn das Land hätte einen größeren verfügbaren Fonds, wenn sein Boden von besserer Qualität wäre und es dasselbe Kapital ohne die Hervorbringung einer Rente verwenden könnte.

Man muß also zugeben, daß Sismondi und Buchanan — denn die Ansicht beider ist im wesentlichen

[1] An Inquiry into the Nature and Progress of Rent, S. 15.

gleich — recht hatten, wenn sie die Rente als einen rein nominellen Wert ansahen und als etwas, das keine Vermehrung des nationalen Reichtums darstellt, sondern lediglich als eine Übertragung von Wert, die nur für die Grundeigentümer vorteilhaft und in gleichem Maße nachteilig für die Konsumenten ist.

In einem anderen Teil seiner ‚Inquiry' stellt Malthus fest, „daß die unmittelbare Ursache der Rente offensichtlich der Überschuß des Preises über die Produktionskosten ist, zu dem Rohprodukte auf dem Markt verkauft werden", und an anderer Stelle sagt er, „daß man drei Ursachen für den hohen Preis der Rohprodukte anführen kann:

Erstens und hauptsächlich, die Fähigkeit der Erde, durch die sie dazu gebracht werden kann, eine größere Menge der unerläßlichen Dinge des Lebens herzugeben, als für den Unterhalt der auf dem Boden beschäftigten Personen benötigt wird.

Zweitens, jene den lebenswichtigen Artikeln eigentümliche Eigenschaft, ihre eigene Nachfrage zu erzeugen, oder eine der Menge produzierter lebenswichtiger Artikel entsprechende Zahl von Nachfragenden entstehen zu lassen.

Und drittens, die verhältnismäßige Knappheit des fruchtbarsten Bodens". Malthus meint offensichtlich dort, wo er vom hohen Preis des Getreides spricht, nicht den Preis pro Quarter oder Bushel, sondern vielmehr den Überschuß des Preises, zu dem das Gesamtprodukt über seine Produktionskosten hinaus verkauft wird, wobei immer in den Begriff „Produktionskosten" Profite ebenso wie Löhne eingeschlossen sind. Einhundertfünfzig Quarter Getreide zu 3 £ 10 sh pro Quarter werden dem Grundeigentümer eine höhere Rente abwerfen als 100 Quarter zu 4 £, vorausgesetzt, daß in beiden Fällen die Produktionskosten gleich sind.

Ein hoher Preis, wenn man den Ausdruck in diesem Sinne verwendet, kann dann nicht als eine *Ursache* der

Rente bezeichnet werden; man kann nicht sagen, „daß die unmittelbare Ursache der Rente offensichtlich der Überschuß des Preises über die Produktionskosten ist, zu dem Rohprodukte auf dem Markt verkauft werden", denn dieser Überschuß ist selbst die Rente. Malthus hat die Rente definiert als „jenen Teil des Wertes des Gesamtprodukts, der dem Eigentümer des Bodens verbleibt, nachdem alle Ausgaben für dessen Bebauung, gleichgültig welcher Art, bezahlt worden sind, einschließlich des Profits für das aufgewendete Kapital, der entsprechend der üblichen und gewöhnlichen Profitrate für landwirtschaftliches Kapital zur gegebenen Zeit bemessen wurde". Für welchen Betrag dieser Überschuß auch immer verkauft werden mag, er stellt die Geldrente dar, er ist, was Malthus versteht unter „dem Überschuß des Preises über die Produktionskosten, zu dem Rohprodukte auf dem Markt verkauft werden". Bei einer Untersuchung der Ursachen, welche den Preis der Rohprodukte im Vergleich zu den Produktionskosten steigen lassen können, untersuchen wir daher die Ursachen, welche die Rente steigen lassen.

Unter Bezugnahme auf die erste Ursache, der Malthus das Steigen der Rente zuschreibt, nämlich „die Fähigkeit der Erde, durch die sie dazu gebracht werden kann, eine größere Menge der unerläßlichen Dinge des Lebens herzugeben, als für den Unterhalt der auf dem Boden beschäftigten Personen benötigt wird", trifft er folgende Feststellungen: „Wir möchten immer noch wissen, warum die Konsumtion und das Angebot derart sind, daß sie den Preis die Produktionskosten so erheblich übersteigen lassen. Die Hauptursache ist offensichtlich die *Fruchtbarkeit* der Erde bei der Produktion der lebensnotwendigen Güter. Man schränke diese Fülle ein, man verringere die Fruchtbarkeit des Bodens und der Überschuß wird kleiner werden; verringert man sie noch weiter, wird er verschwinden." Es stimmt, daß der Überschuß an lebenswichtigen Gütern kleiner wird und verschwindet, aber das ist nicht die Frage. Die Frage ist, ob der Überschuß ihres Preises über die Produktionskosten kleiner werden und verschwinden wird, denn davon hängt die Geldrente ab. Ist Malthus zu seiner Schlußfolgerung berechtigt, daß deswegen, weil der mengenmäßige Überschuß sich verringert und verschwindet, „die Ursache des *hohen*, über den Produktionskosten liegenden *Preises* der unerläßlichen Dinge des Lebens eher in ihrer Fülle, als in ihrer Knappheit liegt und daß dies nicht nur wesentlich verschieden ist von dem durch künstliche Monopole verursachten hohen Preis, sondern auch von dem hohen Preis jener besonderen Bodenprodukte, die keine Beziehung zu Nahrungsmitteln haben und die man als natürliche und unvermeidbare Monopole bezeichnen kann?"

Gibt es keine Umstände, durch welche die Fruchtbarkeit des Bodens und die Fülle seiner Produkte verringert werden können, ohne damit eine Verringerung des Überschusses des Preises über die Produktionskosten, d. h. eine verminderte Rente, zu verursachen? Wenn es sie gibt, so ist Malthus' Behauptung viel zu absolut; denn er scheint mir zu einem unter allen Umständen richtigen allgemeinen Prinzip zu erklären, daß die Rente mit steigender Fruchtbarkeit des Bodens steigen und mit dessen zurückgehender Fruchtbarkeit fallen wird.

Malthus hätte zweifellos recht, wenn von irgendeiner bestimmten Farm in dem Maße, in dem der Boden reichlicher trägt, ein größerer Teil des gesamten Produktes an den Grundeigentümer abgeführt würde. Das Gegenteil tritt jedoch ein: Sobald kein anderer als der fruchtbarste Boden bebaut wird, erhält der Grundeigentümer den geringsten Teil des gesamten Produkts und den kleinsten Wert und nur dann, wenn schlechtere Böden notwendig sind, um eine sich vermehrende Bevölkerung zu ernähren, erhöhen sich schrittweise sowohl der Anteil des Grundeigentümers am Gesamtprodukt als auch der Wert, den er erhält.

Angenommen, daß eine Nachfrage für eine Million Quarter Getreide existiert und daß diese das Produkt des tatsächlich bestellten Bodens sind. Angenommen nun, die Fruchtbarkeit des gesamten Bodens geht so zurück, daß genau die gleichen Böden nur 900000 Quarter bringen. Da Nachfrage für eine Million Quarter vorhanden ist, wird der Getreidepreis steigen, und man muß notwendigerweise früher zu Boden schlechterer Qualität seine Zuflucht nehmen, als wenn der bessere Boden weiterhin eine Million Quarter hergegeben hätte. Es ist aber diese Notwendigkeit, Boden minderer Qualität zu bestellen, welche die Ursache des Steigens der Rente ist und die sie in die Höhe treiben wird, obwohl die vom Grundeigentümer bezogene Getreidemenge quantitativ zurückgeht. Man muß sich ins Gedächtnis zurückrufen, daß die Rente nicht der absoluten Fruchtbarkeit des bebauten Bodens, sondern dessen relativer Fruchtbarkeit entspricht. Jede Ursache, die Kapital auf schlechtere Böden treibt, muß die Rente auf dem besseren Boden erhöhen, da die Ursache der Rente, wie Malthus in seinem dritten Satz erklärt, „die verhältnismäßige Knappheit des fruchtbarsten Bodens" ist. Der Preis des Getreides wird naturgemäß entsprechend der Schwierigkeit der Produktion für die letzten seiner Teile steigen, und der Wert der auf einer bestimmten Farm produzierten Gesamtmenge wird sich erhöhen, obwohl deren Quantität zurückgehen wird. Da jedoch die Produktionskosten auf dem fruchtbareren Boden nicht steigen, da Lohn und Profit zusammengenommen stets den gleichen Wert[1] besitzen, ist es offensichtlich, daß der Überschuß des Preises über die Produktionskosten,

[1] Siehe S. 100, wo ich mich zu zeigen bemühte, daß Löhne und Profit zusammen den gleichen Wert haben werden, welche Erleichterung oder Schwierigkeiten auch immer bei der Getreideproduktion eintreten wird. Wenn die Löhne steigen, so geschieht dies immer auf Kosten des Profits und wenn sie sinken, steigt stets der Profit.

oder, mit anderen Worten, die Rente mit der zurückgehenden Fruchtbarkeit des Bodens steigen muß, falls dem nicht durch einen großen Rückgang von Kapital, Bevölkerung und Nachfrage begegnet wird. Malthus' Behauptung scheint also nicht richtig zu sein: Die Rente steigt oder sinkt nicht unmittelbar und mit Notwendigkeit mit der wachsenden oder zurückgehenden Fruchtbarkeit des Bodens; seine größere Fruchtbarkeit befähigt ihn aber, in Zukunft eine höhere Rente abzuwerfen. Boden sehr geringer Fruchtbarkeit kann niemals irgendwelche Rente bringen; Boden von mäßiger Fruchtbarkeit kann bei wachsender Bevölkerung dazu gebracht werden, eine mäßige Rente abzuwerfen und Boden von hoher Fruchtbarkeit eine hohe Rente. Es ist aber eine Sache, in der Lage zu sein, eine hohe Rente abzuwerfen, und eine andere, sie wirklich zu bezahlen. Die Rente kann in einem Land niedriger sein, in dem die Böden außerordentlich fruchtbar sind, als in einem Land, in dem sie einen bescheidenen Ertrag liefern, da sie sich eher nach der relativen als nach der absoluten Fruchtbarkeit richtet, nach dem Wert der Produkte und nicht nach deren Fülle.[1]

Malthus nimmt an, daß die Rente auf Böden, die jene besonderen Produkte der Erde hergeben, welche als natürliche und unvermeidbare Monopole bezeichnet werden können, durch ein wesentlich anderes Prinzip

[1] Malthus bemerkte in einer vor kurzem erschienenen Veröffentlichung, daß ich ihn an dieser Stelle mißverstanden habe, da er nicht zu sagen beabsichtigte, daß die Rente unmittelbar und notwendig mit der erhöhten oder geringeren Fruchtbarkeit des Bodens steigt oder fällt. Wenn dem so ist, habe ich ihn sicher mißverstanden. Malthus' Worte lauten: „Man schränke diese Fülle ein, man verringere die Fruchtbarkeit des Bodens und der Überschuß (die Rente) wird kleiner werden; verringert man sie noch weiter, so wird er verschwinden." Malthus stellt seine Behauptung nicht bedingt sondern absolut auf. Ich trat gegen das auf, was ich unter seiner Behauptung verstehe, daß eine Verringerung der Fruchtbarkeit des Bodens mit einem Steigen der Rente unvereinbar ist.

reguliert wird als durch das, welches die Rente auf dem Boden bestimmt, der die unerläßlichen Lebensnotwendigkeiten liefert. Er glaubt, daß die Knappheit der ersteren Produkte die Ursache für eine hohe Rente ist, daß es aber die Fülle der letzteren ist, welche die gleiche Wirkung hervorbringt.

Diese Unterscheidung scheint mir nicht gut begründet zu sein. Denn die Rente eines Bodens, der seltenen Wein liefert, wird ebenso gewiß steigen wie die Rente von Getreideboden, wenn gleichzeitig die Nachfrage für diese besondere Ware steigt. Ohne eine derartige Erhöhung der Nachfrage wird ein reichliches Getreideangebot die Rente des Getreidebodens senken, anstatt sie zu erhöhen. Um welche Art Boden es immer sich handelt, eine hohe Rente muß von einem hohen Preis der Produkte abhängen. Den hohen Preis aber vorausgesetzt, muß sich die Höhe der Rente entsprechend der Fülle und nicht der Knappheit verhalten.

Wir stehen unter keinem Zwang, dauernd irgendeine größere Menge einer Ware, als jene die verlangt wird, zu produzieren. Wenn zufällig eine größere Menge produziert wird, so sinkt sie unter ihren natürlichen Preis und ersetzt daher nicht die Produktionskosten, einbegriffen in diese Kosten den üblichen und gewöhnlichen Kapitalprofit. Das Angebot wird dadurch eingeschränkt, bis es mit der Nachfrage übereinstimmt und der Marktpreis auf den natürlichen Preis steigt.

Malthus scheint mir allzusehr geneigt anzunehmen, daß die Bevölkerung nur durch die vorangegangene Bereitstellung von Nahrungsmitteln wächst — „daß es die Nahrungsmittel sind, die ihre eigene Nachfrage erzeugen" — daß dadurch, daß zuerst Nahrungsmittel beschafft werden, ein Anreiz zum Heiraten entsteht, anstatt in Betracht zu ziehen, daß die allgemeine Zunahme der Bevölkerung durch die Vermehrung des Kapitals, die daraus entstehende Nachfrage nach Arbeit und die Erhöhung der Löhne beeinflußt wird und daß die Nahrungsmittelproduktion lediglich das Resultat dieser Nachfrage ist.

Dadurch, daß man dem Arbeiter mehr Geld oder mehr von einer anderen Ware gibt, in der die Löhne gezahlt werden und die an Wert nicht verloren hat, verbessert sich seine Lage. Das Wachstum der Bevölkerung und die Vermehrung der Nahrungsmittel werden im allgemeinen die Auswirkung, aber nicht die zwangsläufige Auswirkung hoher Löhne sein. Die infolge des ihm gezahlten größeren Wertes verbesserte Lage des Arbeiters zwingt ihn nicht unbedingt zu heiraten und die Sorge für eine Familie auf sich zu nehmen. Er wird höchstwahrscheinlich einen Teil seines höheren Lohnes verwenden, um sich reichlich mit Nahrung und notwendigen Konsumgütern zu versehen. Mit dem Rest aber kann er, wenn es ihm beliebt, irgendwelche Waren kaufen, die zu seinem Genuß beitragen können — Stühle, Tische und Eisenwaren oder bessere Kleidung, Zucker und Tabak. Sein höherer Lohn wird also keine anderen Folgen nach sich ziehen als eine erhöhte Nachfrage für einige dieser Waren, und da der Stand der Arbeiter sich nicht wesentlich vermehrt, wird sein Lohn weiterhin dauernd hoch bleiben. Obwohl jedoch dies die Folge hoher Löhne sein kann, sind doch die Vergnügungen häuslicher Geselligkeit so groß, daß in der Praxis sich unweigerlich herausstellt, daß der gehobenen Lage des Arbeiters eine Vermehrung der Bevölkerung folgt, und nur deswegen, weil dies so ist, mit der schon erwähnten unbedeutenden Ausnahme, entsteht eine neue und größere Nachfrage nach Nahrungsmitteln. Diese Nachfrage ist also die Auswirkung einer Vermehrung des Kapitals und der Bevölkerung, aber nicht die Ursache. Nur weil die Ausgaben der Bevölkerung in diese Richtung fließen, übersteigt der Marktpreis notwendiger Konsumgüter den natürlichen Preis und wird die benötigte Menge Nahrungsmittel produziert; und weil die Bevölkerungszahl steigt, sinken die Löhne wiederum.

Welchen Grund kann ein Farmer haben, mehr Getreide zu produzieren als tatsächlich verlangt wird, wenn die Folge ein Sinken seines Marktpreises unter seinen natürlichen Preis und ein entsprechender Verlust eines Teiles seines Profits durch dessen Senkung unter die allgemeine Rate ist? „Wenn", sagt Malthus, „die unerläßlichen Lebensnotwendigkeiten, die wichtigsten Bodenprodukte, nicht die Eigenschaft besäßen, eine entsprechend ihrer größeren Menge erhöhte Nachfrage zu erzeugen, so würde eine solche größere Menge ein Sinken ihres Tauschwertes verursachen.[1] Wie reichlich das Produkt des Landes auch sein mag, seine Bevölkerungszahl kann doch stagnieren; und diese Fülle ohne entsprechende Nachfrage und mit einem hohen Getreidepreis der Arbeit, der naturgemäß unter diesen Umständen eintreten würde, kann den Preis der Rohprodukte, gleich dem von Manufakturwaren, auf die Produktionskosten senken."

Kann den Preis der Rohprodukte auf die Produktionskosten senken. Steht er jemals für längere Zeit entweder über oder unter diesem Preis? Behauptet Malthus nicht selbst, daß dem niemals so sei? „Ich hoffe", sagt er, „man wird entschuldigen, daß ich hier ein wenig verweile und dem Leser die Theorie auf verschiedene Weise darlege, daß Getreide, was die *jeweils tatsächlich produzierte* Menge betrifft, ebenso wie Manufakturwaren zu seinem notwendigen Preis verkauft wird, da ich dies als eine Wahrheit von größter Bedeutung betrachte, die von den Physiokraten, von Adam Smith und allen jenen Autoren übersehen worden ist, welche die Rohprodukte so dargestellt haben, als ob sie stets zu einem Monopolpreis verkauft würden.

Man kann also jedes ausgedehnte Land als im Besitz einer Stufenleiter von Maschinen für die Produktion

[1] Von welcher größeren Menge spricht Malthus? Wer soll sie produzieren? Wer kann einen Grund haben, sie zu produzieren, ehe eine Nachfrage für eine zusätzliche Menge vorhanden ist?

von Getreide und Rohmaterial befindlich betrachten, wobei diese Stufenleiter nicht nur die verschiedenen Qualitäten armen Bodens einschließt, den jedes Gebiet im allgemeinen überreichlich besitzt, sondern auch die minderwertigere Maschinerie, von der man sagen kann, daß sie dann verwendet wird, wenn gutem Boden mehr und mehr zusätzliche Produkte abgerungen werden. Steigt der Preis der Rohprodukte weiter, so werden diese minderwertigen Maschinen nach und nach verwendet, und fällt der Preis der Rohprodukte weiter, so werden sie nach und nach beiseite gestellt. Die hier verwendete Illustration dient dazu, um zugleich die *Notwendigkeit des jeweiligen Getreidepreises für das jeweilige Produkt* und die unterschiedliche Wirkung zu zeigen, die mit einem größeren Rückgang im Preis irgendeiner bestimmten Manufakturware und im Preise der Rohprodukte verbunden wäre."[1]

[1] Inquiry etc. „In allen fortgeschrittenen Ländern ist der durchschnittliche Getreidepreis niemals höher, als für die weitere durchschnittliche Vermehrung der Produktion erforderlich ist." Observations, S. 21

„Bei der Anlage neuen Kapitals auf dem Boden, um für den Bedarf einer ansteigenden Bevölkerung zu sorgen, gleichgültig, ob dieses neue Kapital verwendet wird, um mehr Boden unter den Pflug zu bringen oder um schon bebauten Boden zu verbessern, ist die Hauptfrage stets die erwarteten Erträge dieses Kapitals, und man kann keinen Teil des Bruttoprofits verringern, ohne den Anreiz, Kapital in dieser Weise anzulegen, abzuschwächen. Jede Preisherabsetzung, die nicht völlig und sofort durch eine entsprechende Senkung aller notwendigen Ausgaben der Farm ausgeglichen wird, jede Grundsteuer, jede Steuer auf das Inventar des Farmers, jede Steuer auf die lebenswichtigen Artikel des Farmers wird in der Kalkulation zählen. Wenn der Preis der Produkte nach der Absetzung aller dieser Ausgaben nicht eine angemessene Entschädigung für das angelegte Kapital, entsprechend der allgemeinen Profitrate, und eine Rente abwirft, die jener bei dem früheren Zustand des Bodens zumindest gleich ist, so kann kein genügend starker Anreiz für die Durchführung der beabsichtigten Verbesserung vorhanden sein." Observations, S. 22

Wie kann man diese Stellen mit jener in Einklang bringen, in welcher behauptet wird, daß, wenn die lebensnotwendigen Artikel nicht die Eigenschaft besäßen, entsprechend ihrer erhöhten Menge eine größere Nachfrage zu erzeugen, die produzierte große Menge dann, und nur dann, den Preis der Rohprodukte auf die Produktionskosten senken würde? Wenn Getreide niemals unter seinem natürlichen Preis steht, so ist es niemals reichlicher vorhanden, als es von der jeweilgen Bevölkerung für ihre eigene Konsumtion benötigt wird. Kein Vorrat kann für die Konsumtion anderer angelegt werden, und es kann niemals durch seine Wohlfeilheit und Fülle ein Anreiz zur Bevölkerungsvermehrung sein. In dem Maße, in dem Getreide billig produziert werden kann, besitzen die höheren Löhne der Arbeiter eine größere Fähigkeit, Familien zu erhalten. In Amerika vermehrt sich die Bevölkerung deswegen sehr rasch, weil Nahrungsmittel zu einem billigen Preis produziert werden können und nicht, weil zuvor für ein reichliches Angebot gesorgt wurde. In Europa vermehrt sich die Bevölkerung verhältnismäßig langsam, weil Nahrungsmittel nicht zu einem billigen Wert erzeugt werden können. Bei dem üblichen und gewöhnlichen Lauf der Dinge eilt die Nachfrage nach allen Waren dem Angebot voraus. Wenn Malthus sagt, daß Getreide gleich den Manufakturwaren auf seine Produktionskosten sinken würde, falls es keine Nachfrage hervorrufen könnte, kann er nicht meinen, daß die gesamte Rente verschwinden würde, da er selbst richtigerweise bemerkt hat, daß Getreide nicht im Preis sinken wird, falls die Grundeigentümer auf jede Rente verzichten. Dies deswegen, weil Rente das Ergebnis und nicht die Ursache eines hohen Preises ist und weil immer eine Qualität Boden bebaut wird, die keinerlei Rente abwirft und deren Getreide mit seinem Preis nur Löhne und Profit ersetzt.

In der nachfolgenden Stelle hat Malthus eine ausgezeichnete Darlegung der Ursachen der Preissteigerungen von Rohprodukten in reichen und fortgeschrittenen Ländern gegeben, von der ich jedem Wort zustimme. Sie scheint mir jedoch von einigen seiner Behauptungen in seiner Abhandlung über die Rente abzuweichen. „Ich zögere nicht zu erklären, daß, abgesehen von den Unregelmäßigkeiten des Geldumlaufs eines Landes und anderen zeitweiligen und zufälligen Umständen, die Ursache des hohen verhältnismäßigen Geldpreises von Getreide sein hoher verhältnismäßiger *wirklicher Preis* ist oder die größere Menge von Kapital und Arbeit, die für seine Produktion aufgewendet werden muß. Die Gründe, warum der Getreidepreis in bereits reichen und immer noch an Wohlstand und Bevölkerung zunehmenden Ländern höher ist und dauernd steigt, müssen in der Notwendigkeit gesehen werden, ständig auf ärmere Böden und auf Maschinen zurückzugreifen, die für ihren Betrieb größere Ausgaben erfordern, was folglich verursacht, daß jeder neue Zuwachs der Rohprodukte des Landes mit höheren Kosten erkauft werden muß. Kurz, der hohe Getreidepreis hat seine Grundlage in der bedeutsamen Wahrheit, daß in einem fortgeschrittenen Lande Getreide zu einem Preis verkauft wird, der erforderlich ist, um das jeweilige Angebot hervorzurufen und daß, da die Beschaffung dieses Angebots immer schwieriger wird, der Preis entsprechend steigt.“

Hier wird der wirkliche Preis einer Ware richtig als abhängig von der größeren oder geringeren Menge an Arbeit und Kapital (d. h. angehäufte Arbeit) dargestellt, die zu ihrer Produktion aufgewendet werden muß. Der wirkliche Preis hängt weder, wie einige behauptet haben, vom Geldwert ab, noch, wie andere erklärt haben, vom Wert im Verhältnis zu Getreide, Arbeit oder einer anderen einzelnen Ware oder zu allen Waren zusammengenommen, sondern, wie Malthus richtig sagt, „von der größeren (oder geringeren) Menge an Kapital und Arbeit, die zu seiner Produktion aufgewendet werden muß.“

Malthus erwähnt unter den Ursachen für ein Steigen der Rente „eine solche Vermehrung der Bevölkerung, daß sie die Arbeitslöhne senken wird". Aber wenn der Kapitalprofit steigt, falls die Arbeitslöhne sinken und sie zusammen stets den gleichen Wert haben[1], so kann kein Rückgang der Löhne die Rente steigen lassen, denn er wird weder den Anteil des Produkts noch den Wert des Anteils verkleinern, der Farmer und Arbeiter zusammen zufällt, und er wird daher weder einen größeren Anteil noch einen größeren Wert für den Grundeigentümer ergeben. In dem Maße, in dem weniger auf den Lohn entfällt, wird mehr auf den Profit entfallen, und *umgekehrt*. Diese Teilung wird ohne Dazwischentreten des Grundeigentümers zwischen dem Farmer und seinen Arbeitern vollzogen, und es ist in der Tat eine Angelegenheit, für die der erstere kein anderes Interesse haben kann, als daß die eine Teilung günstiger als die andere für die neue Akkumulation und weitere Nachfrage nach Boden ist. Wenn die Löhne fallen, wird der Profit und nicht die Rente steigen. Wenn die Löhne steigen, wird der Profit und nicht die Rente fallen. Das Steigen der Rente und der Löhne und das Sinken des Profits sind im allgemeinen die unvermeidlichen Folgen der gleichen Ursache — der steigenden Nachfrage nach Nahrungsmitteln, der zu ihrer Produktion erforderlichen größeren Menge an Arbeit und ihres dementsprechend hohen Preises. Wenn der Grundeigentümer auf seine gesamte Rente verzichtet, haben die Arbeiter nicht den geringsten Vorteil davon. Wenn es den Arbeitern möglich wäre, auf ihren gesamten Lohn zu verzichten, so würde der Grundeigentümer daraus keinen Vorteil ziehen. Aber in beiden Fällen würde der Farmer alles das erhalten und zurückbehalten, was sie aufgegeben haben. Es war mein Betreben, in diesem Werk zu zeigen, daß ein Sinken der Löhne kein anderes Ergebnis hat, als den Profit zu erhöhen. Jede Erhöhung

[1] Siehe S. 100.

des Profits ist für die Akkumulation von Kapital und für die weitere Vermehrung der Bevölkerung günstig und wird daher höchstwahrscheinlich schließlich zu einer Erhöhung der Rente führen.

Nach Malthus besteht eine andere Ursache des Steigens der Rente in „solchen landwirtschaftlichen Verbesserungen oder einer solchen Steigerung der Anstrengungen, welche die Zahl der zur Erzielung eines bestimmten Ergebnisses notwendigen Arbeiter verringern wird“. Gegen diese Stelle habe ich die gleichen Einwendungen, die ich gegen jene erhob, wo von der größeren Fruchtbarkeit des Bodens als Ursache einer unmittelbaren Erhöhung der Rente gesprochen wird. Beide, die Verbesserung in der Landwirtschaft und die größere Fruchbarkeit, werden dem Boden die Fähigkeit verleihen, in Zukunft eine höhere Rente zu tragen, weil bei gleichem Preis der Nahrungsmittel eine große zusätzliche Menge vorhanden sein wird. Solange aber die Vermehrung der Bevölkerung nicht in gleichem Maße erfolgt ist, wird diese zusätzliche Menge Nahrungsmittel nicht benötigt, und die Renten werden daher gesenkt und nicht gesteigert werden. Die Menge, die unter den dann vorhandenen Bedingungen konsumiert werden könnte, kann entweder mit weniger Leuten oder mit einer geringeren Bodenfläche bereitgestellt werden, der Preis der Rohprodukte sinkt, und Kapital wird vom Boden abgezogen.[1] Nichts anderes kann die Rente erhöhen, als eine Nachfrage nach neuem Boden minderer Qualität, oder irgendeine Ursache, die eine Veränderung der relativen Fruchtbarkeit des bereits bebauten Bodens hervorruft.[2] Verbesserungen der Landwirtschaft

[1] Siehe S. 64 etc.

[2] Es ist nicht notwendig, es bei jeder Gelegenheit zu erklären, doch muß es stets verstanden werden, daß sich die gleichen Resultate einstellen werden, soweit es den Preis von Rohprodukten und das Steigen der Renten betrifft, ob ein zusätzliches Kapital von bestimmter Höhe auf neuem Boden, für

und der Arbeitsteilung berühren alle Böden gemeinsam; sie vermehren die absolute Menge der von jedem gewonnenen Rohprodukte, aber sie können wahrscheinlich die vorher zwischen ihnen vorhanden gewesenen Relationen nicht sehr stören.

Malthus hat den Irrtum in Dr. Smith' Beweisführung richtig kommentiert, daß Getreide von solcher Eigenart sei, daß seine Produktion nicht mit den gleichen Mitteln gefördert werden kann, mit denen die Produktion aller anderen Waren gefördert wird. Er bemerkt: „Es ist keineswegs beabsichtigt, den starken Einfluß in Abrede zu stellen, den der Getreidepreis im Durchschnitt einer größeren Anzahl von Jahren auf den Preis der Arbeit ausübt. Aber daß dieser Einfluß nicht derart ist, daß er die Wanderung des Kapitals zum und vom Boden verhindert, was genau der fragliche Punkt ist, wird genügend klar gemacht durch eine kurze Untersuchung der Form, in der die Arbeit be-

den keine Rente bezahlt wird, oder auf bereits bebautem Boden angelegt wird, sofern das von beiden gewonnene Produkt mengenmäßig genau gleich ist. Siehe S. 56

Say hat sich in seinen Anmerkungen zu der französischen Übersetzung dieses Werkes zu zeigen bemüht, daß zu keiner Zeit Boden bebaut wird, der keine Rente abwirft, und er schließt daraus, daß er, nachdem er sich selbst über diesen Punkt klar geworden ist, alle Schlußfolgerungen aus dieser Theorie umgestoßen hat. Er schließt z. B. daraus, daß ich nicht recht habe, wenn ich sage, daß Steuern auf Getreide und andere Rohprodukte durch die Erhöhung ihrer Preise die Konsumenten und nicht die Rente treffen. Er behauptet, solche Steuern müßten die Rente treffen. Ehe jedoch Say die Richtigkeit dieser Schlußfolgerung feststellen kann, muß er auch zeigen, daß kein Kapital auf dem Boden angelegt ist, für den keine Rente gezahlt wird (siehe den Anfang dieser Fußnote und die Seiten 51 und 58 des vorliegenden Werkes); das hat er aber nicht versucht zu tun. In keinem Teil seiner Anmerkungen hat er diese bedeutsame Theorie widerlegt oder auch nur beachtet. Nach seiner Anmerkung zu S. 182 des zweiten Bandes der französischen Ausgabe zu schließen, scheint ihm nicht einmal bewußt zu sein, daß sie aufgestellt wurde.

zahlt und auf den Markt gebracht wird und durch die Erörterung der Folgen, die sich bei der Annahme von Dr. Smith' Behauptung unweigerlich einstellen würden."[1]

Malthus geht dann dazu über zu zeigen, daß die Nachfrage und ein hoher Preis ebenso wirksam die Produktion von Rohprodukten ermutigen wird, wie die Nachfrage und der hohe Preis einer anderen Ware deren Produktion ermutigen werden. Es ist aus meinen Ausführungen über Prämien ersichtlich, daß ich dieser Ansicht völlig beipflichte. Ich habe die Stelle aus Malthus' ‚Observations on the Corn Laws' angeführt, um zu zeigen, in welcher verschiedenen Bedeutung der Begriff wirklicher Preis dort und in seiner anderen Broschüre mit dem Titel ‚Grounds of an Opinion' usw. gebraucht wird. An dieser Stelle erklärt uns Malthus, daß „es klarerweise ausschließlich eine Erhöhung des wirklichen Preises ist, welche die Produktion von Getreide ermutigen kann", und er meint mit wirklichem Preis offensichtlich die Erhöhung seines Wertes im Verhältnis zu allen anderen Dingen oder, mit anderen Worten, die Steigerung des Marktpreises über seinen natürlichen Preis oder über seine Produktionskosten. Wenn mit wirklichem Preis dies gemeint ist — obwohl ich nicht die Berechtigung zugebe, es so zu nennen —, so ist Malthus' Ansicht zweifellos richtig. Es ist ausschließlich das Steigen des Marktpreises von Getreide, das seine Produktion ermutigt; denn es kann als ein ausnahmslos richtiges Prinzip festgelegt werden, daß der einzige große Anreiz für die erhöhte Produktion einer Ware darin besteht, daß ihr Marktwert ihren natürlichen oder notwendigen Wert übersteigt.

Das ist aber nicht die Bedeutung, die Malthus bei anderen Gelegenheiten dem Begriff wirklicher Preis beilegt. In der Abhandlung über die Rente sagt Malthus,

[1] Observations on the Corn Laws, S. 4

mit „dem steigenden wirklichen Preis des Getreides meine ich die tatsächliche *Menge* Arbeit und Kapital, die *aufgewendet wurde*, um die letzten zusätzlichen, dem nationalen Produkt hinzugefügten Teile zu erzeugen". In einem anderen Teile erklärt er, „daß die Ursache des verhältnismäßig hohen wirklichen Preises von Getreide die größere *Menge* von Kapital und Arbeit sei, die für seine Produktion *aufgewendet* werden muß.[1] Angenommen, wir würden diese Definition des wirklichen Preises in die vorhergehende Stelle einsetzen, würde sie dann nicht so lauten: „Es ist klarerweise die Erhöhung der Menge von Arbeit und Kapital, die zur Produktion von Getreide aufgewendet werden muß, welche allein die Produktion vorwärts treiben kann." Das heißt, daß es klarerweise das Steigen des natürlichen oder notwendigen Preises von Getreide ist, das zu dessen Produktion ermutigt — eine Behauptung, die nicht aufrecht erhalten werden kann. Nicht der Preis, zu dem Getreide produziert werden kann, hat auf die erzeugte Menge Einfluß, sondern der Preis, zu dem es verkauft werden kann. Kapital wird entsprechend der Größe der Abweichung des Preises von Getreide über oder unter die Produktionskosten vom Boden angezogen oder abgestoßen. Wenn dieser Überschuß solcherart angelegtem Kapital einen höheren als den allgemeinen Kapitalprofit gewährt, wird Kapital auf den Boden fließen; ist er geringer, so wird es davon abgezogen werden.

Nicht durch eine Änderung des wirklichen Preises von Getreide wird dessen Produktion ermutigt, sondern

[1] Als ich Malthus diese Stelle zu der Zeit, als dieses Manuskript zur Druckerei ging, zeigte, bemerkte er, „daß er in diesen beiden Fällen versehentlich den Ausdruck wirklicher Preis anstatt Produktionskosten verwendet habe". Aus meinen früheren Ausführungen wird man erkennen, daß es mir scheint, daß er in diesen beiden Fällen den Ausdruck wirklicher Preis in seinem richtigen und berechtigten Sinne verwendet hat und daß er nur in dem früheren Falle unrichtig gebraucht wurde.

durch eine Änderung seines Marktpreises. Nicht „weil eine größere Menge Kapital und Arbeit für seine Produktion aufgewendet werden muß“ (Malthus' richtige Definition des wirklichen Preises), wird mehr Kapital und Arbeit auf den Boden gezogen, sondern weil der Marktpreis über seinen wirklichen Preis steigt, und trotz höherer Kosten die Bebauung des Bodens zu einer profitableren Kapitalanlage macht.

Nichts kann gerechtfertigter sein, als die folgenden Bemerkungen Malthus' über Adam Smith' Standard des Wertes. „Adam Smith wurde offensichtlich zu dieser Linie der Beweisführung durch seine Gewohnheit verleitet, *die Arbeit als das Standardmaß der Wertes* und Getreide als das Maß der Arbeit anzusehen. Aber, daß Getreide ein sehr ungenaues Maß der Arbeit ist, das zeigt die Geschichte unseres eigenen Landes zur Genüge, aus der man ersieht, daß die Arbeit, verglichen mit Getreide, große und auffallende Schwankungen erfahren hat, nicht nur von Jahr zu Jahr, sondern von Jahrhundert zu Jahrhundert und für zehn, zwanzig und dreißig Jahre zusammengenommen. Und es wird nunmehr als eine der unbestreitbarsten Lehren der Politischen Ökonomie angesehen, *daß weder die Arbeit noch irgendeine andere Ware ein genaues Maß des wirklichen Tauschwertes sein kann*, was sich in der Tat aus der bloßen Definition des Tauschwertes ergibt.“

Wenn weder Getreide noch Arbeit genaue Maße des wirklichen Tauschwertes sind, was sie klarerweise nicht sind, welche andere Ware ist es? Sicherlich keine. Wenn also der Ausdruck wirklicher Preis der Waren einen Sinn haben soll, so muß es der sein, den Malthus ihm in der Abhandlung über die Rente beigelegt hat, so muß er an der zu ihrer Produktion notwendigen verhältnismäßigen Menge Kapital und Arbeit gemessen werden.

Malthus sagt in seiner ‚Inquiry into the Nature of Rent‘, „daß, abgesehen von den Unregelmäßigkeiten des Geldumlaufs eines Landes und anderen zeitweiligen und zufälligen Umständen, die Ursache des hohen verhältnismäßigen Geldpreises von Getreide sein hoher verhältnismäßiger wirklicher Preis ist oder die größere Menge an Kapital und Arbeit, die für seine Produktion aufgewendet werden muß".[1]

Dies ist meiner Ansicht nach die richtige Erklärung aller dauernden Preisveränderungen, ob nun von Getreide oder irgendeiner anderen Ware. Eine Ware kann nur für die Dauer im Preise steigen, weil entweder für ihre Produktion eine größere Menge Arbeit und Kapital aufgewendet werden muß oder weil Geld im Wert gefallen ist, und sie kann andererseits im Preise nur sinken, weil entweder eine geringere Menge Kapital und Arbeit für ihre Produktion verwendet zu werden braucht oder Geld im Wert gestiegen ist.

Eine Veränderung, die der letzteren der beiden Möglichkeiten, einem geänderten Geldwert entspringt, betrifft sofort alle Waren gemeinsam. Eine Veränderung aber, die der ersteren Ursache entspringt, ist auf die besondere Ware beschränkt, für deren Produktion mehr oder weniger Arbeit benötigt wird. Durch Gestattung der freien Getreideeinfuhr oder durch landwirtschaftliche Verbesserungen werden Rohprodukte sinken, aber der Preis keiner anderen Ware wird beeinflußt, abgesehen von dem entsprechenden Rückgang des realen Wertes oder der Produktionskosten der Rohprodukte, die in ihre Zusammensetzung eingehen.

Nachdem Malthus dieses Prinzip anerkannt hat, meine ich, kann er nicht folgerichtig behaupten, daß der gesamte Geldwert aller Waren des Landes genau im Verhältnis zum Rückgang des Getreidepreises sinken muß. Wenn das im Lande jährlich konsumierte Getreide einen Wert von zehn Millionen hat und die konsumierten Manufaktur- und eingeführten Waren

[1] Siehe S. 39.

einen Wert von zwanzig Millionen besitzen, was zusammen dreißig Millionen ausmacht, so ist es nicht zulässig zu schließen, daß die jährlichen Ausgaben auf 15 Millionen zurückgegangen sind, weil Getreide um 50 Prozent oder von 10 auf 5 Millionen gefallen ist.

Der Wert der Rohprodukte, die in die Zusammensetzung dieser Manufakturwaren eingehen, übersteigt z. B. vielleicht nicht 20 Prozent ihres Gesamtwertes, und der Wert der Manufakturwaren wird anstatt von 20 auf 10 Millionen nur von 20 auf 18 Millionen fallen. Nach dem Sinken des Getreidepreises um 50 Prozent ist der Gesamtbetrag der jährlichen Ausgaben von 30 auf 23 Millionen zurückgegangen, anstatt von 30 auf 15 Millionen zu fallen.[1]

Ich behaupte, dies würde ihr Wert sein, wenn man für möglich hält, daß bei einem solchen niedrigen Getreidepreis nicht mehr Getreide und Waren konsumiert werden. Da jedoch alle diejenigen, die Kapital in der Produktion von Getreide auf den Böden angelegt hatten, die nicht mehr länger bebaut werden, dieses Kapital in der Produktion von Manufakturwaren anlegen können, und da nur ein Teil dieser Manufakturwaren im Austausch für ausländisches Getreide hingegeben wird, weil bei einer anderen Annahme kein Vorteil durch Einfuhr und niedrige Preise erzielt werden kann, so werden wir den zusätzlichen Wert der gesamten so produzierten und nicht ausgeführten Menge von Manufakturwaren dem obigen Wert zuzuschlagen haben, so daß die wirkliche Verringerung aller Waren des Landes, Getreide eingeschlossen, sogar im Geldwert nur gleich dem

[1] Manufakturwaren können allerdings nicht in einem solchen Ausmaß fallen, weil unter den angenommenen Umständen eine neue Verteilung der Edelmetalle zwischen den verschiedenen Ländern eintreten wird. Unsere wohlfeilen Waren werden im Austausch für Getreide und Gold solange exportiert, bis die Anhäufung von Gold seinen Wert sinken und den Geldpreis der Waren steigen läßt.

Verlust der Grundeigentümer ist, infolge der Verringerung ihrer Renten, während die Menge der Gegenstände des Genusses erheblich vergrößert wird.

Anstatt die Wirkung eines Sinkens der Rohprodukte so zu betrachten, wie er es nach seinem vorherigen Zugeständnis hätte tun sollen, betrachtet Malthus sie als genau die gleiche Sache wie ein Steigen des Geldwertes um 100 Prozent und argumentiert daher so, als ob alle Waren auf die Hälfte ihres früheren Preises sinken würden.

„Während der zwanzig Jahre, die 1794 begannen", sagt er, „und 1813 endeten, war der durchschnittliche Preis britischen Getreides ungefähr dreiundachtzig Schilling pro Quarter, während der zehn Jahre, die 1813 endeten, zweiundneunzig Schilling und während der letzten fünf dieser zwanzig Jahre einhundertacht Schilling. Im Laufe dieser zwanzig Jahre borgte die Regierung nahezu fünfhundert Millionen wirkliches Kapital, wofür sie sich im groben Durchschnitt verpflichtete, ungefähr fünf Prozent zu zahlen, abgesehen vom Tilgungsfonds. Wenn jedoch Getreide auf fünfzig Schilling pro Quarter und andere Waren dementsprechend fielen, würde die Regierung in der Tat an Stelle einer Verzinsung von fünf Prozent, Zinsen von sieben, acht, neun und für die letzten zweihundert Millionen von zehn Prozent zahlen.

Ich wäre dazu geneigt, gegen diese außerordentliche Großzügigkeit gegenüber den Inhabern von Staatspapieren keine Einwände zu erheben, wenn es nicht notwendig wäre, sich zu überlegen, von wem sie bezahlt werden muß. Die Überlegung eines Augenblicks wird uns zeigen, daß sie nur von den tätigen Klassen der Gesellschaft und den Grundeigentümern bezahlt werden kann, d. h. von allen denjenigen, deren nominelles Einkommen sich mit den Veränderungen des Wertmaßes ändern wird. Die nominellen Revenuen dieses Teiles der Gesellschaft werden im Vergleich mit dem Durchschnitt der letzten fünf Jahre um die Hälfte reduziert sein, und aus diesem nominell gesunkenen Einkommen werden sie den gleichen nominellen Steuerbetrag zu bezahlen haben."[1]

Erstens glaube ich bereits gezeigt zu haben, daß nicht einmal das Bruttoeinkommen des gesamten Landes in dem hier von Malthus behaupteten Ausmaß verringert wird. Daraus, daß Getreide um fünfzig Prozent gesunken ist, ergibt sich nicht, daß jedermanns Bruttoeinkommen um fünfzig Prozent an Wert verliert[2]; sein Nettoeinkommen kann in Wirklichkeit an Wert zugenommen haben.

Zweitens glaube ich, der Leser wird mit mir darin übereinstimmen, daß, wenn man die erhöhte Belastung zugibt, sie nicht ausschließlich „auf die Grundeigentümer und die tätigen Klassen der Gesellschaft" fallen wird. Der Besitzer von Wertpapieren trägt durch seine Ausgaben seinen Teil zur Bestreitung der öffentlichen Lasten in gleicher Weise wie die anderen Gesellschaftsklassen bei. Wenn also wirklich Geld wertvoller wird, so bezahlt er, obwohl er einen größeren Wert erhält, auch einen größeren als Steuer, und es kann deshalb nicht stimmen, daß der gesamte Zuwachs zu dem wirklichen Wert des Zinses von „den Grundeigentümern und den tätigen Klassen" bezahlt wird.

Die gesamte Beweisführung Malthus' ist auf ein unsicheres Fundament gebaut. Sie unterstellt, daß infolge der Verringerung des Bruttoeinkommens des Landes das Nettoeinkommen ebenfalls im gleichen Verhältnis geringer werden muß. Es ist eines der Ziele dieses Werkes gewesen zu zeigen, daß mit jedem Rückgang im tatsächlichen Wert der notwendigen Artikel die Arbeitslöhne sinken und der Kapitalprofit steigt — mit anderen Worten, daß von einem ge-

[1] The Grounds of an Opinion etc., S. 36

[2] In einem anderen Teil des gleichen Werkes nimmt Malthus an, daß Waren sich um 25 oder 30 Prozent verändern, sobald Getreide sich um $33^1/_3$ ändert.

gebenen jährlichen Wert ein geringerer Anteil an die arbeitende Klasse, und ein größerer Teil an jene gezahlt wird, deren Fonds diese Klasse beschäftigen. Angenommen, der Wert der in einer bestimmten Manufaktur erzeugten Waren sei 1000 £, die zwischen dem Unternehmer und seinen Arbeitern im Verhältnis von 800 £ für die Arbeiter und 200 £ für den Unternehmer aufzuteilen sind. Falls der Wert dieser Waren auf 900 £ fällt und 100 £ an Arbeitslöhnen erspart werden infolge des Sinkens lebenswichtiger Artikel, so wird das Nettoeinkommen des Unternehmers in keiner Weise beeinträchtigt und er kann nach dem Preisrückgang mit eben soviel Leichtigkeit den gleichen Betrag an Steuern zahlen wie vorher.[1]

Es ist wichtig, klar zwischen Bruttorevenue und Nettorevenue zu unterscheiden, denn aus der Nettorevenue einer Gesellschaft müssen alle Steuern bezahlt werden. Angenommen, alle Waren innerhalb eines Landes, das gesamte Getreide, alle Rohprodukte, Manufakturwaren usw., die im Laufe eines Jahres auf den Markt gebracht werden können, haben einen Wert von 20 Millionen. Zur Erlangung dieses Wertes ist die Arbeit einer bestimmten Zahl von Leuten erforderlich, und die absolut notwendigen Konsumgüter dieser Arbeiter erfordern eine Ausgabe von 10 Millionen. Ich würde sagen, die Bruttorevenue einer solchen Gesellschaft beträgt 20 Millionen und ihre Nettorevenue 10 Millionen. Es folgt aus dieser Annahme nicht, daß die Arbeiter für ihre Arbeit

[1] Über Nettoprodukt und Bruttoprodukt sagt Say folgendes: „Der gesamte produzierte Wert ist das Bruttoprodukt; nach Abzug der Produktionskosten davon ist dieser Wert das Nettoprodukt". Band II, S. 491. Dann kann es kein Nettoprodukt geben, denn nach Say bestehen die Produktionskosten aus Rente, Löhnen und Profit. Auf S. 508 sagt er: „Der Wert eines Produktes, der Wert eines produktiven Dienstes, der Wert der Produktionskosten sind also alle ähnliche Werte, solange man den Dingen ihren natürlichen Lauf läßt." Nimm ein Ganzes von einem Ganzen, und nichts bleibt übrig.

nur 10 Millionen erhalten. Sie können 12, 14 oder 15 Millionen bekommen, und sie würden in diesem Falle 2, 4 oder 5 Millionen des Nettoeinkommens besitzen. Der Rest wird zwischen den Grundeigentümern und den Kapitalisten aufgeteilt, aber das gesamte Nettoeinkommen wird 10 Millionen nicht übersteigen. Angenommen, diese Gesellschaft zahlt 2 Millionen an Steuern, so wird ihr Nettoeinkommen auf 8 Millionen reduziert.

Angenommen nun, Geld wird um ein Zehntel wertvoller, so sinken alle Waren und der Preis der Arbeit, weil die absolut notwendigen Konsumartikel des Arbeiters einen Teil dieser Waren ausmachen, und infolgedessen wird das Bruttoeinkommen auf 18 Millionen und das Nettoeinkommen auf 9 Millionen zurückgehen. Wenn die Steuern im selben Verhältnis sinken und anstatt 2 Millionen nur 1800000 £ erhoben werden, so wird das Nettoeinkommen weiter auf 7200000 £ gesenkt, die genau denselben Wert wie die 8 Millionen früher haben, weshalb die Gesellschaft durch einen solchen Vorgang weder verliert noch gewinnt. Angenommen jedoch, daß nach dem Steigen des Geldes wie früher 2 Millionen an Steuern erhoben werden, so wird die Gesellschaft um 200000 £ jährlich ärmer sein, und ihre Steuern sind in Wirklichkeit um ein Neuntel höher. Durch Änderung des Geldwertes den Geldwert der Waren zu verändern und dennoch denselben Geldbetrag als Steuern zu erheben, bedeutet also zweifellos eine Erhöhung der Lasten der Gesellschaft.

Angenommen aber, die Grundeigentümer erhalten von den 10 Millionen Nettorevenue 5 Millionen als Rente und durch Erleichterung der Produktion oder durch Einfuhr von Getreide werden die notwendigen Kosten dieses Artikels, ausgedrückt in Arbeit, um 1 Million herabgesetzt, so wird die Rente um 1 Million sinken, und die Preise der Warenmasse werden ebenfalls um den gleichen Betrag fallen, jedoch wäre die Nettorevenue ebenso hoch wie früher. Es stimmt, daß das Bruttoeinkommen sich auf 19 Millionen beläuft und die zu seiner Erlangung notwendigen Ausgaben 9 Millionen betragen, das Nettoeinkommen aber ist 10 Millionen. Angenommen nun, von diesem verminderten Bruttoeinkommen werden 2 Millionen an Steuern erhoben, ist die Gesellschaft insgesamt reicher oder ärmer? Sicherlich reicher; denn sie besitzt nach der Entrichtung ihrer Steuern so wie früher ein reines Einkommen von 8 Millionen, das sie zum Einkauf von Waren verwenden kann, die im Verhältnis von 20 zu 19 mengenmäßig vermehrt und im Preis gesunken sind. Es kann dann nicht nur dieselbe Besteuerung getragen werden, sondern eine höhere, und doch wird die Masse der Bevölkerung besser mit Annehmlichkeiten und notwendigen Artikeln versorgt.

Wenn das Nettoeinkommen der Gesellschaft nach Bezahlung derselben Geldsteuern so groß wie früher ist und die Klasse der Grundbesitzer durch ein Sinken der Rente 1 Million verliert, so müssen die anderen produktiven Klassen trotz des Preisfalls ihre Geldeinkommen erhöht haben. Der Kapitalist wird also zweifach begünstigt sein. Das von ihm und seiner Familie konsumierte Getreide und Fleisch wird im Preis zurückgegangen sein, und die Löhne seines Hauspersonals, seiner Gärtner und Arbeiter aller Art werden ebenfalls gesunken sein. Seine Pferde und sein Vieh werden weniger kosten, und ihre Haltung wird geringere Ausgaben verursachen. Alle die Waren, in die Rohprodukte als ein Hauptteil ihres Wertes eingehen, werden im Wert sinken. Dieser bei der Verausgabung des Einkommens gleichzeitig mit einer Erhöhung seines Geldeinkommens eingesparte Gesamtbetrag wird also doppelt vorteilhaft für ihn sein und wird ihm nicht nur eine Vermehrung seiner Genüsse ermöglichen, sondern ihm auch ermöglichen, im Bedarfsfalle zusätzliche Steuern zu tragen. Seine zusätzliche Konsumtion besteuerter Waren wird die infolge der Herabsetzung ihrer Renten zurückgegangene Nachfrage der Grundeigentümer weit mehr als ausgleichen. Dieselben Feststellungen treffen auch auf Farmer und Kaufleute jeder Art zu.

Man mag jedoch sagen, daß das Einkommen des Kapitalisten nicht erhöht und die von der Rente des Grundeigentümers abgezogene Million als zusätzlicher Lohn an die Arbeiter gezahlt wird. Sei es so; das wird in der Beweisführung keinen Unterschied machen. Die Lage der Gesellschaft wird sich verbessert haben, und es wird ihr möglich sein, dieselben Lasten in Geld mit größerer Leichtigkeit als früher zu tragen. Das wird nur etwas noch Wünschenwerteres beweisen, nämlich, daß es die Lage einer anderen, und zwar der bei weitem bedeutendsten Klasse der Gesellschaft ist, die bei der neuen Verteilung hauptsächlich gewinnt. Alles das, was sie mehr als 9 Millionen erhalten, bildet einen Teil des Nettoeinkommens des Landes und kann nicht ausgegeben werden, ohne daß es seine Revenue, seine Zufriedenheit oder seine Macht vermehrt. Man verteile also das Nettoeinkommen nach Belieben, man gebe etwas mehr der einen, ein bißchen weniger der anderen Klasse, aber man wird es dadurch nicht verringern. Eine größere Zahl von Waren wird dennoch mit der gleichen Arbeit produziert, obwohl der Betrag des Bruttogeldwertes dieser Waren zurückgehen wird. Das Netto-Geldeinkommen des Landes aber, jener Fonds, aus dem die Steuern bezahlt und die Annehmlichkeiten beschafft werden, wird viel mehr als früher imstande sein, die jeweilige Bevölkerung zu unterhalten, ihr Annehmlichkeiten und Luxus zu gewähren und irgendeine beliebige Steuersumme aufzubringen.

Man kann nicht bezweifeln, daß der Wertpapierbesitzer Vorteile aus einem starken Sinken des Wertes von Getreide zieht. Falls jedoch kein anderer geschädigt wird, so ist das kein Grund, Getreide zu verteuern; denn die Gewinne des Wertpapierbesitzers sind nationale Gewinne, und sie erhöhen gleich allen anderen Gewinnen den wirklichen Reichtum und die Macht des Landes. Falls sie ungerechtfertigt begünstigt werden, so lasse man das Ausmaß dessen genau feststellen, und es liegt dann an der Gesetzgebung, Abhilfe zu schaffen. Es kann aber keine Politik unkluger sein, als uns selbst von jenen Vorteilen, die aus billigem Getreide und reichlich vorhandenen Produkten ententspringen, nur deswegen auszuschließen, weil der Wertpapierbesitzer einen ungebührlichen Anteil an der Vermehrung hat.

Bis jetzt ist niemals versucht worden, die Zinsen für Wertpapiere nach dem Geldwert von Getreide zu bestimmen. Wenn Gerechtigkeit und guter Glaube eine solche Regelung erforderten, so ist gegenüber den alten Wertpapierbesitzern eine große Schuld fällig, denn sie haben durch mehr als ein Jahrhundert die gleichen Geldzinsen erhalten, obwohl sich der Preis von Getreide möglicherweise verdoppelt oder verdreifacht hat.[1]

Es ist jedoch ein großer Fehler anzunehmen, daß sich die Lage des Besitzers von Wertpapieren mehr als die des Farmers, des Fabrikanten und der anderen Kapitalisten des Landes verbessern wird. Tatsächlich wird sie weniger verbessert.

Der Wertpapierbesitzer wird ohne Zweifel den gleichen Geldzins erhalten, während nicht nur der Preis der Rohprodukte und der Arbeit, sondern auch der Preis vieler Dinge, in welche Rohprodukte als Bestandteil eingehen, gefallen sind. Wie ich jedoch gerade erklärt habe, ist dies ein Vorteil, dessen er sich gemeinsam mit allen anderen Personen erfreut, die dasselbe Geldeinkommen verausgaben können. Sein Geldeinkommen wird nicht steigen, aber das des Farmers, des Fabrikanten

[1] McCulloch ist in einer vortrefflichen Publikation sehr lebhaft für die Gerechtigkeit einer Maßnahme eingetreten, welche die Zinsen der öffentlichen Schuld dem gesunkenen Getreidewert anpassen würde. Er befürwortet einen freien Handel mit Getreide, aber er glaubt, er solle mit einer Herabsetzung der Zinsen gegenüber dem Staatsgläubiger verbunden sein.

und anderer Arbeitgeber, wird steigen, und sie werden infolgedessen einen zweifachen Vorteil haben.

Man könnte sagen, daß, obwohl es zutrifft, daß die Kapitalisten durch eine Erhöhung ihres Profits infolge eines Sinkens der Löhne Vorteile haben, ihre Einkommen dennoch durch den Rückgang im Geldwert ihrer Waren verringert werden. Was würde sie senken? Keine Veränderung des Geldwertes, denn es ist nicht angenommen worden, daß eine Änderung des Geldwertes eintritt. Keine Verringerung des zur Produktion ihrer Waren notwendigen Arbeitsquantums, denn keine derartige Ursache war wirksam, und wenn sie es geworden wäre, würde sie nicht die Geldprofite senken, obwohl sie die Geldpreise senken mag. Aber es wurde unterstellt, daß die Rohprodukte, aus denen die Waren hergestellt werden, im Preis gesunken sind, und aus diesem Grund werden die Waren sinken. Zugegeben, sie werden sinken, aber ihr Sinken wird nicht von einem Rückgang des Geldeinkommens des Produzenten begleitet sein. Wenn er seine Ware für weniger Geld verkauft, so nur deswegen, weil eines der Materialien, aus denen sie hergestellt wurde, im Wert gesunken ist. Wenn der Tuchmacher sein Tuch für 900 £ anstatt für 1000 £ verkauft, so wird sein Einkommen nicht geringer sein, falls die Wolle, aus der es produziert wurde, 100 £ an Wert verloren hat.

Malthus sagt: „Es stimmt, daß die letzten Teile des landwirtschaftlichen Produktes eines aufstrebenden Landes keinen großen Anteil an Rente enthalten. Und genau dieser Umstand kann ein reiches Land veranlassen, einen Teil seines Getreides zu importieren, wenn es sicher ist, eine gleichmäßige Zufuhr zu erhalten. Aber die Einfuhr ausländischen Getreides muß in allen den Fällen verfehlen, den Interessen der Nation zu entsprechen, in denen es nicht um soviel billiger ist als das Getreide, das im Inland gewonnen werden kann, daß es sowohl den Profit als auch die Rente jenes

Getreides, das es verdrängt, ausgleicht." Grounds usw. S. 36

Mit dieser Feststellung hat Malthus völlig recht. Jedoch *muß* importiertes Getreide stets um soviel billiger sein als das Getreide, das im Inland gewonnen wird, „daß es sowohl den Profit als auch die Rente jenes Getreides, das es verdrängt, ausgleicht." Wenn es das nicht wäre, entstünde für niemand ein Vorteil aus seinem Import.

Da die Rente ein Ergebnis des hohen Getreidepreises ist, ist der Verlust der Rente das Ergebnis eines niedrigen Preises. Ausländisches Getreide nimmt niemals die Konkurrenz mit jenem inländischen Getreide auf, das eine Rente abwirft. Das Sinken des Preises trifft unausweichlich den Grundeigentümer solange, bis seine Rente vollständig aufgesogen ist. Fällt der Preis noch darüber hinaus, so wird er nicht einmal mehr den gewöhnlichen Kapitalprofit abwerfen. Kapital wird dann den Boden zugunsten einer anderen Anlage verlassen, und das Getreide, das früher darauf geerntet wurde, wird dann, und nicht früher, eingeführt. Durch den Verlust von Rente entsteht ein Verlust an Wert, an in Geld geschätztem Wert, aber es tritt ein Zuwachs an Reichtum ein. Der Umfang der Rohprodukte und der anderen Produkte zusammengenommen wird größer sein. Infolge der größeren Leichtigkeit ihrer Produktion werden sie zwar mengenmäßig zugenommen, aber an Wert verloren haben.

Zwei Personen wenden gleiche Kapitale an, der eine in der Landwirtschaft, der andere in der Manufaktur. Jenes in der Landwirtschaft erzeugt einen jährlichen Nettowert von 1200 £, von denen 1000 £ als Profit zurückbehalten und 200 £ als Rente bezahlt werden. Das andere in der Manufaktur bringt nur einen jährlichen Wert von 1000 £ hervor. Angenommen, daß durch Einfuhr dieselbe Menge Getreide, die 1200 £ kostet, gegen Waren, die 950 £ kosten, bezogen werden kann und daß infolgedessen das in der Landwirtschaft angelegte Kapital in die Manufaktur gelenkt wird, wo es einen Wert von 1000 £ erzeugen kann, so wird die Nettorevenue des Landes einen geringeren Wert haben und von 2200 auf 2000 £ zurückgegangen sein. Jedoch wird nicht nur dieselbe Menge an Waren und Getreide für die inländische Konsumtion vorhanden sein, sondern auch ein solcher Zuwachs zu dieser Menge, wie 50 £ kaufen werden, die Differenz zwischen dem Wert, zu dem seine Manufakturwaren dem fremden Land verkauft werden, und dem Wert des von ihm gekauften Getreides.

Das ist nun genau die Frage in bezug auf den Vorteil der Einfuhr oder des Anbaues von Getreide. Es kann niemals eingeführt werden, bis die vom Ausland durch die Anlage eines bestimmten Kapitals bezogene Menge jene Menge übersteigt, die das gleiche Kapital im Inland hervorzubringen imstande ist – nicht nur jene Menge übersteigt, die auf den Anteil des Farmers entfällt, sondern auch jene, die dem Grundeigentümer als Rente bezahlt wird.

Malthus sagt: „Es ist von Adam Smith richtig bemerkt worden, daß das gleiche Quantum produktiver Arbeit, das in der Manufaktur aufgewendet wird, niemals eine so große Reproduktion ergeben kann, wie in der Landwirtschaft.“ Adam Smith hat recht, wenn er von Wert spricht, doch wenn er von Reichtum spricht – und das ist der entscheidende Punkt –, hat er unrecht; denn er selbst hat Reichtum als die notwendigen Dinge, die Annehmlichkeiten und Genüsse des menschlichen Lebens definiert. Eine Gruppe notwendiger Dinge und Annehmlichkeiten läßt keinen Vergleich mit einer anderen zu. Der Gebrauchswert kann nicht durch irgendeinen bekannten Standard gemessen werden, er wird von verschiedenen Personen verschieden eingeschätzt.